KB119184

한 공직자의 경제이야기

나남
nanam

엄낙용

1948년 서울에서 태어났다.
서울대 법과대학(행정학과) 4학년이던 1970년 제 8회 사무관(재경직) 공채시험에
합격하여 관세청과 재무부 그리고 재정경제원(재정경제부)에 근무하였다.
미국 하버드대학 케네디스쿨에서 2년간 수학하였고(MPA), 관세, 금융, 국고,
경제협력, 국제투자, 외환, 조세 등 다양한 분야에 근무하였다.
관세청장과 재정경제부 차관으로 일한 후 한국산업은행 총재로 옮겼다.
임기 3년의 한국산업은행 총재직을 7개월 남짓 근무하고 사임한 2001년부터
명지대, 서울대(행정대학원), 중앙대, 국방대학원 등에서 강의하였으며, 현재는
강원도 동해시에 거소를 마련하고 강릉원주대 강릉캠퍼스에서 강의하고 있다.
2002년 국회 국정감사에서 현대그룹의 대북송금을 증언하여 사회적 논란의
한가운데 서는 일도 있었다.
아내 홍영신과 사이에 딸과 아들을 하나씩 두었으며 손녀 하나, 손자 둘의 행복한
할아버지이다. 미국 유학시절 기독교에 귀의하여 시작한 신앙생활을 인생의 가장
큰 축복으로 여기며 살고 있다.

나남신서 1906

한 공직자의 경제이야기

2017년 3월 5일 발행
2017년 3월 5일 1쇄

지은이 • 嚴洛鎔
발행자 • 趙相浩
발행처 • (주) 나남
주소 • 10881 경기도 파주시 회동길 193
전화 • (031) 955-4601(代)
FAX • (031) 955-4555
등록 • 제 1-71호(1979.5.12)
홈페이지 • http://www.nanam.net
전자우편 • post@nanam.net

ISBN 978-89-300-8906-7
ISBN 978-89-300-8655-4 (세트)

책값은 뒤표지에 있습니다.

나남신서 1906

한 공직자의 경제이야기

엄낙용 지음

이 책은 필자가 2001년 오랫동안 몸담았던 공직을 떠난 후 약 15년 동안 여러 대학교 등에서 강의하던 강의노트를 편집하기 위하여 시작한 것이다. 기존에 발간된 유사한 서적이 많은데 '또 한 권의 책을 내는 것이 무슨 의미가 있는가?'하고 평소에 생각했지만, 이제 오래 계속했던 강의도 접을 때가 가까워지는 시점이어서 스스로의 기념으로 이를 정리해 출간하기로 했다.

그러나 책을 준비하는 중 생각이 달라졌다. 요즈음 우리 사회에서 어지러운 양상이 전개되는 중에 끼어서 나타나는 공직사회의 초라한 모습에 필자는 안타까움을 금치 못했다. 필자는 공직에 있으면서 존경스러운 많은 선배 공직자를 보았고, 이러한 대열에 참여하여 일할 수 있다는 사실에 커다란 긍지를 느꼈다. 그럼에도 불구하고 이 시대의 공직자가 오늘날처럼 부끄러운 모습으로 국민에게 각인될 것을 걱정하면서 이 나라가 지나온 과정에 공직자의 역할을 알리고 싶었다.

필자가 알고 있는 훌륭한 공직자의 모습을 소개하는 것도 방법이겠으나 그보다 태부족하지만 나 자신의 이야기를 써보기로 했다. 집필을 준비하면서 단순한 교과서적 성격이 아니고 그간의 강의활동을 정리하는 개인적 의미를 부여했기에 필자의 공직생활도 정리하여 포함하기로 했다. 1970년 공직생활을 시작한 후 30여 년간 정부에서 일하면서 당시 사회의 상황과 본인의 부족함으로 인하여 부끄럽게 느끼는 측면도 없지 않지만 가능한 한 객관적으로 기술하기 위하여 노력했다.

이렇게 정리한 내용이 이 책의 제1부 '공직의 길'이다. 사안에 따라서는 민감한 내용도 기술되었다고 생각한다. 공직에 근무하면서 있었던 사안을 공개하는 것이 옳은지 아니면 덮고 가는 것이 옳은지는 분명하지 않다. 더구나 필자는 과거에 이러한 일로 열병과 같은 어려움을 겪은 적도 있다.

그러나 최근 우리 사회에서 벌어지는 모습을 바라보면서 국가기밀이 아니고 사회에 해(害)가 되지 않는다면, 가능한 한 국민에게 정확하게 알리는 것이 바람직하며 이런 사료(史料)를 남기는 것이 우리 사회의 발전에 도움이 된다고 판단했다.

애초 이 책의 내용으로 구상했던 강의노트 정리는 제2부에 '시장, 기업, 정부 그리고 한국경제'라는 제목으로 수록했다. 정리하고 보니 양이 너무 많아져 상당 부분을 선별하여 삭제했다. 삭제된 부분은 재정의 구조와 기능, 조세, 무역이론과 정책, 국제무역 체제, 국제투자, 외환시장과 환율, 금융시장과 금융제도 등이다. 필자가 강의했던 대상은 주로 경영학, 행정학 등을 전공하는 학생으로서 인접 영역으로서의 경제에 대한 이해를 도모하는 것이 강의의 주된 목적이었다. 학문으로서의 경제학을 심도 있게 가르치는 것은 필자의 역량 밖이지만 현실의 경제를 현장에서 다루었던 경험을 나눈다는 취지로 강의를 진행했다.

기본 이론은 각종 교과서 등에서 정리된 내용을 간추려 가능한 한 이해하기 쉽게 설명하도록 노력했다. 그리고 각 주제의 역사적 연혁과 배경 등을 살펴보는 것과 아울러 그 주제를 둘러싼 사회적 동력, 그 결과로 만들어진 제도의 내용을 설명하면 학생들은 비상한 관심을 갖고 강의를 경청했고 이는 필자의 커다란 즐거움이었다. 아마도 수강생에게 학자인 교수에게서 듣던 이론 위주의 강의가 '밥'이라면 필자의 강의는 별다른 맛의 '간식'과 같이 느껴졌는지도 모르겠다.

필자가 유학생활 등 학교에서 배운 경제학은 합리적인 인간이 최적의 결과를 찾아가는 방법론으로서의 학문이었다. 그러나 경제 관료로 몸담으면서 경험한 경제는 모순된 품성을 가지고 충동적으로 행동하는 사람들이 불확실한 미래를 대면하여 서로 협력하고 갈등하면서 수시로 제기되는 문제들을 때로는 극복하고 때로는 좌절하는 현장이었다. 경제의 현실적 진행은 개인이든 집단이든 선택의 결과가 표출되는 과정이고, 이러한 경제주체의 선택이 때로는 의식적으로 때로는 무의식적으로 이루어지는 것을 보았다. 자신이 선택한 결과를 대면할 준비가 되어 있다면 다행이지만 많은 경우에 자신이 접한 상황이 자기 선택의 결과인 줄 모르면서 당황하고 슬퍼하는 것은 재앙이 아닐 수 없다.

필자는 수강생들이 앞으로 우리 사회의 경제적 진로를 선택하는 집단적 주체의 한 부분임을 인식하고 강의를 진행했다. 따라서 필자가 가진 가치체계를 주입하는 강의가 되지 않도록 유의했다. 다만 경제적 선택에서 고려해야 할 사안을 검토하면서 문제에 접근하는 능력을 키우는 데 도움이 되려고 노력했다.

필자는 강의의 이해를 돕기 위하여 관계되는 사례를 원용하였는데 그중 보편성이 있다고 판단되는 사안을 '단상과 고찰'이라는 범주로 이 책에 수록했다. 특히 수강생들은 필자의 경험을 이야기하면 매우 집중하는 자세를 보였는데 아마도 정책담당자이던 인사의 체험을 직접 듣는 것이 흥미로웠던 듯하다. 이 책에는 제1부에 필자가 직접 담당했던 사안뿐 아니라 공직에 근무할 당시 주변에 있었던 일들도 필자의 경험에 포함하여 기술하였으며, 그중 상당수는 강의에 인용되었던 사안이다.

앞에서 언급한 바와 같이 기초적 경제이론과 제도의 내용을 기술할 때 기존의 교과서나 책자와 정부기관, 연구기관 등의 홈페이지를 많이 활용하고 필자의 해설 또는 견해를 첨언하였다. 필자는 강의안을 작성하기 위하여 국립중앙도서관을 연구실처럼 이용하였다. 그러나 강의 초기에 강의안 작성에 참고한 많은 자료를 기록하여 두지 못한 관계로 이 책을 펴내면서 참고문헌 목록을 작성함에 있어 포함하지 못하는 우를 범하고 있다. 필자의 게으름과 능력 부족으로 많은 자료를 섭렵하지 못하였지만 강의를 시작하고부터 영국의 경제주간지인 〈이코노미스트〉(The Economist)를 꾸준히 구독하여 세계경제를 바라보는 시야를 확보하려고 노력했다. 그러다 보니 필자의 시각도 그로부터 많은 영향을 받았다.

대부분 머리말에 저자가 그 책을 누구에게 헌정한다는 내용을 담으므로 필자도 비록 졸저이지만 일생에 유일한 저서가 될 이 책을 평생의 반려인 아내 영신에게 바치고자 한다. 그이는 부모와 여러 동생을 책임져야 하는 가난한 공직자를 선택하여 결혼한 어린 나이 때부터 많은 어려움을 감내하며 필자의 뒤를 받쳐주었다. 시집살이 중에 맞벌이하면서 자식을 키우는 가운데에도 필자보다 더욱 확실하게 공직자로서의 자세를 지켜주었던 아내에게 진 사랑의 빚은 헤아릴 수 없다. 여러 가지로 부족하기 짝이 없는 필자를 아내와 맺어주셔서 행복한 가정과 공직생활을 누리게 하여주신 하나님께 항상 감사드린다는 쑥스러운 고백도 함께 곁들이고 싶다. 또한 이 책이 나오기까지 많은 도움을 주신 나남출판의 조상호 회장님, 고승철 사장님, 편집부 방순영 이사님 그리고 교정의 수고를 맡아준 옥신애 씨에게 감사의 인사를 전한다.

공직생활을 시작한 묵호 항구를 바라보는 곳에 마련한
필자의 새로운 거소에서 2016년을 보내며

나남신서 1906

한 공직자의 경제이야기

차 례

제1부 　공직의 길

"국민을 섬기는 공직자의 길과 공권력을 사유화하는 공직자의 길을
동시에 걸을 수 있다고 생각한다면 커다란 오산입니다.
공직의 길은 그처럼 쉽지 않습니다."

푸르른 꿈을 안고 시작한 공직생활

필자는 1970년 초 대학교 4학년이던 때 제8회 3급을류 공무원 공채시험(후에 '행정고시'로 바뀜) 재경직에 합격하여 공직생활을 시작했다. 당시에는 경제개발의 열기가 전국적으로 뜨겁던 시절이었다. 연일 신문 지면을 장식하는 젊은 경제 고위관료의 활동이 필자에게 선망의 대상이었다. 학교를 졸업하기 전에 고시에 응시하면서 졸업 때까지 합격하지 못하면 가정 형편상 취업을 하겠다고 생각하고 나름대로 열심히 공부하였는데 행운도 작용하여 4학년이 되자마자 합격했다. 덕분에 나머지 1년은 과외 아르바이트로 수입을 얻는 한편 친구들과 즐거운 시간을 보내며 지낼 수 있었다. 그리고 학교를 졸업하기도 전인 12월, 갑작스럽게 묵호세관 감시과장으로 발령받고 아무런 사전 교육도 받지 못한 채 공직생활을 시작했다.

묵호세관에 부임하고 보니 세관장과 총무과장, 그리고 감시과장인 필자가 간부직원이었다. 세관장은 필자의 선친과 연갑으로 그분의 셋째 아들과 필자가 같은 나이였다. 총무과장도 연세가 많은 분으로 필자의 친구 부친과 친구 사이였던 것으로 기억한다. 감시과 직원은 20여 명이었는데 가장 젊은 직원도 필자보다 열 살 정도 나이가 많았으니 귀여운 애송이가 감시과장으로 부임한 셈이었다.

당시 묵호세관에는 과장실이 따로 있었다. 필자는 직원들과 같은 사무실에서 근무하며 일을 배우고 싶다고 했으나 체통상 그럴 수 없다는 바람에 별도로 격리되어 근무하게 되었다.

부임한 지 며칠 지난 후 어떤 사람이 과장실로 인사차 방문했다. 이런저런 이야기를 나누고 떠나면서 탁자 위에 웬 봉투를 하나 놓고 나가는 것이었다. 영문을 몰라 하면서 인사하고 보낸 후 봉투를 열어보니 그 속에 돈이 몇천 원 들어 있었다.

너무도 깜짝 놀라 그 사람의 명함과 봉투를 들고 세관장에게 가서 이를 보고했다. 보고를 받은 세관장은 한동안 지그시 눈을 감고 있더니 다음과 같이 말해 주었다.

"엄 과장 같은 인재를 이런 벽지에 근무하게 하면서 보수도 하숙비에 빠듯하게 주는 것이 참으로 미안한 일이오. 그래서 세관에 관련하여 사업하는 사람들이 엄 과장한테 나랏일을 열심히 잘해서 나라 경제가 발전할 수 있도록 애써 달라는 취지인 것 같으니 너무 이상하게 생각하지 않는 게 좋을 듯하오."

그러면서 봉투와 명함을 다시 돌려주었다. 그때까지는 아직 봉급을 받지 못했기 때문에 얼마인지 알지 못했지만 나중에 첫 월급을 받고 보니 정말 하숙비에도 빠듯한 금액이었다. 학생 때 그룹과외 아르바이트를 몇 팀만 뛰어도 그보다 많은 보수를 받을 수 있던 때였다.

그 후에도 네댓 명의 방문객이 찾아와 비슷한 금액이 들어 있는 봉투를 두고 갔다. 세관장의 당부도 있어서 거절하지 못했지만 자신이 마치 불우이웃돕기의 대상이 된 것 같은 설명하기 어려운 모멸감이 들기도 했다.

며칠 지나 또 한 명의 방문객이 사무실로 찾아 왔다. 그는 한참 이야기를 나누고는 인사한 후 그대로 방을 나갔다. 그러자 필자는 '어…. 이 사람은 그냥 가는구나' 하는 생각이 들었다.

그리고 다음 순간 이 생각에 소스라치게 놀랐다.

'아니, 며칠 전에는 돈 봉투를 보고 그리도 놀라던 내가 이제는 그냥 가는 사람을 보고 이상하게 생각하는구나!'

이 변화가 타락이라고 느껴져 두려움마저 들었다. 그래서 다시 현관까지 쫓아가 세관을 떠나려는 그 사람에게 90도로 허리를 굽혀 안녕히 가시라고 인사했다. 그는 '왜 이러나…' 하는 표정이었다.

그날 퇴근 전에 세관장실에서 일과 보고 겸 티 미팅(*tea meeting*)을 하면서 그 일을 이야기하며 앞으로 마음가짐에 조심하겠다고 했다. 이를 듣던 총무과장은 필자에게 그 사람의 명함을 보여 달라고 했다. 필자가 건네준 명함을 살펴본 총무과장은 필자에게 다음과 같이 일러주었다.

"이 사람은 자기 회사에서 엄 과장을 핑계 대고 돈을 받아왔을 가능성이 크다고 생각해요. 회사 사람 중에는 공무원한테 인사한다고 하고 자기가 챙기는 사람도 없지 않아요. 이런 일은 어쩔 방법이 없지만 앞으로 인품을 잘 모르는 사람이 식사를 같이하자거나 술을 대접하겠다고 하면 아주 조심하시오. 자기가 그때까지 외상술 마신 것도 없어서 처리하는 경우도 있으므로 간단히 식사하고도 대단한 향응을 받은 것으로 기록되는 수도 있어요."

총무과장에게서 그러한 교육을 받고 나니 공무원 노릇이 참 어렵구나 하는 생각이 들었다. 필자는 묵호세관에 3개월 정도 근무한 후 서울의 관세청 본청으로 발령을 받고 올라왔다.

필자가 묵호세관을 떠나면서 짐을 꾸리던 중 조그만 골칫거리가 있었다. 당시 세관 감시과 직원이 담당하던 업무 중에 외항선의 입출항 수속이 있었다. 요즈음은 문서나 전산으로 바뀌었겠지만, 그때만 해도 세관 직원이 직접 선박에 승선하여 점검했다. 그러면 선박 측에서 세관 직원에게 양주 등을 선물로 주는 경우가 종종 있었다.

당시 필자는 세관 직원이 선물을 강요했을 수도 있다고 생각했지만 햇내기 과장 입장에서 이러쿵저러쿵 이야기할 처지가 못되었다. 파도가 거친 날 외항에 정박한 선박에 승선하여 업무를 처리하는 것이 매우 위험하고 힘들다는 이야기를 들었기 때문에 사고가 나지 않기만을 바라고 있었던 듯하다. 필자에게 이야기는 하지 않지만 눈치로 보아 그중 일부는 관련 기관들에게 선물로도 사용하는 것 같았다.

그런데 가끔 직원들이 필자의 하숙방에다 양주를 한 병씩 놓고 가곤 했다. 필자는 술을 좋아하지 않고 사람들과 어울릴 때나 가끔 한 잔씩 하는 편이므로 그리하지 말도록 했으나 짐을 쌀 때 보니 몇 병의 양주가 하숙방 구석에 남아 있었다.

약주를 좋아하시던 교수님 얼굴이 떠올라 갖다 드리려고 짐가방에 집어넣었다. 그런데 다음 순간, 다른 직장이면 모를까 세관에 근무하는 제자가 갖다 드리는 양주를 교수님이 내켜 하지 않을지도 모른다는 생각이 들었다. 양주를 가방에서 집어내고 대신 마른오징어 등 건어물을 사서 넣었다. 그리고 양주는 하숙방에 그대로 두고 서울로 가는 기차에 올랐다.

당시 묵호에서 서울 가는 기차를 저녁에 타면 영주까지 내려갔다 다시 중앙선으로 올라왔기 때문에 청량리역에는 새벽에 도착했다. 기차에서 내리는데 어떤 기관원이 필자를 불심검문하면서 여러 기관원이 모여 있는 합동근무실로 끌고 갔다. 필자의 소지품을 내놓으라고 해서 주머니에 있는 것을 내놓았더니 그중에는 필자의 명함이 있었다. 누구의 명함이냐고 물어보기에 필자는 조금은 으쓱한 마음으로 본인의 것이라고 했다.

필자는 본인의 신분이 밝혀진 이상 당연히 그냥 가라고 할 줄로 알았다. 그러나 곁에서 지켜보던 그 방의 우두머리인 듯한 기관원이 "그 친구 세관 공무원이야?" 하면서 다가왔다. 국가정보원의 전신인 당시 중앙정보부 직원이었다.

그는 눈을 빤짝이며 무엇을 기대하는 눈빛으로 필자의 가방을 샅샅이 뒤지기 시작했다. 옷가지와 마른오징어만 나오자 매우 실망한 표정으로 바뀌었다.

만약 가방에서 양주가 나왔다면 필자는 매우 어려운 형편이 되었을 터이다. 그때야 필자는 공무원이 남들이 알아주기만 하는 신분이 아니고 매우 위험한 표적이구나 하는 것을 깨달았다. 큰 곤욕을 치를 수도 있는 경우였지만, 스승의 마음을 헤아리려 했던 덕분에 위기를 모면한 것이었다.

필자가 본청에서 담당한 업무는 당시 시행 중이던 임시특별관세 업무였다. 임시특별관세는 화학섬유, 철강 등 당시 국내생산이 시작된 물품을 중심으로 국내가격과 수입가격의 차이 중 일부를 관세로 부과하는 제도였다. 그때는 수입물품에 관세를 부과하는 과세가격의 책정을 각국이 제멋대로 정하는 무질서한 상황이었다. 미국도 비슷한 제도를 운영하고 있었는데 1970년대 후반 관세무역 일반협정(General Agreement on Tariffs and Trade:

GATT) 도쿄 라운드에서 수입관세의 과세가격 책정에 대한 국제 규범이 제정될 때까지 시행되었다.

한국에서는 종전에 일본에서 수입하던 물품을 국내에서 생산하기 시작하자 일본의 기존 공급회사가 가격을 인하하는 바람에 한국의 신생 기업이 어려움을 겪고 있었다. 임시특별관세는 이러한 국내기업을 보호하기 위하여 시행된 제도였으며, 수입업자나 국내 생산업자 모두 비상한 관심을 두고 있었다.

필자는 새로운 업무를 맡으면서 아주 의욕이 컸던 듯했다. 조금이라도 이상한 점이 있으면 납득될 때까지 담당자에게 묻고 따지기를 멈추지 않았다. 당시에는 전혀 그런 눈치를 채지 못하였는데 같이 일하는 사람들을 매우 피곤하게 했을 것이다.

어느 날 나이가 지긋한 담당자가 필자에게 저녁을 같이하자고 하며 청진동 빈대떡집으로 데리고 갔다. 빈대떡을 곁들여 막걸리를 한 잔씩 나눈 다음 그는 필자에게 다음과 같은 이야기를 했다.

"공무원에는 4가지 타입이 있어요. 하나는 업자에게서 돈을 받고 일은 봐주지 않는 사람인데 이런 사람은 금세 혼나고 쫓겨나지요. 다음은 돈을 받고 일을 봐주는 사람인데 이런 것은 아무나 흉내 낼 수가 없어요. 먹은 돈을 잘 분배해야 하니까요. 나눠줄 사람이 많아요. 내부적으로도 그렇고 출입 정보기관이나 수사기관 사람들, 신문기자 등 주변을 잘 살피지 못하면 꼭 사고가 나지요. 다음은 안 먹고 안 봐주면서 따지기만 하는 사람인데 이런 사람은 조직에서 보면 모터에 끼인 모래알 같은 존재이지요. 일이 돌아가지 않으니까요. 결국 솎아낼 수밖에 없어요. 다음은 돈은 받지 않으면서도 상대방 처지에서 이해하려고 노력하는 사람인데, 부정한 일에는 엄격하지만 일상적인 일에는 원활한 업무를 우선으로 하지요. 이런 사람은 주위 사람으로부터 존경을 받고 관료로도 대성할 것입니다. 고시 출신 엄사무관보다 선배인 분 중에 아무개, 아무개 씨 같은 분이 그런 평판을 받았지요."

그의 이야기를 듣고 보니 필자가 당시 모터에 끼인 모래알처럼 껄끄러운 존재라는 뜻이었다. 좋은 말을 해주어서 고맙다고는 했지만 앞으로 어떻게 처신을 해야 하는지 잘 가늠하기 어려웠다. 그러던 중 약 4개월 그곳에서 근무하고 필자는 군대에 입대하게 되었다.

필자는 관세청에 발령받기 몇 달 전에 이미 입영통지서를 받은 상태였다. 묵호세관에서 본청으로 온 지 얼마 지난 후 총무과장실로 호출되었다. 당시 관세청 총무과장은 군 출신 인사였는데, 필자를 불러 신상을 자세하게 캐물었다. 필자는 중학교 3학년 때 토건회사를 운영하던 부친이 간암으로 쓰러지면서 사업도 도산함에 따라 가세가 완전히 기울어 친척이 가진 빈집에 가족들이 기거하는 형편이었으며 모친도 결핵성 질환으로 투병 중이었다. 필자는 5남매 중 장남으로 가족에 대한 무거운 책임을 떠안고 있었다. 그러나 학창 시절에는 그룹과외 아르바이트로 적지 않은 돈을 벌 수 있었고 대학 등록금도 아주 적었기 때문에 가난이 별 고통스럽지는 않았다.

한동안 이것저것 물어보던 총무과장이 필자에게 다음과 같은 이야기를 했다. 당시 관세청은 막 발족한 초창기였기 때문에 본인이 총무처에 특별히 청을 넣어 고시 합격자 중 성적순으로 6명을 배정받아 청장도 매우 좋아했다. 그러나 6명 중 1명은 경제기획원에 뺏겨버렸고, 나머지 5명 중 3명이 곧 입대를 앞두고 있어 총무과장인 본인이 매우 난처하다는 것이다.

당시 같이 관세청으로 발령받아 근무하던 중 군대에 입대하게 된 사람은 필자와 후일 국무총리를 지낸 한덕수 군, 그리고 KDI로 옮겨 재정학의 권위자가 된 고(故) 이계식 군 등 3명이었다. 그 두 사람은 해당이 되지 않지만 필자는 조기전역이 가능할 것으로 본다고 총무과장이 말하며 그래야만 청장한테 본인의 입장이 조금 설 것 같다고 했다.

며칠 후 총무과장이 다시 부르더니 병무청에 알아본 결과 조기전역이 가능하다고 하면서 서류들을 준비해 서울병무청에 직접 접수토록 하라고 일러주었다. 적혀 있는 서류들을 준비해 제출하였지만 반신반의하고 군대에 입대하였는데 6개월이 조금 지난 후 정말 전역명령을 받았다.

당시 필자는 수색 신병훈련소와 원주 통신훈련소를 거쳐 5군단 통신중대에 근무했다. 갑작스러운 전역명령에 부대 동료들이 놀라고 부러워하던 모습에 매우 미안스러웠던 감정이 아직도 잊히지 않는다. 그러나 부대 동료들은 따뜻하게 필자를 축하해주고 환송연까지 열고 배웅하는 호의를 베풀어주었다. 지금 다시 생각해도 고마운 사람들이다.

어려운 집안 형편 때문에 필자가 군대에 있는 동안 가족의 생활을 걱정했는데 뜻하지 않은 도움으로 조기에 직장에 복귀할 수 있었다.

처음 몇 년은 관세청에서, 그리고 재무부로 옮겨서 초급 간부인 사무관으로 일하면서 많은 보람을 느끼며 열심히 일했다. 문서를 기안하여 상급자의 결재를 얻어 문서를 시행하고 보도자료를 작성하여 언론에 배포하면 다음 날 커다란 활자로 신문 지면을 장식하고, 그 정책에 관하여는 가장 잘 아는 사람이 되던 그 시절은 뿌듯함의 연속이었다. 비록 주머니는 가벼워도 마치 나라의 일을 혼자서 맡는 듯 어깨에 힘이 잔뜩 들어간 모습은 다른 사람의 눈에 거만하게까지 보였을지도 모른다.

당시에는 통행금지가 시행되었다. 밤늦게까지 야근하다가 통행금지 때문에 귀가할 시간을 놓치면 여관비를 아끼느라 겨울철에 난방도 꺼진 사무실 책상에 방석을 깔아 요로 삼고, 외투를 이불처럼 덮고는 투덜거리며 잠을 청하던 시절이 아름답게 느껴지기도 한다.

필자가 재무부로 옮겨서 근무하던 때에는 매일 야근하지 않는 날이 없었다. 그리고 야근에 앞서 직원들이 설렁탕이나 짜장면을 시켜 사무실에서 저녁을 먹었다. 며칠이 지난 후 서무담당 직원이 와서 출장문서에 도장을 찍으라고 했다.

"출장을 간 적도 없는데 왜 도장을 찍으라고 하느냐"고 따지듯 물었다. 그러자 그 직원은 "엄 사무관은 출장문서에 도장을 찍기 싫으면 야근에 앞서 저녁을 따로 해결하라"고 퉁명스럽게 되받는 것이었다. 그제야 필자는 야근을 위해 먹는 저녁비용이 허위 출장비에 의하여 해결된다는 것을 알았다.

모든 직원이 함께 저녁 식사를 하는데 필자만 따로 저녁을 먹으면 곤란하겠다는 생각이 들었다. 즉시 그 직원에게 미안하다고 사과하고 출장문서에 도장을 찍었다. 그런데도 출장비는 직원들의 식사비용을 충당하는 데 항상 부족했던 모양이었다. 월말에 짜장면집 주인이 사무실 밖에서 기웃거리면 서무직원이 외상값 일부만 주고 나머지는 다음에 주겠다며 돌려보내는 광경이 벌어지곤 했다.

새로운 전기, 공무원 관리자과정 교육

당시 필자의 첫째 목표는 이름이 알려지는 유능한 관료로 성장하는 것이었다. 그러던 중 필자의 공직생활에 새로운 충격을 주는 계기가 있었다. 1970년대 중반, 필자는 공무원 관리자과정 교육을 받게 되었다. 당시 중앙공무원 교육원은 제기동 서울사대부고가 있던 자리에 위치했으며, 중앙부처 사무관을 대상으로 실시하는 교육이었다.

매일의 교육내용이 특별할 것이 없다고 생각하며 교육을 받던 어느 날, 특강을 하기 위해 초로의 신사 한 분이 단아한 모습으로 강단에 올라섰다. 죄송하게도 필자는 평생의 공직생활에 가르침을 주었던 그분의 성함을 기억하지 못한다. 그때까지 필자가 성함을 들어봤던 유명한 분도 아니었던 듯하고, 강의내용에 심취했던 필자가 그분의 성함을 확인하는 데 생각이 미치지 못하기도 했기 때문이다. 40년도 더 된 과거이고 그때 그분의 연세가 거의 지금 필자의 연배에 비슷했던 듯하니 아마도 지금은 세상을 떠난 분일 가능성이 크리라 여겨진다.

다음은 그분의 강의요지이다. 40년 이상 필자가 반추하던 것인 만큼 원래의 강의에 필자의 생각이 덧입혀져 착색되었을 가능성도 없지 않다.

우리나라가 일제 치하에서 독립된 지 어언 30년이 지났습니다. 언제나 나라 모양이 제대로 잡히려나 걱정했는데, 요즈음 나라가 바뀌는 모습을 보면 참으로 깊은 감회를 느끼지 않을 수 없습니다. 여러분은 일제 36년을 이야기하면 무슨 생각이 떠오릅니까? 아름다운 금수강산에 사람들이 흰옷 입고 평화롭게 살고 있는 나라에 짐승 같은 일본 놈들이 총칼을 들고 쳐들어와 나라를 빼앗고 백성들을 강압하여 약탈질한 과거의 역사라고 이야기하지요.

그러나 일제가 조선을 병탄한 그 시절은 세계의 열강이 힘없고 약한 나라를 식민지 삼아 자기 나라의 세력을 확대하는 일이 비일비재하던 때였습니다. 이러한 약육강식의 세계질서가 풍미하던 시절에 자기 나라의 이익을 위하여 조선을 희생물로 삼았던 일본을 향해 욕하고 빈주먹을 흔들어대는 것보다 더 중요한 일이 있습니다. 왜 우리의 선조인 조선은 남에게 먹잇감밖에 될 수 없는 허약한 나라였던 것인가를 생각해보아야 합니다.

자기 불행의 원인을 외부로부터만 찾으려 하는 사람은 발전하지 못하고 세상만 원망합니다. 반면 그 원인을 자신에게서 찾고 그러한 잘못을 되풀이하지 않도록 애쓰는 사람은 난관을 극복하고 발전할 수 있습니다. 밖으로부터의 도전과 공격은 우리가 살고 있는 이 세상에 항상 있게 마련이니까요.

조선 말기의 이 땅은 사람들이 흰옷을 입고 평화롭게 살던 곳이 아니었습니다. 대부분의 백성은 글자 그대로 지독한 도탄(塗

炭)의 고통을 겪었고 나라를 그 지경으로 만든 것은 바로 그 시대의 공직자들이었습니다. 제가 여기서 공직자라 함은 중앙정부에서 정치적 실권을 잡고 있던 세도가부터 지방의 말단 아전까지를 아우르는 집단입니다.

세도가는 매관매직(賣官賣職)으로 벼슬자리를 팔았습니다. 돈을 투자하여 조그만 공권력을 챙긴 관리는 자신의 지배 아래 있는 민초를 수탈하여 본전과 이익을 챙기는 데 바빴습니다. 그들이 수탈의 대상으로 삼은 사람들은 권력과 아무런 줄이 없고 성실하고 뼈 빠지게 일하는 백성이었습니다. 수탈하려면 트집 잡고 고통을 주어야겠지요. 마치 강도가 하는 행각을 그들은 공권력의 이름으로 자행했습니다.

열심히 일해서 살림을 일구는 것은 힘없는 사람에게는 화를 부르는 일이었지요. 아무것도 없으면 빼앗길 것도 없고 고초를 겪을 일도 없을 테니까요. 모든 백성이 게으름을 강요당한 것입니다.

조선 사람들은 게으르다고 스스로 자조(自嘲)하며 꿈도 없이 남의 눈치를 살피며 살 수밖에 없도록 백성을 몰아간 사람들이 바로 여러분의 선배 격인 그 시대의 공직자입니다. 국가가 부강하다는 것은 바로 백성이 부요(富饒)하다는 것임을 그들은 몰랐고, 알려고도 하지 않았습니다.

결과적으로 백성은 뼈와 가죽만 남았고 나라도 뼈와 가죽만 남게 되었습니다. 이처럼 병약해진 조선은 다른 나라의 먹잇감이 될 수밖에 없었습니다. 반대로 공직자가 부강한 나라를 만들기 위해 힘과 지혜를 모았던 일본은 열강의 대열로 진입하게 된 것입니다. 이 나라의 불행했던 역사에 관하여 지금 우리는 누구를 먼저 단죄해야 합니까?

여러분이 그 시절 매관매직을 하고 수탈을 자행하던 당시 공직자를 만난다면, 어떤 사람이 여러분 앞에 나타날까요? 비인격적이고 흉악함이 겉으로 나타나는 사람일까요? 천만의 말씀입니다. 부모에게 효도하고 친척 간에 우애가 깊으며 벗 사이에 신망이 높은 고상한 인품을 지니고, 유학(儒學)에 정통하여 주위 사람으로부터 높임을 받는 사람이 대부분이었을 것입니다.

그들은 매관매직을 한다고 생각하지 않았겠지요. 자기를 존경하여 물심양면으로 자신을 섬기는 기특한 사람의 뒤를 받쳐주었을 뿐이라고 생각했을 것입니다. 그들은 공직을 자신의 이름과 함께 가문의 영예를 높이는 수단으로 여겼습니다. 가문에서 한 사람이 벼슬, 즉 공직에 나아가면 많은 친족이 그 그늘에서 덕을 봅니다. 공직에 나아가는 사람은 이들을 돌보는 것을 자신의 후덕함의 표현이라 생각했지요.

공직에 있는 사람들은 끼리끼리 밀어주고 끌어주는 집단도 만들었습니다. 같은 집단에 속한 사람 사이에 의리도 대단했지요. 구성원 각자는 집단을 위해 충성하고 집단은 하나의 구성원을 위해 모두의 힘을 모았습니다. 다른 집단에게는 배타적이고 적대적일 수밖에 없었지요. 한정된 공직의 기회를 나눌 수 없으니까요.

이러한 공직자에게는 백성이 눈에 보이지 않았습니다. 공직은 나와 내 가문, 그리고 내가 속한 집단에 봉사하기 위한 자리였을 뿐이지요. 이 모든 것이 바로 공권력의 사유화를 의미합니다. 공권력의 사유화란 뇌물을 받거나 무슨 경제적 이득을 추구하는 것만을 의미하지 않습니다. 국가로부터 부여받은 공권력을 나의 출세를 위한 기회로, 나의 가문의 영예를 높이는 수단으로, 내가 속한 집단의 권세를 키우기 위하여 기여해야 하는 의무로 생각하는 이 모든 것이 공권력을 사유화하는 행태인 것입니다.

공직은 나라를 평안하고 부강하게 하는 일을 수행하는 자리이며 나라를 평안하고 부강하게 하는 것은 백성이 평안한 가운데 생업에 힘쓸 수 있도록 하는 것이라는 생각은 그들의 안중에 없었습니다.

여러분은 어떤 공직자입니까? 물론 국민을 위해서 봉사하는 일꾼이겠지요. 그러나 동시에 출세도 해야 하고 주변의 사람을 도울 수 있다면 그리도 하고 싶고, 뜻이 맞는 사람끼리 밀어주기도 하고 끌어주기도 하는 것이 잘못된 것이 아니라고 생각하는 분도 대부분일 것입니다. 왜냐하면 그것이 전통적인 개인의 미덕이니까요.

그러나 이러한 개인의 미덕이 공권력을 사유화하고 나라를 빈사(瀕死)지경으로 만들어버린 조선 말기 공직자의 행태가 시작된 출발점이었다는 것을 잊지 마시기 바랍니다. 국민을 섬기는 공직자의 길과 공권력을 사유화하는 공직자의 길을 동시에 걸을 수 있다고 생각한다면 커다란 오산입니다. 공직의 길은 그처럼 쉽지 않습니다.

여러분이 진정 국민을 섬기는 공직자의 길을 가시고 싶다면 제가 몇 가지 부탁을 드리겠습니다.

첫째, 여러분이 지금 일하는 자리를 다음에 더 좋은 자리로 옮기기 위한 발판이라고 여기지 마시기 바랍니다. 지금 여러분에게 부여된 직책이 마음에 합한 것이든 아니든 그 자리에서 최선을 다하여 국민과 나라를 섬기십시오. 다음에 더 좋은 직책으로 옮겨서 그리하겠다는 생각을 가지면 평생 자신의 출세에만 관심이

쏠릴 수밖에 없습니다.

둘째, 직무를 수행하다 보면 부당한 요구를 수용하지 않으면 자리를 지킬 수 없는 상황을 만날 수 있습니다. 그런 경우에는 주저 없이 자리를 포기하십시오. 나같이 중요한 사람이 별것도 아닌 일에 자리를 걸 수 없다고 생각하는 분은 항상 부조리한 상황과 타협할 수밖에 없습니다. 그러나 부당한 사안에는 추호도 타협하지 않겠다는 공직자가 많은 만큼 이 나라와 사회가 바로 서게 될 것입니다. 저는 공직자의 책무에 그만두어야 할 때 바르게 그만두는 것도 포함된다고 생각합니다.

셋째, 공직의 길을 가면서 주변 사람과의 개인적 의리(義理)에 연연하지 마십시오. 이는 여러분과 혈연, 지연, 학연 등으로 가까운 사람의 부탁에 편향되지 않는 것은 물론, 여러분을 인정하고 지원해주던 사람에게도 옳고 그름을 분명히 하여야 한다는 말입니다. 이것은 매우 어려운 일입니다. 그러나 여러분에게 나라와 국민을 최선으로 섬겨야 하는 책무가 있음을 잊지 마십시오. 이것만이 여러분이 지켜야 할 가장 큰 의리입니다.

마지막으로 외로움을 두려워하지 않는 공직자가 되시기 바랍니다. 업무를 수행하면서 주위 사람들과 잘 협조하고 경쟁관계에서 양보하는 원만한 자세를 보이는 것은 중요합니다. 그렇다 하더라도 여러분이 이해관계를 함께하기 어려운 사람이라는 이유로 다른 사람으로부터 소외되고 배척되기 쉽습니다. 여러분에게 호의를 기대하고 접근했던 친지 등으로부터 실망에서 비롯된 적대감을 대면할 수도 있습니다. 그러한 것이 공직의 길이라고 생각하지 않으면 공권력을 사유화하는 첩경이 될 것입니다.

조선 말기의 공직자가 나라를 멸망으로 몰아넣고 백성을 도탄에 빠지게 한 것은 적극적으로 공권력을 사유화하겠다는 생각보다는 이러한 어려움을 회피함으로써 결과적으로 공권력을 사유화하는 공직자가 된 것이 대부분이었다고 생각합니다. 우리의 역사에서 보았듯이 욕심에 이끌려서, 또는 의지의 연약함으로 인하여 공권력을 사유화하는 공직자는 나라와 국민에게 재앙이었습니다. 그러나 이러한 길을 온몸으로 저항하고 바른길을 가기 위해 애쓰는 공직자는 나라와 국민에게 커다란 복이 아닐 수 없습니다. 부디 여러분에게 부탁하노니 이 나라와 국민에게 복이 되는 공직자가 되어 주십시오.

필자는 그분의 강의를 들으면서 마치 그 한마디 한마디에 피가 섞여 나오는 듯한 느낌을 받았다. 공무원이 하는 일은 모두 국가와 국민을 위하여 하는 것이며 열심히 일하면 되는 줄로만 생각했던 필자는 그분의 강의내용에 자신을 비추어 보았다. 그리고 자신이 아무런 자각 없이 공권력을 사유화(私有化)하는 공무원의 사고나 행동방식을 그대로 답습하고 있음을 발견하고 깜짝 놀라지 않을 수 없었다.

필자는 그분의 부탁대로 나라와 국민에게 복이 되는 공무원이 되리라고 혼자 속으로 다짐했다. 그리고 30여 년 공직의 길을 걷고 나서 보니 나름대로 애를 썼음에도 부끄럽고 미흡하기 짝이 없지만, 만약 그분의 깨우침을 받지 못하였다면 과연 어떠한 공무원의 길을 지나왔을까를 생각하며 지금도 그분에게 감사함을 느끼고 있다.

젊고 성격이 팔팔했던 필자는 그 후에 주변을 그분의 말씀에 비추어 살펴보는 습관도 생겼는데 인품의 모자람으로 인하여 함부로 남을 비판하는 어리석음을 비껴가지 못했다.

그 한 가지 일화로, 당시 절친했던 친구 하나가 검사로 지방에 발령받아 근무하던 중 어느 날 필자에게 안부 전화를 했다. 이런저런 이야기를 나누다가 그 친구가 그 지방에서 어떤 사람들이 자신을 귀찮게 한다면서 이들을 '확 잡아넣을까 보다' 하는 말을 했다.

분명 농담으로 하는 말이었지만 당시 업무상 접촉했던 일부 검사가 매우 고압적이고 사법권을 마치 개인적 권력으로 생각하는 듯한 인상을 받았던 필자는 매우 과격하게 전화로 응대하고 말았다. 거친 욕설을 섞어가며 그 친구에게 "나라에서 너를 기분 나쁜 사람들 잡아넣으라고 검사 자리에 앉힌 줄 생각하느냐" 라고 고래고래 소리를 지르고 말았다.

그 친구는 농담 한마디 하였다가 참으로 어처구니없는 봉변을 당한 셈이었다. 전화를 끊고 나서 필자도 미숙하고 부끄러운 행동을 하였다고 생각했지만 왠지 그 친구에게 사과하고 싶은 마음도 들지 않았다. 그러고는 결국 그 친구와 평생을 외면하고 살게 되었다. 이 사건 외에도 다시 생각하면 얼굴이 뜨듯해지는 일이 한두 가지가 아니다. 모자란 인품으로 나름의 옳은 것을 고집하려던 부작용이 아닐 수 없다.

필자는 1976년 초 아내를 만나 결혼했다. 아내는 결혼 후 집안형편을 살피더니 취직을 하겠다고 나서 주한미국대사관에 직장을 구했다. 아내는 필자보다 갑절이나 되는 월급을 받고 정시

출퇴근에 한국과 미국의 공휴일을 모두 쉬는 등 가정주부가 근무하기에는 더없이 좋은 직장을 얻은 셈이었다. 딸과 아들을 하나씩 얻고 필자도 과장으로 승진했다.

1980년대 초 신군부 정부가 들어서면서 공무원에게 해외유학 제도를 시행했다. 필자도 가족을 대동하고 2년간 미국 유학을 떠났다. 꿈도 꿀 수 없던 일이 현실이 되었음을 실감했다. 그동안 조금 적은 월급을 받으며 공무원 생활을 했지만 마치 적금을 탔다고나 할까, 국가로부터 참으로 큰 혜택을 입은 것이다. 아내는 유학 중에도 서울의 가족을 돌보기 위해 취업 허가를 받아 학교에서 사무조교로 일했다.

유학생활 중 기독교 신앙을 접하면서 하나님을 알게 된 것은 필자의 인생에 가장 커다란 의미가 되었다. 신앙인이 된 다음에는 공직생활을 함에도 하나님 앞에서 모든 일을 하고 있다는 생각을 잊지 않으려 노력했지만 돌이켜 보면 염치가 없을 따름인 일이 적지 않았다.

유학생활을 마치고 귀국한 다음에는 주로 국제업무를 많이 담당했다. 필자가 공직에 근무하면서 크고 작은 일을 수없이 겪었지만 그중 기억나는 몇 가지를 되짚어보려 한다.

관세정책

필자는 1970년대 초반 관세청에서 일선세관의 관세사범 단속을 지휘하는 업무를 담당했다. 당시까지만 하여도 밀수(密輸)를 사회의 중요한 범죄로 규정했기 때문에 관세사범은 밀수범이라는 인식으로 매우 엄격한 법 집행을 하고 있었다. 그런데 일선세관에서 보고되는 관세사범의 대부분은 수출용 원재료의 유용이라는 죄목이었다. 즉, 수출에 사용하겠다고 면세로 수입한 원재료로 물품을 제조해 수출하지 않고 국내시장에 내다 팔았다는 것이 범죄의 내용이었다.

수출용 원재료를 면세하는 조건은 수입한 날로부터 3개월 이내에 이를 사용하여 물품을 제조한 후 수출하는 것이었다. 그때까지만 하여도 국내에서 생산되는 원재료가 부족하고 품질도 떨어지기 때문에 수입된 원재료의 수요가 많았다. 그러나 내수용 원재료의 수입은 높은 관세율뿐 아니라 수입 자체가 허용되지 않는 품목이 대부분이었다.

1970년대 초 한국은행 《기업경영분석》에 의하면 제조업의 평균 재고자산 회전율은 1년에 12회를 훨씬 웃돌았다. 이는 제조업체가 원재료를 구입하여 제품을 생산, 판매하는 데 한 달이 소요되지 않는다는 의미이다. 따라서 많은 수출업체가 수입한 수출용 원재료로 생산한 제품을 국내시장에 판매하고, 나중에 수입한 원재료로 앞서 수입한 원재료의 의무수출을 이행하는 것이 다반사였다. 그에 따라 많은 수출업체가 장부상 보유한 원재료와 실제 창고에 존재하는 원재료의 양에 현격한 차이가 있게 마련이었다. 이러한 상황에서 세관의 단속직원이 수출업체를 조사하면 대부분 수출용 원재료의 유용이라는 사실이 확인되고 이는 관세포탈, 즉 밀수에 해당하는 범죄로서 처벌되었다.

필자는 처음에는 그러한 처벌을 당연하게 여겼으나 나중에 수출업체의 현실을 알게 되면서 많은 문제의식을 느꼈다. 법의 적용대상인 국민 중 일부가 법을 위반한다면 위반한 사람의 책임이라고 할 수 있지만, 대부분이 그 법을 위반하는 경우에는 법과 제도에 문제가 있는 것이라 할 수밖에 없다고 생각했다. 더구나 수출업체가 처벌을 면하려면 단속권한을 가진 세관 직원과 좋은 관계를 가져야 하므로 부패의 개연성도 크다고 볼 수 있다.

필자는 기회가 되는 대로 이러한 상황을 관세청 간부들에게 이야기하였고 많은 사람이 같은 문제의식을 느끼고 있음을 알게 되었다. 그러던 중 관세청의 간부 한 분이 당시 재무부의 관세국장으로 옮기게 되었는데 그로부터 "자네가 수출용 원재료 면세제도에 대하여 불만이 많은 것 같은데 재무부로 와서 제도를 바꾸어보라"는 제의를 받고 필자도 재무부로 옮기게 되었다. 그리하여 수출용 원재료의 면세제도 대신에 당시 대만에서 시행하고 있는 관세 환급제도를 참고하여 '한국형 관세 환급제도'를 입안하게 되었다.

수출용 원재료 면세제도는 앞에서 지적한 문제 외에도 원재료의 국산화를 어렵게 한다는 또 다른 문제가 있었다. 즉, 많은 수출업체가 외국에서 완제품에 가까운 원재료를 들여올수록 국내에서 유출하여 얻는 이익도 크고 수출도 단순가공으로 가능하므로 국산 원재료의 사용을 기피한다는 점이다.

1975년부터 종전의 면세제도를 대신하여 시행된 관세 환급제도는 수출용 원재료의 수입 시 관세를 부과하고, 관세납부로 인한 수출업체의 부담을 덜어주기 위하여 종전 수출 의무기간만큼의 징수 유예기간을 허용한다. 따라서 수출용 원재료를 국내시장에 유용하는 경우에도 무역법규상의 질서위반에는 해당하지만 관세포탈이라는 중범죄에는 해당하지 않게 된다. 많은 수출업체를 밀수범에 버금가는 관세포탈범의 굴레에서 벗어나게 하는 제도의 개혁이었다.

이와 아울러 수출용 원재료의 국산화를 촉진하기 위하여 정액환급제도를 도입했다. 관세환급의 일반적 방법은 개별 수출에 대하여 원재료의 수입 사실을 확인하고 그에 대하여 부과된 관세를 환급하는 것이지만, 원재료의 국산화가 필요한 품목에 대하여는 수출을 위한 원재료 수입에 따른 관세 부담의 평균 금액을 산출하여 수출물품의 원재료 수입 사실을 확인하지 않고 환급하는 방법이 정액환급제도이다. 즉, 국내 가공도가 높은 수출은 기초 원재료를 수입하므로 납부관세가 적은데 동일한 금액을 환급받도록 하는 것이다. 물론 수출을 비롯한 제조업의 원재료 국산화는 중화학공업의 추진으로 이루어진 것이지만 수요측면에서 국산화 노력도 병행이 필요했다.

필자는 재무부 관세국에서 근무하면서 관세 환급제도의 시행이 이루어진 다음, 이재국으로 옮겨 금융업무를 담당하다 과장으로 승진하여 다시 관세제도를 담당하게 되었다. 관세제도와 관련하여서는 관세행정의 효율성을 기할 수 있는 법적, 제도적 방안의 수립과 함께 산업정책적 측면에서 중요산업 지원을 위한 관세감면정책의 운영이 주요 업무였다.

필자가 공직생활을 시작한 1970년대는 한국경제의 중화학공업화 추진이 절정을 이룬 시기였다. 이는 1960년대의 경공업제품 수출을 통한 경제성장의 지속적 추진이 어려워짐에 따라 더욱 고부가가치의 산업구조 구축을 통하여 동태적 비교우위에 의한 국제분업의 지위를 향상하고자 하는 정책적 목표와 더불어 남북한 대치상황에서 필요한 군수산업의 육성도 추진한다는 의미를 담고 있었다.

모든 경제부처는 '산업구조의 고도화'라는 기치 아래 철강, 기계 및 석유화학 등 소재와 설비를 생산하는 산업부터 전자, 자동차 및 조선 등 수출산업까지 중화학공업을 육성하기 위하여 모든 역량을 동원했다. 즉, 이들 산업에 금융, 조세, 재정 및 기술지원 등 다양한 정부지원과 함께 막대한 자원이 집중적으로 투입되었다. 국민경제로서는 통화증발에 의한 개발 인플레이션과 막대한 무역수지 적자 및 외채의 누적이 진행되는 비용을 지불하면서 이루어진 투자였다.

그러나 한국의 중화학공업이 본격적 가동을 시작한 1970년대 말은 미국의 고금리와 달러 강세 그리고 2차 오일쇼크(oil shock)의 발발로 말미암아 세계경제가 극심한 불황을 맞고 있었다. 대부분의 중화학공장이 '규모의 경제'(economy of scale)를 추구하여 수출을 겨냥한 대규모의 생산능력을 갖추었지만 세계시장에는 이 생산제품을 판매할 상황이 되지 못했다. 이에 따라 투자를 담당한 기업은 과중한 부채로 말미암아 도산(倒産)으로 내몰렸고 고용이 축소되면서 경기침체와 실업 증가, 인플레이션, 국제수지 적자의 확대 및 외채 상환부담이라는 모든 악재가 한국 경제를 엄습했다. 이러한 경제 불안은 정치 불안으로 이어져 대통령이 시해되고 사회 불안이 확산되는 가운데 군부세력이 쿠데타에 의하여 집권하는 상황이 전개되었다.

이러한 지경에 이르자 대부분의 경제 관료는 극심한 자괴감에 빠져들었다. 정부가 전략적 중요산업을 선정하여 자원배분을 집중하는 정책이 근본적으로 잘못되었다고 반성했다. 이와 함께 앞으로 산업지원은 기능별 지원으로 한정하고, 특정 산업에 대한 정부의 인위적 육성정책을 지양하자는 공감대가 형성되었다. 당시 재무부의 관세제도과장으로 근무하던 필자 역시 이러한 경제 관료의 인식을 적극적으로 공감하고 있었다.

그러던 중 1980년 초 어느 날, 청와대에서 경제부처 과장들을 소집하는 회의에 참석했다. 당시 군사정부의 현역 육군대령인 청와대 경제 비서관이 거론한 의제는 새로운 분야인 반도체산업이 전략적으로 매우 중요하므로, 이를 육성하기 위한 범정부적 지원방안이 필요하다는 내용이었다. 이에 대하여 필자는 확신을 갖고 반대의사를 표명했다. 아마도 군인이 정권을 잡고 나라를 좌지우지하는 상황에 대한 반감이 더하여져 반대의사 표시가 더욱 강경하였는지도 모르겠다. 필자의 반대를 듣고 회의를 주재하던 청와대 비서관의 표정은 굳어졌으며 이로써 그날 청와대 회의는 중단되었다.

그 후 필자가 2년간의 해외유학을 마치고 귀국하니 반도체산업은 청와대의 의사대로 정부의 광범위한 지원과 함께 투자가 이루어진 상태였다. 그리고 반도체산업은 한국경제에서 중심적 역할을 담당하는 산업의 하나로 성장했다. 당시 현역 대령인 청와대 비서관으로서 회의를 주재했던 오명 박사는 그 후 체신부 차관 및 장관을 역임하면서 한국의 정보통신산업 발전에 기여하기도 했다. 또한 모든 사람이 실패라고 결론지었던 중화학공업 투자는 1980년대 중반 세계경제가 회복되면서 이를 한국경제의 재도약 기회로 삼는 데 결정적 기여를 하였다고 평가된다.

만일 1970년대의 중화학공업 투자가 없었다면 1980년대의 세계경제 호황은 한국에게는 단지 타인의 잔치에 불과하였을 터이다. 또한 한국에 반도체산업이 없었다면 지금 한국의 산업구조는 훨씬 미약함을 면치 못하였을 것이다. 경제정책의 성공과 실패의 판단이 쉽지 않은 소이(所以)이다. 필자는 학교에서 강의하면서 이러한 본인의 경험을 소개하고 젊은 날의 소신이 반드시 옳기만 한 것이 아니라는 말을 덧붙이곤 했다. 그러나 자기 생각에 확신하기 어려운 것이 어디 젊은 날뿐이겠는가.

필자의 담당 업무는 아니었지만 관세정책과 관련하여 1980년대 초에 많은 논의가 이루어진 분야는 관세율구조의 개편방향이었다. 명목보호율과 실효보호율, 즉 재화의 가공도에 따른 관세율의 체증방식의 적정성에 관한 것이었다. 이는 1980년대 초 청와대 경제 수석비서관으로 한국의 경제정책 조타수 역할을 담당했던 고(故) 김재익 박사가 단일관세율로 관세율 체제를 개편할 것을 주장하면서 비롯된 정책적 논의였다.

명목보호율이란 특정 상품의 국내가격과 국제가격의 차이를 비율로 표시한 것인데, 그 상품에 대한 관세율만큼 가격이 인상되므로 A상품의 관세율이 30%이면 명목보호율도 30%이다. 이에 비하여 실효보호율은 특정 상품의 생산 공정에서 창출된 국내가격 기준의 부가가치와 국제가격 기준의 부가가치의 차이를 비율로 표시한 것이다.

특정 제품에 대한 관세율과 그 제품의 생산에 투입되는 중간재에 대한 관세율이 다른 경우에는 실효보호율이 명목보호율과 다르게 된다. 예를 들어, 100달러짜리 옷에 30%의 관세를 부과하고 옷을 생산하는 데 필요한 중간재인 옷감은 80달러이며 관세율이 10%라고 가정하면, 옷의 국내가격은 130달러이고 옷감의 국내가격은 88달러가 된다. 따라서 세계시장에서 옷감으로 옷을 만드는 공정의 부가가치는 20달러인 데 비하여 국내의 같은 공정의 부가가치는 42달러가 되어 옷감에서 옷을 만드는 공정은 (42 - 20) / 20 = 110%, 즉 110%의 실효보호율로 보호받게 된다.

논의의 쟁점은 관세율의 체계를 가공도에도 불구하고 단일세율(flat tariff)로 하는 방법과, 가공도가 높아짐에 따라 관세율을 높이는 체증세율(tariff escalation)의 방법 중 어느 것이 타당한가의 문제였다. 1980년대 초까지 한국의 관세율 체계는 철저한 체증세율구조였다. 그러나 이러한 관세율 구조가 국내산업의 합리적 보호보다는 오히려 산업구조의 왜곡만을 초래한다는 주장에 따라 단일세율 구조로의 개편이 추진되었다.

이러한 관세율 개편에 대하여 반대하는 주장도 적지 않았지만 개편론자의 문제점 지적은 너무 분명했다. 이는 체증세율구조로 많은 보호를 받는 산업, 즉 실효보호율이 높은 산업은 국내에서 부가가치의 창출이 적은 단순가공산업이기 때문에 중간재의 국산화를 방해하는 왜곡 효과가 있다는 것이다.

예를 들어 A상품은 국제가격이 100이고 중간재의 국제가격이 80인 반면, B상품은 국제가격이 100이고 중간재의 국제가격이 20이라고 가정하자. 완제품인 A와 B에는 30%의 관세율을 부과하고 중간재에는 10%의 관세율을 부과하면 A를 생산하는 공정의 실효보호율은 $(42 - 20) / 20 = 110\%$이고, B를 생산하는 공정의 실효보호율은 $(108 - 80) / 80 = 35\%$인바, 단순공정의 국내산업을 과도하게 보호하는 결과라는 설명이다.

이러한 논의를 거쳐 단일세율에 접근하는 방향으로 1980년대 초 개편을 거친 한국의 관세율 구조는 과거보다 매우 단순한 모습을 갖게 되었다.

중소기업금융

필자가 1970년대 중반 관세국에서 옮겨 근무하던 이재국은 지금의 금융위원회의 업무를 맡는 것 외에도 당시 재무부장관이 금융통화운영위원회 의장을 겸임하여 사실상 한국은행을 산하기관으로 취급하는 막강한 조직이었다. 통화량의 관리를 위하여 각 은행이 취급할 수 있는 여신한도를 배정하였으며, 당시 금리규제로 인하여 모든 금융자금의 금리 조정방안을 이재국에서 마련하면 금융통화운영위원회는 이를 의결했다. 모든 시중은행이 정부 소유여서 주주총회 의결을 필요로 하는 은행장 등 임원에 대한 인사권도 이재국을 통하여 행사되었다.

필자가 이재국에서 담당했던 업무 중에는 중소기업금융이 있었다. 중소기업에 대한 금융지원을 원활히 하기 위하여 '신용보증기금'의 설립을 추진하였으며 중소기업은행 등을 통하여 지원되는 금융자금과 재정자금의 확충을 위하여 노력했다.

신용보증기금은 그동안 사업성은 양호하지만 담보력이 약하여 자금조달에 어려움을 겪는 중소기업에 채무이행을 보증하여 금융기관으로부터 대출이 가능하도록 지원하는 역할을 수행했다. 신용보증기금이 설립된 후에도 벤처기업 육성에 특화된 '기술신용보증기금'이 설립되었고, 소기업이나 자영업자에게 신용보증을 제공하는 지역 신용보증재단 등 신용보증제도가 확충되었다.

이 시기에 중소기업에 많은 관심을 두게 된 필자는 후일에도 중소기업금융의 개선을 위한 정책적 노력을 계속했다. 지금은 많이 개선되었지만 과거 기업 간 거래의 대금 결제가 대부분 어음으로 지급되었던 때에는 수취한 어음의 현금화가 중소기업의 가장 큰 어려움이었다. 판매대금으로 받은 어음 중 상당수는 금융기관에서 할인이 불가능하였으며 제 2금융권에서 할인이 가능한 경우에도 높은 할인료를 부담할 수밖에 없었다. 게다가 수취한 어음 중 일부는 부도가 되어 대손처리로 인한 손실의 위험을 떠안는 경우도 드물지 않았다.

이러한 위험은 어음을 할인받아 현금화한 다음에도 배서인으로서 지급할 책임을 면할 수 없었다. 특히, 수취한 어음의 만기일에 유입될 현금을 고려하여 자신의 채무를 변제할 자금계획을 갖고 있던 중소기업이 만기일에 즈음하여 갑자기 받을어음의 부도를 당하면 자신의 채무도 상환계획에 차질이 발생하여 불가피하게 연쇄부도를 내는 상황이 생기곤 했다.

이처럼 만연된 어음 사용은 중소기업에 자금난, 수익성 악화 및 도산 위험 등을 초래하는 커다란 애로사항이자 위협이었다. 결국 1990년대 후반 IMF 경제위기 당시 경제혼란이 가중되었던 배경에는 어음의 연쇄부도로 말미암은 기업의 줄도산이 중심에 있었다.

필자는 오래전부터 어음의 이러한 문제에 관하여 이를 구매자에 대한 대출로 전환하고 공급자인 중소기업에 현금으로 대금이 지급될 수 있도록 제도의 개선이 필요하다는 정책 신념을 갖고 있었다. 그 방법은 1970년대에 필자가 수출금융을 담당하면서 다루었던 로컬 L/C 제도의 환어음 결제와 은행대출 방식을 응용하면 가능하며, 이를 위해서는 어음사용을 은행대출로 대체할 수 있도록 금융자금의 추가 공급이 필요하다고 구상했다. 이러한 구상을 수차례 주변 인사와 논의도 하였지만 조직의 생리상 본인이 담당하지 않는 정책을 추진하기는 어려웠다.

그러던 1999년, 필자는 관세청장에서 재정경제부 차관으로 직책을 옮기게 되었고 이를 실현할 기회를 가질 수 있었다. 금융정책국 관계자들에게 필자의 구상을 설명하고 검토하도록 지시한 후 얼마 지나지 않아 보고서가 제출되었다.

이를 살펴보니 필자가 원하던 내용이었지만 새로운 고민을 하게 되었다. 이 제도를 성공적으로 집행하기 위해서는 은행에게 이를 적극적으로 활용하도록 독려하는 한국은행이 앞장서는 자세가 반드시 필요했다. 그런데 재정경제부가 정책을 발표하여 생색을 낸 다음 한국은행에게 이를 집행하라고 하면 마치 남의 자식을 맡아 키우는 것과 비슷하지 않겠는가 하는 걱정이었다.

고심 끝에 금융정책국 관계자들에게 한국은행으로 하여금 이 정책을 발표하도록 넘겨주라고 지시했다. 처음에는 의아해하던 금융정책국 관계자도 본인의 취지를 이해하고 흔쾌히 따라주었다. 그리하여 한국은행은 총재 이하 전 임원이 동석하여 기자회견을 열고 새로운 제도를 발표하였으며 집행과정에서도 적극적으로 한국은행의 총액대출한도제도를 활용하는 등 은행들을 독려했다.

그 결과 구매자금융제도는 성공적으로 정착되어 시중의 어음 사용을 대폭 대체할 수 있었다. 이어서 기업구매전용카드 등 다른 어음대체 결제수단도 개발되고 전자어음제도의 도입으로 종이어음의 보관 및 관리에 따른 업무부담도 줄어들어 중소기업에게 많은 도움이 되었다.

지금은 고인이 된 전철환 당시 한은총재가 퇴임 시 가장 보람 있었던 일을 묻는 기자의 질문에 '구매자금융제도의 도입'이라고 대답하였다는 신문기사를 읽고 잘된 일이다 싶으면서 당시 필자의 뜻에 따라 주었던 금융정책국 관계자들에게 고맙고 미안한 생각도 들었다. 중소기업정책과 관련된 기타 사항에 대하여는 2부 3장에서 기술하려 한다.

질풍노도의 시절

이 책의 발간을 위해 나남출판에 원고를 송부한 후 편집자들과의 논의를 위해 파주 출판단지에 있는 나남을 방문하였다. 이야기를 마친 후 편집장이 이왕 온 김에 회사의 조상호 회장을 만나보도록 하라는 권고를 따라 회장실로 들어갔다. 필자는 조 회장을 처음 만난다고 생각했는데 그는 필자와 이미 만난 적이 있다고 하면서 다음과 같은 40년 전의 이야기를 하였다.

조 회장은 학창시절, 박정희 정부의 독재체제를 반대하는 학생운동에 적극적이었다. 1970년대 중반 정부에서 학생운동 학생들을 이른바 블랙리스트로 관리하여 신문기자에 취업하고도 기관원의 방해를 받아 조 회장은 그때 바로 창립된 수출입은행에 몇 년간 근무한 경험이 있었다.

그러던 어느 날 자신의 상사인 부장을 수행하여 재무부를 방문한 적이 있었다. 부장과 함께 당시 재무부 이재국의 '엄 사무관'에게 갔었는데 엄 사무관이 자기보다 훨씬 연장자인 부장을 세워놓고 마구 다그치는 장면을 목도하게 되었다.

이를 보고 의분을 느낀 당시 행원이었던 조 회장이 엄 사무관에게 그 무례함에 대하여 항의하였고 이로 말미암아 소란스러운 장면이 전개되었다. 주위의 만류로 곧 수습되었지만 조 회장에게는 잊기 어려운 기억으로 남게 되었다. 그 후 세월이 지난 뒤 지인들과 어울린 자리에서 그 경험을 이야기하였더니 그중 한 사람은 사회 초년생인 조 회장이 실수한 것일 가능성이 크다고 하여 자신의 행동이 옳았다는 확신을 하기 어려웠다고 하면서 오래전 피차간의 만남을 털어놓았다.

이 이야기를 듣고 필자는 너무 오래된 과거의 일이라 기억이 나지 않았다. 그러나 젊은 시절 기고만장하여 함부로 행동하였던 자신을 알고 있는 사람을 우연히 또 한 명 만나게 되었다는 사실이 면구스럽기 그지없었다. 필자 스스로도 과거에 여러 사람에게 마음의 상처를 주었을 법한 행동과 언사를 절제 없이 자행하였다는 가책을 느끼고 있는 터이므로 오래된 과거를 사과하고 너털웃음 속에 다시 이야기를 나누면서 즐거운 시간을 가진 후 헤어졌다. 파주에서 집으로 돌아오는 길에 그 시절을 되짚으면서 조 회장이 이야기하던 사건을 잊힌 기억에서 끄집어낼 수 있었다. 그리고 정말 잊고 싶었던 추억도 함께 따라왔다. 그 이야기를 고해성사하는 심정으로 여기에 적고자 한다.

필자는 1970년대 후반 재무부에서 무역금융을 담당하고 있었는데 중요한 업무는 한국은행 자금을 활용한 수출금융과 함께 수출입은행을 관리하는 일이었다. 당시 설립 초기였던 수출입은행은 조선산업의 지원을 위하여 설립되었다고 하여도 과언이 아닐 만큼 선박의 연불수출 금융을 제공하는 것이 주된 업무였다. 선박을 현금으로 판매하는 경우는 드물고 금융이 함께 제공되므로 좋은 조건의 금융제공은 선박수출에 있어 필수적인 경쟁력을 구성하였다.

연불수출이란 조선회사가 선박을 판매하면 수출입은행이 구매자에게 금융을 제공하고 조선회사는 그 돈으로 수출대금을 회수하며 수출입은행은 장기간에 걸쳐 외국의 구매자로부터 원리금을 상환받는 것이 일반적인 구조이다. 선진국에 수출하는 경우 신용도가 확실한 은행 등이 보증을 제공하지만, 개도국에 수출하는 경우에는 이러한 채권확보 조치가 어려운 경우가 많다. 따라서 국가 신용도가 의문스러운 개도국에 선박을 수출하는 경우에는 본선담보를 설정하여 채무불이행 시 대상 선박을 압류함으로써 수출입은행의 채권을 확보하거나, 용선계약을 통하여 용선료로 선박대금의 지급이 종결된 후에 선박의 소유권을 이전하는 방법을 활용하여 채권을 확보하였다.

그런데 당시 H 조선에서 이러한 채권확보 조치 없이 아프리카에서 국가신용도가 최하위인 국가에 선박을 몇 척 수출하는 계약을 체결하기 위하여 수출입은행에 금융지원을 요청하였다. 수출입은행은 이를 취급하겠다는 내용으로 재무부의 승인을 요청하였다. 당시 일정 금액 이상의 연불수출은 재무부의 승인을 얻어야 했기 때문이다.

필자가 이처럼 신용위험이 큰 연불수출은 승인할 수 없다고 하자 H 조선의 중역이 재무부를 방문하였다. 그는 필자에게 며칠간 읍소하여도 통하지 않자 그러면 정부가 선박 수출할 곳을 알려 달라는 등 떼를 썼다. 필자는 이에 아무리 선박수출이 중요하다 하더라도 대금을 받지 못하면 나랏돈으로 운영되는 수출입은행의 부담으로 직결되기 때문에 불가하다고 받으며 거친 언쟁을 벌였다.

이런 일이 있고 난 뒤 필자는 연불수출금융에 대하여 채권확보 조치를 하는 것은 수출입은행의 책무인데 이를 해태하고 재무부에 책임을 미루는 담당자들에게 몹시 화가 나는 심정이 되었다. 그리하여 수출입은행의 담당 부장을 호출하였고 그가 오자 일체의 예의를 생략하고 다그치기 시작하였다. 은행의 여신

을 담당하면서 어떻게 그리도 무책임할 수 있느냐, 당신 개인의
돈이면 그런 곳에 제대로 된 담보조치 없이 빌려주겠느냐, 당신
은 은행 사람인데 어떻게 H 조선 사람처럼 행동하는가 등이었
을 것으로 생각된다.

그러자 그 부장을 수행하고 와서 뒤에 서있던 수출입은행 직
원이 나서 필자의 무례함에 대하여 항의를 제기하였던 일이 기
억되었다. 어수선한 분위기에서 부장 일행이 돌아간 후 그 직원
이 운동권 출신이라는 이야기를 들은 듯도 한데 그가 바로 후일
나남의 조 회장이었던 것이다. 돌이켜 보면 아마도 노련한 부장
이 필자의 성난 다그침에 직면할 것에 부담을 느끼고 당시 의협
심이 가득 찬 운동권 출신 행원을 호위무사처럼 대동하고 온 것
이 아닌가 하는 생각도 든다.

여하튼 이로 말미암아 수출입은행 담당부장을 다그쳐서 그
연불수출 건을 다시 검토하겠다는 답변을 받아내려는 계획을 이
루지 못한 필자는 매우 분개하게 되었다. 그리하여 이 건을 승
인하지 않음은 물론 앞으로 수출입은행의 다른 업무에 대하여도
더욱 엄격한 잣대를 적용하겠다는 전의를 불태우고 있었는데,
수출입은행의 J 이사로부터 저녁을 같이하자는 전화를 받았다.
J 이사는 필자의 고등학교 20년 정도 선배로 좋은 인품을 가진
분이라고 생각하였으므로 저녁 자리를 하면서 수출입은행의 양
보를 받아낼 요량으로 그 요청을 수락하였다.

약속한 날에 J 이사가 자기 차로 함께 가자고 하여 그의 차에
동승하였는데 우리가 도착한 곳은 매우 커다란 요정(料亭)이었
다. 확실하지는 않으나 담당 부장이 미리 와서 동석하였던 듯하

다. 내키지 않았지만 안내를 따라 들어간 방은 마치 운동장처럼 넓고 모든 것이 번쩍번쩍하면서 가구 등도 화려하기 그지없었다. 가난한 공무원인 필자는 그러한 분위기에 압도되어 전혀 어울리지 않는 곳에 온 느낌이었다.

이어서 떡 벌어지게 차린 교자상이 들어오면서 한복을 곱게 차려입은 여인들이 각자의 옆에 자리하였다. 당시 필자의 옆에 앉은 여인은 참으로 절세의 미녀였다. 40년이 흐른 지금도 그 용모가 기억될 정도로 아름다운 외모를 지녔고 그 용모나 태도에 어떠한 기품도 느껴지는 듯하였다. 치장을 잘하고 화려한 조명 덕도 있었겠지만 그렇게 눈부시게 아름다운 여인이 옆에 앉으니 필자는 스스로가 더욱 초라하게 느껴졌다.

지금 돌이켜 생각하면 그러한 술자리는 수출입은행 이사가 감당할 수 있는 수준을 넘는 것이었고, 아마 H 조선 측이 배후에서 스폰서했던 것이 아닌가 하는 생각이다. 당시에는 그런 생각보다 이 사람들이 지금 나를 이렇게 호화로운 술자리로 압도하려는 것인가 하는 생각에 울화가 치밀어 오르고 마치 우리에 갇힌 들짐승 같은 느낌이 들어 어떻게 해서든지 그 자리를 빠져나가고 싶었다.

그러나 웃는 얼굴로 떠나기는 어려울 듯하고 20년 넘게 학교 선배인 분에게 직접 대들 수도 없는 터라 엉뚱한 데에서 탈출구를 찾게 되었다. 그 여인이 고운 자태로 따르는 양주를 잔에 받으면서 다음과 같은 말을 하였다.

"술집이 너무 으리으리하니까 내가 속이 뒤틀리는구나. 그리고 너는 너무 예뻐서 기분이 나쁘다."

그러면서 술잔을 천천히 그녀의 곱게 단장한 머리 위로 쏟아 부었다. 필자가 생각한 다음 장면은 그녀가 항의하면 간단히 미안하다고 하고 J 이사에게 머리비용과 세탁비를 부탁한 후 자리를 박차고 일어나는 것이었다. 그러나 그 여인은 무릎을 꿇고 두 손을 바닥에 짚은 채로 눈물을 방울방울 떨어뜨리며 '죄송합니다' 하는 말을 되뇌었다.

그 순간 필자는 '내가 이 아름답고 가녀린 여인에게 무슨 야만적인 폭력을 행사한 것인가' 하는 자책감이 엄습해오는 것을 느꼈다. 그리하여 그 술자리는 파했으며 필자는 죄책감과 수치심에 고개를 떨어뜨리고 그녀에게 미안하다는 말도 하지 못한 채 그 자리를 떠났다.

그 후 한동안 당시의 죄책감이 필자를 억눌렀기 때문에 마음고생을 하면서 애를 써서 그 기억을 뇌리에서 묻어버렸다. 그런데 조 회장을 만나 옛이야기를 나누면서 이 모든 기억이 되살아나는 바람에 필자는 그날 잠도 이루지 못하고 당시의 죄책감을 되씹게 되었다.

그리고 필자와 헤어지기 전에 조 회장이 '우리가 질풍노도와 같은 세월을 지나왔지요' 하던 말이 떠올랐다. 아마도 그는 나라의 민주화를 위하여 운동권에서, 필자는 나라의 산업화를 위하여 제도권에서 각각 질풍노도와 같은 시기를 치열하게 지내왔다고도 할 수 있다. 그러나 그 가운데서 꺾이지 않으려는 몸부림인지, 타고난 무례함 때문인지 모르겠으나 안하무인의 행태를 서슴지 않았던 과거의 자신을 되돌아보게 되는 것은 아직도 필자 스스로를 아프게 한다.

공공차관

필자가 미국 유학에서 돌아와 처음 담당한 업무는 공공차관(公共借款)의 도입과 차관사업을 관리하는 업무였다. 정부는 경제개발에 드는 재정자금의 부족을 충당하기 위하여 중앙은행인 한국은행의 통화발행 기능에 의존하는 정부의 한은(韓銀) 차입과 함께 공공차관의 도입을 활성화하여 감소하는 해외원조자금을 대체하고 사회간접자본 확충에 적극적으로 활용했다.

공공차관은 정부가 직접 차입하거나 정부기관이 정부의 보증으로 해외로부터 자금을 차입하는 것으로 그 용도는 대부분 사회간접자본의 건설 등 국토개발과 교육훈련 및 사회개발 등에 쓰인다. 공공차관은 세계은행(International Bank for Reconstruction and Development: IBRD)이나 아시아개발은행(Asian Development Bank: ADB) 등 국제개발금융기구와 외국정부 및 국가금융기관 등으로부터 제공된다. 공공차관은 보통 민간 부문의 상업차관보다 상환 기간이 길고 이자율이 낮다. 정부는 공공차관을 도입하여 재정자금의 부족과 함께 국제수지의 적자를 메우는 목적으로도 활용했다. 한국은 경제가 성장함에 따라 1988년 ADB의 차관공여 대상에서 제외(졸업)되고 1995년 IBRD의 차관공여 대상국에서 제외되었으나, 1997년 IMF 경제위기에 즈음하여 일시적으로 국제개발금융기구로부터의 공공차관 도입을 재개하기도 했다.

필자가 1980년대 초 재무부의 과장으로 공공차관을 관리하는 업무를 담당하던 당시 도입된 공공차관 중에는 한국전력이 실수요자로서 월성 원자력발전소 건설을 위하여 캐나다의 수출입은행(Export Development Canada: EDC)으로부터 도입된 차관이 있었다. 캐나다의 기술과 자금을 도입하여 1970년대 말 착공된 가압중수로형의 월성 원자력발전소는 그즈음 준공되어 상업운전을 앞둔 상태였는데 한전과 차관선인 EDC 사이에 작은 업무 마찰이 생겼다.

원전의 상업운전에 앞서 손해보험에 가입하여야 하는데, 캐나다의 손해보험회사에 보험 가입이 예정되어 있었지만 문제는 보험 가액이었다. 즉, 원자력발전소의 운전 중 발생하는 손실의 한도를 얼마로 할 것인가의 문제였다. 보험 가액이 높으면 보험료도 당연히 비례적으로 높아진다. 원자력발전소는 운전 중 발생하는 손실이 국제적으로 인정되는 기술적 한도가 있음에도 불구하고 EDC 측이 원자력발전소 전체 가액에 대한 보험 가입을 요구했다. 이는 보험료의 바가지를 씌우겠다는 것과 다름없는 행태였으나 한전 측에서는 차관선(借款先)의 주장이 워낙 강하기 때문에 수용할 수밖에 없다는 입장이었다.

이에 거부감을 느낀 필자는 한전의 보험 가입을 보류시키고 직접 EDC와 협상을 벌이기로 했다. 마침 IBRD에 차관협상을 위하여 해외출장이 예정되어 있었기 때문에 워싱턴으로 가는 길에 캐나다 오타와에 들러 EDC를 방문했다. 우리 측은 필자와 동행한 K 사무관이 협상에 임하였고 EDC 측도 두 사람이 협상에 임했다. 협상 진행 중 필자는 그러한 주장이 EDC 기관의 입장이라기보다 담당자 개인의 주장에 기인하였을 가능성이 크다는 인상을 받았다.

워싱턴으로의 출발이 임박한 시점까지도 양측의 입장은 접근을 보지 못했다. 마지막 시점에 필자는 한국정부로서는 그처럼 비정상적인 내용의 보험 가입을 위한 이행협정에 서명할 의도가 없다는 선언을 하고 자리에서 일어났다. 동행한 K 사무관은 깜짝 놀라며 의아해 했다. 그러나 만약 이로 인하여 문제가 생기면 필자를 좌천시키고 후임자가 대신 서명하면 되지, 바가지 쓰는 협정을 서둘러 체결할 이유가 없다고 설명했다.

그리고 우리 일행은 워싱턴으로 옮겨 IBRD와 협상을 진행하던 중 EDC로부터 연락을 받았다. EDC 측이 우리의 입장을 전면 수용할 테니 협정을 체결하자면서 그날로 문서를 준비하여 직원이 오타와에서 워싱턴으로 오겠다는 내용이었다. 아마도 EDC가 무리한 조건을 요구하여 차관사업의 추진에 지장을 초래하는 사태가 부담스럽다고 판단한 것으로 짐작된다.

그날 저녁, EDC 측의 강경 입장을 주장하던 그 직원이 우리측 주장을 그대로 반영한 협정 초안을 들고 우리가 묵고 있는 호텔로 찾아왔다. 마치 전장에서 적장(敵將)의 항복문서를 받아 보는 것과 비슷한 느낌을 맛봤다고나 할까. 아무튼 기분 좋은 경험이었다. 당시 동행한 K 사무관은 장관급 공직을 역임하고 물러났는데 지금도 가끔 필자와 만나면 그때의 일을 떠올리며 함께 파안대소(破顔大笑) 하곤 한다.

필자가 그즈음 관리하던 공공차관사업 중 가장 중요한 업무는 일본으로부터 도입한 해외경제협력기금(Overseas Economic Cooperation Fund: OECF) 차관 등 60억 달러 상당의 공공차관이었다. 주된 사업항목은 도시 하수처리시설이었다. 당시 일본에서는 전국의 도시에 하수종말 처리시설이 거의 종료된 반면, 한국은 아직 도시의 생활하수가 그대로 개천과 강물을 오염시키며 흘러들어 가는 형편이었다. 서울의 중심을 흐르는 청계천도 악취를 풍기는 더러운 오수(汚水)로 이를 복개하여 눈가림한 상태였기 때문에 도시 하수처리시설이 매우 시급한 상황이었다.

이러한 차관사업의 진행을 일본 OECF와 협의하면서 준비하던 어느 날, 아는 사이인 방문객이 사무실로 찾아왔다. 일본 종합상사의 국내대리점을 하는 그는 필자에게 다음과 같은 부탁을 하러 온 것이었다. 그 당시 일본에서는 한국의 도시 하수처리 차관사업을 앞두고 업체 간의 과당경쟁을 방지하기 위하여 일본 당국이 교통정리를 하고 있는데, 선두기업 5곳을 선정하여 한국의 유력업체 한 곳씩과 파트너를 맺어 입찰에 참여하도록 할 예정이며 공사를 주관하는 일본의 엔지니어링 회사도 선정 작업이 마무리 단계라는 것이었다. 그런데 자신이 대리하는 종합상사가 탈락한 상태이므로 그 회사가 참여할 수 있도록 도와 달라는 내용이었다.

이 말을 듣는 순간 정신이 번쩍 드는 느낌이었다. OECF 담당자로부터 과거 일본의 도시 하수처리사업에 참여했던 업체의 리스트를 19곳 정도 받아놓았기 때문에 경쟁입찰을 진행하는 데 별문제가 없으리라고 생각했는데 만약 지금 들은 이야기대로 진행되면 차관사업은 완전히 바가지를 쓰게 될 위험에 처한 셈이었다. 이에 반대한다 해도 OECF가 차관사업의 성공을 담보하기 위해서는 시공업체를 선별할 필요가 있다고 주장하고 파트너인 한국업체가 압력을 가한다면 재무부의 일개 과장으로는 버티기 어려운 일이다. 설사 장관이 나서더라도 파트너로 선정되었다는 업체들의 면면으로 보아 승산이 희박하다고 판단되었다.

며칠을 고민한 끝에 청와대 산업담당 비서관을 찾아갔다. 상황을 설명하고 OECF와 다툼을 벌이다 자칫하면 차관사업을 무산시키겠다는 위협도 당할 수 있는데 이를 대통령에게 보고하여 힘을 실어 달라는 부탁과 함께, 이번 기회를 이용하여 한국의 엔지니어링 업체가 기술 독립을 할 수 있도록 지원하자고 제안했다. 당시 한국의 토목사업 중 고도의 기술이 수반되는 사업은 대부분 일본의 엔지니어링 회사에 의하여 공사의 관리가 이루어졌다. 그러므로 입찰 참여회사를 19곳으로 확대함과 아울러 공사관리를 일본 엔지니어링 회사와 한국 엔지니어링 회사가 공동으로 담당하도록 조건을 붙여 관철하겠다는 취지였다.

다행히 담당 비서관이 필자의 뜻에 전적으로 동의하면서 그 내용을 대통령에게 보고하였으며 대통령은 보고서에 '이대로 할 것'이라는 지시사항을 부기하여 결재했다. 그리고 며칠 후에 OECF로부터 사업진행에 대한 제안서가 도착했다. 예상대로 입찰 참여자격을 일본의 5개 업체로 한정하고, 예상 공사금액, 한국과 일본에서 나누어 담당할 사업의 내용 등이 포함되었다. 이에 대하여 필자는 입찰 참여자격을 19개 업체로 확대하고 한국의 엔지니어링 회사를 공사관리 공동주관사로 선정하여야 한다는 대안을 제시했다.

처음에는 OECF가 협상을 시작하더니 나중에는 사업 파트너로 선정된 한국회사의 임원들이 번갈아 찾아와 읍소(泣訴)와 협박을 했다. 협박의 내용은 당신의 주장대로 시공회사를 확대하였다가 부실사업이 되면 책임질 수 있느냐는 것이었다. 필자가 꿈쩍도 하지 않자 유력 정치인을 동원하여 장관에게 압력을 가하기 시작했다. 이러한 시점에 대통령에게 보고된 내용이 공개되면서 국내에서의 모든 논의는 잠잠하게 되었고 OECF도 필자의 의견에 따라주었다.

변경된 내용에 따라 차관사업의 맨 처음 공사인 탄천 하수처리장 입찰을 시행하자 그 결과는 놀라웠다. 필자가 기억하기로 낙찰금액은 OECF 예상금액의 40% 수준이었고, 애초에는 시설 및 공사의 원산지 중 일본이 80%, 한국이 20%였지만 결과는 일본 30%, 한국 70%로 나타났다. 이는 일본에서 도시 하수처리사업이 종결되어 계속 일감이 없어진 일본회사들의 절박한 상황이 반영된 것이며, 원가절감을 위하여 한국에서 생산 가능한 시설 등을 가능한 한 현지에서 저가로 조달하려는 노력의 결과였다. 이로 말미암아 한국에서 기계류 등의 구매과정 중 많은 기술이전도 얻을 수 있었다. 그리고 한국의 엔지니어링 회사들이 몇 번의 공동 공사관리를 경험한 다음 단독으로도 사업을 관리할 수 있는 기술 독립을 획득한 것도 커다란 소득이었다.

그로부터 얼마를 지나 우연히 필자에게 부탁하러 찾아와 사태의 심각성을 일깨워주었던 당사자를 만나게 되었다. 그 인사가 대리하는 일본의 종합상사도 한 건의 공사를 수주하는 데 성공하였기 때문에 축하한다고 말을 건네자 시무룩한 답변이 돌아왔다. 아무런 이익도 남기지 못했는데 공사를 따면 무슨 소용이냐는 내용이었다. 미안한 일이지만 이러한 답변은 필자에게 매우 듣기 좋았다. 당시 차관사업으로 시공한 도시 하수처리장들은 모두 성공적으로 가동되었다. 그리고 몇 해가 지난 다음에는 복개된 청계천을 다시 벗겨낼 수 있을 정도로 한국의 하수처리와 수질오염이 개선되는 성과를 확인할 수 있었다.

필자가 공공차관사업을 관리하는 업무를 담당하던 어느 날 새마을운동 본부로 불려간 적이 있었다. 당시 새마을운동 본부는 대통령의 가까운 인척이 회장으로 있었기 때문에 그 위세가 대단했다. 회장실로 들어가라고 해서 들어가 보니 회장 혼자 테이블에 커다란 지도를 펼쳐놓고 앉아있었다. 그는 필자에게 자리를 권하면서 말을 건넸다.

"엄 과장이 아주 뛰어난 사람이라는 이야기를 듣고 있어요. 비록 내가 큰 힘은 없지만 앞으로 엄 과장 같은 훌륭한 관료의 버팀목이 되어줄 생각이오."

필자는 무슨 용건인지는 모르겠지만 정신 바짝 차려야겠다고 다짐하며 자리에 앉았다. 그는 이어서 필자를 호출한 이유를 설명하기 시작했다.

"이 지도는 인천 앞에 있는 영종도요. 내가 이곳에 청소년수련원을 지어 우리나라의 미래세대를 육성하는 목적으로 활용할 생각이요. 그리고 골프장과 호텔도 함께 지어 국내외 관광객도 유치할 예정이요. 어제 헬기에 건설부장관을 태우고 현장을 둘러보았는데 장관도 매우 좋은 사업이라고 하였어요. 문제는 자금인데 건설부에는 예산이 없다고 하고 재무부에서 관장하는 일본 차관자금이 많이 남았다면서 그것을 활용하면 좋을 듯하다는 의견이 있더군요."

그제야 필자는 무슨 일인지 윤곽이 들어왔다. 당시 일본의 OECF 차관 등 60억 달러를 도입하여 도시 하수처리장 건설에 사용하였는데 차관선과의 싸움을 통해 상당한 규모의 자금을 절약한 바 있었다. 그러나 도시 하수처리장의 건설을 기다리는 지역이 한두 군데가 아니고 설사 여유자금이 있다고 하더라도 국가의 빚인 공공차관을 누구의 땅인지도 모르는 부동산 개발에 사용할 수는 없었다.

그는 이어서 사업 내용에 대한 설명과 자신이 국가를 위해 얼마나 힘쓰고 있는가를 이야기했지만 필자는 어떻게 하면 부작용 없이 이 요구를 거절할 것인가만 궁리하고 있었다. 그는 이야기를 마치고 필자의 의견을 묻는 표정으로 쳐다보았다.

"저도 좋은 사업이라고 생각합니다만, 한 가지는 회장께서 도와주셔야 제가 일을 추진할 수 있겠습니다. 말씀하신 일본 차관은 도입 단계부터 대통령께서 각별한 관심을 가지고 계신 사항입니다. 회장께서 대통령께 직접 말씀을 드려주십시오."

순간 그의 표정이 심하게 굳어지는 것을 볼 수 있었다. 하기야 대통령한테 이야기할 수 있는 일이라면 무엇하러 재무부 실무과장을 불렀겠는가. 그는 "알았으니 돌아가시오" 하고 필자를 돌려보냈다.

혹시 몰라서 다음날 장관에게 결재받는 기회에 새마을운동 본부에 다녀온 사실을 보고하려 했으나 장관은 보고할 필요가 없다면서 들으려 하지 않았다. 새마을운동 본부에서도 다시 아무런 연락이 없었다. 그 후에 영종도에는 국제공항이 건설되었으니 그 부동산이 누구의 것인지 몰라도 가치가 많이 상승하였으리라 짐작된다.

외국인 투자

필자는 재무부의 공공차관을 담당하는 업무로부터 외국인 직접투자를 담당하는 업무로 부서를 옮겨 근무하게 되었다. 국제투자는 그 목적에 따라 직접투자(*direct investment*)와 간접투자(*indirect investment*) 또는 증권투자(*portfolio investment*)로 구분된다.

직접투자는 해외기업의 경영지배 또는 통제를 목적으로 주식이나 지분을 취득하는 투자로서 자본과 함께 제품, 기술, 특허 및 경영기법 등 모든 경영자원이 동시에 이동하는 것이 보통이다. 이에 비하여 증권투자는 경영권과 관계없이 단순한 배당금이나 이자 또는 매매차익 등의 수입을 목적으로 외국기업의 주식 또는 채권 등 금융자산을 취득하는 투자를 의미한다.

필자가 담당했던 업무는 외국인 직접투자(*foreign direct investment*: FDI) 분야에 해당하는 범위였다.

한국정부는 경제개발을 추진하는 과정에서 투자에 필요한 자금을 조달할 때 내자(內資) 동원의 극대화를 우선으로 하고 필요한 범위에서 외국자본의 도입을 허용했다. 기업은 외자를 도입할 경우 FDI보다 상업차관을 선호하였고, 정부도 FDI를 제한적으로 허용함으로써 기업의 요구에 응했다.

이는 FDI 중심으로 외국자본을 유치한 중국이나 동남아시아 국가와 차이가 있다. 이들 국가는 FDI를 통하여 자본과 기술을 함께 도입했다. 반면 한국기업은 상업차관으로 자본을 도입하고 필요한 기술은 기술이전계약, 즉 라이선싱(licensing)을 통하여 각각 도입함으로써 자신이 주체가 되어 자본과 기술을 활용하는 것을 선호했다.

한국 기업의 이러한 선택은 경제개발 초기에 부족한 자본의 한계수익률이 매우 높았기 때문에 자신이 자본의 사업수익을 획득하고 국제금리에 의한 이자나 기술이전 로열티를 부담하는 것이 유리하다고 판단한 때문으로 보인다.

부득이한 경우에는 FDI를 합작투자(joint venture) 우선의 방법으로 유치하였는데 이러한 합작투자 중 많은 사업이 나중에 경영권 분쟁을 겪기도 했다. 이들 분쟁의 상당수는 한국의 투자 파트너가 외국인 투자자를 회사 경영에서 배제하려는 의도 때문에 비롯되었다.

그러나 필자가 외국인 투자 업무를 담당한 1980년대 중반부터는 선진국 기업이 경쟁력의 확보를 위하여 생산비용이 저렴한 외국으로 제조활동을 이전하는 오프쇼링(off-shoring) 형태의 해외진출이 늘어났고, 이를 유치하기 위한 국가 간 경쟁이 벌어지게 되었다. 이러한 국제적 추세에 따라 한국정부도 FDI를 개방하고 유치하는 방향으로 정책을 전환했다. 특히, IMF 경제위기에 즈음하여서는 자본이동을 대폭 개방하여 외국자본에 의한 인수·합병(mergers and acquisitions: M&A)도 전면적으로 허용되었다.

필자가 재무부의 외국인 투자를 담당하는 부서의 과장으로 근무하던 중 세계 굴지의 다국적기업인 미국의 화학회사가 한국에 외국인 투자를 신청했다. 투자하겠다는 업종은 산업용 안료로 널리 쓰이는 이산화타이타늄 제조공장이었다. 당시 미국의 다국적기업이 국내에 투자하는 것은 경제적 효과뿐 아니라, 미군 1개 사단이 주둔하는 것과 비견할 수 있는 안보상의 의미가 있는 것이라는 식자의 견해가 언론에 회자(膾炙)되던 시기였다.

일단은 투자신청에 대하여 환영의 뜻을 표하였지만 화학업종의 특성상 당시 환경청에 의견을 조회했다.

선진국은 엄격한 공해(公害)방지 법규를 시행하여 기업이 공해를 유발하는 공장의 설립이 일반적으로 불가능하거나 공해방지시설에 막대한 투자가 필요하다. 반면 개도국은 경제개발 초기 단계에 공해에 대한 인식이 부족하고 관련 법규가 미비한 경우가 많으므로 선진국기업이 FDI를 통해 공해유발 공장을 개도국으로 이전하는 사례도 적지 않았다.

과거 선진국의 기업은 공해의 원인이 되는 산업폐기물을 수출하여 국제적 문제가 되기도 하였지만, 바젤협정의 발효로 이에 대한 통제가 이루어지게 되었다. 산업폐기물의 처리가 어려워진 점이 선진국 기업으로 하여금 이러한 폐기물을 발생시키는 산업의 해외이전을 더욱 필요로 하게 만드는 측면도 있었다고 보인다. 그러나 개도국도 점차 공해발생을 통제하여야 할 필요성을 인식하였고, 비정부기구(NGO)의 국제적 활동 등으로 FDI에 의한 공해산업 이전은 어려워지고 있었다. 한국에서도 환경문제에 대한 사회적 인식이 점점 높아지는 상황이었다.

얼마 후 환경청은 이산화타이타늄 제조공장이 공해배출시설이어서 외국인 투자를 받아들이는 것이 적절치 않다는 내용의 의견서를 보냈다. 이를 외국인 투자 신청인에게 통보하였더니 강력한 항의가 제기되었다. 당시 한국에서 이미 가동되고 있는 이산화타이타늄을 생산하는 한국기업의 공장이야말로 공해를 배출하는 대표적 시설이며, 이번에 미국기업이 투자하려는 공장은 기존의 한국공장과 비교할 수 없을 만큼 공해배출이 저감된 친환경적 시설이라는 내용이었다.

그리고 자신의 투자계획을 저지하려는 한국기업의 작용이 있는 것으로 파악하고 있다면서 훨씬 심한 공해배출 기업이 그보다 비교할 수 없을 정도로 공해관리가 양호한 기업을 공해를 이유로 저지한다는 것은 참으로 난센스가 아닐 수 없다고 항의했다.

그들이 주장하는 기술적 내용을 확인한 결과 대체로 사실인 것으로 파악되었다. 당시 한국의 동종 산업공장은 공해배출로 말미암아 지역사회에서도 커다란 민원의 대상이었다. 환경청에 이러한 사실의 확인을 요청한 결과 환경청 담당자도 그러한 사실을 시인했다. 그러나 한국 기업의 공장시설은 앞으로 공해배출을 저감하도록 개선계획을 수립하고 있으며, 아무리 공해방지시설을 한다고 하더라도 이산화타이타늄 제조공장이 공해배출시설인 것은 변함없는 사실이라는 의견을 굽히지 않았다.

필자와 외국인 투자 담당자들은 함께 커다란 고민에 빠졌다. 생각 같아서는 이산화타이타늄 산업이 한국에 꼭 필요하다면 기존의 공장을 폐쇄하고 이번 외국인 투자로 대체하는 것이 바람직하겠지만 이는 재무부의 권한 밖의 사안이었다. 그렇다고 어차피 더 심한 공해배출 공장이 기존에 있으니 공해를 잘 관리하는 공장을 하나 더 세운들 문제가 없다는 논리도 용납하기 어려웠다.

당시 한국정부의 정책담당자들에게는 경제개발 초기에 마산 수출자유지역을 설립하여 여러 외국기업을 유치하였는데 일본으로부터 다수의 공해기업이 그곳으로 진출한 결과 이은상 시인의 "내 고향 남쪽바다 그 파란 물"이었던 마산 해역이 완전히 오염되어 버렸던 아픈 기억의 상처가 남아 있었다. 논의에 논의를 거듭한 결과 현실적 형평성을 저버리는 결과가 될지라도 미국 다국적기업의 투자신청을 수용하지 않기로 했다.

당시 미국 다국적기업의 한국투자를 추진했던 한국지사의 지사장은 필자와 학창시절부터 친분이 있던 인사였다. 그 일이 있고 난 뒤에는 필자와 혹시 마주칠 경우가 있어도 멀리에서부터 필자를 피하는 모습을 수차례 볼 수 있었다.

공직생활을 하면서 아는 사람들의 부탁을 거절하고 그들로부터 적대적인 표정과 몸짓을 대면하는 일은 익숙하게 되었지만, 이 건에 대하여는 필자도 매우 미안한 마음이었다. 필자가 담당했던 한국정부의 결정이 명백하게 내국기업과 외국기업을 차별하는 내용이라는 비판을 면하기 어렵다고 생각하였기 때문이다. 그러나 공인으로서 그러한 입장을 가볍게 표현하지도 못하고 마음의 부담으로 남겨두었다.

필자는 이 글을 쓰면서 이산화타이타늄을 생산하던 한국기업이 지금 어떠한 상황인지 궁금해 인터넷을 통하여 살펴보았다. 그동안 회사의 경영주체도 바뀌고 회사명도 변경되었으며 공장도 새로운 장소로 옮긴 것을 확인할 수 있었다. 그런데 그 공장이 세계최대의 생산능력을 보유하고 생산량의 70%를 해외에 수출한다는 내용을 접하고는 매우 궁금한 느낌을 금할 수 없었다.

이제는 이산화타이타늄 공장이 더는 공해시설이 아니란 것인지, 아니면 외국에서는 공해시설로 외면하는 공장을 한국에서 가동하여 전 세계에 공급한다는 것인지 둘 중 하나일 가능성이 크다. 만약 후자가 사실이라면 이는 한국의 현재 경제발전 단계에서 다시 한 번 짚어보아야 할 사안이 아닐까 하는 생각이다.

필자가 재무부에서 외국인 투자업무를 담당하던 당시, 미국의 레이건 정부는 경기침체 가운데 국제수지의 적자가 확대되는 경제적 어려움을 극복하기 위하여 공정무역의 기치를 내세우고 자국 〈무역통상법〉 301조에 의한 보복조치를 행사하며 교역상대국에 시장개방의 압력을 가했다. 이러한 통상압력은 그동안 일본에 집중되었으나 1980년대에 들어서면서 한국을 비롯한 아시아 신흥공업국에도 확산되어 경제부처들은 미국과의 통상마찰에 많은 주의를 기울였다. 왜냐하면 미국의 대외통상을 담당하는 책임자들이 시장개방의 당위성과 보복의 가능성을 계속 언론에 쏟아냈기 때문이다.

그 당시 한국의 생명보험시장은 소수의 국내 생명보험회사에 의하여 과점화되어 있었다. 경제가 성장하면서 국민소득이 증가하여 보험 가입이 늘어나고 높은 금리와 자산가격의 급속한 상승으로 자금운용의 수익률이 제고되었다. 이에 따라 생명보험은 아주 높은 독과점 이윤을 보장하는, 그야말로 '황금알을 낳는 거위'로 인식되었으며 이에 참여하지 못한 국내기업도 많은 관심을 가지고 기회를 엿보는 상황이었다.

미국의 거대한 보험회사가 이러한 한국의 생명보험시장에 관심을 갖게 된 것은 어찌 보면 당연한 일이었다. 그리고 어느 날, 재무부에 미국의 대표적 보험회사가 한국에 생명보험업을 영위하는 현지법인을 설립하겠다는 투자신청서가 접수되었다.

그런데 이러한 투자신청서가 접수되자마자 상사로부터 이 투자신청을 기각(棄却)하는 내용으로 결재를 품신하라는 지시가 내려왔다. 필자는 당시 분위기가 심상치 않으니 조금 추이를 지켜보자는 의견을 제시했지만 오히려 처리를 더욱 서두르라는 독촉이 돌아왔다.

필자는 당시 재무부 간부들이 한미 통상마찰의 위험성을 모를 리가 없을 터인데 이처럼 서두르는 배경에는 국내 생명보험회사들이 정치적으로 접근하여 재무부가 저항하기 어려운 윗선의 지시가 있을 것이라 짐작했다. 그러한 상황이라면 미국 보험회사의 신청을 기각하는 문서를 위로 가지고 가는 것이 바람직하지 않다고 판단하고 과장인 필자의 전결로 외국인 투자를 거부하는 공문을 시행했다.

이에 대한 미국 정부의 반응은 놀라울 정도로 신속했다. 며칠 후 필자가 전해들은 바에 의하면 한국정부가 투자신청을 거부하였다는 소식을 접하자마자 백악관에서 소집된 관계부처 연석회의에서 업계 대표도 참여한 가운데 한국에 대한 즉각적이고 전면적인 무역제재를 결정하였다는 것이다. 이제는 한국정부가 절박한 입장이 되었다.

결국은 주한 미국대사관과 연락 관계에 있는 인사에게 필자가 전결한 문서의 복사본을 들고 가서 그러한 한국정부의 결정이 정책적 판단에 의한 것이 아니고 실무선에서의 절차적 처리였음을 설명하도록 했다. 그리고 필자는 좌천성(?) 인사발령으로 다른 직책으로 옮긴 다음, 후임자가 다시 미국 보험회사의 투자신청을 받아 처리하도록 함으로써 사태는 진정되었다.

그런 일이 있은 후 얼마 지나지 않아 필자는 재무부 복도에서 평소 약간의 안면이 있는 주한 미국대사관의 경제담당관과 마주쳤다. 가볍게 인사를 나누고 지나치려는데 그가 약간 비우호적 표정을 지으며 "당신 자리를 옮긴 것으로 들었다"며 말을 걸어왔다. 이에 필자는 조금은 과장되게 낭패한 표정을 지으며 "내가 업무를 처리하는 데 약간의 문제가 있었다"라고 대답했다. 그러자 그 경제담당관은 '알고 있다'라는 뜻과 '딱하게 됐다'라는 뜻으로 필자가 읽었던 표정으로 '그렇구나' 하면서 헤어졌다. 지나쳐가는 그의 뒷모습을 보면서 미국 측이 그렇게 이해한다니 다행이라는 생각과 함께 왠지 서운한 느낌이 마음 한구석에 스쳐 가는 것을 떨칠 수가 없었다.

환율과 통상마찰 단상

필자는 외국인 투자 담당부서에서 기획관리실로 옮겨 재무부의 업무계획과 국회 관련 업무를 담당한 후에, 국제금융국으로 옮겨 국제수지 및 외환제도의 운용을 담당하게 되었다. 가장 중요한 사항은 환율을 관리하면서 당시 미국으로부터의 '환율조작국' 공세에 대처하는 일이었다.

한국의 국제수지는 계속 적자(赤字)를 나타냈으나 1986년부터 흑자(黑字)로 전환되어 필자가 그 업무를 담당하게 된 1988년에는 3년간 제법 큰 규모의 국제수지 흑자가 계속되었다. 국제수지가 적자인 기간에도 미국과의 양자 간 무역수지는 흑자를 기록했으나 미국으로부터의 통상압력은 그다지 염려할 수준은 아니었다. 그러나 전체 무역수지마저 흑자로 바뀌고 미국과의 양자 간 무역수지 흑자의 규모도 확대되면서 미국이 한국에 대한 공정무역 공세의 수위를 높이고 있었다. 따라서 이러한 통상마찰의 관리가 중요해졌다.

당시 한국의 환율은 복수통화바스켓에 의한 변동환율제도를 채택하여 주요국 통화의 시장가격 변동을 한국과의 교역 규모에 따른 가중치를 부여하여 반영하도록 했으나, 환율의 실세반영 장치라는 명목으로 정부가 이를 조정할 수 있는 수단을 보유했다. 그리고 정부는 환율수준을 수출업체의 국제경쟁력이 유지될 수 있는 범위에서 운영했다. 따라서 미국의 입장에서는 한국이 환율조작국이라는 공세를 취할 근거가 있다고도 볼 수 있었다.

한미 양국은 이러한 환율문제의 해결을 위하여 양국 재무부 차관보급을 대표로 하여 협상하기로 했다. 장소는 서울과 워싱턴의 중간지점인 하와이로 결정했다. 협상을 시작하자 미국 대표는 한국의 환율제도를 개편하여 시장환율을 왜곡 없이 반영할 것을 요구하였고, 한국 측은 외환시장의 미성숙을 이유로 시간이 더 필요하다고 설명했다.

그러자 미국은 구체적인 원/달러 환율의 절상(切上)을 요구하는 수준을 제시하였으며, 양측이 밀고 당기기를 계속하다 한국 측이 출발 전에 관계장관 회의를 통하여 마련한 협상안 범위 내로 절상수준을 낮추어 환율협상을 타결했다. 그 당시 미국 대표의 발언으로 보아 미국이 일본에 대한 압력으로 엔화 절상을 통해 감축시킨 미국의 무역적자가 한국에 의하여 도로 확대되고 있다는 피해의식을 가진 것으로 보였다.

당시 한국의 협상팀은 하와이 공항에서 협상 장소인 호텔로 직행하여 출발시각이 임박할 때까지 협상을 진행하다 겨우 마무리하고 부랴부랴 공항에서 귀국 항공편에 탑승했다. 필자는 이렇게 비치(beach)도 구경 못 할 것을 무엇하러 하와이로 협상 장소를 정했는가 하면서 투덜거리다가 협상 대표인 상관으로부터 핀잔을 받았다.

한국의 환율제도는 1990년 외국환은행 간 외환시장에서 실제 거래된 환율을 반영하여 결정하는 시장평균환율 제도를 도입하면서 하루 중 환율변동의 제한 폭을 설정하였는데, 1997년 외환위기의 와중에 일중 변동 폭 제한을 폐지하여 현행의 자유변동환율 제도로 이행했다.

통상마찰 주제를 좀더 다루기로 한다. 1980년대 중반 이후 미국은 공정무역을 기치로 내세워 결과지향적 상호주의를 추구했다. 〈종합통상법〉에 의한 보복조치를 동원하여 양국 간 국제수지의 균형 또는 산업별 불균형의 시정을 요구하는 등 반대급부의 제공 없이 상대국의 일방적 양허를 강제했다. 이러한 미국의 통상정책은 상호주의를 해석함에 있어 현재로부터 장래의 등가교환을 평가하는 GATT 체제의 전통적 상호주의와 상이한 해석으로, 과거로부터 현재까지의 불균형한 관계를 수정하는 의미가 있다.

이러한 미국의 일방적 시장개방 요구가 제기된 무역상대국은 일본이었으며, 이어서 한국 등 아시아의 선발개도국에게 미국적 상호주의 요구가 확산되고 있었다. 그러나 이러한 미국의 공격적 통상정책이 한국에 불리하기만 했던 것은 아니다.

2차 세계대전 후 미국과 일본은 정치적으로 강력한 결속관계를 형성하였지만 경제적으로는 다양한 마찰관계를 표출하였다. 이러한 경제적 마찰은 미국과 일본뿐 아니라 다수의 양국관계에서 볼 수 있는 현상이지만, 1970년대와 1980년대의 미·일 관계는 두 나라 사이의 무역불균형 심화가 미국의 경제침체와 함께 진전되었기 때문에 더욱 격화된 양상으로 전개되었다.

미·일 무역마찰은 1950~1960년대에 걸친 면제품, 섬유 분야부터 시작되어 1970년대 철강 및 컬러 TV, 1980년대 초 자동차에 이어 반도체 등 다양한 산업 간 갈등이 이어졌고, 일본의 시장개방과 관련하여 쇠고기, 오렌지 및 정부조달 등 많은 품목이 협상의 대상으로 등장했다.

미국의 기업은 일본의 불공정한 무역관행으로 피해를 본다며 피해구제를 요구하였고, 기업의 압력에 민감한 의회는 〈통상법〉을 강화하는 한편 정부에게 강력한 대응을 촉구했다. 미국 정부는 일본 제품의 무질서한 대미수출 증대와 아울러 미국 기업의 일본 시장 진출에 대한 장벽이 양국 간 무역수지 불균형의 원인이므로, 이에 대한 시정을 요구하는 차원에서 일본의 유통제도 및 저축과잉 등 구조적 문제와 거시경제적 상황을 거론했다. 이에 대하여 일본 측도 미국의 과잉소비와 기업의 비효율 등을 문제로 제기했다.

양국 간 협상은 산업별 무역에 대한 개별적 논의와 제도적, 구조적 문제에 대한 포괄적 논의가 병행되었다. 산업별 무역불균형에 대한 협상은 미국의 결과주의적 문제제기에 따라 GATT의 원칙을 우회하는 수출 자율규제(voluntary export restraints: VER) 등 회색지대 조치로 결론이 도출되는 경우가 많았다.

자동차산업에서는 1981년 일본 정부가 자동차 수출 자율규제 방침을 공표하여 정부의 개입 아래 미국 시장에 대한 일본 기업의 자동차 수출 물량을 제한했다. 이러한 결정은 일본 자동차 기업이 배타적 수출쿼터에 의한 수출가격의 인상, 대미투자에 의한 현지공장의 건설 등과 함께 기존의 소형, 저가의 자동차 수출에서 대형, 고가의 자동차 시장, 즉 상위시장(up-market)으로 진입하는 방법으로 대응하도록 만들었다.

일본의 자동차 수출이 상위시장으로 이동하면서 하위시장에 생긴 공간은 미국의 자동차 기업보다는 오히려 유럽 등 제3국 기업에 미국 시장진출의 기회를 제공했다. 1970년대 후반 중남미 지역에 수출을 시작한 한국의 자동차 산업도 1980년대 중반 미국 시장에 진출했다. 만약 일본의 자동차 기업이 종전처럼 하위시장에 머물러 있었다면 한국 자동차 기업의 미국 진출이 실제처럼 성공적이기는 쉽지 않았을 것이라는 분석도 있다.

메모리반도체 산업은 1980년대 중반 일본 기업들의 과잉투자에 따른 세계시장에서 과잉공급으로 반도체 가격이 폭락했다. 미국 정부는 반도체산업이 기술혁신을 통한 외부 효과가 크고 규모의 경제 효과가 크기 때문에 이를 전략산업으로 간주하고 자국의 반도체산업을 보호하기 위하여 일본 정부와 1986년 반도체 무역협정을 체결했다.

이 협정은 두 부문으로 구성되었다. 첫째는 일본 기업이 덤핑 (*dumping*) 하지 않도록 가격약속을 하고 일본 정부가 그 이행을 감시하는 것이며, 또 하나는 일본 정부가 일본의 반도체 시장에 대한 외국업체의 시장점유율을 5년 안에 20%까지 확대할 것을 약속한 내용이다. 이러한 형태의 조치를 자율수입확대(*voluntary import expansion*: VIE) 라고 한다.

이러한 조치의 결과로 미국의 반도체 생산자가 많은 이익을 받았고 일본의 과잉투자 반도체 회사도 도움을 받았지만, 가장 큰 수혜자는 제3국, 즉 유럽과 한국의 반도체 회사였다고 할 수 있다. 특히, 1980년대 초 대규모 투자의 결단으로 반도체산업에 후발주자로 참여한 한국의 기업은 생산을 개시한 1980년대 중반 반도체 가격의 폭락으로 심각한 경영압박에 시달렸는데, 반도체 가격이 반등함으로 어려움을 면할 수 있었다.

게다가 외국으로부터 반도체 수입의 의무를 부담한 일본 시장에 진출하는 기회까지 얻어 한국의 반도체산업이 약진하는 계기가 마련되었다. 이처럼 세계 반도체산업에 도움을 준 조치가 반도체의 수요자인 컴퓨터 회사의 부담에 의한 것이며, 컴퓨터 회사의 대부분은 미국 기업이라는 점은 역설적이라고 할 수 있다.

한국의 자동차산업과 반도체산업이 미·일 간 통상마찰로 인한 기회 때문에 발전한 것이라고 할 수는 없지만, 산업에 진입한 지 얼마 지나지 않은 설립 초기의 한국 기업에 이러한 기회가 없었다면 한국의 자동차산업과 반도체산업의 모습은 현재와 상당히 다를 수도 있다.

미·일 통상마찰의 과정에서 볼 수 있는 것과 같이 자국 산업
의 경쟁력 약화로 초래된 무역불균형을 양국 간의 압력과 협상
으로 해결하려는 노력은 애초 의도와 다르게 자국 경제에 다른
부담을 초래하거나 제3국 수출업체에게 기회를 제공하는 결과
가 되기도 한다.

GATT와 UR 협상

필자는 외환정책과장으로 근무한 다음 승진하여 제네바대표부에
서 재무관으로 근무하게 되었다. 1989년부터 3년여 기간 동안
당시 막바지 단계에 있던 우루과이 라운드(Uruguay Round: UR)
협상 중 3개 부문인 시장접근, 보조금 및 상계관세(보조금 협상)
와 무역 관련 투자의 협상책임을 담당했다.

1986년 시작된 UR 협상은 GATT 사상 가장 범위가 넓고 목표
가 큰 무역자유화 협상이었다. 즉, GATT 체제에서 사실상 예외
적 분야로 취급되어온 농산물과 섬유 무역뿐 아니라, GATT의 영
역 밖의 분야로 인식되어온 서비스 무역, 투자 및 지적 재산권
등의 이슈를 협상의제로 다루게 된 것이다.

이처럼 다양한 UR 협상 의제는 참여국의 엇갈린 이해관계를
나타낸 것이었지만, 각국이 관심사항을 서로 주고받는 거래를 통
하여 최종적으로 어렵게 협상을 마무리할 수 있었다. 회색조치
등 불투명한 관리무역적 행태를 해소하고 분쟁해결 절차를 정비
하여 국가 간 무역분쟁에 대한 다자간 규율을 강화한 것도 커다란

소득이라고 할 수 있다.

이처럼 단순한 국제협정이었던 GATT 체제의 권능이 확대되면서 협정의 형태로부터 국제기구로의 발전적 전환이 필요하다는 인식에 따라 1995년 세계무역기구(WTO)가 출범했다. WTO는 상품무역, 서비스 무역 및 지적 재산권을 규범적 내용으로 하고 분쟁해결과 무역정책 검토를 기구적 권능으로 한다.

필자가 UR 협상에 참여하던 당시 제일 고생스러웠던 것은 무엇보다 영어 소통능력이었다. GATT 회의는 대부분 라운드테이블에서 열리는데 양자협상보다 훨씬 더 어려움을 느끼곤 했다. 미리 준비하여 간 발언문을 읽을 때 회의의 흐름과 맞지 않는 경우가 많았기 때문에 각국 대표의 발언을 경청하다 보면 자신의 발언을 정리하기 어렵고 발언에 신경 쓰다 보면 회의의 흐름을 놓치기 일쑤였다. 그래도 영어가 모국어가 아닌 사람이 영어 서툰 게 무슨 흉이겠느냐 하고 자신을 격려하며 주장하고 싶은 것들은 거침없이 용감하게(?) 토의에 참여하던 기억이 새롭다.

요즈음 젊은 세대의 영어 구사능력을 보면 중고등학교 시절 일본식 영어로 수업을 받았던 필자로서는 부러움이 들곤 한다. 하기야 필자도 선배로부터 영어를 잘한다고 칭찬을 들은 적이 있으니 호랑이 담배 먹던 시절이라는 말이 실감이 나는 때였다. 근무기간 동안 크고 작은 많은 일이 있었지만 그중 기억나는 세 가지 경험에 대하여 그때의 기억을 되살려 본다.

첫째로, 필자가 부임하고 몇 주 후, 한국의 국제수지조항 졸업

문제를 다루게 될 국제수지위원회가 예정되어 있었다. GATT는 원칙적으로 관세에 의한 수입규제만 인정하고 그 외의 수량제한 조치는 금지한다. 그러나 국제수지의 방어에 어려움이 있는 경우 개도국은 GATT 18조 B항의 규정에 따라 예외적으로 수량제한조치를 허용받을 수 있는데 다른 국가와 협의를 해야 했다.

한국은 1967년 GATT 가입을 위한 협상과정에 당시 한국경제의 낙후성과 만성적 국제수지 적자에 대한 다른 국가의 배려로 비교적 관대하게 이 조항을 근거로 한 수입제한조치를 사용할 수 있었다. 그러나 한국경제의 급속한 성장과 수출증가로 인하여 다른 국가들이 한국에 더는 이러한 예외조치를 허용하기 어렵다는 인식이 확산하는 터에 1986년부터 한국은 대규모의 무역흑자를 기록하기 시작했다. 따라서 모든 GATT 체약국과 GATT 사무국 역시 한국의 국제수지 예외조항의 졸업을 기정사실로 한 상황에서 국제수지위원회가 예정된 것이다.

필자가 한국에서 출발할 즈음에는 본국에서도 이를 기정사실로 받아들이는 분위기였다. 문제는 최대한 부담이 가지 않도록 협상결과를 도출하는 것이었다. 당시 국제수지조항에 의거한 수입제한품목이 대부분 농산물이어서 갑작스러운 개방은 한국 농업에 큰 타격을 초래할 가능성이 컸고, UR에서 진행 중인 농산물협상의 추이를 지켜볼 필요도 있었다. 한국 측은 이러한 문제를 외교적 노력으로 해결한다는 입장이었다.

국제수지문제는 필자의 소관이었으므로 제네바에 부임하자마자 가장 중요한 협상상대인 미국 대표와 유럽공동체(European Community: EC) 대표를 방문했다. 두 군데 모두 한국이 즉시 무조건 국제수지조항을 졸업하고 정상적인 수입자유화 의무를 부담해야 한다며 더는 논의가 필요 없다는 분위기였다.

미국은 그렇다 쳐도, 자신도 농업에 공동농업정책(Common Agricultural Policy: CAP)을 운영하면서 GATT 의무를 회피하고 있는 EC에게는 적반하장(賊反荷杖)이라는 생각도 들었지만 일단 물러 나왔다. 나오면서 궁리해 보니 저들의 주장처럼 즉시 모든 농산물 수입을 자유화하는 결과로 가지는 않겠지만 선처를 호소하는 식으로 협상을 진행하면 매우 불리한 결과가 불가피할 것으로 여겨졌다.

이어서 GATT 사무국을 방문했다. 사무국 측도 한국의 국제수지조항 졸업은 당연한 일이며 한국이 이렇게 오랜 기간에 걸쳐 국제수지 예외조항을 인용할 수 있었던 것은 행운이었다고 하면서 필자의 투지에 찬물을 끼얹는 언사를 늘어놓았다. 필자는 졸업은 하더라도 어떠한 조건으로 수입자유화를 하는지가 문제라고 하자 사무국 인사는 그것은 당사국의 협상으로 결정될 문제라고 했다.

필자가 협상을 유리하게 진행할 방법을 알려 달라고 하자 협상은 GATT의 관련 규정에 따라 당사국 간에 진행되므로 사무국은 행정적 뒷바라지만 할 뿐이라고 했다. 이에 필자는 한국 측에 도움이 되는 규정이 무엇인지 가르쳐 달라고 했다. 그랬더니 사무국 인사는 흠칫하는 표정을 지으며 사무국은 당사국들의 협상에 영향을 미치는 행동이 금지되어 있다고 답변하는 것이었다.

이에 필자는 어떤 관련된 문서가 있는 것이 확실하다는 심증을 갖고 GATT의 모든 규정집을 며칠에 걸쳐 뒤지기 시작했다. 결국, 한국이 GATT에 가입하기 이전에 만들어진 오래된 문서 중 국제수지조항을 졸업하는 국가는 당사국과의 협의를 거쳐 단계적 수입자유화를 시행해야 한다는 내용의 결정문 기록을 찾는 순간 마치 금맥(金脈)을 발견한 광부와 같은 희열을 느꼈던 것이 지금도 기억에 생생하다. 이제는 선처를 부탁하는 입장이 아니라 당당히 권리에 입각한 단계적 자유화를 주장할 수 있게 된 것이다.

예정된 국제수지위원회가 열리자 미국을 비롯한 선진국 대표들은 종전처럼 한국이 즉시 국제수지조항을 졸업하고 수입자유화 의무를 이행하여야 한다고 주장했다. 답변에 나선 한국대사가 관련 문서를 제시하며 선진국의 주장이 관련 GATT 합의를 무시한 것임을 논박하자 미국 대표는 맥 빠진 표정으로 협상을 시작할 것을 동의했다. 이들이 이러한 내용을 다 알면서 한국을 다그친 것이라 추정되었고, 만약 그 문서를 찾지 못하였더라면 하는 생각이 미치자 마치 십년감수한 듯한 느낌이 들었다.

이어서 농림부와 외무부가 나서서 진행된 협상에서 한국은 1989년부터 3단계에 걸쳐 1997년까지 수입자유화를 추진하기로 합의했다. 따라서 대부분의 민감품목은 1997년까지 수입자유화를 미룰 수 있었으며, 1995년 발효된 WTO 농업협정에 따라 쌀을 제외한 모든 품목을 관세화와 함께 수입자유화하기로 했다. 사실상 한국은 UR 농업협정에 따른 부담 외에는 추가적 부담이 거의 없이 GATT 국제수지조항을 졸업하게 되었다.

지금 같으면 국제변호사, 국책연구소 연구원 등 민간의 전문인력이 협상에 동참하여 우리에게 유리한 규범이 있는지도 모르는 상태에서 협상에 임하는 일은 없을 것이다. 그러나 당시만

하여도 며칠 전까지 재무부에서 외환정책업무를 담당하던 필자가 제네바로 옮겨 필요한 사항을 숙지하기도 전에 전문인력의 도움 없이 협상책임을 맡아야 하는 상황에서 생긴 일이었다.

둘째는 UR 협상이 막바지이던 1992년, 보조금 협상에서 EC 측이 유독 한국만을 지목하여 개발도상국의 지위로부터 배제하고자 하는 집요한 공격에 대처하던 사안이었다. 어느 국가가 선진국이고 어느 국가가 개도국인가를 구분하는 국제적 규범은 존재하지 않는다. 다만 UN에서 최빈(最貧) 개도국의 리스트를 정기적으로 작성하여 발표할 뿐이며 나머지 국가는 사실상 자기가 개도국에 해당하는지를 스스로 결정하는 체제라고 할 수 있다.

그런데 GATT 규정에는 개도국에 대한 여러 가지 우대조항이 있을 뿐 아니라 진행 중인 UR 협상의 여러 부문에서도 개도국에 대한 다양한 우대조치가 삽입되고 있었다. 예를 들면 선진국보다 의무부담 수준이 낮고 의무이행 기간이 장기간 인정되는 등이었다. 이러한 것은 보조금 협상에서도 마찬가지였는데 보조금의 감축수준과 이행기간 등에 관하여 개도국 우대조항이 협의 중에 있었다. 그런데 한국이 급속한 경제성장을 시현하면서 수출이 급증하여 자국의 산업과 경쟁관계에 들어간 한국의 산업이 다수 생기자 이러한 개도국 우대조치를 한국에 부여하는 것에 강한 거부감을 갖게 된 것으로 보였다.

EC 대표의 이러한 주장에 대하여 미국 대표는 가볍게 공감을 표시하는 정도인 것으로 보아 미국은 이를 공식적 입장으로 정하지는 않은 것으로 생각되었다. 문제는 EC 대표가 다른 개도국에 접근하여 우대국조치를 규정함에 있어 한국이 걸림돌이라는 식으로 설득한 것으로 보이는 징후가 있다는 점이었다. 확실한 개도국으로 분류되는 일부 국가의 대표가 중립적인 듯한 발언을 하면서도 논의할 필요는 인정한다는 식의 언급을 하는 것이 매우 신경을 거슬리게 했다.

필자는 EC의 주장에 대한 답변을 다음 회의에 하겠다고 하여 일단 시간을 벌었다. 본국에 이러한 문제를 보고하였지만 한국이 개도국의 모임인 77그룹의 멤버인 상황에서 이러한 주장이 무슨 우려할 대상이 되겠느냐 하는 인식이었다. 이는 당연한 관점이지만 협상책임자인 필자로서는 만약 이러한 논의를 보조금 협상에서 봉쇄하지 못하고 다른 UR 협상 분야로 확산된다면 민감한 농산물협상 등과 관련하여 협상 진행이 복잡하게 될 우려가 있었다. 특히, 상품협상그룹(Group of Negociations on Goods) 전체회의에서 한국의 개도국 지위가 논의되는 상황만은 절대로 피하고 싶었다.

이에 필자는 EC의 공격에 대한 대응으로 한국이 개도국이라는 주장을 작성했지만 스스로 읽어 보아도 오히려 논쟁의 시작이 될 가능성이 커 보였다. 다시 전략을 바꾸어 GATT가 특정국이 개도국인지의 여부를 결정할 수 있는 권능이 없다는 주장으로 대응하기로 하고, 싱가포르, 멕시코, 브라질 및 이집트 대표를 접촉하여 만약 한국이 문제가 되면 다음은 당신 국가의 차례일 것이 분명하므로 힘을 합쳐 다음 회의에서 확실히 EC의 주장을 봉쇄하자고 설득했다.

이어 열린 보조금 협상에서 EC 대표가 자신의 주장에 대하여 한국의 답변을 요구한 데 대하여 필자가 GATT의 권능을 문제 삼아 논의 자체가 부적절한 것임을 주장하자 필자가 접촉한 국가의 대표가 연이어 지지 발언을 했다. 특히, 싱가포르 대표와 이집트 대표가 강경하고 명료하게 논리를 전개했던 것으로 기억한다. 이러한 토론이 끝나면서 회의의 분위기가 완전히 바뀌어 EC 측의 미약한 반격 외에는 사실상 논의가 종결되었다. 비록 찻잔 속의 소용돌이로 마무리되었지만 협상담당자로서는 매우 심각할 수밖에 없는 상황이었다.

그로부터 몇 년 후 한국이 경제협력 개발기구(Organization for Economic Co-operation and Development: OECD)에 가입하면서 스스로 개도국의 지위를 벗었지만, 그렇지 않더라도 WTO의 다음 협상 라운드에서는 한국이 개도국임을 주장하기가 어려운 여건이었다. 그러나 WTO의 다음 협상 라운드가 표류하고 좌초되었기 때문에 이를 논의할 필요도 없어져 버린 것은 세계경제의 개방체제가 절대적으로 필요한 한국으로서는 매우 염려스러운 상황이 아닐 수 없다.

1990년 제네바에 있는 GATT 건물 내부는 UR 협상의 열기로 뜨거웠지만 건물 밖은 협상반대 열기로 뜨거웠다. 이른바 세계경제의 신자유주의(neo-liberalism) 흐름과 시장개방을 넘어선 시장통합의 추세적 진행에 대하여 반대하는 사람들의 집회가 제네바에서 열린 것이다. 그러던 어느 날 한국에서 농민 대표로 집회에 참석한 분이 할복을 기도하였다는 소식이 전해졌다. 이 소식을 듣는 순간 필자는 말할 수 없이 당혹스러운 느낌이 들었다. 한국 농민을 아끼는 그분의 충정이야 짐작이 가지만 정말로 '이건 아닌데, 이건 아닌데' 하는 말을 혼자서 되뇌었다.

세계경제의 개방 위에서 생존의 길을 찾고 이제 막 번영의 몸짓을 시작하려는 한국에게 세계무역을 더욱 자유롭게 하자는 UR 협상이 얼마나 중요한데 한국의 생존과 번영이 달린 세계경제의 개방체제를 우리 손으로 허물려는 것인가 하면서 원망스러움이 들었다. 한국의 수출로 말미암아 기업이 도산하였고 일자리를 잃었다고 여기는 외국의 상공인과 노동자가 얼마나 많을 터인데 그들이 목숨을 걸고 국제무역에 저항하여 세계의 개방체제가 닫혀 버린다면 한국은 어떤 상황에 부닥치게 될 것인가, 그런 처지가 되면 한국의 농업으로 전체 국민 중 얼마나 먹고살게 할 수 있을까 하는 상념이 연이어 머릿속을 맴돌았다.

GATT 협상에서 한국 상품의 문호를 열고 한국 기업의 활동 무대를 확장하기 위하여 노심초사하는 협상 대표의 활동이 본국의 농민에게는 목숨을 걸고 대항해야 하는 대상인가 생각하니 맥이 탁 풀렸다. 그분은 왜 한국경제 전체에서 농업을 보지 않을까 자문하면서 할 수 있다면 이야기라도 나눠보고 싶었다.

물론 시장개방은 한국의 농민에게 피해를 초래하게 마련이다. 그러나 수출증대로 이루어진 경제의 성장으로 피해를 본 농업 부문을 지원하여 모두 함께 번영하는 길을 찾아야 할 것이다. 농업에 종사하는 분들이 국내에서 집회하고 정부에 저항하는 것은 충분히 이해할 수 있는 일이다. 정치적 결속력과 영향력이 과시되지 않으면 정부의 부문 간 이해(利害) 조정을 위한 정책이 약화할 것이기 때문이다. 그러나 밖에서 세계경제의 개방체제를 부수기 위하여 할복을 서슴지 않는 것은 이해(理解)하기 어려웠다.

그 일이 있자 다른 국가의 협상 대표도 당혹해 하는 분위기가 역력했다. 더불어 모인 자리에서 "미스터 엄, 당신은 그러지 말라"라는 등의 농담이 오갈 때 필자가 느꼈던 약간의 모멸감이야 아무것도 아니지만, 그들의 눈에는 할복을 감행하는 국민이 그리 문명적으로 비치지는 않는 듯했다.

그로부터 10여 년이 지나고 필자도 공직을 물러난 다음 결국 그분이 멕시코 칸쿤에서 WTO 반대집회 중 할복하여 유명을 달리하였다는 소식을 듣고 안타까움을 금할 수 없었다. 그분과 이야기 나눌 기회를 한 번 가질 걸 하는 후회와 함께 그와 같은 열정을 국가를 위한 더욱 보람 있는 일에 쏟았더라면 하는 아쉬움이었다. 그분의 명복을 빈다.

조세정책

제네바대표부 근무를 마친 필자는 재무부 세제심의관으로 발령을 받고 소비세와 재산세 그리고 국제조세 분야를 담당하게 되었다. 소비세는 모든 재화나 서비스를 대상으로 하는 일반소비세와 특정 재화 등을 대상으로 하는 개별소비세로 구분되는바 한국의 일반소비세는 부가가치세이다.

한국은 1976년 〈부가가치세법〉을 제정했다. 이는 종전에 기업의 매출액에 대하여 일정 세율로 부과하던 영업세를 대체하는 조세개혁이었다. 과거의 영업세, 즉 매출세는 각 유통단계의 거래가 이루어질 때마다 반복하여 과세하므로 유통단계가 많아질수록 조세의 부담이 커지는 불합리한 점이 있었으며, 특히 전단계에 부과된 세금도 다음 단계의 매출액에 포함되어 조세에 대한 조세(tax on tax)를 초래했다. 그러나 부가가치세는 거래단계에 관계없이 부가가치에 대하여만 과세가 이루어지므로 유통구조에 대하여 중립적인 조세이다.

수출물품은 국내에서 소비되지 않으므로 소비세의 부과대상이 아니다. 그러나 영업세 제도에서는 수출물품에 대하여 원가에 포함된 소비세 금액을 확인할 수 없으므로 수출물품은 국내에서 부과된 소비세를 부담한 상태로 해외시장에서 경쟁할 수밖에 없었다. 부가가치세는 영세율 제도를 통하여 전 단계에서 부과된 모든 부가가치세를 환급함으로써 수출경쟁력을 높인다.

이와 아울러 기계류 등 자본재에 포함된 부가가치세에 대하여는 대부분의 국가에서 즉시 매입세액 공제를 허용하여 투자의 촉진을 도모한다. 이처럼 부가가치세는 소비재의 가치를 정확하게 파악하여 과세하면서 수출과 투자를 촉진한다.

또한 영업세는 매출액이 과세표준이므로 많은 사업자가 매출액을 축소하여 징세관청에 신고하는 탈세가 만연했다. 징세관청으로서는 모든 사업자의 매출액을 확인하는 것이 불가능하므로 근거과세를 집행하지 못하고 많은 경우 타협적 과세가 이루어졌다. 부가가치세 제도에서 사업자는 매출세액에서 매입세액을 공제하여 그 차액을 부가가치세로 납부한다. 매입세액을 공제받기 위해서는 원재료 등의 구입 시 공급자로부터 교부받은 매입 세금계산서를 제출해야 한다. 따라서 모든 사업자는 거래할 때마다 세금계산서를 주고받게 되었고 이에 따라 징세관청도 근거과세가 가능했다.

한국의 부가가치세는 1977년부터 시행된 이후 재정수입의 증대, 투자의 촉진 및 수출의 지원 등 많은 역할을 수행하였고, 국민경제의 구조를 투명하게 개선하고 지하경제의 규모를 감축했다. 이는 시장에서 사업자 사이의 대부분의 거래가 양성화되었다는 의미이다. 부가가치세는 금융거래의 실명화(實名化)와 함께 한국경제의 구조적 틀을 바꾼 성공적 개혁의 대표 사례로 꼽힌다.

그러나 부가가치세의 이러한 속성 때문에 그 시행에 즈음하여 납세자로부터 심각한 조세저항에 직면했다. 과거 자신의 거래내용의 비밀을 유지하기 용이했던 상공인으로서는 이를 공개하는 것이 매우 부담스러웠다. 거래내용의 공개는 부가가치세의 납부에 그치지 않고, 결과적으로 자신의 소득규모도 밝히게 되므로 상공인의 불만과 반발은 급속히 퍼졌다.

당시 박정희 정부는 독재정권이라는 비난에도 경제발전의 성과로 폭넓은 지지기반을 확보했다. 그중 상공인은 핵심적 지지세력이었다. 그러한 상공인이 정권에 등을 돌리고 1970년대 후반 세계경제 불황의 여파로 한국경제가 침체에 빠지자 정권의 기반은 약화되었다. 결국 대통령 시해사건과 함께 박정희 정부는 종언을 맞았다. 이와 같은 상황에 이르면서 부가가치세에 대한 비난이 비등하였고 그 폐지를 주장하는 의견도 제기되었다. 혼란의 와중에서 새로운 정권을 수립한 신군부도 처음에는 이를 고려했던 듯하다.

다음은 당시 부가가치세를 담당했던 K 씨로부터 필자가 전해 들은 경험담이다. 신군부에 호출된 K 씨는 경제분야를 담당한 어느 장성으로부터 부가가치세를 도입한 사람들은 역사의 죄인이라는 질책과 함께 이를 폐지하라는 지시를 받았다. 이에 대하여 반론을 제기할 분위기가 아니었으므로 그렇게 하겠노라고 답변하고, 나오기 전에 그 장성에게 한마디 질문을 던졌다.

"지금 부가가치세가 조세수입의 30%에 이르는데, 그만큼 재정 규모를 축소하실 예정이십니까?"

그 장성은 조금 머뭇거리더니 대신 부작용 없는 새로운 조세를 도입하여 재정수입을 보충하겠다고 답변했다. K 씨는 다음과 같은 언급을 추가했다.

"부작용 없는 세금은 없습니다. 그리고 모든 신세(新稅)는 악세(惡稅)입니다. 부가가치세를 도입하면서 말씀대로 하나의 정권이 제물이 되었다면 새로운 세금을 도입하기 위하여 또 무슨 희생이 필요할지 모릅니다."

이에 대하여 그 장성은 심각한 표정을 지으면서 다시 생각해보고 연락하겠다는 답변을 하였으며 그 후로는 호출이 없었다는 것이다. 아무리 서슬이 시퍼런 신군부라 하더라도 정작 부가가치세를 폐지하기는 쉽지 않았겠지만 천신만고 끝에 도입된 부가가치세가 당시 존폐의 기로에 놓여 있었던 것은 사실인 듯하다.

재산과세와 관련하여서는 재정수지의 적자를 축소하고 사회복지를 위한 정부지출을 확충하려는 방안으로 제기되는 부유세(富裕稅)의 주장을 살펴보려 한다. 부자에 대한 과세를 강화하는 논의는 두 가지 측면에서 이루어진다. 하나는 공평한 조세 부담의 측면에서 고소득층의 소득세 부담이 적절한 수준인가의 문제이고, 다른 하나는 재산이 많은 부자에게 소득이 아닌 부 (wealth)를 기준으로 과세하는 문제이다. 앞의 문제는 고소득층에 적용되는 소득세 최고세율을 인상할 것인지 또는 자본소득과 노동소득의 과세상 불공평을 바로잡을 것인지, 한다면 어떻게 가능한 것인지의 문제이다. 다시 말해 이는 소득세와 관련된 정책의 문제이다.

〈이코노미스트〉(Economist) 기사에 의하면 대부분의 선진국에서는 부자가 적지 않은 몫의 세금을 부담하며 그 비중도 증가하고 있다. 현재 OECD 회원국 평균으로 상위 10% 소득자가 전체 조세수입의 약 3분의 1을 담당한다. 미국의 경우, 상위 1% 소득자가 부담하는 소득세의 비중은 1988년 28%에서 2006년 40%로 증가했다. 한편 상위 1% 소득자의 세전 소득이 전체 소득에서 차지하는 비중은 1970년대 10% 미만에서 2007년 18%로 증가했다. 즉, 부자에게로 소득의 쏠림 현상이 진행되면서 소득세 부담의 비중도 증가한 것이다.

부자의 재산을 대상으로 과세하는 대표적 제도가 부유세인데 한국에서도 그 도입을 주장하는 정치인을 볼 수 있다. 이 제도는 많은 재산을 보유한 부자에게 재산총액에서 부채총액을 공제한 순(純)재산액이 일정 금액을 초과할 경우, 그 초과분에 대하여 비례적 또는 누진적으로 정해진 세율로 과세하는 조세이며 일반적 재산세와 별도로 부과된다. 부유세는 소득재분배 효과를 강화하는 의미와 함께 소득세의 기능을 보완하는 역할을 기대할 수 있다. 소득세는 자본이득(capital gain)이 발생한 시점에서만 과세할 수 있고 미실현된 자본이득에 대해서는 과세가 불가능하지만, 부유세는 자산가치의 증가분에 대하여도 과세가 가능하다.

그러나 이러한 부유세의 강점은 동시에 약점이 될 수밖에 없다. 왜냐하면 동산이나 부동산의 시가를 기준으로 하는데 다수의 자산을 종류마다 개별적인 시장가격을 평가하는 작업은 불가능에 가깝기 때문이다. 만약 자산의 종류에 따라 세 부담이 달라진다면 자산시장의 형성에 심각한 왜곡을 초래할 우려가 있다. 또한 사업용 자산을 과세대상 재산에 포함하면 생산활동에 커다란 위축을 초래할 것이므로 이를 제외할 수밖에 없다. 이러한 제약으로 말미암아 소극적 방법으로 자산가격을 평가하면 의미 있는 과세가 되기 어렵다.

EU 집행위원회의 2014년 보고서에 의하면 부유세의 높은 징세비용과 부작용의 한계 때문에 과거 이 제도를 도입했던 다수의 국가가 이를 폐지했다. 아직 소수의 국가에서 그 명맥을 유지하고 있으나 과세기준점이 높고, 낮은 세율로 인하여 유명무실한 상태이다.

한국에서는 고액 부동산 소유자에 대한 세 부담을 높여 조세부담의 공평성을 제고할 목적으로 2005년부터 시행된 종합부동산세가 일종의 부유세라고 할 수 있다. 일반적 재산세와 별도로 납세자의 자산보유에 부과된다는 점이 두 세금의 공통점이다. 부유세는 원칙적으로 모든 자산을 대상으로 하는 반면, 종합부동산세는 토지와 건물을 대상으로 한다는 차이점이 있다. 또한 부유세는 총자산액에서 총부채액을 공제한 순재산에 대하여 부과하는 반면, 종합부동산세는 부채액을 공제하지 않고 보유하는 부동산 총액이 일정 금액을 초과하는 경우 이에 대하여 부과한다. 부동산의 합산은 시행 당시 개인별이었으나 후에 세대별 합산으로 변경하였다가 헌법재판소의 위헌 결정으로 인하여 개인별 합산으로 다시 변경되었다.

부동산 투기 억제를 위하여 1990년 시행되었던 토지초과이득세는 유휴토지의 지가 상승분의 일정 비율에 해당하는 금액을 세금으로 부과했다. 미실현 자본이득에 대한 과세였다는 점에서 부유세로서의 성격을 띠었으나 1994년 헌법재판소의 헌법불합치 판결에 따라 폐지되었다. 헌법재판소의 헌법불합치 판결은 법률의 실질적 위헌성을 인정하면서도 법률의 공백에 따른 혼란을 피하고자 일정 기간까지 대상 법률의 잠정적 효력을 계속 유지하는 것을 인정하는 결정이다.

〈토지초과이득세법〉에 대한 헌법불합치 판결의 결과, 토초세 납세의무자 중 헌법소원을 제기하였거나 토초세 부과에 대하여 이의를 제기하고 행정구제 절차를 밟던 사람에게는 토초세의 부과처분이 취소되었다. 그러나 부과된 세금에 대하여 이의 제기 없이 납부한 사람에 대하여는 〈토초세법〉이 계속 효력을 유지하는 상태이므로 납부한 세금을 환급하지 않았다.

당시 필자는 이러한 결과처럼 정부의 처분에 대하여 순응하고 협조한 국민은 손해를 보고 정부의 조치에 대하여 불복하고 다투는 국민에게만 조세 부담을 면제하는 것은 매우 불합리하다고 생각했다. 그러나 단순 위헌 결정이라면 이미 납부한 세금도 돌려주는 것이 가능하지만 헌법불합치 판결의 경우에는 국고수입의 확보와 법적 안정성의 법리에서 불가능하다는 것이 법적 판단이 었다. 이와 같은 불공평은 국민의 정부에 대한 신뢰를 외면하고 불신을 자초하지만 달리 해결할 방안을 찾지 못했다. 앞으로 유사한 사례가 재발하지 않도록 대책이 필요하다고 생각한다.

대통령 긴급명령에 의한 경제조치: 금융실명제와 사채동결

필자가 세제(稅制) 심의관으로 근무할 당시 금융실명제가 대통령 긴급명령의 형식으로 전격 시행되었다. 헌법은 대통령의 국가긴급권적 권한의 하나로 중대한 재정·경제상의 위기에 있어서 긴급한 조치가 필요하고 국회의 집회를 기다릴 여유가 없을 때 한하여 최소한으로 필요한 재정·경제상의 처분을 하거나 이에 관하여 법률의 효력을 가지는 명령을 발할 수 있도록 규정한다.

이에 근거하여 그동안 발동된 대통령 긴급조치로는 두 차례의 화폐개혁과 이른바 8·3조치인 사채(私債)동결 조치, 그리고 금융실명제 등 통화·금융정책과 관련된 정책이 시행된 바 있다. 금융실명제의 실시와 아울러 과거에 있었던 사채동결 조치에 대하여도 살펴보기로 한다.

한국은 1960년대 경제개발 과정에서 제도금융권 밖에서 움직이는 시중자금을 은행으로 유입시킴으로써 투자자금을 조달하기 위하여 금융기관과의 비실명거래를 허용하여 왔다. 그러나 비실명에 의한 금융거래는 범법행위에 수반되는 음성적 자금거래의 확대와 탈세의 만연으로 조세 부담의 형평성을 저해하는 부작용을 가져왔으며, 국민경제에서 지하경제의 비중을 높이는 가장 큰 원인으로 지목되었다.

1982년 대형 어음사기사건이 발생하자 금융실명거래제도와 금융자산소득의 종합과세제도를 추진하여 국회에서 이를 위한 법률을 제정했으나 경기회복의 부진 및 여건 미비 등의 이유로 그 실시를 유보했다. 1988년 정부는 다시금 금융실명제를 1991년부터 실시할 것으로 예고했으나 역시 경제성장률 둔화, 증시 침체 등 경제위기론이 제기되면서 두 번째로 유보되었다.

이처럼 많은 논란의 대상이었던 금융실명제는 정부가 극비리의 준비작업을 진행하여 1993년 8월 대통령 긴급명령 형식으로 실시되었고, 과거 분리과세 대상이었던 이자 등 금융소득에 대한 종합과세는 1996년부터 단계적으로 실시할 계획임을 공표했다. 당시 금융실명제 준비작업은 재무부 세제실의 소득, 법인세 담당 심의관 측에서 주도적으로 참여했는데 소비, 재산세 분야를 담당하는 심의관이었던 필자도 발표 시점까지 전혀 낌새를 눈치채지 못했을 만큼 철저한 보안 가운데 작업이 진행되었다.

긴급명령이 공포된 이후 모든 금융기관과의 금융거래에는 실명을 사용하도록 의무화되었는데 금융기관 직원은 반드시 고객의 실지명의를 확인하도록 했다. 공포일 현재 금융기관에 계좌가 개설된 금융자산에 관하여는 실명확인 절차를 거쳐서만 인출할 수 있도록 하고 실명확인을 하지 않은 자산에 대하여는 매우 높은 금융소득세와 과징금을 부과했다. 실명전환 금융자산 중 일정 기준을 초과하는 금액에 대하여만 자금출처를 조사하여 부족하게 징수된 조세를 추징했다. 그러나 1996년부터 실시되었던 금융소득 종합과세는 1997년 발발한 외환위기 등으로 말미암아 전면적으로 유보되었다가 2001년 다시 실시되었다.

1993년 금융실명제를 실시한 대통령 긴급명령의 제목은 '금융실명거래 및 비밀보장에 관한 긴급명령'이다. 이는 금융정보에 대한 비밀보장이 금융실명제의 성공적 시행에 있어 핵심적 사항임을 분명히 한 것이다. 즉, 금융기관은 명의인의 서면상 요구나 동의를 받지 아니하고는 그 금융정보를 타인에게 제공할 수 없도록 했다. 예외적으로 법원의 영장에 의하거나 조세법률에 따라 조사하는 경우 등에 한하여 최소한의 필요한 범위에서 정보제공을 인정했다.

그러나 금융정보의 비밀보장이 확보되기 위해서는 정치적 민주주의의 확립이 전제되어야 한다. 자의적 권력행사가 가능한 정치체제 아래서는 금융정보의 비밀보장이 어려우며 결과적으로 사유재산을 침해하는 공권력의 남용이 우려되기 때문이다.

금융실명제의 실시에 있어서 자신의 금융자산을 타인의 명의로 보유하는 차명(借名)예금 등에 대하여는 별도로 이를 금지하는 규정을 두지 않았으며, 차명예금을 본인의 실명으로 전환하는 경우에만 과거 부족하게 징수된 조세를 추징하였을 뿐이었다. 그러나 합의차명이든 도명(盜名)이든 타인의 명의에 의한 금융거래가 불법행위나 조세포탈 등에 이용되는 사례가 적지 않음이 지적되어 2014년 〈금융실명거래 및 비밀보장에 관한 법률〉을 개정하여 차명거래를 금지했다. 교회, 문중재산 등 특정 경우를 제외하고는 탈법행위를 목적으로 타인의 실명으로 금융거래를 하는 것은 명의자와 합의된 차명이라도 이를 금지했다. 또한 차명계좌 금융자산은 실소유자가 아니고 명의자의 소유권을 인정함으로써 입금 시점에 증여된 것으로 추정되며 명의자 모르게 도명에 의한 차명거래도 어렵게 했다.

금융실명제는 금융거래의 투명성과 조세형평성을 높이고 사회 부조리를 방지하는 데 의미 있는 기여를 한 것으로 평가된다. 종전에 차명거래를 인정함으로 말미암아 금융실명제의 원래 목적이 충분히 실현되지 못한 측면이 있었지만 차명거래도 금지함으로써 시간이 경과할수록 금융실명제의 효과는 더욱 제고될 것으로 예상한다.

한국경제는 1960년대 제 1, 2차 경제개발 5개년계획을 성공적으로 추진하였지만 1970년대 초에 이르러서는 인플레이션, 국제수지 적자와 외채의 누적, 민간투자와 고용증가의 둔화 등 어려움이 나타나기 시작했다. 특히, 기업은 시장변수의 현실화를 위하여 환율이 절하되고 금리가 인상되면서 국내외로부터 차입했던 원리금의 상환부담이 가중되어 심각한 경영상의 압박을 받았다.

경영위기에 내몰린 많은 기업이 생존을 위하여 사채(私債) 시장에서 자금을 조달할 수밖에 없었다. 당시 사채금리는 월평균 4%에 근접했다. 이러한 고리사채는 점점 규모가 확대되어 지하경제의 비중이 커지면서 기업의 존립을 위협하고 나아가 국민경제의 안정적 운영을 어렵게 한다는 것이 정부의 인식이었다.

당시 정부 내에서는 이러한 문제의 해법으로 부실기업을 정리하고 사채를 제도금융권화하여 대체상환하자는 주장과 사채를 동결하자는 주장으로 나뉘었는데 결국 후자의 의견으로 귀결되었다. 정부는 극비리에 준비작업을 진행하여 1972년 8월 3일 '경제안정과 성장에 관한 긴급명령'을 발동했다.

긴급조치의 핵심은 기업과 사채권자의 모든 채권·채무관계를 즉시 무효로 하고 새로운 계약으로 대체하는 것이었다. 채무자는 신고한 사채를 3년 거치, 5년 분할상환조건으로 상환하되 이자율은 월 1.35%로 하는 한편, 사채권자가 원할 때에는 출자로 전환할 수 있게 했다. 이에 따라 신고된 사채의 규모는 애초의 예상보다 2배 이상인 3,456억 원에 달했다. 이는 당시 통화량의 80%에 해당하는 금액이었다. 그중 3분의 1에 해당하는 1,137억 원이 기업주가 자기 기업에 사채로 빌려준, 이른바 위장사채인 것이 밝혀져 사회에 큰 물의를 빚기도 했다.

정부는 사채동결과 함께 제도금융권을 확충하기 위하여 단자회사, 상호신용금고, 신용협동조합 등 금융기관의 설립을 추진하는 한편, 그동안 대부분 기업이 꺼리던 기업공개를 촉진하는 입법을 추진하고 종업원지주제도를 도입했다. 후자의 조치는 사채부담 경감의 혜택을 받은 기업에 대가적으로 요구된 측면도 있는 것으로, 기업공개로 기업의 재무구조를 개선함과 아울러 경제성장의 과실을 사회적으로 확산, 공유하고 소득분배의 형평성을 제고하고자 하는 취지였다.

사채동결 조치는 국가가 공권력으로 개인 간의 계약을 파기, 수정한 것으로 계약의 자유와 사유재산 보호를 근간으로 하는 자본주의 시장경제에서 상상하기 어려운 조치였다. 당시 관세청 사무관으로 근무하던 필자도 휴가 중 라디오로 이 소식을 전해 들으며 정부의 막강한 힘에 사뭇 놀랐던 기억이 있다.

이러한 근본적 논란의 소지에도 불구하고 8·3조치는 한국경제의 안정적 기반을 확충하고 성장동력을 강화하는 데 커다란 효과를 발휘했다. 기업의 금융비용이 경감되면서 수출과 투자가 급격히 증가하였고 경기도 빠르게 회복했다. 만약 8·3조치가 없었다면 다음 해인 1973년 발생한 1차 오일쇼크로 인한 한국경제의 피해는 더욱 막심했을 것이며 경공업 위주였던 한국의 산업구조가 중화학공업화를 추진할 수 있는 체질을 갖추기 어려웠을 것이다.

시장경제의 안정적 운영을 어렵게 하는 가장 큰 요인은 예측 불가능성이라는 점에서 재정 경제에 관한 대통령 긴급명령은 이러한 부작용이 가장 큰 정부 조치라고 할 수 있다. 따라서 국민경제의 경제주체가 경제활동을 영위함에 불안을 느끼도록 하는 정부의 갑작스러운 조치는 가능한 한 발동되지 않는 것이 바람직하다. 그러나 고리사채의 만연으로 대부분 기업이 경영위기에 직면하거나 비실명 금융거래의 확산으로 금융시스템이 비정상적으로 운영되는 상황은 국민경제의 지속적 발전을 위하여 반드시 해결이 필요한 사안이라는 것이 공통된 인식이었다.

이를 위하여 일반적 법 개정 절차를 추진하는 경우에는 상당 기간 금융시장의 동요 등으로 경제에 감당하기 어려운 혼란이 예상되었기 때문에 단기간 내에 조치를 완료하기 위하여 대통령 긴급명령의 발동이 부득이하였다고 생각된다. 그리고 이러한 긴급조치는 대체로 경제적 혼란을 최소화하면서 소기의 목적을 달성한 것으로 평가된다. 그러나 향후에는 경제의 안정적 운영을 위하여 이러한 긴급조치의 발동이 최대한 억제되어야 함이 물론이다. 경제의 안정적 운영을 견지한다는 것이 원칙이고 평상시에는 이러한 원칙을 지키는 것이 절대로 중요하지만 때에 따라서는 그 원칙을 과감히 벗어나는 길에서 문제의 해결방안을 찾을 수 있는 것임을 보여준 사례들이라고 할 수 있다. 세상일이 어려운 소이(所以)를 다시 한 번 느끼게 된다.

OECD 가입 추진

필자는 1994년 승진하여 국세심판소장을 지내고, 1996년 초 재정경제원 대외업무담당 차관보로 발령을 받았다. 일차적으로 주어진 책무는 진행 중인 한국의 OECD 가입협상을 마무리하고 한국이 선진국 모임인 OECD 회원국이 되도록 하는 것이었다.

지금은 문호가 많이 넓어졌지만 당시까지만 하더라도 OECD는 서유럽, 북미, 대양주의 선진국으로만 구성된 정책협력기구였으며, 아시아에서는 일본이 유일하게 가입한 정도였다. 따라서 한국의 OECD 가입은 그 자체만으로 커다란 상징성을 갖는다고 할 수 있다. 2차 세계대전 후 최빈개도국 중 하나였던 한국이 놀라운 경제발전을 거듭한 성과를 내외적으로 천명하는 행사가 될 것으로 기대했다. 대외적으로 국가의 신인도가 향상되고 내부적으로는 국민의 자긍심이 높아지는 효과야말로 정치적으로도 커다란 매력이 아닐 수 없었다.

그러나 당시 정부 정책담당자의 관심은 이러한 과시적 측면보다 국민경제의 운영을 위한 실천적 필요성이었다. 경제의 성장과 발전은 크게 두 가지 경로를 통하여 이루어진다. 하나는 자본의 축적 등으로 생산자원의 양적 투입을 증가시키는 것이며, 또 하나는 경제체질을 혁신하여 생산성이 높은 효율적 경제구조를 구축하는 것이다. 전자를 국민경제의 양적 성장이라고 한다면, 후자는 질적 발전이라고 할 수 있다.

당시 대부분의 경제정책 담당자의 상황인식은 그동안 한국경제가 양적 성장을 지속했으나 이제 어느 정도 한계를 보이는바 경제체질의 개선을 도모하지 않고는 진정한 선진국으로의 진입은 어려울 것이라는 생각이었으며 필자도 이러한 견해에 공감하고 있었다. 이를 위해서는 OECD에 가입하여 과거 선진국이 겪었고 현재 대면하는 경제운영의 문제와 이에 대한 정책적 대응을 살펴보고, 그들의 성공과 실패의 경험을 소화하여 한국에 적합한 개혁적 정책수단을 모색하는 것이 필요하다고 보았다. 필자도 이러한 당위성을 가지고 한국의 OECD 가입 협상에 전력을 다하여 임했다.

세계무역에서 한국의 비중이 커지기 시작한 1970년대 후반부터 한국과 OECD는 다양한 접촉이 있었다. 특히, 철강과 조선 부문에서는 활발한 논의가 이루어지기도 했다. 1990년대에 들어서면서 양측 모두 한국의 OECD 가입이 필요하고 바람직하다는 의견이 접근되면서 1995년 한국이 가입신청서를 제출하고 필자가 대외담당 차관보로 부임한 1996년 초 가입협상이 본격적인 단계에 돌입했다.

한국의 OECD 가입협상에서 핵심쟁점 중 하나는 자본이동의 자유화에 관한 것이었다. 가능한 한 조속히 한국이 선진국 수준으로 자본이동을 자유화할 것을 요구하는 OECD 회원국의 의견과, 자본이동에 따르는 잠재적 위험성과 한국 금융시장의 취약성 때문에 자본이동의 자유화는 그 속도와 방법에 있어 신중한 접근이 필요하다는 한국 측의 주장이 맞섰다.

결국, 장기적 자본이동은 명확한 계획에 따라 추진하되 투기적 우려가 있는 단기 자본이동은 한국의 금리수준이 국제금리수준에 가깝게 접근하는 등의 여건이 성숙할 때까지 유보하는 내용으로 협상이 타결되었다.

1996년 10월 OECD가 가입초청을 결정함에 따라 국회비준동의를 거쳐 1996년 12월 한국의 OECD 가입협정이 발효되었다. 개도국으로서 스스로의 노력으로 경제발전을 이루어 선진국의 모임에 일원이 되었다는 것은 눈에 띄는 성과였다. 하지만 이듬해인 1997년 후반에 발발한 IMF 경제위기로 말미암아 그 빛이 바랠 수밖에 없었다.

경제위기가 불거지자 OECD 가입을 경제위기의 원인 중 하나로 지목하는 견해가 대두함에 따라 필자가 이와 관련된 유일한 증인으로 국회청문회에 출석하기도 했다. 그러나 뒤이어 많은 전문가가 IMF 경제위기를 분석하는 연구보고서에서 한국의 자본이동 자유화가 OECD 가입과 관계없이 정부가 애초 자체적으로 수립한 자유화 계획을 근간으로 추진되었다는 사실이 확인되어 그러한 비난의 표적에서 벗어날 수 있었다. 이후 집권한 김대중 정부는 경제위기를 극복하는 전략의 하나로 애초의 계획보다 자본자유화의 일정을 더욱 앞당겨 외국자본에 대한 문호를 개방했다.

OECD 가입협상의 과정을 기억할 때마다 필자는 마음 한구석이 시려오는 느낌을 떨칠 수 없다. 정부의 실무협상 대표는 차관보인 필자가 담당했으나 재정경제원에서 실무책임은 금정연 당시 국제금융과장이 맡고 있었다. 필자보다 일찍 OECD 가입 업무에 참여한 금 과장은 정말 헌신적으로 업무를 수행하면서 필자에게도 커다란 힘이 되어 주었다. 바쁠 때는 한 달에도 십여 차례씩 서울과 파리를 왕복하며 몰두하다 보니 자신의 몸에 이상 징후를 느끼면서도 신체검사를 위해 병원을 찾아갈 겨를이 없었다. 결국 협상이 어느 정도 마무리된 단계에야 병원에 간 결과 말기 위암의 진단을 받고 1997년 초 유명을 달리하고 말았다. 한 젊은 과장의 생명이 OECD 가입을 위하여 바쳐진 것과 다름없었다.

금 과장이 세상을 떠난 후 얼마 지나지 않아 정부에서 OECD 가입에 공적이 있는 사람들을 표창할 예정이니 표창 대상자를 추천하라고 했다. 필자는 금 과장도 없는 터에 누구를 표창한들 의미 없는 일이라 보고 다른 부처의 표창 대상자는 해당 부처의 추천대로 하고 재정경제부는 필자가 관여하지 않을 테니 실무진에서 판단토록 하되 다만 필자는 표창 대상에서 제외하도록 지시했다. 그러고 보니 OECD 가입과 별로 관계도 없는 표창이 되었다는 지적을 받을 만한 결과가 되었지만 필자는 이에 대하여 가타부타 거론하고 싶지 않았다.

그로부터 시간이 흐르고 되짚어보니 필자의 이러한 행동 역시 공직자가 감상에 치우쳐 공무를 해태(懈怠)한 것과 다름없었다는 자책감이 들기도 했다. 금 과장의 착한 얼굴과 업무에 열심이던 모습이 지금도 필자의 기억 속에 선하게 떠오른다.

동아시아 금융위기와 한국의 IMF 경제위기

IBRD는 1992년 〈동아시아의 기적〉(*East Asia miracle: Economic growth and public policy, A World Bank research report*)이라는 보고서를 발간하여 태국부터 한국까지의 국가의 경제적 성과를 다루었다. 이는 이 국가들의 경제발전에 IBRD가 기여한 부분에 대한 홍보적 의미도 담았지만 당시 중국을 포함한 동아시아 국가의 경제는 세계의 관심을 받을 만한 충분한 이유가 있었다.

이 국가들의 GDP 성장은 일본의 1950~1960년대에 걸친 경제적 성과에 비견할 수 있었다. 경제발전을 시작한 첫 번째 그룹인 한국, 대만, 홍콩, 싱가포르는 이미 개도국 단계를 벗어난 새로운 산업국가로 인식되었고, 그 뒤를 말레이시아, 태국, 인도네시아 등이 따랐다. 중국은 고립되고 닫힌 국가에서 국제무역과 외국인 투자에 열정적이고 개방된 나라로 변모되어 놀라운 속도로 성장 중이었다.

한국은 1995년에 1인당 국민소득이 1만 달러에 이르렀고 1996년 OECD에 가입하여 2차 세계대전 후 독립된 최빈개도국에서 반세기 만에 선진국 문턱에 이르는 경제발전을 달성한 최초의 국가로 다른 개도국의 선망 대상이었다.

1993년 동아시아 대부분 국가에서 주가가 2배로 상승하였고 1994년에도 오름세는 지속했다. 경제가 호황국면을 지속하면서 부동산 가격이 폭등하였고 무역수지의 적자도 증가했다. 이러한 경제 활황은 외국자본 유입의 결과였고 또 외국자본이 유입되는 이유였다.

1990년대에 들어서면서 일본 경제의 거품이 붕괴하자 일본을 떠나 이들 국가로 유입되는 자본흐름이 급증하였는데 이 중에는 일본으로 유입되었던 외국자본도 포함되지만 일본의 자본이 대종을 차지했다. 이처럼 외국자본이 유입되면서 통화가치가 절상되어 무역수지의 적자가 확대되었음에도 자본유입이 지속하여 무역수지의 불균형을 회복하기 위한 환율조정은 이루어지지 못했다.

이 지역에서 가장 먼저 경제와 금융시장의 불안한 양상이 나타나기 시작한 태국은 1996년 들어 무역수지 적자가 GDP 대비 8% 수준까지 확대되고 호황을 지속하던 부동산 경기가 침체에 빠지면서 금융기관의 부동산 관련 대출의 부실화가 증가했다. 1996년 말 태국의 소비자금융회사에서 대규모 대출손실이 발생하기 시작했다. 이 회사의 대다수는 소비자대출 규제를 회피하기 위하여 태국의 대형은행이 설립한 자회사였다.

태국은 1990년대 들어 자본자유화를 추진하면서 1993년 방콕 역외금융센터를 설립하여 밧(Baht)화의 국제거래가 활발했다. 태국의 복수통화 바스켓 환율제도는 사실상 달러화에 페그(peg) 된 고정환율제도로 운영되고 있었다. 이런 가운데 밧화 절하에 대한 전망이 확산되면서 외국자본이 자금을 회수하고 태국 기업도 달러 매입에 가세했다.

1997년 초에 이르러서는 헤지펀드의 투기적 공격도 시작되었다. 태국의 정책당국은 시장개입과 금리인상 그리고 자본의 해외유출 제한 등을 통하여 적극적으로 환율방어를 시도했다. 그러나 태국의 외환보유고가 썰물처럼 빠져나가면서 그해 7월 태국은 큰 폭으로 환율을 절하했다. 밧화 위기는 인접한 동남아 국가로 신속히 전염되었고 인도네시아, 필리핀, 말레이시아의 통화가 절하되었다.

동남아 외환위기 이후 국제적 자본흐름은 이 지역으로부터 철수하여 북미 및 유럽지역으로 이동하는 현상이 발생하면서 유동성이 큰 현금성 자산의 보유가 증가했다. 10월에는 대만이 환율방어를 포기하여 대만달러의 급격한 절하가 있었으며, 홍콩 증권시장이 폭락하면서 세계 주요 금융시장에서 주가가 하락함에 따라 투자자금이 안전한 투자지역(safe haven)을 찾아 선진국 채권시장으로 이동하는 흐름이 증가했다.

홍콩의 주가폭락은 홍콩달러의 미국달러에 대한 페그제도 붕괴를 예상한 투기자본이 홍콩달러에 대한 투기적 공매도를 하면서 시작되었다. 홍콩당국은 미국달러에 대한 홍콩달러의 페그를 지키기 위하여 미국달러의 공급을 확대하는 한편, 단기금리를 대폭 인상하였는바 그 결과 주식가격이 폭락한 것이다.

동남아 국가의 외환위기에 당면하여 일본은 아시아 통화기금(Asian Monetary Fund: AMF)을 창설하여 이러한 상황에 대응하자는 방안을 9월 홍콩에서 열린 IMF/IBRD 연차총회에서 제시했으나, 미국과 국제통화기금(International Monetary Fund: IMF)의 반대로 합의에 이르지 못했다.

1996년 한국경제는 GDP 6.8% 성장, 소비자물가 4.9% 상승, 실업률 2%로 대부분의 경제지표가 외견상 양호한 실적을 나타냈으며 다만 경상수지의 적자가 GDP 대비 5%에 근접하는 수준으로 확대되었다. 그러나 많은 사람이 한국경제에 불안을 느끼고 있었는데 이는 경기가 하강국면에 진입하면서 기업의 매출이 감소하고 수익성이 악화되었는바 GDP 성장의 상당 부분이 재고의 증가를 반영하는 내용으로 어려움을 내포하고 있었기 때문이다. 한국 수출의 주종품목인 반도체, 철강, 석유화학제품 등의 국제가격이 공급과잉으로 대폭 하락함에 따라 교역조건이 악화되고 무역수지의 적자가 확대됨과 아울러 수출업체의 경영도 압박을 받게 되었다.

소규모 개방경제인 한국경제는 경제의 발전을 위하여 자유화, 개방화가 필수적이며 당시 세계적으로 전개되는 신자유주의와 글로벌화(*globalization*)의 흐름은 한국에서도 크고 빠른 변화를 가져오고 있었다. 특히, 금융시장의 개방은 한국에 대하여 무역수지의 적자를 기록하는 미국 등 교역상대국으로부터 압력을 받는 것과 동시에 높은 부채비율의 재무구조를 가진 국내기업 역시 저리(低利)의 해외자금에의 접근을 요구하는 상황이었다. 이에 따라 금융의 자유화, 개방화가 빠른 속도로 진행되었지만 이를 보완할 수 있는 금융감독 체제의 확립 등 필요한 제도적 대비가 이루어지지 못했다.

당시 한국경제의 구조적 취약성은 '고비용 · 저효율'이라는 표현으로 널리 논의되었다. 이는 고금리, 고임금, 고지가, 고물류비용 등 기업활동의 비용이 높아짐에 따라 기업의 국제경쟁력과 수익력이 저하되는 현상을 의미하였고, 한국경제에 대한 위기감을 잠재적으로 확산시켰다. 한국경제는 호황기에 누적되었던 구조적 취약성을 개선하지 못하고 경기의 하강국면과 함께 동아시아 지역의 금융위기를 동시에 맞이하는 국면에 진입했다.

정부는 이러한 문제를 해결하기 위하여 노동시장의 유연화를 위한 〈노동법〉 개정 등을 추진했으나 정치적 갈등과 함께 노동계의 대규모 파업을 초래하였으며 대통령 임기 말의 리더십 약화로 실효성 있는 정책의 집행이 어려웠다.

한국경제의 이러한 문제는 1997년 기업의 연쇄도산으로 표면화되었다. 해외자본은 한국의 기업뿐 아니라 이들에 대출을 제공하는 금융기관의 건전성에 대하여도 의문을 제기하기 시작했다. 외환시장에서는 경상수지 적자의 누적과 해외자본의 유입 부진에 따라 외환수급에 애로가 발생하고 외환보유고가 감소하기 시작했다. 특히, 그동안 일본에서 유입되었던 자금이 빠져나갔다. 1997년 1/4분기 중 일본 금융기관들이 한국의 금융기관으로부터 47억 달러를 회수했다. 이러한 상황은 환율 절하에 대한 기대심리를 유발하여 외환수급이 더욱 악화되었다.

1997년 중반에는 금리가 안정세를 보이고 주가가 상승하는 등 금융시장이 소강국면을 나타내는 한편 국제수지 적자가 축소되고 해외자본의 유입도 증가하여 외환수급도 개선되는 양상을 시현하기도 했다. 그러나 국내경기의 침체가 계속되고 기업의 경영여건이 호전되지 못하면서 기업의 연쇄도산은 멈추지 않았으며 6월부터 기아그룹의 경영위기가 표면화되어 많은 관심이 집중되었다.

정부는 금융기관의 부도유예협약과 부실채권 정리기금의 설치 등 금융시장 안정화 노력과 함께 금융부문의 구조적 개선을 위한 금융개혁에 착수했다. 금융개혁의 과제 중에는 중앙은행제도와 금융감독제도의 개편이 포함되었다. 은행감독원을 한국은행으로부터 분리하여 금융감독 통합기구인 금융감독원으로 이관하는 내용 등에 대하여 한국은행이 거세게 반발했다. 이로부터 시작된 정부와 한국은행의 대립은 1997년 하반기 내내 지속하였으며 양측은 자신의 입장을 관철하기 위하여 모든 역량을 집중시키는 국면이 전개되었다.

기아그룹 등 기업의 도산위기가 줄을 이으면서 금융기관의 부실채권이 크게 증가했다. 은행의 무수익여신도 매우 증가하였지만 종합금융회사의 부실여신은 9월 말로 자기 자본의 136%에 달하였으며 많은 종금사가 완전한 자본잠식 상태에 이르렀다. 이러한 사태의 진전으로 국내 금융시장의 위기감이 고조되었으며 국제신용 평가기관들은 한국의 신용등급을 '안정적'에서 '부정적'으로 하향 조정하고 시중은행을 감시대상으로 분류했다.

이에 따라 3/4분기에 들어서는 금융시장의 불안감이 다시 확산되어 금리가 상승하고 주식가격이 계속 하락했다. 금융기관의 해외차입이 위축되고 해외자본의 유출이 재개되면서 외환수급상황이 다시 악화되었다. 금융기관들의 대외신인도 하락으로 은행의 단기외채 만기연장 비율이 하락하고 가산금리가 대폭 상승하였으며 장기차입 여건도 악화되었다. 특히, 종금사의 외화유동성 부족이 심각했다. 이는 종금사가 외화자금을 단기로 조달하여 장기자산으로 운용함에 따라 자산부채구조의 기간 불일치(mismatch)가 크게 발생한 것이 주된 원인이었다.

원/달러 환율은 1997년 하반기에 지속해서 절하되었으며 외환당국은 금융기관에 대한 외화자금 지원과 환율방어를 위한 시장개입으로 외환보유고의 계속되는 감소를 용인했다. 10월 말 외환보유고 총액은 305억 달러였지만 한국 금융기관의 해외점

포에 예치한 80억 달러를 제외하면 가용외환보유고는 223억 달러에 불과했다. 외환시장의 위기감이 증폭됨에 따라 이른바 리드 앤 랙(lead and lag) 현상도 심화되었다. 거주자 외화예금 규모는 6월 말 20억 달러 미만에서 9월 말 37억 달러 이상으로 증가하였고, 수출대금의 네고(negotiation)를 지연하는 현상도 발생했던 것으로 전해진다.

이러한 와중에 기아그룹의 경영진과 채권금융기관 간의 갈등으로 인한 사회혼란이 야기되어 양대 노총과 정치인 그리고 시민단체도 가세하는 사태가 벌어졌다. 동남아에서 발생한 외환위기가 대만, 홍콩을 거쳐 북상하는 가운데 기업의 연쇄도산, 금융시스템의 붕괴 우려, 외환시장의 핍절(逼切)이 가속화되는 상황에서 정부와 한국은행의 치열한 대립, 대통령 선거를 앞둔 정치·사회적 혼란과 리더십의 부재 등 총체적 난맥상의 형국이었다고 할 수 있다.

외환시장이 달러매수 일변도로 전환되어 환율이 급격히 상승하는 가운데 외환정책의 대응방안에 대하여는 정책당국 내에 두가지 대안이 논의되고 있었다. 하나는 종전대로 환율방어 정책을 통하여 시장의 안정을 도모하는 방안이고, 다른 하나는 일중 환율변동 폭의 제한을 폐지하여 환율방어를 포기하고 시장의 움직임을 수용함으로써 급격한 외환보유고 감소를 방지하는 방안이었다. 정부는 10월 하순 외환시장에의 개입을 중지하기도 하였는데 환율이 일중 제한폭까지 절하되어도 매물이 없어 외환거래가 중단되는 사태도 발생했다. 그럼에도 정부는 환율의 급격한 절하를 용인하지 않고 외자유입의 확대를 통하여 외환시장의 안정을 도모하는 입장을 견지했다.

그러나 외환시장은 안정되지 않았고 패닉(panic) 상태에 돌입하였으며 해외자본이 한국에서 급격히 자금을 회수함에 따라 금융기관은 한국은행의 외환보유고에 의한 지원에 의존할 수밖에 없었는데 한국은행의 외환보유고도 급속히 고갈되었다. 가용외환보유고는 10월 말 223억 달러에서 11월 말 73억 달러 아래로 감소했다. 정부는 11월 하순 환율의 일중 변동폭을 상하 2.25%에서 상하 10%로 확대하였지만 환율은 급등세를 지속하여 11월 중에만 17% 넘게 절하되었다.

정부는 더 이상 환율을 방어할 능력을 상실하였으며 IMF에 구제금융을 신청하기로 결정했다. 12월 3일 한국 정부와 IMF 사이에 자금지원에 관한 협약이 체결되었다.

협약의 내용은 IMF가 3년에 걸쳐 한국에 210억 달러를 지원하고, 한국은 IMF와 합의한 경제정책 프로그램을 실시하기로 했다. IMF 자금 외에도 IBRD가 최대 100억 달러, ADB가 40억 달러를 지원하기로 하였으며 일본과 미국 등 13개 선진국에서 제2선 자금으로 약 230억 달러를 지원하기로 하였으며 12월 5일 IMF 자금 55억 달러가 인출되었다.

IMF가 제시하고 한국 정부가 합의한 경제정책 프로그램은 거시경제정책, 금융구조조정 및 기타 대책으로 무역자유화, 자본자유화, 기업재무구조 및 지배구조와 노동시장 개혁 등으로 구성되었다. IMF가 대폭적인 금리인상을 포함하여 강도 높은 금융 및 재정 긴축을 요구하고 부실한 종합금융회사의 즉각적 폐쇄 등 퇴출 중심의 금융부문 구조조정을 주장하면서 한국경제는 한층 더 고통스러운 시련이 불가피하였으며, 무역 및 자본자유화의 추진은 이색적 정책이었다.

IMF의 자금지원이 시작되고 강도 높은 긴축정책과 금융부문 구조조정 계획이 발표되었지만 외환위기는 개선될 조짐을 보이지 않았고 국내 금융기관의 단기외채 만기연장은 거의 이루어지지 못했다. 이에 따라 외환시장의 불안이 고조되어 환율이 급격하게 상승하였으며 12월 중순 환율의 일중 변동폭 제한을 철폐하자 환율은 1,200원대에서 2,000원에 근접한 수준으로 폭등했다. 이와 아울러 주식가격이 폭락하였으며 기업어음 금리가 38% 수준으로 치솟는 등 한국의 금융시장은 거의 공황(恐慌) 상태를 방불했다.

이처럼 IMF의 개입이 한국경제에 대한 국제신인도를 회복하지 못하자 IMF와 한국정부는 지원자금의 인출을 앞당기는 한편 긴축정책과 구조조정의 강도를 높이고 속도를 가속하는 내용으로 추가적 협약을 체결하기도 했다. 또한 미국을 비롯하여 영국, 독일 등의 금융당국이 민간채권은행에 대하여 단기외채의 만기 연장을 설득하기도 했다.

채권은행의 단기자금 회수를 멈추게 한 것은 단기외채 만기연장에 대하여 선진국 정부와 IMF가 원칙적 합의를 이룬 후 한국 정부가 지급보증을 하고 외국 채권금융기관과 직접 외채만기연장협상을 타결한 다음이었다.

한국의 외환위기를 수습하기 위한 IMF의 초기 대응이 실효를 거두지 못하자 그에 대한 비판적 견해들이 제기되었다.

첫째, IMF의 자금지원이 시장의 신뢰를 회복할 만큼 충분하거나 신속하지 못하였으며, 민간채권은행을 초기부터 참여시키는 것이 필요함을 지적했다. 이는 동아시아의 금융위기를 채무자의 책임만으로 돌리는 것보다 국제금융시장에서 채권금융기관의 과민반응과 군집행동(herd behavior) 등 국제금융 체제의 불안정성을 주목하고 이에 적극적으로 대응하는 것이 결여되었다는 비판이었다.

둘째, 동아시아 국가는 경제의 생산기반이 튼튼하므로 이들이 직면한 문제는 유동성 부족의 문제이지 채무상환 능력의 문제가 아님에도 IMF가 이를 왜곡하여 금융시장의 불신을 증폭하고 과도한 재정·금융긴축을 강요하여 경제를 지나치게 위축시켰다는 점이다. 은행의 폐쇄 등 퇴출 위주의 금융구조조정은 채무국 금융시장의 신용경색을 초래하여 금융기관과 기업의 정상적 경영을 불가능하게 했다. 또한 과도한 고금리와 흑자재정 등 긴축정책은 수요 감퇴와 공급 애로를 함께 유발하여 경제를 지나치게 위축시킴으로써 존립이 가능한 기업도 대량으로 도산되는 사태를 초래하였다는 것이다.

실제로 한국경제는 외환위기의 전개와 더불어 극도로 위축되기 시작했다. 1998년 3월 산업생산은 반도체, 선박 등 일부 수출업종을 제외하고 대부분 산업 부문에서 감소하여 전체적으로 전년 동기보다 9% 이상 감소하였으며 도소매 판매도 약 12% 감소했다. 제조업 평균 가동률은 약 67%로 사상 최저 수준을 나타냈다. 경기침체에도 불구하고 소비자물가는 환율상승의 영향으로 9% 이상 상승하여 서민생활에 커다란 부담을 안겨주었다. 이러한 현실에서 4월부터 시작된 노동계의 파업사태는 한국의 경제전망을 더욱 어둡게 했다.

다만 1998년 1월에 시작된 국민의 금 모으기 운동은 3월까지 약 350만 명이 참여하여 226톤의 금을 수집하여 수출하는 성과를 거두었다. 위기극복을 위한 국민의 단합된 의지를 천명하고 대외신인도 회복에 기여했다.

실물경제가 위축되고 물가가 상승하는 가운데 금융시장에서 신용경색이 심화됨에 따라 기업의 부도가 급증했다. 전국 어음 부도율은 1997년 12월 1.5%에 달한 다음 계속 높은 수준에 머물렀고, 1998년 3월에는 하루에 100개 이상의 기업이 도산했다. 이에 따라 실업률도 급증했다. 6월 실업률은 7.0%, 실업자 수는 153만 명에 이르렀다.

정부는 1998년 4월까지 IMF와 합의한 통화·재정의 긴축기조를 유지했으나 그 후에는 경제의 성장잠재력을 견지하기 위하여 금리수준의 점진적 인하 및 신용경색의 완화를 추진했다. 이와 아울러 재정의 역할을 강화하여 경제의 활성화를 지원하고 사회안전망(social safety net)을 확충하기 위한 추경예산을 편성했다. 이는 기업경영의 악화와 고용조정이 늘어남에 따라 실업자의 증가와 실업기간의 장기화가 예상되므로 정부가 사회안전망 확충방안을 마련하는 것이 시급히 필요하다고 판단하였기 때문이다.

한국정부는 IMF와 협의하에 금융과 기업의 구조조정에 착수했다. 금융기관 구조조정은 부실을 정리하고 자본을 확충하여 깨끗하고 건강한 은행으로 탈바꿈하는 것이 목표인데 이를 위해서는 신규 자금의 투입이 필요하지만 금융기관 스스로 이를 조달하는 것이 불가능하므로 공적자금의 투입이 불가피했다. 이를 위하여 1997년 12월 부실채권정리기금채권과 예금보험기금채권의 발행 및 정부보증이 이루어졌고, 공적자금의 투입 규모는 구조조정의 진행과정에서 계속 확대를 거듭했다. 1999년 말까지 금융구조조정을 위하여 64조 원의 공적자금이 조성되어 금융기관의 손실보전 및 출자 그리고 부실채권 매입 등에 사용되었다.

정부는 BIS 자기자본비율 8% 미달 은행 중 자체적으로 경영정상화가 어렵다고 판단되는 5개 은행을 우량은행에 자산과 부채를 이전하는 방식(*purchase and assumption*: P&A)으로 정리했다. 증권, 보험 및 기타 제2금융권 금융기관에 대하여는 건전성 기준에 미달하는 경우 경영정상화 계획을 제출하도록 하고 회생이 불가능하다고 판단되는 금융기관을 퇴출, 정리했다. 금융기관의 대대적인 구조조정에 따라 금융기관 종사자는 1997년 말 약 31만 8천 명에서 1999년 말에는 약 23만 9천 명으로 감소했다.

기업의 구조조정은 금융기관이 기업의 회생가능성을 판단하여 회생불가능 기업은 퇴출하고 회생가능 기업은 필요한 지원 등을 제공했다. 1998년 6월 회생이 불가능한 55개 기업을 퇴출한 후에는 기업 구조조정의 방향을 회생 위주로 전환하였는데 기업의 규모에 따라 추진방식을 달리했다.

5대 그룹은 자체적으로 손실을 흡수하며 자율적으로 구조조정을 추진토록 했다. 그 내용은 재무구조를 실효성 있게 개선하고 부당한 계열사 지원을 차단함으로써 핵심역량 위주로 사업을 재편함과 아울러 빅딜(*big deal*)로 알려진 사업교환을 추진했다. 재무구조 개선내용은 1999년까지 평균부채비율을 200% 이내로 감축하고 2000년 초까지 상호지급보증을 완전 해소하는 등이었다. 6~64대 기업과 독립 대기업에 대하여는 금융기관 간 기업구조 조정협약에 따라 기업개선작업(workout)을 추진하고 중소·중견 기업에 대하여는 해당 채권금융기관이 기업개선작업을 추진토록 했다. 금융기관의 출자로 설립된 기업구조조정기금은 중소기업 단기부채의 장기부채 전환 및 자본 확충을 위한 주식 인수 등의 지원을 제공하여 구조조정을 촉진했다.

한국경제는 1998년 4/4분기에 들어서면서 경기의 하강세가 둔화되기 시작했다. 산업생산과 출하는 11월 이후 수출의 신장 과 내수 감소폭의 축소에 힘입어 증가세로 돌아섰으며, 제조업 평균 가동률은 9월 이후 상승추세를 지속하였고, 국내기계수주 도 12월에는 증가세를 나타냈다. 소비자물가는 환율상승의 영향 으로 1998년 연평균 7.5% 상승했으나 12월에는 전년 동기보다 4.0%로 상승률이 낮아졌다. 어음부도율은 1997년 12월 1.49% 까지 상승하였다가 지속해서 낮아져서 1998년 12월에는 0.12% 를 기록하였는데 이는 1996년 9월 이후 최저수준이었다. 1998년 경상수지는 수출이 14% 증가한 반면, 수입은 22% 감소하여 404억 달러 흑자를 기록하였으며 가용외환보유고는 12월 말 485 억 달러로 증가했다.

그러나 1998년 GDP 성장률은 마이너스 6.7%로 6·25 한국 전쟁 이후 최대의 경제난을 기록했다. 경기의 하강세가 둔화하 면서 고통스러운 침체 터널을 벗어나 경제가 회복되는 시점에 이른 것이 아닌가 하는 조심스러운 낙관이 대두되기 시작하였지만 1998년 12월 실업률은 7.9%로 상승하여 실업자 수가 166만 명을 넘어섰고 1999년 2월 178만 명으로 최고치를 기록했다. 외환위기가 시작된 1997년 10월 실업자가 약 45만 명이었으니 130만 명 이상의 국민이 실업자로 전락한 것이었다. 많은 기업과 가정이 풍비박산(風飛雹散)되어 다수의 가장이 거리에서 노숙자로 전전하는 등 한국의 경제위기와 국민적 고통은 현재진행형으로 계속되고 있었다.

소득분배의 불평등도 심화하여 지니계수는 1997년 0.28에서 1999년 0.32로 악화되었다. 외환위기의 피해가 특히 중산층과 서민층에 집중되었음을 나타냈다. 저소득 근로자는 빈곤선 아래로 추락한 반면 고소득층은 고금리로 인한 재산소득의 증가가 있었기 때문이다. 정부는 단기대책으로 중산층과 서민에 대한 지원을 위해 추경예산을 편성하고 생산적 복지정책의 하나로 2000년 〈국민기초생활보장법〉을 시행함으로써 빈곤에 대한 국가 책임을 제도화했다.

1999년 들어 정부는 금융과 기업 부문의 구조개혁을 지속해서 추진하는 한편 재정정책과 금융정책의 적극적 운영으로 경제활력의 회복을 도모했다. 금융 부문은 부실금융기관의 정리를 계속하고 경영의 정상화를 추진하는 한편 자본시장의 활성화와 금융감독기능의 강화에 노력했다. 기업 부문은 5대 그룹에 대하여 자산매각과 자본확충의 자구노력을 독려하여 부채비율을 연말까지 200% 이하로 낮추는 목표를 달성하였으며 해외자산 매각이나 외자유치에 힘쓰도록 권고했다. 핵심역량 외의 계열사를 정리하고 사외이사 선임 등 기업지배구조의 개선도 추진되었다.

공공부문 개혁의 일환으로 정부조직의 개편과 공기업의 민영화도 진행되었다. 노동시장의 유연성 제고를 위한 고용조정제와 근로자 파견제 등이 1998년 도입된 데 이어 구조조정이 본격화되자 노동계의 반발이 확산되었다. 정부는 노동계에 파업의 자제를 촉구하고 양대 노총과 기업 대표가 참여하는 노사정(勞使政) 위원회를 운영했다.

1999년 7월 대우그룹의 파탄으로 금융시장의 금리가 상승하고 주가가 하락하는 한편 어음부도율이 1%를 상회하는 등 불안한 양상이 전개되었다. 적극적 금융시장 안정대책을 시행하여 연말에는 다시 주가가 상승하고 금리도 안정세를 나타냈으며 어음부도율도 0.14%로 안정되었다. 1999년 경제성장률은 애초의 예상을 훨씬 넘어서는 10.9%에 달하였고 제조업 평균 가동률도 11월부터 80%를 상회했다. 소비자물가는 계속 안정세를 시현하여 12월 말에는 전년 동기대비 1.4%에 그쳤다. 수출은 전년보다 15.8%, 수입은 28.8%씩 각각 증가하여 경상수지 흑자가 연간 245억 달러에 달함에 따라 연말 외환보유고는 전년 말의 485억 달러에서 740억 달러로 증가하였으며 한국의 대외채권은 1,454억 달러로서 대외채무를 83억 달러 초과했다.

해외자본의 유입도 가세함으로써 외환시장에서 외환의 공급우위가 계속되어 환율이 급격하게 절상되지 않도록 외환수급의 조절이 필요했다. 정부와 금융기관은 외채의 조기상환에 나섰다. 정부는 1999년 9월에 IMF의 SRF 자금 134억 달러를 전액 상환하였으며 미인출 잔액은 인출하지 않기로 했다. IMF로부터 도입한 자금의 나머지 잔액은 2001년 8월에 전액 상환하였지만 실질적인 IMF 체제의 졸업은 1999년 9월 이루어졌다고 할 수 있다.

1997년 가을부터 2년에 걸쳐 마치 초(超)대형급 허리케인처럼 동남아시아로부터 북상하여 한국경제를 휘몰아치고 소멸한 외환위기의 원인은 여러 관점에서 지적되고 분석되었다. 크게 나누면 한국경제의 내부에 누적된 취약성에서 원인을 찾는 견해와 국제금융질서의 불안정과 국제자본이동의 무리적 행태 등 외부로부터 원인을 찾는 견해이다.

그러나 이 두 가지를 구분하는 것은 별다른 의미가 없을 것이다. 마치 기온이 급격히 하강하는 환절기에 얇은 옷을 입고 외출하였다가 독감에 걸린 환자가 의사의 잘못된 처방을 받아 폐렴으로 생사의 기로를 겪었던 모습과 유사하다고 필자는 생각한다. 내부적 취약성과 외부적 충격은 서로 분리될 수 없는 위기의 원인이기 때문이다. 다만 IMF의 잘못된 초기 대응이 위기의 고통을 증폭시킨 측면이 있지만 그로 말미암아 환자의 잘못된 생활방식과 체질을 고치는 기회도 되었다는 점이 약간의 위로가 된다.

당시 한국경제의 거시지표는 국제수지의 적자 폭이 확대되고 있다는 점 외에는 전반적으로 양호한 수준이었으나 내부적으로는 심각한 비효율을 지니고 있었다는 것이 일반적인 지적이다.

첫째는 기업과 금융기관의 재무구조가 건실하지 못하였다는 점이다. 기업의 높은 부채비율은 레버리지 효과(leverage effect)로 인하여 호경기 중에는 높은 수익률을 가져오지만 경기침체기에는 기업이 도산의 위험에 내몰리는 원인이 된다. 한국의 은행들은 1996년 말까지 외견상 BIS 기준 자기자본비율 8%를 상회했지만 상당한 규모의 부실채권 등이 표면화되지 못했던 것으로 밝혀졌다. 그러나 금융기관은 경영의 실패를 정부나 한국은행의 지원으로 극복할 수 있다고 믿었다.

둘째, 기업과 금융기관은 취약한 구조에도 불구하고 수익성보다 외형성장 위주의 경영을 지향했다. 금융기관은 대기업에 대한 대출, 그리고 사업성 심사보다 부동산 담보 위주의 대출로 운용하면서 수신고 확대와 점포증설에 의한 외형성장에 치중했다. 기업들은 단기자금을 조달하여 장기 시설투자에 활용하는 등 유동성 위험을 고려하지 않은 재무관리를 통하여 사업영역 확장에 나섰다. 재벌집단은 거의 모든 영역에 중복적으로 진출하여 과잉, 중복투자를 함으로써 계열기업 중에 부실기업이 속출하는 상황이 빚어졌다. 또한 투명성과 책임성이 확보되지 않은 기업지배구조는 대주주의 전횡으로 소수주주와 채권자의 이익이 침해되는 결과를 초래했다.

셋째로 한국의 과거 경제성장이 자본의 추가적 투입에 의하여 유휴노동력을 산업인력으로 전환함으로써, 즉 생산요소의 양적 투입을 지속해서 증가시키는 방법으로 이루어졌고 생산성 향상을 위한 기술의 발전이나 효율성 증대를 위한 구조적 개혁이 미흡하였다는 지적 또한 타당성이 있다. 다만 아시아 국가의 외환위기가 이러한 방식의 경제성장이 종료된 것을 의미한다고 주장했던 학자들은 한국의 빠른 경제회복을 예견하지 못한 것으로 보인다.

마지막으로, 1980년대 이후 세계경제가 시장 중심의 신자유주의와 실물과 금융 부문에서 거대한 시장통합이 진행되는 글로벌화가 확장되는 상황에서, 해외자원과 해외시장에 의존하여 경제활동을 영위하는 한국으로서는 무역, 투자, 금융의 개방화는 거스를 수 없는 대세이지만 이에 수반하는 위험에 대비하는 노력이 절대적으로 부족했다. 유입되는 해외자본을 경제활력 증진에 활용하는 것을 당연시하면서 변동성이 심한 국제금융의 환경에서 자본의 국제적 흐름이 언제라도 방향을 바꿀 수 있다는 위험을 외면하고 경제를 운영하였다는 비판을 부인하기 어렵다.

한국경제를 뿌리부터 뒤흔든 폭풍과 폭우는 소멸하였지만 남겨진 폐허의 참상은 오랫동안 아물지 않고 국민의 삶에 아픔으로 남아있다. 그러나 엄청난 국민적 고통을 대가로 치르고 금융과 기업 부문 등의 구조개혁을 수행할 수 있었던 것은 한국경제가 둑을 높이고 건물의 기초를 보강한 것과 같으며 좀더 안전한 구조가 되었다고 생각할 수 있다.

그로부터 10년 후에 전 세계에 밀어닥친 글로벌 금융위기에서 그리스 등 쓰나미에 휩쓸린 국가와 달리 어느 정도 대응할 수 있었던 것은 누구 말처럼 외환위기가 '위장된 축복'이었다고 스스로 위로할 수 있는지 모르겠다. 그러나 '악마는 같은 얼굴로 두 번 오지 않는다'는 이야기도 엄연한 사실임을 잊지 말아야 할 것이다.

1997년 당시 재정경제원에서 대외협력 업무를 담당하는 차관보로 근무하던 필자는 나락(奈落)으로 떨어지는 국가경제의 상황을 지켜보면서 까맣게 속을 태우고 발을 동동 굴렀지만 별다른 해결책을 마련할 수 없었다. 필자의 최대 관심은 어떻게 해서든지 외환유동성의 파탄을 극복하여 IMF 관리체제를 모면하는 것이었다. 경제위기를 맞은 국가에 대하여 IMF는 예외 없이 재정지출 감축과 금융긴축 그리고 부실화된 기업 및 금융기관에 대한 퇴출 위주의 구조조정이라는 일관된 정책 처방을 내렸기 때문이다.

당시 필자의 한국경제에 대한 상황판단은 일단 외환유동성의 일시적 부족을 해결하면 회복할 수 있다는 생각이었다. 만약 IMF의 처방대로 한국경제를 다룰 때에는 엄청나게 고통스러운 상황이 초래될 것이 두려웠다. 지금도 필자는 한국의 외환위기가 IMF의 개입으로 말미암아 과도하게 피해를 확대한 측면이 있다고 생각하고 있으므로 이를 'IMF 경제위기'라고 부르고 싶다.

외환유동성의 도움을 받을 수 있을까 하여 어찌 보면 외환위기의 빌미를 제공하였다고도 할 수 있는 일본을 방문하기도 하였지만 소득이 없었다. 그들은 미국과 IMF를 핑계 대고 도움을 제공하기를 거절했다. 물론 당시 일본 내부의 사정도 잃어버린 10년의 와중에 대장성이 검찰의 조사를 받는 등 복잡한 점이 없지 않았지만 필자는 빈손으로 돌아오면서 일본은 믿을 만한 지역의 중심적 역할을 담당할 의사(意思)도, 능력도 없는 나라라고 인식하게 되었다.

밖으로부터 지원을 받을 수 없다면 국내적으로 환율을 희생하고 외환보유고를 지킬 작정으로 국내 외환정책에 참여할 수 있는 길을 모색하려 하였지만 여의치 못했다. 그러나 돌이켜보면 필자가 구상했던 방법이 성공할 수 있었을지도 의문이고 설사 외환유동성의 위기를 모면하여 고통스러운 구조조정 과정을 비껴갔다 하더라도 취약한 체질을 개선하지 못한 한국경제가 10년 후의 글로벌 금융위기를 맞았다면 어떠한 결과가 빚어졌을까는 상상하기 어렵다. 개인이나 국가나 마찬가지로 무엇이 성공이고 실패인지 길흉화복(吉凶禍福)을 가늠하기 어렵다는 느낌이다.

여하간 IMF 경제위기는 당시 경제정책에 몸담고 있던 모든 공직자가 죄책감을 떨칠 수 없는 국가적 환란이었고, 국민의 고통이었다. 필자 역시 이러한 회한(悔恨)을 안고 살아가야 할 경제정책 팀원 중 한 사람이다. 국가경제가 벼랑으로 치닫고 있던 그해 11월 필자는 관세청장으로 발령을 받고 재정경제원을 떠나게 되었다.

친절한 세관 만들기

필자는 1997년 관세청장으로 부임하면서 본인이 1970년 처음 공직생활을 시작한 부처로 20여 년 만에 돌아가 기관운영의 책임을 지게 되었다는 사실에 깊은 감회를 느꼈다. 부임에 즈음하여 주위 사람들에게 세관에 대하여 어떤 인식을 가졌는지 물어본 결과, 한결같이 '불친절하다', '위압적이다' 등이라 대답했다.

세관은 국경에서 사람과 물품의 이동을 통제하는 대표적 규제기관이어서 어느 나라의 세관이든지 어느 정도는 사람들이 긴장감을 느끼게 하는 속성이 있기는 하다. 그러나 그처럼 공권력을 행사하는 기관일수록 그 업무를 담당하는 사람들의 자세와 마음가짐이 중요한데 그때까지 한국의 세관에 종사하는 사람들은 엄정하게 업무를 처리하는 것에 관심을 가진 만큼 친절에 관하여는 고민할 기회가 없었던 듯했다.

필자는 관세청장으로 재임하는 동안 '친절한 세관을 만들자'라는 목표를 나름대로 설정했다. 그리하여 세관장 회의를 주재하면서 각 세관장이 책임지고 친절한 세관의 분위기를 조성할 것을 지시하고 그 목표를 얼마나 잘 달성하였는지 평가하여 다음 인사에 반영하겠다고 공언했다. 그러나 이러한 필자의 지시는 그리 심각하게 받아들여지지 않는 것처럼 비치었다. 사실 친절한 업무처리를 어떻게 객관적으로 평가하여 인사발령의 자료로 삼을 수 있는가는 매우 비현실적인 이야기로 여겨지는 것이 어찌 보면 당연했다.

얼마간 고민한 끝에 필자는 한 컨설팅 회사와 용역계약을 체결했다. 용역의 제목은 '세관 업무의 능률성 제고 방안'이었으며, 필자는 컨설팅 회사에게 현장조사의 경험이 많은 연구원을 배치해 달라고 부탁했다. 담당 연구원과 단둘이 만난 필자는 그 용역의 목표가 제목과 달리 전국 세관의 친절도를 평가하는 것임을 알려주었다. 그리고 이를 시행함에 있어 한 사람의 평가자가 동일한 기준으로 평가할 것, 아울러 이러한 사실이 밖에 알려지면 평가의 공정성을 확보하기 어려우므로 철저한 보안을 유지할 것, 만약 필자와 연구원 두 사람 외에 아는 사람이 있을 경우 계약을 해지할 것을 약속하게 했다.

평가작업을 시작하기에 앞서 연구원이 작성한 평가기준을 필자가 확인한 후에 그 연구원은 세관 업무의 능률성 제고를 위한 조사라는 명목으로 전국 세관을 방문하고 세관과 업무 관계가 있는 업체를 접촉했다. 그로부터 몇 개월이 지난 후 그 연구원은 전국 세관의 친절도를 평가하여 1위부터 서열을 부여한 결과를 제출했다. 필자는 전국 세관장 회의를 소집하여 이를 발표하고 1위부터 본인의 희망을 반영한 인사를 실시하였는데 그 반응은 매우 충격적이었다.

일단 모든 세관 직원에게 친절에 관하여 관심을 돌리는 것은 성공하였지만, 이제는 그 동력을 지속시키지 않으면 용두사미(龍頭蛇尾)가 될 것이므로 후속 조치가 필요했다. 이를 위하여 감사관실로 하여금 매달 전국 세관을 방문했던 민원인 중 5백명 정도를 무작위로 선정하여 답장용 봉투를 동봉한 설문지를 우송토록 했다. 보낸 설문지 중 약 20% 정도가 회신되었는데 모든 회신 봉투를 청장이 직접 개봉하여 읽어보았다. 세관의 모든 민원인이 잠재적 평가자의 지위를 갖게 되면서 세관 직원이 민원인을 대하는 자세가 달라지는 것을 확인할 수 있었다. 그리고 필자가 약 1년 반의 임기를 마칠 즈음에는 관세청이 가장 친절한 정부부처 중 하나로 선정되는 보람을 얻기도 했다.

그러나 국민에게 세관 업무를 궁극적으로 편리하게 만드는 방법은 가능하면 세관에 가지 않고 업무를 처리할 수 있도록 하는 것이다. 필자도 그렇지만 역대의 많은 관세청장이 같은 생각으로 세관 업무의 전산화, 자동화를 추진한 결과 현재 관세청의 모든 업무는 세계적 수준으로 정보화를 이루었으며 그 결과를 많은 개도국에 전수하는 위치에 이르게 되었다.

권력기관과의 마찰과 산은총재 사임

필자는 2000년 8월 재정경제부 차관에서 산업은행 총재로 부임하였다가 2001년 4월, 임기 3년의 직책을 8개월을 못 채우고 사임함으로써 공직을 마감했다. 정부에서 근무하던 필자가 산업은행을 책임지고 정부와 마찰을 빚은 것도 사실이지만 필자가 사임한 원인은 따로 있었다. 여기에는 두 가지 사건이 관련되었다. 모두 필자가 관세청장으로 근무하면서 생긴 일이었다.

첫째 사건은 필자가 관세청장으로 근무할 당시 국내 굴지의 재벌 H 그룹의 계열회사인 보세운송회사가 오랫동안 중국산 참깨를 밀수입했던 사건을 적발하면서 시작했다. 필자는 재벌그룹의 보세운송회사가 그 업무를 이용하여 밀수를 자행하였다는 사실에 어처구니도 없고 심히 분개했다. 그리고 이 사건은 회사의 공식 라인보다 비공식 조직에 의하여 자행되었을 것으로 추정하고 장기간 반복된 것으로 보아 연루자가 많을 것이라고 짐작했다. 그러나 검찰의 수사지휘를 받아 입건된 사람은 행동책 몇 명에 불과했다.

이를 이상하게 여기고 좀더 자세히 살펴보니 담당 임원이 당시 국가정보기관의 수뇌부 인사의 동생이었다. 그 임원의 형인 S 씨는 검찰 출신으로 지금은 고인이 되었으나 당시 국가정보기관의 국내 부문을 책임지는 막강한 지위를 담당했다. 필자는 이 사건이 축소 처리되었다고 생각하고 그 이유가 이러한 인적 관계와 관련되었을 가능성이 크다고 추측했다. 그리하여 필자가

할 수 있는 최대한의 조치로 이를 응징하기로 했다. 회사는 보세운송 업무를 정지시켜 퇴출함과 아울러 회사 측에 담당 임원을 해고할 것을 요구했다. 그 회사는 보세운송 업무를 폐지하고 택배업으로 전환하였으며 그 임원은 회사를 떠나게 되었다.

그로부터 몇 년 후, 필자가 산업은행 총재로 있으면서 한 워크아웃 기업의 경영진을 선임할 필요가 있었다. 그런데 정치권에서 천거된 후보자를 보니 바로 S 씨의 동생으로 H 그룹 보세운송회사의 임원으로 있던 사람이었다. 그 사람은 해당기업의 업종에 아무런 경력을 갖고 있지 않았으므로 필자는 이를 수락하기를 거부하고 새로운 후보자를 추천하여 달라고 요청했다. 그러자 이번에는 적격자가 추천되었으며 새로운 후보자를 해당기업의 경영자로 선임한 바 있었다.

또 다른 사건도 역시 필자가 관세청장으로 있을 때 김포세관에서 발생했다. 당시는 아직 인천국제공항이 건설되기 전이라 김포공항이 한국의 관문인 공항 역할을 하고 있었다. 그런데 필자에게 보고된 사항 중 김포세관의 실무자급인 A 계장에 관한 문제로 고심하고 있었다. 보고된 내용은 A 계장이 당시 청와대의 실세로 알려진 P 수석과 친밀한 사이를 과시하면서 김포공항에서 막강한 힘을 발휘한다는 것이었다. A 계장이 다른 기관장들 앞에서 청와대 P 수석과의 관계를 과시하면서 기탄없이 통화하는 모습을 보고 김포세관의 지휘계통은 물론 공항에 주재하는 정보기관이나 수사기관 모두 A 계장에게 꼼짝 못하는 형국이라고 했다.

더욱 큰 문제는 A 계장이 공조직을 떠나 자신의 세력권에 거느리는 여행객 휴대품검사 및 밀수감시를 담당하는 세관 직원들이 공항의 입출국장을 장악하고 이른바 '보따리 장사'라고 부르는 밀수행위자를 비호 내지 관리하는 것으로 보인다는 보고 내용이었다. 이 문제를 잘못 다루었다가 관철하지 못하는 상황이 되면 김포세관의 차원을 넘어 관세청 전체의 지휘계통이 붕괴하는 결과를 초래할 수 있으므로 그 처리 방안을 강구하기가 쉽지 않았다.

그러던 중 뜻밖의 원군이 나타났다. 한 공중파 TV 방송에서 김포세관의 무질서함을 고발하는 특집방송을 보도했다. 자신의 조직을 공격하는 언론보도가 오히려 고맙게 느껴지는 모순된 상황이 전개된 것이다. 필자는 즉시 김포세관의 여행객 휴대품검사 담당 그리고 밀수감시 담당 직원 수백 명을 한 명도 예외 없이 모두 교체하는 대대적 인사를 단행했다. 김포세관을 떠나게 된 직원 중 일부는 한밤에 필자의 집으로 전화를 걸어 필자를 비난하고 위협하는 일도 서슴지 않았다. 그렇지만 평소 김포세관의 상황에 가슴 아파하던 세관장과 간부직원들이 합심하여 업무 공백이 발생하지 않도록 노력한 덕분에 전면적 인사이동에도 불구하고 김포세관의 업무는 이른 시일 내에 정상을 회복했다.

그러던 어느 날 재정경제부의 고위 간부가 관세청으로 필자를 찾아왔다. 그리고 필자에게 A 계장을 김포세관으로 복귀시켜 달라는 부탁을 했다. 이는 청와대 P 수석이 재정경제부 수뇌부에 한 부탁이므로 들어주는 것이 좋겠다는 것이었다. 요구를 한마디로 거절하고 그 고위 간부를 돌려보내면서 필자는 이번 관세청장을 공직의 마지막 직책으로 생각한다는 말을 덧붙였다.

사실 국가정보기관의 수뇌부인 S 씨의 동생을 회사에서 해고토록 조치한 것에 더하여서 청와대 P 수석의 측근과 그 일파를 김포세관에서 축출하고 P 수석의 요청을 공개적으로 거절하였으니 공직을 여기서 끝내는 것은 너무도 당연하다고 생각되었다. 필자는 집에서도 아내에게 머지않아 공직을 끝내고 집에서 머무르게 될 터이니 마음의 준비를 하도록 일러두었다.

그러나 세상일은 필자의 각오대로 진행되지 않았다. 1999년 초 권력구조의 지각변동이 발생하여 S 씨와 P 수석이 현직에서 떠나게 된 것이었다. 그 때문에 필자의 공직생활이 연장되어 관세청장에서 재정경제부 차관으로 옮겼다가 다시 산업은행 총재의 직책을 맡게 되었다.

그러던 중 현대그룹에 대한 자금지원을 둘러싸고 정부와의 이견으로 마음고생을 겪고 있던 2001년 초, 다시 권력구조가 바뀌면서 P 수석은 청와대 최고책임자로, S 씨는 국가정보기관의 수장으로 각각 화려하게 복귀했다. 이제 필자는 더는 공직에 머무르기 어려운 형편이 된 것이다.

여러 가지로 압박을 느끼게 하는 상황이 전개되어 이제 스스로 사표를 내야 하는 시점이 아닌가 고심하던 중에 진념 재정경제부 장관이 전화를 걸어 곤혹스러움이 묻어나는 목소리로 필자가 그만두어야 할 것 같다고 전해주었다. 필자는 즉시 그리하겠다고 답변한 후 사표를 제출했다. 그러나 필자의 사표는 한 달을 훨씬 넘게 수리되지 못하고 처리가 지연되었는데 전해 듣기로는 당시 청와대 내에서 이기호 경제수석과 박주선 법무비서관 등이 필자의 사직이 불가하다고 이의를 제기한 때문이었다고 했다.

결국 필자의 사표가 수리된 며칠 후 이기호 경제수석이 전화를 걸어왔다. 필자의 사직에 대하여 아쉬움을 표하면서 방금 대통령께 엄 총재를 OECD 대사로 임명하자고 말씀드려 승인을 받았으니 준비하라는 내용이었다. 필자는 고맙다고 대답하였지만 P 씨가 이 일을 알면 가만있지 않을 터인데 하고 생각하였는데 역시나 며칠 후 그 이야기는 없는 것이 되고 말았다.

대우자동차 부도 처리

필자가 산업은행 총재로 부임한 2000년은 대우그룹의 붕괴와 현대그룹의 경영난으로 금융시장과 경제 전반에 긴장감이 고조되었다. 산업은행은 대우그룹의 중심 기업이었던 대우자동차의 주채권은행으로서 그에 대한 워크아웃 과정을 주관했다.

대우그룹의 붕괴는 대우자동차에서 비롯되었다고 생각한다. 대우자동차는 국내에서 기존의 부평공장에 이어 창원, 군산공장을 확장하고 세계경영을 외치며 많은 나라에 현지법인과 자동차공장을 세우면서 막대한 자금이 투입되었는데 IMF 경제위기가 덮쳤음에도 이러한 공격적 경영을 멈추지 않았고 멈출 수도 없었던 것으로 보인다. 결국 대우자동차에서 비롯된 자금압박은 무리한 단기자금의 조달로 이어졌고 그룹 전체가 침몰하였으며, 그 규모가 워낙 방대하여 금융권이나 정부가 총동원하여도 감당하기 어려운 대재앙으로 번지게 되었다.

대우그룹은 과거에도 그랬지만 자금 사정이 어려울 때 오히려 공격적 M&A를 통해 그룹 규모도 키우고 유동성 위기도 극복하는 전략을 구사하는 것으로 알려졌다. IMF 경제위기의 와중에도 쌍용자동차를 인수하고 이어서 삼성그룹과 삼성자동차와 대우전자를 주고받는, 이른바 빅딜 협상을 진행했다. 그러나 삼성 측이 협상을 포기하고 삼성자동차의 법정관리를 신청함으로써 빅딜은 무산되었다. 협상의 자세한 내용은 알지 못하지만 이건희 회장의 개인적 책임이 연계된 삼성자동차를 법정관리로 넘긴 것으로 보아 대우 측의 요구조건이 만만치 않았던 것으로 짐작된다.

빅딜이 무산된 후 대우자동차도 주채권은행인 산업은행의 책임 아래에 채권단 공동관리, 즉 워크아웃의 대상이 되었다. 정부와 채권단의 계획은 이자 탕감 등 재무적 구조조정을 거쳐 매각하는 방안이었다. 매각계획이 발표되자 포드, GM, 크라이슬러 등 미국 자동차 3사가 모두 관심을 표명하였으며 그중 포드는 가장 높은 예정가격을 제시하고 기업실사를 시작했다. 따라서 정부나 채권단 모두 대우자동차의 장래는 별로 걱정하지 않는 분위기였다.

그러나 필자가 2000년 8월 산업은행 총재로 부임하기 직전 포드는 인수포기를 선언하고 돌아가 버렸고, 나머지 인수 희망업체도 사라져버렸다. 필자가 산업은행 담당 임원에게 원인이 무엇인지 물어보자 잘 모르겠는데 포드 내부사정 때문이 아닌가 생각한다는 답변이었다.

필자가 살펴보자 대우자동차의 당시 사정은 어느 투자자도 선뜻 나서기 어려운 상황이었다. 워크아웃이 시작된 이후에도 거액의 적자가 누적되었지만 기업구조를 개선하기 위한 노력은 전혀 이루어지지 못했다. 대우자동차 노조 중 특히 부평공장 노조는 강성노조로 유명하였는데 구조조정 시도에 대하여 엄청난 전투력으로 저항할 것이 분명했다. 당시 회사의 최고경영자 (*chief executive officer*: CEO)는 언론기관 출신의 인사가 차지하고 있었다. 아마도 곧 매각할 회사라 여기고 별로 전문성을 기대하기 어려운 사람을 선임한 모양이라고 생각했다.

대우자동차가 큰 폭의 적자임에도 불구하고 협력업체들은 납품가격 조정의 압력을 별로 받지 않고 은행에서 제공하는 자금으로 즉시 납품대금을 수취하는 거래를 했다. 결국 은행이 자금을 계속 지원하기만 하면 경영진도, 노조도, 협력회사도 모두 행복한 상태였다. 회사를 사겠다는 투자자도 사라져 버렸으니 이 상태는 오랫동안 계속될 수도 있었다.

그러나 은행이 얼마나 버틸 수 있을지는 모를 일이었다. 언젠가 누적된 부담을 견디지 못하고 손들게 될 때는 거대한 폭탄처럼 경제를 흔들 것이다. 마치 최근에 터져버려 아직도 수습 단계인 대우조선의 경우와 비견할 수 있다. 게다가 그때는 IMF 경제위기 직후로 지금보다 금융시장과 경제기반이 훨씬 더 취약한 시기였다.

필자는 한없는 고민에 빠져들었다. 매각하려면 지금 상태로는 원매자가 없을 터이다. 지금의 경영진에게 자력으로 구조조정을 감행할 것을 기대하기는 어렵다. 채권단이 이를 강요해야 할 것인데 결국 정부에 기대는 수밖에 없을 것이다. 정부로서는 노동계와 일전을 각오해야만 하는데 정치적 부담이 너무 크다. 이 문제를 청와대 조찬모임 등에서 논의해 달라고 요청할 수는 있지만 어떤 결론이 나올지 예단하기 어렵다. 대안 없이 구조조정이 봉쇄되는 상황이 될 수도 있다. 설사 구조조정을 강행하기로 하더라도 이에 따른 책임에 여러 사람을 끌어들이게 되고 주채권은행의 책임이 감해지지도 않는다. 결국, 필자 혼자의 책임으로 감행하는 수밖에 없다.

이렇게 생각을 정리한 필자는 시기를 저울질했다. 그리고 이러한 결정을 누구와 상의하기도 어려웠다. 만약 이 계획이 새어나가 외부로부터의 정치적 작용에 의하여 막히면 그다음은 대안이 없다고 보았기 때문이다.

2000년 10월 어느 날, 며칠 전에도 채권단이 거액의 자금을 동원하여 대우자동차의 어음을 결제해주었으며 또 며칠 후에는 다시 거액의 자금을 동원하여 어음을 결제해주어야 하는 상황이었다. 퇴근 시간에 즈음하여 필자는 홍보실장에게 〈연합통신〉 기자를 찾아서 같이 사무실로 오라고 했다. 필자의 사무실에 온 기자에게, 며칠 후 거액의 대우자동차 어음이 도래하는데 그때까지 노조동의서를 첨부한 구조조정 계획서를 제출하지 않으면 채권단으로서는 대우자동차를 부도 처리할 수밖에 없다고 인터뷰했다. 그리고 〈연합통신〉 기자가 기사를 각 언론사에 타전한 것을 확인한 후에 필요한 곳에 그 사실을 보고했다. 보고를 받은 측에서는 가타부타 아무런 반응이 없었다.

부도낸 기업이 즉시 파산하는 것은 아니다. 법정관리란 법원의 관리 아래 기업 정상화를 도모하는 것인데 정상화 계획을 제출하지 못하거나 제대로 이행하지 못하면 파산절차가 진행된다. 그리고 워크아웃은 채권금융기관만의 부담으로 기업 정상화를 도모하는 데 반해, 법정관리 아래서는 금융기관뿐 아니라 협력회사 등 모든 이해관계자가 기업의 정상화를 위하여 힘을 보태야 한다. 따라서 노조로서는 워크아웃 구조조정도 거부하고 법정관리 구조조정도 거부하면 회사가 파산하여 자신들의 직장도 사라지는 극단적 선택이 된다. 이러한 사정을 감안하면 노조도 법정관리에 의한 구조조정보다 조금 더 유연성을 기대할 수 있는 워크아웃 구조조정에 동의할 가능성이 없지도 않다고 생각했다.

그러나 노조는 역시 강경하게 대응했다. 시한으로 제시된 마지막 날 필자는 사무실에서 밤을 새우며 노사협상 결과를 기다렸다. 그러나 협상은 결렬되고 대우자동차는 부도 처리되었다. 필자는 사태에 책임지고 짐을 쌀 준비를 하고 있었는데 정부 측에서는 아무런 반응이 없었다. 며칠 후 대통령이 직접 매우 가슴 아픈 일이지만 채권단으로서는 어쩔 수 없는 선택인 것으로 생각한다고 언급한 것이 언론에 보도되었다.

산업은행 총재의 책임을 묻지 않겠다는 뜻으로 해석되어 필자는 마음속으로 싸고 있던 짐을 다시 풀었다. 그렇지만 당시의 상황으로는 이것은 밀려오는 파도의 하나를 넘었을 뿐이라는 생각이었다.

법정관리가 중단되어 파산절차가 진행되는 것을 막기 위해서는 노조도 어쩔 수 없이 구조조정에 동의할 수밖에 없었으며 이로써 회사가 정상화되는 출구가 마련되었다. 필자는 즉시 대우자동차를 인수할 원매자를 물색하기 시작했다. 현대자동차도 과거 대우자동차 인수에 관심을 두고 크라이슬러와 컨소시엄을 구성한 바 있어서 의향을 타진하였지만 전혀 관심을 보이지 않았다.

그러나 GM은 계속 관심을 표명하고 인수협상을 원했다. 사실 대우자동차, 산업은행 그리고 GM은 오랜 인연으로 얽혀 있었다. 과거 신진자동차와 GM이 합작한 GM 코리아가 부실화되어 산업은행이 관리하다 대우그룹이 인수한 것을 다시 GM이 산업은행으로부터 인수하려는 것이다.

대우자동차의 구조조정 과정은 전혀 순탄하지 않았다. 일단 기업 정상화 계획에 합의한 노조였지만 막상 구조조정이 시작되자 부평공장을 점거하고 농성을 시작했다. 이를 해산하기 위하여 경찰력이 투입되자 추운 겨울에 모든 농성노조원이 웃통을 벗고 저항하였으며, 이를 진압하는 모습이 언론에 보도되자 과잉진압이라는 여론이 비등했다. 이에 대한 책임을 지고 당시 경찰청장이 사임하는 사태가 벌어졌는바 필자 대신 엉뚱한 사람이 책임을 지게 된 듯하여서 미안한 느낌을 금할 수 없었다.

곧이어 필자도 다른 일로 산업은행을 그만두었으며 GM과의 대우자동차 매각협상은 후임자가 마무리했다. GM은 P&A 방식으로 승용차 부문 중 부평공장을 제외하고 인수하였다가 몇 년 후 노조 측의 양보와 약속을 받아내고 인수대상에 포함했다. 비록 외국기업에 인수되는 결과를 피하지 못했지만 자동차의 생산이 계속되고 많은 종업원의 직장이 보존된 것은 다행이 아닐 수 없다.

대북송금 국회 증언

산업은행 총재로서 정부와의 마찰은 부임 초부터 시작했다. 전임자에 의하여 비정상적 여신(與信)이 현대상선에 제공된 것을 이상하게 생각한 필자는 이 여신이 정부의 고위층에 의하여 지시된 것임을 확인했다. 이를 회수하는 과정에서 현대 측이 상환을 거부하며 정부로부터 받으라고 버티는 것을 보고 대출된 자금이 북한에 제공되었을 것으로 추측했다.

그리고 현대그룹의 자금흐름을 살펴보자 매우 어지럽다는 느낌을 받았다. 이러한 상황에서 현대그룹이 자금난을 겪으면서 정부에게 자금지원을 요청했다. 이 요청은 금융감독원 간부로부터 산업은행 임원에게 전달되었다. 이러한 요청에 대하여 자금의 용도가 확실한 현대그룹의 만기도래 회사채를 차환하기 위하여 발행되는 회사채의 신속인수 등은 동의했다. 그러나 자금의 용도가 불분명한 지원요청에 대하여 "구두로 요청하지 말고 문서로 요청하라"고 면박하자 필자의 속내를 모르는 정부 측 인사들이 펄펄 뛰며 분개한다는 소식을 접하기도 했다.

이처럼 강경하게 대응한 필자도 사임을 염두에 둔 것이었지만 정작 사임을 할 수밖에 없는 상황은 2001년 초 정부의 핵심 보직 개편에서 비롯되었다. 과거 필자에게 많은 섭섭함을 느꼈을 것이 분명한 P 씨와 S 씨가 권력구조의 정점에 복귀하면서 필자가 공직에서 물러나게 된 것이다.

그로부터 1년 가까이 지난 2002년 초, S 그룹의 임원인 Y 씨가 점심을 같이하자고 연락을 했다. Y씨는 과거 필자가 현직에 있을 때 명절에 봉투를 들고 필자에게 찾아온 적이 있었는데 그때 필자가 Y씨를 차에 태우고 하남에 있는 장애인 자립시설로 데리고 가 그 봉투를 그곳에 전달하도록 한 적이 있었다. 그리고 몇 년 후 필자가 공직을 떠난 다음 가끔 연락이 와서 점심을 같이한 적이 있는 터였다.

이런저런 이야기를 나누던 중 Y씨가 지금 정부에서 S그룹에게 대북사업에 참여하도록 요구하고 있는데 어찌해야 할지 골치가 아프다는 말을 했다. 필자는 짐짓 모른 체하고 그러냐고 하였지만 속으로 큰일이구나 하는 우려가 들었다.

집으로 돌아와 곰곰이 되뇌어보니 이를 어떻게 하든 막아야겠다는 생각이 들었다. 당시 미국의 군사문제연구소 등에서 북한의 군비확충에 많은 자금이 투입되고 있다는 내용과 핵개발 의혹 등에 대한 발표자료를 언론을 통해 접한 바 있었기 때문에 현대그룹에 이어 다른 기업까지 대북사업에 연루되는 것은 이러한 의구심이 확산되는 상황에서 절대로 바람직하지 않다고 여겼다.

필자는 많은 고심을 하다가 믿을 만한 일간지 편집국장을 은밀히 만나 현대그룹의 자금 의혹 등 상황을 설명하고 언론기관이 이 문제를 다루어주기를 부탁했다. 며칠 후 그 편집국장은 현재 언론기관과 정부와의 갈등으로 언론기관이 많이 위축된 상황이라 그러한 문제를 다루기에 매우 어렵다고 답변했다. 필자는 어쩔 수 없이 보안을 부탁한다고만 이야기하고 그 문제를 덮어둘 수밖에 없었다.

그리고 그해 6월 한국의 월드컵 4강전으로 전국이 뜨겁게 달아오른 날 제 2연평해전이 발발했다. 필자는 빠른 속도로 기동 중인 우리 해군의 고속정을 북한 경비정이 단 한 번의 포격으로 핵심부위를 명중시켰다는 보도를 접하고 북한 경비정이 고성능의 무기를 사용하였을 것이라는 느낌이 강하게 들었다. 곧이어 북한 경비정이 장착한 무기가 탱크포라는 발표가 있었지만 출렁 거리는 바다 위에서 전속력으로 질주하는 우리 고속정의 급소를 탱크포로 단번에 명중시켰다는 발표에 신뢰가 가지 않았다. 우 리 해군 함정들의 반격에 의해 침몰상태로 파괴된 북한 경비정을 아군이 끌고 오지 않고 북한의 다른 함정이 예인하도록 허용 하였기 때문에 이를 확인할 수 없었지만 지금도 필자는 그러한 의구심이 든다. 그리고 북한군의 이러한 신무기 무장이 남한에서 보낸 자금으로 이루어진 것일 개연성이 있다는 생각이 필자를 잠 못 이루게 했다.

필자는 이 문제를 표면화시키는 데 직접 나서기로 하고 당시 야당의 엄호성 의원에게 필자의 집 근처에서 만나자고 연락했다. 엄호성 의원을 지목한 것은 문중(門中) 모임에 초청받아 한 두 번 만난 적이 있고, 엄 의원은 경찰 출신이니 보안의식이 확 실할 것으로 판단했기 때문이다. 엄 의원에게 모든 상황을 설명 하고 국정감사에서 필요하면 필자가 직접 증언할 용의가 있다고 말해두었다.

그렇지만 막상 국정감사장에서 엄 의원의 질의에 대해 답변 하게 되었을 때 필자는 어깨가 천근만근의 무게로 눌리는 느낌 과 함께 허리가 끊어지게 아파지는 통증을 느꼈다. 가장 뇌리에 떠오르는 사람은 김대중 대통령이었다. 그분과는 아무런 개인

적 인연이 없고 업무상 한두 번 보고한 것밖에 없지만 필자는
그로부터 각별하다고 느낄 만한 관심과 격려를 받은 바 있다.
그의 커다란 호의를 이런 식으로 갚는다는 것이 인간적으로 너
무 괴롭다는 느낌이 엄습했다. IMF 경제위기를 극복하는 과정
에서 김 대통령의 통찰력과 판단력을 많이 존경하였는데 지금
이 문제에서는 필자가 그의 노선에 정면으로 반대할 수밖에 없
는 상황이 매우 곤혹스러웠다.

  필자는 재정경제부 차관으로 있으면서 남한과 북한의 경제적
협력관계를 구축하기 위한 제도적 개선이 필요하다고 생각하고
이를 위하여 많은 노력을 기울였다. 그러나 비밀스러운 방법으
로 북한에 거액의 현금을 제공하는 것은 군사적, 정치적 용도로
사용될 것이 명백하므로 동의할 수 없었다. 필자가 담당했던 해
외차관도입 업무에서도 국제금융기구나 차관제공국가에서는 그
자금이 군사적 또는 정치적 목적에 사용되지 않도록 철저히 확인
했다. 더구나 자금을 제공하는 과정에서 기업과 은행을 경영위
기에 직면하게 만드는 결과를 초래하는 것은 용납하기 어려웠
다. 만약 그러한 비밀스러운 자금 제공으로 남북관계에 근본적
화해가 형성된다면 모르겠지만 연평해전에서 나타난 결과는 우
리를 공격하는 무기를 그들의 손에 쥐여준 형국이 아닐 수 없다.

  그러나 나중에 특검을 거쳐 많은 사람이 사법처리되는 단계
에서 필자의 인간적 고뇌는 더욱 커졌다. 이기호 수석과 이근영
전임 산은총재는 필자가 여러모로 감사하고 친밀하게 생각하는
공직의 선배임에도 그들에게 이러한 고난을 끼치고 말았다는 것

은 필자에게 참으로 가슴 아픈 일이 아닐 수 없었다.

필자가 알기에는 이기호 수석은 비밀한 자금 제공 대신 다른 대안을 주장했으나 관철되지 못한 탓으로, 이근영 전임 산은총재는 북한에 제공되는 자금인 줄 모르고 현대그룹에 대한 금융지원 차원에서 이 일에 연루된 것으로 이해한다. 그렇지만 필자가 인간적 어려움으로 이를 외면하고 침묵한다면 평생을 두고 자신을 가책하면서 괴로워할 것이라 생각하였으며 그러한 입장은 지금도 변함이 없다. 지금 다시 그러한 상황이 필자 앞에 재현된다 하더라도 같은 선택을 할 수밖에 없다고 생각한다.

연구원 생활과 대학 강의

산업은행을 그만두고 짐을 꾸려 나오다 보니 30여 년 공직생활을 하면서 가지고 다닌 개인적 물건이 적지 않았다. 이를 집으로 가지고 가서 놓아둘 곳도 없어 궁리하던 중에 당시 대외경제정책연구원의 원장으로 있는 친구에게 그곳에 빈방이 있으면 필자의 개인 짐을 갖다 놓고 책이나 볼 수 있었으면 한다고 부탁했다. 그 친구는 흔쾌히 허락하면서 필자의 경험을 연구원의 박사들과 공유하면 도움이 될 것으로 생각한다고 했다. 덕분에 집에만 머무르지 않고 자유롭게 공부도 하면서 출근할 곳이 생겼다.

필자는 전에부터 공직을 그만두면 대학에서 강의하며 지낼 작정이었던 터라 2001년 가을학기부터 강의를 시작하여 지금까지 계속하고 있다. 한국경제의 성장과정 그리고 기업과 정부의 관계에 관하여 강의하였는데 수강하는 학생이 집중하여 흥미를 나타내면서 수강생이 점점 늘어나 학교 측에서도 반기는 분위기였다.

얼마 지나지 않아 재정경제부 쪽에서 대외경제정책연구원보다 금융연구원이 근무 여건이 좋겠다고 하면서 금융연구원 측도 필자가 초빙연구원으로 오는 것을 환영하는 분위기라고 전해왔다. 그리하여 금융연구원으로 옮겨 박사들과 현안에 관하여 논의도 하고 공부하며 대학에서 강의하고 지내니 산업은행을 그만둘 때 각오했던 것과 달리 오히려 유유자적한 생활을 즐기게 되었다.

그러던 중 2002년 필자가 대북송금에 대한 국회 증언을 하면서 더는 금융연구원에 있기 어렵다고 보았다. 당시 원장에게 필자의 생각을 이야기하였더니 아직 정부로부터 아무런 언급이 없으니 계약기간 만료까지 계속 근무하여도 괜찮지 않겠는가 하고 답변했다. 결국 필자는 애초의 계약기간 동안 금융연구원에서 초빙연구원으로 있게 되었는데 김대중 정부의 포용력과 민주주의 원칙의 확고함이라 생각하고 내심 감탄했다.

금융연구원 계약기간 만료 후에는 더 이상 연구원에서 지내기는 어렵게 되었지만 대학에서 강의를 계속하였고 금융기관과 대기업의 사외이사로 참여하는 기회를 얻기도 했다. 그러나 어떤 일을 하든지 평생을 공직자로 지내온 사고와 행동의 틀을 벗어나지 못하는 자신의 모습을 확인할 수밖에 없었다.

SK텔레콤 사외이사 경험

사외이사 제도가 도입되기 전까지 대부분 회사의 이사회는 공동 운명체 구성원끼리의 모임이었다. 그곳에서는 무엇을 논의하여도 부끄러울 것이 없다. 또한 공동체의 이익, 더 구체적으로는 기업총수의 이익을 도모하는 결정에 이의를 제기하는 것은 상상하기도 어려운 일이다. 그러나 사외이사는 기업총수 등 내부인사와 친분이 있더라도 공동체의 구성원, 즉 식구는 아니다. 단지 손님일 따름이다. 행랑채에 묵고 있는 식객 정도라 할 수 있을 것이다. 그러나 중요한 사항은 그 식객의 동의를 얻어야 한다는 점이다. 옛날처럼 부끄러운 일을 저질러버리자고 자꾸 들이밀기는 눈치가 보일 터이고, 식객이 식구들처럼 용감하게 위험을 나누려 할지도 의문이다. 사외이사 제도는 이러한 효과를 기대하고 한국의 기업지배구조를 개선하기 위하여 미국의 제도를 이식한 것이다.

그러나 사외이사 제도를 도입한 후 일부 언론에서는 사외이사가 단순히 거수기에 불과한 것 아니냐면서 그 실효성에 의문을 제기했다. 재벌기업의 이사회에서 사외이사가 안건의결에 반대한 기록이 거의 없다는 점도 이러한 논란을 뒷받침했다.

필자는 2008년 3월 SK텔레콤으로부터 제의를 받고 사외이사에 취임했다. 총수나 영향력 있는 내부인사와 전혀 면식이 없는 터에 조금은 의아하기도 하였지만 좋은 기회라 생각되어 고마운 마음으로 수락했다. 그리고 조금은 염려하는 가운데 이사회에 참석하여 보니 밖에서 생각했던 것과는 전혀 다르게 이사회가 운영되고 있었다. 매달 한 번씩 정기이사회가 개최되고 이사회에 며칠 앞서 안건을 배포한 후, 하루 이틀 전에 사외이사 간담회를 열어 자유로운 토론을 진행했다. 사외이사가 의사를 개진할 기회도 많고 집행부 측에서 사외이사들의 견해를 경청하는 분위기인 것이 조금은 뜻밖이었으며 사외이사 역할을 제대로 해야겠다는 의무감마저 들게 했다.

따라서 정식 이사회에서는 사전에 이견이 조율된 상태에서 안건이 상정되므로 크게 논의가 벌어지는 경우는 드물고 이사들의 확인 및 당부적인 발언이 주로 이루어졌다. 정부에 근무했던 필자로서는 관계부처 사이에 안건을 조율하는 과정에서는 격론을 벌이더라도 협의된 안건이 국무회의 등 정식회의에 일단 상정되면 일사천리로 진행되던 것과 유사하다는 느낌이었다.

그로부터 몇 개월이 지난 2008년 여름, 사외이사 간담회에 사전보고 안건으로 기존 투자관계에 있는 중국회사에 10억 달러를 추가로 투자하려는 계획이 보고되었다. 당시 중국의 증권시장은 하늘 높은 줄 모르는 분위기였고, 한국의 해외펀드 등도 '중국으로'를 외치며 계속 진출하고 있었다.

그러나 정부에 근무하면서 IMF 경제위기의 고통을 맛본 필자로서는 당시 미국의 서브프라임 사태의 진행이 매우 염려스러웠다. 서브프라임으로 인한 미국 증권시장의 침체는 헤지펀드(*hedge fund*) 등 투자자에게 디레버리징(*deleveraging*)을 강요할 것이고, 이에 따른 증권매각은 미국보다 중국이나 한국 등 신흥국시장에서 우선하여질 것이며 그중에서도 과열 분위기인 중국시장에서 이익 실현의 매도세가 강할 것이라는 예감이 들었다.

그래서 간담회 보고를 받는 자리에서 확고한 반대의견을 제기했다. 집행부는 물론 다른 이사들도 매우 당혹해 하는 분위기였다. 그러나 집행부가 사외이사인 필자의 의견을 존중하여 보류하겠다는 의사를 전해오자 이번에는 필자가 공연히 회사의 투자기회를 가로막는 것이 아닌가 하는 염려가 거꾸로 들기도 했다.

그러던 그해 10월 리먼 브라더스 사태가 발발하고 세계 경제와 증권시장은 침체의 나락으로 빠져들었다. 필자로서는 골드만삭스의 회장을 지낸 정통 월가 사람인 당시 폴슨(Henry Paulson) 미국 재무부장관이 그처럼 난폭하게 금융시장을 다루리라고는 상상하지 못했다. 실제상황이 필자가 예상했던 것보다도 훨씬 심각한 사태로 번지자 회사는 그동안 보류했던 투자계획을 취소하고 기존의 출자관계도 중국시장의 본격적 침체가 시작되기 전에 정리하여 피해를 면할 수 있었다. 이는 단지 한 사람 사외이사의 견해를 회사가 경청하여준 결과라는 생각이 들어 지금도 필자를 미소 짓게 한다.

그러나 모든 안건이 이사회의 의결 전에 조율되는 것은 아니다. SK텔레콤이 하이닉스를 인수하는 안건과 관련하여서는 일부 사외이사가 끝까지 반대의견을 바꾸지 않음에 따라 결국 이사회에서 엇갈리는 표결 절차를 거쳐 안건을 의결하기도 했다. 필자는 다른 회사의 이사회 운영에 대하여 잘 알지 못하지만 일부 언론에서 주장하는 것처럼 이사회에서의 의결 상황만으로 사외이사의 역할을 판단하는 것은 사실과 다를 수도 있다.

필자가 SK텔레콤의 사외이사 역할을 수행하면서 그룹 측과 약간의 이견과 마찰을 빚은 사안도 없지 않다. SK그룹은 중국에서의 사업을 확대할 계획으로 그룹 계열사의 공동출자로 현지법인을 확대 개편하고 부회장 급의 임원을 책임자로 하여 이끌게 했다. 그러나 몇 해 지나지 않아 확실한 사업모델을 확립하지 못한 채 출자금이 바닥나는 상황을 맞이했다. 중국 현지법인은 새로운 자금의 수혈을 그룹 측에 요청하였고 그룹 측은 이를 SK텔레콤에 맡기기로 했던 듯하다. 현지법인 책임자인 부회장이 SK텔레콤 이사회에 참모들을 대동하고 자금지원을 요청하는 설명회를 열기도 했다.

그러나 당시 SK텔레콤은 얼마 전 하이닉스를 인수함에 따라 거액의 자금이 고정화되었고, 4세대 이동통신기술인 LTE의 예상보다 빠른 상용화로 또다시 거액의 투자가 필요한 시점이었다. 게다가 중국 현지법인의 설명을 들어보니 아직도 중국에서의 사업기회를 모색하는 중이었다. 필자는 SK텔레콤의 자금 사정이 중국 현지법인의 불확실한 사업을 위하여 거액을 출자할 만큼 녹록하지 않은 것으로 보인다고 반대의사를 표명했다.

이렇게 중국 현지법인에 대한 SK텔레콤 출자가 봉쇄되자 그룹 측은 다른 계열사를 통하여 출자를 집행했다. 이러한 과정에서 일부 그룹 측 인사는 필자에게 섭섭함을 숨기지 않고 표현했다. 필자로서는 그룹의 요청에 응하는 것보다 회사의 이익을 보호하는 것이 사외이사의 중요한 책무라고 생각하였기 때문에 개의치 않았다. 그러나 SK그룹의 중국 현지법인은 이처럼 거액의 출자를 추가로 받았음에도 사업모델을 확립하지 못한 채 그 자금마저 고갈되는 상황을 맞았고 결국 해체되는 절차를 밟았다. 지금은 필자에 대한 그룹 관계자들의 섭섭한 감정이 해소되었는지 알 수 없다.

SK텔레콤의 하이닉스 인수

필자가 산업은행 총재로 부임한 2000년에는 국가적으로 많은 경제적 난제를 당면하였으며 산업은행은 국책은행으로 이들 문제를 해결하는 역할의 중심에 있었다. 당시 어려운 문제 중 하나는 현대그룹의 심각한 자금난이었다. 만약 대우사태에 이어 현대그룹까지 금융시장에 충격을 안긴다면 금융시장의 경색과 혼란이 국민경제에 어떠한 결과를 초래할 것인지 참으로 상상하기 어려운 상황이었다. 이에 정부는 관계기관의 협의를 거쳐 산업은행이 중심이 되는 회사채 신속인수제도를 시행하여 만기도래하는 회사채의 상환을 지원했다.

이러한 지원의 대상이었던 기업 중 '현대산업전자'에서 회사명을 바꾸게 된 '하이닉스'가 있었다. 하이닉스는 메모리반도체의 생산기업으로 IMF 경제위기 가운데 LG반도체를 인수하여 거대기업으로 재탄생하였지만, 반도체 시장의 침체로 말미암아 회사채 신속인수의 지원에도 불구하고 경영난을 극복하지 못했다. 결국, 대출금 출자전환으로 채권은행들이 대주주가 되고 하이닉스는 현대그룹에서 계열 분리되는 상황이 되고 말았다. 당시 하이닉스는 채권은행들에게 그야말로 애물단지 같은 존재였다. 포기하기에는 너무 중요하고, 유지하기에는 너무 많은 부담을 안기는 기업이었기 때문이다.

메모리반도체 산업은 다른 산업과 매우 다른 특징이 있다. 첫째, 대규모의 설비투자가 필요하고 기술개발이 빠른 속도로 진행된다. 대규모 투자가 필요한 만큼 확실한 규모의 경제가 작용하여 대량생산으로 인한 한계생산비가 아주 작아서 마치 대규모 망(網) 산업의 경우처럼 자연독점적 산업의 특성을 가진다. 기술개발에 의한 원가절감 효과가 크기 때문에 기술 선두기업의 경쟁력이 다른 기업에 비하여 월등하다. 예를 들어 삼성전자는 그동안 기술개발과 공격적 투자를 계속하여 메모리반도체 산업의 선두주자였던 일본 기업들을 제치고 세계시장에서 확고한 선두기업의 자리를 확보했다. 반면 다른 기업들은 이를 뒤따르는 데도 많은 자금이 필요하여 힘겨워하는 형편이었다. 지속적 기술개발과 설비투자가 없으면 시장에서의 퇴출이 불가피하기 때문이다.

둘째는 수요의 가격탄력성이 작아서 시장가격의 변동폭이 매우 크다는 점이다. 당시 메모리반도체는 주로 PC의 핵심부품으로 제조되었으므로 반도체의 수요는 PC의 시장수요에 의하여 결정되었다. 또한 PC의 가격 중 차지하는 비중이 작으므로 PC 제조업체는 반도체 가격에 불구하고 PC 제조량에 따라 반도체의 구입량을 정하여야 하기 때문에 수요가 비탄력적이다. 따라서 PC의 수요가 증가하면 반도체의 가격이 폭등하고 PC 수요가 감퇴하면 반도체 가격이 폭락하는 현상이 생기곤 했다. 이처럼 등락이 심한 메모리반도체의 가격변동은 생산업체들의 경영성과뿐 아니라 한국처럼 반도체가 국민경제에서 차지하는 비중이 큰 국가에서는 국제수지 등 경제 전반에 커다란 영향을 미치게 되었다.

이러한 특성으로 말미암아 메모리반도체는 선두기업에 의한 독점이 이루어지기 쉽지만 역시 시장에서 과점적 기업들인 PC 제조업체들이 핵심부품의 공급을 단일 기업에만 의존하는 사태를 가능한 한 방지하기 원하므로, 경쟁력이 선두기업보다 열위인 메모리반도체 업체도 생산을 유지할 수 있다. 그러나 시장에서 가격경쟁이 벌어지면 이른바 치킨게임의 양상이 초래되어 이를 감당하지 못하는 기업은 시장에서 탈락할 수밖에 없다.

이처럼 치열한 시장경쟁으로 인하여 경쟁업체는 서로 다른 경쟁자의 탈락을 원하므로 산업은행이 회사채 신속인수의 유동성 지원을 제공한 것과 관련하여 외국에서는 시장원칙에 어긋나는 특혜적 지원이라는 지적과 항의도 제기되었다.

필자는 산업은행을 그만둔 다음에도 하이닉스의 동향을 관심 있게 지켜보았다. 하이닉스의 임직원들이 열악한 여건에도 기술개발에 있어 선두인 삼성전자를 가까이 뒤쫓으면서 외국의 반도체 회사들에 뒤처지지 않는 모습에 경이로운 느낌까지 들었다. 국제 카르텔(cartel) 사건을 겪고 선진국 정부의 무역제재를 극복하면서 버텨나가는 하이닉스를 다시 생각했다. 그러면서 전에 반도체 산업을 경영하던 대기업이 이제 다시 이를 인수하여 힘을 실어주면 좋을 텐데 하는 생각도 들었지만 국내 어느 대기업도 하이닉스에 관심을 두지 않는 듯했다.

필자는 2008년 SK텔레콤의 사외이사로 있으면서 유동성 부족으로 고전하면서 세계시장에서 수출의 첨병으로 경쟁하는 하이닉스와 과점적 내수산업 위주의 사업구조를 가진 SK그룹의 결합이 매우 이상적이라 생각했다. 그러나 그룹총수나 핵심적 내부인사와 아무런 인연을 가지지 않은 관계로 필자는 2009년 그룹의 고문으로 있는 인사를 통하여 이러한 구상을 그룹 내부에 전달해 달라고 요청했다.

얼마 후에 그를 통하여 되돌아온 반응은 '큰일 날 소리 하지 말아 달라'는 것이었다. 아마도 총수에게는 전달하지 못하고 주변 참모 중 한 사람에게 접촉했던 것으로 보였다. 필자는 일단 실망했다. 그러나 포기하지는 않았다. 그런 가운데 적자를 계속했던 하이닉스가 2010년 커다란 규모의 흑자를 시현하였는바 곧 다시 적자로 돌아서긴 하였지만 경영개선의 가능성을 충분히 보여주었다. 그럼에도 하이닉스에 관심을 두는 국내 대기업은 나타나지 않았다.

2011년 SK텔레콤에 새로운 CEO가 취임하였고 필자도 사외이사를 한 번 더 연임하게 되었다. 필자는 새로운 CEO와 단둘이 회사의 경영에 관한 이야기를 나눌 기회가 있었다. 그 자리를 빌려 하이닉스의 인수를 검토하여 달라고 부탁했다. 그 당시 필자는 시중에 도는 이야기를 전해 들었는데 어느 외국자본이 하이닉스에 관심을 두고 있으며 국내에서 재무구조가 취약한 특정 기업이 그 외국자본의 뒷받침으로 하이닉스 인수에 나설 것인바 인수가 이루어지면 결국 하이닉스는 외국자본에게 넘어갈 가능성이 크다는 예상이었다.

당시 상당수의 외국 메모리반도체 기업이 경쟁에서 도태되어 시장이 안정적 구조를 만들어가는 상황에서 그동안 온갖 지원을 쏟아부으며 버텼던 하이닉스라는 기간산업을 외국자본에게 넘겨주는 것은 너무 안타까운 결과라는 생각을 떨칠 수 없었다.

필자의 권고 때문인지 또 다른 동기가 있었는지는 모르지만, 다행스럽게도 SK텔레콤의 새로운 CEO는 진지하게 하이닉스의 인수를 검토하기 시작하였고 긍정적 결론을 도출했다. 그러나

이를 그룹총수에게 보고하는 과정 중 내부에서 강력한 반대의견
이 제기되었던 것으로 보인다. 정말 다행스럽게도 총수의 결단
으로 SK텔레콤은 하이닉스 인수에 나서게 되었다.

그러나 이사회에서 하이닉스 인수를 의결하기까지는 쉽지 않
은 과정을 거쳐야만 했다. 일부 외국인 주주는 사외이사에게 이
안건에 찬성하면 그에 대한 책임을 추궁하겠다는 협박성 메일을
보내기도 했다. 국내에서도 시민단체 등의 반대 표명이 있었고,
투자전문가의 매우 회의적인 의견이 언론에 보도되기도 했다.
사외이사 중에도 일부는 반대의견을 굽히지 않아 엇갈리는 표결
로 이사회를 통과하여야 하였지만 결국 SK텔레콤은 하이닉스를
인수할 수 있었다.

당시 하이닉스로서는 과거 PC 체제에서 모바일 체제로 생산
의 중심라인을 변경하여야 하는 중요한 시점에 SK그룹이라는
든든한 후견인을 만나 기술개발과 설비투자에 박차를 가할 수
있었다. 참으로 다행이 아닐 수 없다. 2000년대 초 삼성전자에
대항하기 위해 하나로 합쳐진 일본의 메모리반도체 회사인 엘피
다도 당시에 하이닉스와 비슷하게 채권은행의 지원으로 버티고
있었으며 누가 더 오래 버티는가가 세간의 관심사항이었다. 이
런 상황에서 SK그룹이 하이닉스를 인수하자 일본의 채권은행들
도 더는 버티지 못하고 엘피다를 법정관리로 넘겼으며 결국 미
국의 마이크론 테크놀로지가 인수하게 되었다. 이제 세계의 메
모리반도체 산업은 삼성전자, 하이닉스 및 마이크론으로 안정
적 시장구도를 구축하게 되었다.

필자가 SK텔레콤을 떠난 지 몇 년이 흘렀지만 지금도 그 당

시를 기억하면 안도의 느낌이 든다. 더불어 이제 초우량기업으로 약진하고 있는 SK하이닉스를 바라보면서 흐뭇한 미소를 머금곤 한다.

공직자와 언론

모든 정책담당자가 그렇듯 필자도 공직에 있으면서 가장 많이 신경 쓰이는 것은 언론 및 국회와의 관계였다. 필자가 처음 경험한 언론인과의 만남은 조금 황당하기도 했다. 관세청에서 재무부 관세국으로 옮겨와 근무를 막 시작하던 때인 것으로 기억한다. 필자가 담당한 분야의 기사가 한 신문에 실렸는데 내용이 전혀 맞지 않았다. 필자는 그 신문사에 전화해 기사 밑에 쓰인 기자의 이름을 보고 그를 바꾸어 달라고 했다.

기자가 전화를 받자 자신을 소개하고 그 기사의 내용이 틀렸음을 이야기했다. 덧붙여 앞으로 이런 기사는 필자에게 물어보면 잘 설명해 드리겠노라고 했다. 그러자 상대방은 갑자기 거친 욕설과 함께 건방지다고 하며 가만두지 않겠다고 고함을 질렀다. 전화를 끊고 별스러운 사람이 다 있구나 생각했다.

얼마 지나지 않아 필자가 근무하는 사무실과 벽 하나를 사이에 두고 있는 국장실에서 우당탕하는 소리와 고함이 들려왔다. 알고 보니 그 기자가 국장실에 들어오자마자 기물을 집어 던지고 국장에게 부하직원 똑바로 교육하라고 호통을 치고 갔다는 것이었다. 그 이야기를 듣고 국장실에 들어가 보니 비서는 깨진

그릇을 빗자루로 쓸어내고 있고 국장과 과장들이 자리에 앉아 이야기를 나누고 있었다. 필자가 민망해하며 미안하다고 하자 국장은 빙그레 웃으며 괜찮다고 하였지만 필자로서는 무엇이 잘못된 것인지 분간하기가 어려웠다. 그 후로는 잘못된 기사를 보아도 직접 전화하지 않고 과장에게 보고만 했다.

세월이 지나면서 그처럼 험악한 기자는 사라지고 훨씬 합리적인 젊은 기자로 세대교체가 이루어졌다. 필자도 승진하고 기자들과 어울리는 기회가 많아졌다. 서로 토론하면서 그들로부터 얻는 정보나 지식도 업무에 많은 도움이 되었다. 그러나 즐겁게 담소를 나누는 중에도 항상 먹이를 찾는 맹수 같은 기자의 본성을 느꼈기 때문에 경계하는 마음을 늦추지 않았다.

일전에 어느 교육부 공무원이 기자와 술잔을 나누다가 실언을 하고는 패가망신한 소식을 접하고 이제 공무원은 기자와 술잔을 마주하기도 어렵겠구나 하는 생각이 들었다.

당시 대부분 신문사는 '가판'이라는 이름으로 초저녁에 다음날 조간을 찍어냈다. 그 덕분에 공무원은 가판신문을 모두 살펴보고 이상이 없는 것을 확인한 후에야 퇴근할 수 있었다. 만약 문제가 되는 기사가 가판에 실린 경우에는 담당자와 공보관이 함께 그 기사를 정정하거나 삭제하기 위해서 신문사의 데스크에 접촉하여 설명하고 부탁하고 때로는 읍소하는 일까지 벌어지곤 했다. 필자도 그런 일이 몇 번 있었는데 정말 하기 싫은 일이었다. 가판은 왜 찍어가지고 사람을 이렇게 못살게 구는지 하고 푸념이 나오기도 했다.

어느 날 또 가판에 문제되는 기사가 실려 비상이 걸렸다. 필자가 담당하는 정책에 대한 비판성 기사였다. 사실, 많은 정부 정책이 순기능과 함께 역기능도 있다. 만약 순기능만 가진 정책을 시행하지 않고 있었다면 그것은 일종의 직무유기라고도 할 수 있다. 그러나 많은 정책은 현존하는 문제에 대처하는 것이 가장 중요하기 때문에 역기능을 무릅쓰고 시행되면서 그 역기능을 완화하려는 보완조치를 함께 마련한다. 그런데 특정 정책의 필요성이나 당위성은 외면하고 역기능만 비판하면서 보완조치에 대하여도 언급이 없는 경우는 매우 답답함을 느끼게 된다.

그날의 가판기사도 그러한 유형의 하나였다. 저녁 늦게 밥도 못 먹고 신문사 앞에서 기다리다가 저녁 식사를 하고 들어오는 데스크 일행을 만나 그 내용을 설명하고 정정을 부탁했다. 데스크가 이해하였다고 하면서 걱정하지 말라고 하는 말을 듣고 안심하고 집으로 돌아왔다.

그러나 이튿날 본판 신문에는 그 기사가 하나도 수정 없이 그대로 실려 있었다. 공보관을 만나 전날 있었던 일을 설명하고 무슨 영문인지 모르겠다고 하였더니 공보관은 다른 이유가 있는 것 같다고 했다. 일전에 그 신문사에서 장관에게 어떤 부탁을 하였는데 장관이 그 부탁을 들어주지 못하였다는 것이다. 그러면서 그 신문이 계속 장관을 공격하는 기사를 싣고 있는데 장관도 이 상황을 어떻게 해결해야 할지 고민 중이라는 설명이었다.

그날 이후로 필자는 가판에 무슨 기사가 실리더라도 데스크에 전화만 하고 직접 찾아가 부탁하는 것은 그만두었다. 언젠가부터 모든 신문사가 가판 발행을 중지하였는데 이는 참 잘한 일이라고 생각한다. 이제는 어떤 언론사라도 자신의 요구가 받아들여지지 않았다고 상대방을 공격하는 기사를 싣는 일도 없어졌으리라 믿고 싶다.

정부의 경제적 역할과 공직사회

필자가 공직을 시작한 1970년에는 모든 면에서 정부의 위세가 대단했다. 경제 분야에서도 정부의 영향력이 절대적이었다. 물론 전 세계적으로도 그때까지는 정부의 경제적 역할이 매우 큰 비중을 차지하던 시기였다. 그러나 한국에서는 그러한 현상이 더욱 현저했다.

선진국에서는 1930년대 대공황 시기를 지나면서 과거 자본주의 시장경제체제에서 국외자의 위치에 있던 정부가 시장의 역할 중 상당 부분을 대체하기 시작했다. 그리고 2차 세계대전 중 국민경제를 통제하는 과정을 거쳐서 전후 복지국가의 등장으로 정부의 역할이 지속해서 확대되었다. 그러나 1960년대 후반부터는 각국의 만성적 재정적자와 물가상승, 특히 생산 및 고용의 위축과 물가의 상승이 동시에 진행되는 스태그플레이션(*stagflation*) 현상으로 과거 시장실패에 비견되는 정부실패가 드러나면서 정부에 의한 시장개입에 많은 비판과 저항이 시작되었다.

2차 세계대전 후 독립된 한국은 정부 재정의 대부분을 원조자금에 의하여 충당해야 했을 만큼 미약하였고, 1950년 한국전쟁으로 인하여 모든 생산기반이 파괴된 상태였다. 외국원조와 한국은행으로부터 차입에 의존하여 운영되는 정부는 공무원에게 생활할 수 있는 급여를 제공할 수 없었다. 공무원이 각자 생계를 유지하는 자구책을 강구하는 것을 당연시함에 따라 공직사회의 부패는 모든 분야에 만연했다.

필자가 공직을 시작하면서 당시 오랫동안 공무원으로 있던 인사들에게서 들은 과거의 공직사회 부패행태는 난맥상 그 자체였다. 요즈음 아프리카를 방문하고 돌아온 사람들로부터 그곳 공무원의 기이한 행동을 들으며 웃기도 하지만 과거 한국의 공직사회가 그것과 크게 다르지 않았음을 상기하면 그 나라들도 희망을 품을 수 있다고 생각되었다.

미약한 정부가 국가의 산업을 일으킬 힘은 없었지만 그 당시 기업이 돈을 버는 방법은 대부분 정부와의 관계에서 찾을 수 있었다. 해방 직후 과거 일본 기업의 재산이었던 귀속재산의 불하(拂下)로부터 시작하여 희소한 정부의 달러자금을 배정받아 생필품을 수입, 공급하는 무역업은 당시 모든 사람의 선망의 대상이었으며 불법 밀무역도 성행했다. 미국으로부터 도입된 원조물자인 원면, 소맥 등을 가공하여 생산하는 제조업과 6·25 이후 피해복구를 위한 건설업도 정부 혜택이 제공되는 사업이었다. 기업이 공장 건설을 위하여 해외에서 도입하는 차관도 정부가 직간접으로 보증을 제공함으로써 가능했다. 이처럼 한국의 기업은 그 태동 단계부터 정부와의 관계가 중요하였기 때문에 정경유착(政經癒着)의 근원이 깊을 수밖에 없었다.

한국이 1960년대부터 정부 주도에 의한 경제개발계획을 추진하면서 정부는 더욱 절대적 위치에서 국가재원을 분배하면서 기업의 후원자 역할을 자임했다. 당시 많은 개도국에서 정부가 기업을 후원하였는데 유독 한국만이 산업화에 성공한 원인으로 다른 개도국은 권력자의 인척이나 친구들을 지원한 반면, 한국에서는 자력으로 두각을 나타낸 기업인을 지원한 때문이라는 분석도 있다.

또한 수출 우선의 경제개발 전략 덕분에 정부와의 관계보다 기업 자체의 능력이 더욱 중요한 성공 요인이 되었다. 왜냐하면 과거 정부로부터 혜택을 받기 위해서는 정부의 선택이 중요했지만 수출에 대하여는 모든 혜택이 무차별적으로 제공되었기 때문이다. 이처럼 기업의 활동이 대외적으로 확장되면서 기업의 정부에 대한 의존도도 점점 옅어졌다.

필자가 공직을 시작한 1970년은 이러한 변화가 본격화되기 시작한 전환기였다. 정부는 서정쇄신(庶政刷新)의 기치를 내걸고 공직사회의 부패척결과 근무기강 확립에 주력하는 한편, 공무원의 봉급도 빠른 속도로 현실화했다. 서정쇄신의 엄격한 집행은 간혹 무리한 적용으로 희생자가 생기기도 하였지만 공직사회의 기강은 피부로 느껴질 만큼 달라졌으며 연이은 개혁조치로 어둠 가운데 있던 사회 구석구석에 투명한 빛이 스며들었다.

앞에서 거론한 바와 같이 부가가치세의 도입은 신용카드 사용의 일상화와 함께 시장구조와 세무행정을 투명화하고 정상화하는 데 커다란 기여를 하였다고 생각한다. 또한 금융실명제의 시행은 뇌물과 탈세 등 지하경제 규모를 축소하고 사회 전반의 투명성을 높였다.

대기업의 관행을 개선하는 데에는 참여정부의 불법정치자금 근절이 결정적 역할을 하였다고 생각한다. 과거 대기업이 거액의 정치자금을 제공하던 때에는 대기업의 경영권을 행사하는 지배주주가 회사의 자금을 자신의 금고처럼 취급할 수 있었다. 사법당국이나 세무당국이라 하더라도 정치자금을 제공한 기업의 회계장부를 함부로 볼 수 없었으므로 대기업 지배주주는 이를 방패처럼 활용할 수 있었기 때문이다.

그러나 정치권이 대기업의 정치자금과 단절되면서 이러한 보호막은 제거되었고 사법당국과 세무당국은 혐의를 포착하면 아무런 제약 없이 모든 것을 조사할 수 있게 되었다. 이러한 변화에 적응하지 못하고 과거의 관행을 답습한 일부 대기업 지배주주가 혹독한 대가를 치르는 경우도 없지 않았다.

이제 정치권이나 공직사회 그리고 대기업 등 모든 부문이 투명한 환경에서 정상화되어가는 모습을 보면서 필자는 대한민국에 무한한 자긍심을 느낀다. 이 사회에 아직 잔존하는 비합리적 행태도 얼마 전 시행된 이른바 '김영란법'의 시행으로 많은 개선이 이루어지리라 기대한다.

제2부 시장, 기업, 정부 그리고 한국경제

"경제는 우리에게 인간의 신체와 같은 유기적 생명체를 연상하게 한다.
특히, 생산활동은 마치 심장이 혈액을 펌프질하여 온몸에 순환시킴으로써
각 기관에 영양을 공급하고 신체의 생명을 불어넣는 모습을 떠올리게 한다."

제1장

경제활동과 국민경제

경제(*economy*)의 사전적 의미는 '인간이 그 생활에 필요한 것을 생산하고 분배하여 소비하는 모든 활동'이라고 정의한다. 이러한 활동을 집단적으로 어떠한 사회적 조직의 규모로 파악하는가에 따라 가정경제, 지역경제, 국민경제 및 세계경제 등으로 구분할 수 있다. 이 장에서는 이러한 생산, 분배 및 소비활동을 각각 살펴본 다음, 이를 특정 국가 내에서 이루어지는 활동, 즉 국민경제의 관점에서 그 구조와 작동을 파악해 보도록 한다. 단상과 고찰 1

단상과 고찰 1: 경제와 이코노미

'경제'(經濟)라는 단어는 동양에서 한국, 중국, 일본이 공통으로 사용한다. 이는 중국의 고전에서 인용한 문구인 경세제민(經世濟民)의 줄인 말로, 그 뜻은 '세상을 다스리고 백성을 구제한다'는 의미이다.

이처럼 동양에서 경제의 의미는 국가의 통치자 관점에서 규정하고 있는 데 반해, 영어의 이코노미(economy)는 그 어원이 '가계(家計)를 꾸려가는 형편 또는 방도'를 뜻하는 단어에서 유래되었다. 이는 실제로 생활을 살아가는 개개의 인간 입장에서 쓰였다고 할 수 있으며 지금 우리의 표현으로는 살림 또는 생계(生計)에 가까운 의미라고 보인다.

서양에서 경세제민의 개념을 가진 용어는 정치경제(political economy)라고 할 수 있다. 원래 경제학의 시조인 애덤 스미스 등 고전학파 경제학자가 사용하였으며 국가와 개인을 부유하게 하는 목적을 위한 방법론적 또는 정책론적 개념을 내포했다. 현대 경제학이 개별 경제주체의 시장에서의 합리적 선택을 분석대상으로 삼으면서 더는 정치경제학 용어를 경제학과 동일한 의미로 사용하지 않는 듯하다.

민간주도의 시장활동이 강조되는 자본주의는 원래 '이코노미'의 의미에 부합하는 구조였으나 복지국가의 출현 등으로 정부의 경제적 역할이 커지는 경세제민의 구조로 변모하였다가, 다시 '이코노미'를 강조하는 신자유주의의 흐름으로 선회했던 것이 아닌가 생각해 본다.

1. 경제활동

1) 생산과 소비의 목적물

생산(*production*)은 인간생활에 필요한 것을 만들어내는 활동이다. 인간은 생산물 없이는 생활은 물론 생존도 불가능하며 생산이야말로 경제활동의 출발점이라고 할 수 있다. 인간이 생산활동을 하는 데 있어 생산에 필요한 자원이 한정되어 있다는 점은 엄연한 현실이다. 자원이 한정되어 있다는 것은 인간이 갖고 싶은 것을 모두 무제한 생산하여 누릴 수 있는 것이 아니고 어느 정도의 결핍이 불가피하다는 의미이다.

모든 것을 생산할 수 없다면 주어진 가능한 조건에서 어느 것을 생산하고 어느 것을 포기할 것인가를 결정하는, 즉 선택이 필요하게 된다. 이러한 선택에서 중요한 것은 무엇을 생산하는 것이 사람의 만족을 극대화할 수 있는가 하는 합리성이며, 이는 선택에 의하여 생산이 실현된 생산물의 소비가치가 생산이 포기된 잠재적 생산물의 가치, 즉 기회비용보다 커야만 확보될 수 있다.

그러나 이러한 선택은 인간사회의 모든 구성원에 의하여 만장일치로 지지되지 못하는 경우가 대부분이며 이 과정에서 집단적 의사결정의 권력관계가 작동한다. 과거의 제왕적 군주국가 또는 현대에서도 적지 않은 독재적 정치체제의 국가에서 대다수 국민의 필요를 외면하고 권력자의 의지에 따라 전쟁물자나 사치품의 확보에 대부분의 자원을 집중하는 경우는 극히 왜곡된 선택의 결과를 보여준다.

민주적 절차에 따라 국민적 합의를 거친 경우에도 개인의 자유로운 결정에 따라 시장에서의 구매력을 수반한 수요에 반응하여 생산활동을 하도록 할 것인지 아니면 대부분의 생산활동을 국가사회적으로 통제하여 계획적으로 수행할 것인지 등, 어떠한 경제체제를 선택할 것인가의 결정이 선행되어야 한다.

러시아의 공산주의 혁명 이후 세계가 경험했던 자본주의 시장경제와 사회주의 계획경제의 경쟁은 어느 경제시스템이 더욱 합리성을 확보할 수 있는가를 입증하는 과정이었고, 결국 전자가 그 우월성을 확증함으로써 종료되었다고 믿는 것이 다수의 견해라 할 수 있다. 그러나 시장에서 구매력, 즉 돈에 반응하여 생산하고 공급되는 체제가 과연 유일하게 민주적이고 합리적인 대안인가에 대하여 의문을 제기하는 입장은 아직도 존재한다.

모든 생산활동의 최종 목표는 인간생활에 필요를 충족시키는 소비행위이다. 소비(consumption)를 하여야만 인간은 생산에 필요한 노동을 계속할 수 있고 물질적 결핍으로 인한 고통에서 벗어나 만족감을 느끼게 된다. 그런데 인간은 무엇을 필요로 하는가라는 질문은 참으로 어렵다. 인간은 필요(needs)뿐 아니라 욕망(desire)을 충족하기 위하여 소비하며, 인간의 욕망은 끝이 보이지 않는다. 욕망은 개인의 안목에서 생겨나기도 하지만 더욱 일반적으로는 다른 사람의 형편과 비교에서 생긴다. 충족되지 못한 욕망은 인간에게 불만을 느끼게 하고 가능성이 있다고 생각되는 한 만족을 이루기 위해 노력하게 한다. 욕망은 인간사회 발전의 동력이고 갈등의 원천이다.

영국의 사상가 모어(Thomas More)의 저작인 《유토피아》(1516)는 사람들이 희구하는 이상향을 묘사한다고 알려졌지만 '유토피아'는 인간의 모든 욕망을 충족시키는 나라로 쓰여 있지 않다. 오히려 모든 구성원이 배급된 물자로 매우 검박한 생활을 하면서도 자신이 속한 공동체를 위하여 헌신하는 일종의 공산사회이다. 인간의 상상력으로는 모든 구성원의 욕망을 충족시키는 사회를 그릴 수 없었기 때문에 욕망을 절제하고 공동체를 위하여 헌신하는 이상적인 인간을 꿈꾼 것이다.

이처럼 욕망이 절제된 소비가 바람직하다면 많은 사회구성원의 기본적 필요를 충족시키기 위한 생활필수품과 일부 고소득계층의 욕망을 충족시키기 위한 사치성 재화의 생산을 무차별적으로 취급하여 한정된 자원이 투입되도록 허용하는 것이 정당한 것인가의 의문도 제기된다. 자유로운 시장경제의 옹호자 중에서도 애덤 스미스(Adam Smith)는 소비지출을 낭비적 지출과 바람직한 지출로 구분했으나 미제스(Ludwig Mises)는 재화의 가치는 그것을 사용하는 개인에 의하여 평가될 뿐이라고 주장하고 인간의 소비활동에 대하여 윤리적 판단을 부인했다. 현재 인간사회에서 보편적인 경제구조로 자리 잡은 시장경제체제는 일반적으로 후자의 입장에 바탕을 두고 시장에서 외부적 간섭 없이 공급자와 수요자의 자유로운 경쟁과정을 거쳐 결정된 가격과 생산량을 자연스럽고 정당한 것으로 인정한다.

그러나 이러한 시장의 선택이 그 전에 불평등한 소득분배로 결과된 구매력의 차이를 나타내는 시장수요에 반응한 것이라면 과연 이를 정당한 것으로 인정할 수 있는가의 의문이 제기되기도 한다.

설령 이러한 비판을 외면한다 할지라도 국민생활에 상당한 책임을 요구받는 정부로서는 캐비아의 가격 폭등과 빵의 가격 폭등을 유사한 경제적 상황이라고 생각하기는 어려울 것이다. 단상과 고찰 2

생산물의 최종목표가 소비라는 의미가 모든 생산물이 직접적 소비를 위하여 생산된다는 뜻은 아니다. 공장을 짓고 기계를 만드는 등의 생산활동은 당장의 소비를 위한 것이 아니고 장래의 생산활동을 수행하기 위한 것이다. 이처럼 장래의 생산을 위하여 생산물을 사용하는 행위를 '투자'(investment)라고 한다. 투자는 기계나 설비 등 고정자산을 형성하는 것이 주된 내용이지만 원자재나 재공품 등 재고를 증가시키는 것도 장래의 생산을 위한 것이라는 측면에서 투자의 범주에 포함된다.

과거 농업이 주된 생산활동이었던 시대까지는 주된 생산수단이 토지여서 투자라는 개념이 일반화되기 어려웠으나, 공장 중심의 제조업이 주된 생산활동으로 등장한 산업혁명 후에는 이처럼 생산수단을 형성하는 투자가 생산물 중 중요한 부분을 차지하게 되었다.

기계 등 생산설비는 생산활동을 위하여 사용함에 따라 마모되므로 새로운 설비 투자가 마모된 설비보다 작으면 장래의 생산능력은 현재보다 감소하고 생활은 어려워지지만 마모된 설비보다 많은 투자를 새로이 할 때에는 생산능력이 향상한다. 그러나 생산능력의 향상이 반드시 실제 생산량의 증가를 보장하지는 않는다. 왜냐하면 자본주의 시장경제에서는 투자된 기계설비의 생산능력이 완전히 사용되지 못하고 유휴설비가 늘어나는 경우가 적지 않게 생기기 때문이다. 즉, 더 많이 생산할 능력이 있으면서도 충분한 생산을 실현하지 못하는 현상이 수시적으로 발생하는 제도적 문제가 있다.

생산물 중 소비를 하고 남겨진 분량을 '저축'이라 부른다. 이는 결과적으로 투자, 즉 새로운 기계설비인 고정자산의 형성과 재고자산 증가의 형태로 존재하는바 저축은 남겨두어 장래의 생산물을 증가시킬 수 있는 여력이 된다. 따라서 생산능력의 부족으로 생산물 대부분을 소비할 수밖에 없어 저축이 부족하게 되면 장래의 생산능력은 향상하기 어렵고 다시 생산물 대부분을 소비할 수밖에 없게 된다. 이러한 상태가 반복, 지속하는 현상을 '빈곤의 악순환'(vicious circle of poverty)이라 한다. 이러한 저(低) 생산 경제에서는 소비를 절약하고 저축을 늘리는 소비행태가 투자를 통해 장래의 생산능력을 향상함으로써 빈곤을 극복할 수 있게 하는 미덕이라고 할 수 있다.

그러나 자본주의 시장경제가 발전한 단계에는 소비와 투자라는 시장에서의 수요에 반응할 때에만 모든 생산이 가능한 구조인데 소비의 절약은 시장에서 수요의 감소를 초래하여 생산물이 원하지 않는 재고로 쌓이게 되고 기업은 생산을 축소한다. 생산을 축소한다는 것은 노동의 고용을 줄이고 생산설비 중 일부를 사용하지 않고 놀려둔다는 의미이다. 따라서 기업은 새로운 투자를 꺼리게 되어 시장에서 투자수요도 감소하므로 기업은 생산을 더욱 축소할 수밖에 없다. 경제 상황에 따라서는 소비 절약이 더는 미덕이 되지 못하고 오히려 소비가 경제에 도움이 될 수 있다.

생산물은 눈에 보이거나 만져지는 재화(goods)와 그렇지 않은 서비스(services), 두 가지로 나눌 수 있다. 눈에 보이지는 않지만 물리적 존재를 알 수 있는 전기, 열 등 에너지 또한 '재화'의 범주에 속한다.

서비스가 재화처럼 인간생활에 필요한 것으로 동등하게 취급될 수 있는가는 많은 논쟁의 대상이었다. 이 문제와 관련한 기술적 어려움은 어떤 종류의 서비스를 생산으로 볼 수 있는가의 논란이 있다는 점이다. 재화는 자가소비 목적이든 시장판매 목적이든 관계없이 생산물로 파악된다. 그러나 서비스의 경우, 예를 들어 자가소비 목적인 청소, 운전과 달리 가사도우미나 운전기사가 대가를 받고 제공하는 것만을 생산으로 취급하는 것이 타당한가 하는 의문이 제기된다.

애덤 스미스는 《국부론》(1776)에서 재화의 생산에 종사하는 노동을 생산적 노동, 서비스에 종사하는 노동을 비생산적 노동으로 구분했다. 재화는 생산된 후에 한동안 존속하므로 저장과 비축이 가능하지만, 서비스는 생산되는 순간 소멸하므로 다른 노동으로 생산된 생산물과 교환할 수 있는 가치를 남기지 못하기 때문이라고 설명했다. 따라서 이러한 비생산적 노동에 종사하는 사람은 전혀 노동하지 않는 사람과 마찬가지로 생산적 노동을 하는 사람에 의하여 부양되기 때문에 생산적 노동을 하는 사람에게 부담을 지우고 전체 생산을 감소시키므로 국가경제를 가난하게 하는 결과를 초래한다고 보았다.

서비스에 대한 이러한 인식은 서비스가 무형적으로 존재하며 생산과 소비가 동시에 일어나고 생산 즉시 소멸한다는 특성 때문에 비롯된 것이지만 현재는 서비스의 생산·소비를 재화의 생산·소비와 다른 경제활동으로 취급하지 않는다. 왜냐하면 생산된 서비스가 시장에서 판매되는 것은 다른 생산물과 교환이 이루어졌음을 의미하며 가사노동 등 시장 밖에서 생산된 서비스도 텃밭에서 길러진 농산물을 자가소비하는 경우와 구별할 필요가 없기 때문이다.

재화를 생활필수품과 사치품으로 구분하듯 서비스 역시 의료나 교육 등 생활에 중요한 필수적 서비스도 있는 반면, 마사지 등 사치성 소비로 볼 수 있는 서비스도 존재한다. 따라서 서비스에 종사하는 사람의 노동을 재화 생산에 종사하는 사람의 노동과 달리 비생산적 노동으로 보는 견해는 더 이상 일반적으로 공감의 대상이 되지 않는다.

과거에는 재화는 국제무역이 가능한 교역재(tradable), 서비스는 국제무역이 불가능한 비교역재(non-tradable)로 단순하게 구분하기도 했다. 애덤 스미스는 무역의 대상이 될 수 없는 서비스 생산에 종사하는 사람이 사용하는 재화만큼 외국으로부터 수입 필요성이 생기므로 국제수지가 악화하고 나라가 가난해진다는 점을 들어 서비스 생산을 국가에 무익한 활동으로 규정하기도 했다. 그러나 국가 간에 사람들 왕래가 급증하고 정보통신기술(Information and Communication Technology: ICT)이 급속히 발전하는 현대에는 서비스의 국경 간 공급, 즉 서비스교역이 증가하고 국제교역에서 차지하는 비중이 커지게 되었다. 이에 따라 종전의 비교역재로 분류되는 서비스산업의 범위는 현저하게 축소되었다고 할 수 있지만 아직도 이발, 택시 등 국제경쟁의 외곽지대에 있는 비교역적 서비스산업은 경제에서 상당한 비중을 차지한다.

저개발 개도국의 경우 이러한 비교역적 서비스산업에 종사하는 노동력의 비중이 크므로 서비스의 가격이 선진국의 동종 서비스보다 매우 낮아져서 시장가격으로 평가한 국민소득이 과소평가됨과 아울러 국제수지의 적자와 환율의 상승(자국 통화가치의 하락)으로 시장환율과 구매력 평가환율의 괴리가 생기는 원인이 된다. 이러한 측면에서는 서비스산업에 대한 애덤 스미스의 견해가 부분적으로 유효하다고도 할 수 있다. 선진국에서도 국제경쟁력을 상실한 사양산업에서 퇴출당한 노동력이 새로운 산업에 흡수되지 못하고 비교역적 서비스산업으로 이동하면 이러한 서비스 가격의 하락, 임금의 역압 등 역진현상이 발생할 수 있다.

산업의 분류로는 농수산업 등 1차 산업, 그리고 광공업 등 2차 산업과 구분하여 서비스의 생산활동을 3차 산업으로 규정하는 방법이 널리 쓰인다. 이러한 분류에 따라 산업별로 살펴보면 현대의 국민경제가 선진화될수록 시장경제에서 상품으로 공급된 생산물의 가액과 노동력의 고용이 1차 산업보다 2차 산업이, 2차 산업보다 3차 산업이 차지하는 비중이 커지는 구조로 바뀌는 경험적 법칙을 볼 수 있다.

최근에는 세계 각국의 경제가 전반적으로 성장둔화를 나타내는 가운데 구글(Google), 애플(Apple) 등 굴지의 정보기술(information technology: IT) 기업은 창의력을 발휘하여 서비스산업 분야에서 수요를 창출하며, 이는 새로운 경제 패러다임으로 자리잡고 있다. 대부분의 정부는 이러한 서비스산업의 중요성을 인식하고 그 발전을 위한 다각적인 정책을 모색한다.

단상과 고찰 2: 빵값과 혁명

2011년은 북아프리카와 중동 지역의 민중이 앞다퉈 민주화를 외치며 봉기함으로써 그 지역 독재정권 권력자에게 엄청난 재앙을 가져온 한 해였다. 튀니지의 노점상 청년의 분신으로 촉발된 민중시위는 장기간 집권한 독재정부를 무너뜨린 '재스민 혁명'으로 이어졌다. 그 불길은 이웃 나라인 리비아, 이집트로 옮겨 붙어 카다피(Muammar al-Gaddafi), 무바라크(Hosni Mubarak) 등 절대권력자를 실각 및 사망으로 내몰았다. 열풍은 이에 그치지 않고 중동 지역으로 번지면서 시리아, 예멘 등을 시위와 내전의 혼돈 속으로 빠져들게 했다.

과거 이 지역에서 군부 쿠데타에 의한 정권교체는 있었지만 민중봉기로 인한 정권의 붕괴는 처음 겪는 변혁이었다. 물론 민주화 요구, 종파 간 충돌 등 갈등요인은 종전부터 있었지만 정작 민중을 거리로 내몬 것은 빈곤이었다.

특히, 2008년과 2010년에 세계 곡물이 흉작을 기록하여 밀, 옥수수 등의 국제가격이 급등했다. 러시아는 밀의 수출을 중단하였고 중국도 곡물의 수출을 통제하는 등 세계 각국은 자국 내에서의 식량수급에 비상조치를 취하지 않을 수 없었다. 게다가 2008년 배럴당 150달러에 육박하던 국제유가가 2009년 잠시 하락하였다가 2010년 다시 100달러를 넘어서면서 대체연료인 바이오에탄올 등의 생산에 곡물의 사용이 늘어났고 국제 곡물가격은 폭등을 거듭했다.

국민의 주식인 밀을 대부분 해외로부터의 수입에 의존하는 이 지역 나라로서는 참으로 재난이 아닐 수 없었으며 결국 빵 가격의 폭등은 엄청난 정치적 변혁을 불러오는 요인이 되었다. 이처럼 많은 독재정부를 쓰나미처럼 무너뜨리는 실마리가 되었던 국제 곡물가

격은 2012년 이후 작황이 호전되면서 안정세로 돌아섰고 국제유가
의 하락으로 바이오연료의 생산도 더는 수익성을 확보하기 어렵게
되었다. 그러나 독재정부가 물러난 많은 중동국가는 정치적, 사회
적 혼란이 계속되면서 국민생활이 그야말로 도탄에 빠진 상황을 벗
어나지 못했다.

식량의 자급률이 25%에 불과한 한국이 이와 같은 세계적 식량
파동에도 커다란 사회적 동요 없이 지낼 수 있었던 것은 식량 수입
금액의 100배에 달하는 수출 규모 덕분이다. 한국의 입장에서 해
외수출을 통하여 획득한 소득으로 필요한 것을 수입하여 국민경제
를 운영할 수 있는 개방적인 세계경제체제가 얼마나 소중한 것인가
를 다시 한 번 느끼게 되는 사례이다.

2) 생산에 필요한 것

생산활동에서 합리성의 추구는 '무엇을' 생산할 것인가의 문제에서만 아니라 그 결정에 따른 목적물을 '어떻게' 생산할 것인가의 문제에서도 중요하다. 이는 투입되는 자원을 최소화하고 생산물의 가치를 최대화하는 생산성(productivity)의 문제이다. 이 생산성의 개념은 개별 생산주체뿐만 아니라 역사적으로 경제체제의 존립, 발전과 쇠망을 결정하는 가장 중요한 원인 중 하나였다.

이러한 생산성을 결정하는 주요 요인으로 인류사회의 과학기술 발전과 함께 생산활동, 특히 노동에 임하는 개인의 적극적 의지 등을 들 수 있다. 노동에의 의지는 생산물 중 자신의 노동이 기여한 만큼의 정당한 몫이 자기에게 분배될 것이라는 기대가 있는 만큼 적극적일 수 있다. 한편 대부분 인간은 노동 외의 다른 방법으로 자기가 원하는 것을 획득할 수 있다고 판단하면 가능한 한 노동을 회피하려는 존재인 것도 부인할 수 없다.

전통적으로 생산은 인간의 노동에 의하여 이루어진다고 인식되었다. 인간은 생산을 위해 개인적으로 독립하여 노동할 수도 있고 여러 명이 함께 집단으로 노동할 수도 있다. 독립된 개인 노동의 경우에는 마치 무인도에 홀로 남겨진 로빈슨 크루소처럼 혼자서 필요한 모든 것을 생산해야 한다. 이러한 단독 노동은 생산성이 매우 낮으므로 그 생산물을 가지고는 심각한 궁핍을 면할 수 없는바 인간은 집단의 사회적 노동을 통하여 생활의 향상을 도모한다. 서로 협동하는 노동은 혼자서는 불가능한 큰 물리적 힘을 발휘할 수 있고 분업의 방법으로 노동의 생산성을 크게 향상할 수 있다는 핵심적 장점이 있다.

분업(*division of labor*)에는 기술적 분업과 사회적 분업이 있다. 전자는 특정 목적물의 생산과정을 나누어 노동하는 것이고, 후자는 필요한 여러 가지 재화 중 각자가 특정 재화만을 생산하는 방식이다.

기술적 분업의 간단한 예로 농사일을 들어보자. 사람이 혼자 쟁기로 밭을 갈고 그 밭에 씨를 뿌리고 이를 흙으로 덮는 방식보다 세 사람이 일을 나누어 하나는 밭을 갈고 다른 하나는 그 뒤를 따르며 씨를 뿌리고 나머지 사람은 그 뒤를 따르며 흙을 덮는 작업을 하면 세 명이 각자 작업을 한 결과를 합한 것보다 훨씬 많은 작업이 가능하다.

애덤 스미스는 《국부론》에서 핀을 만드는 수공업에서 기술적 분업이 가져오는 놀라운 생산성 향상의 예를 든다. 이러한 기술적 분업은 인간이 사회적 노동을 시작한 고대부터 존재하였지만 현대의 자본주의적 생산양식에서도 노동의 생산성 향상을 위하여 많은 과학적 접근이 이루어지는 분야이다. 그중 테일러주의 (Taylorism)와 포드주의(Fordism)는 인간의 노동과정을 분화하고 단순화하여 각 생산과정에 걸리는 시간을 관리하는 방식이다. 이와 같은 노동의 과학적 관리는 생산활동의 효율화를 추구하여 노동의 생산성을 증대하는 데 많은 기여를 했다.

그러나 노동자로서는 노동속도를 조절하는 것이 불가능하고 자동으로 진행되는 생산과정에 자신의 노동을 맞추어야 하므로 매우 긴장되고 억압적인 환경에서 작업하게 된다. 또한 자기가 무엇을 만드는가의 이해가 필요 없이 세분된 단순작업을 반복하여 수행하도록 요구받으므로 생산과정에서 소외된 위치에 놓이게 되었다.

이러한 일관작업방식에 의하여 표준화된 상품을 대량생산하는 체제는 시장에서 가격경쟁력을 확보하는 데 유리하였지만, 최근에는 소비자의 다양한 기호를 반영하여 다기화(多岐化)된 상품을 소량씩 생산하는 시장경쟁 전략을 따르는 분야가 늘어나고 그에 맞추어 생산방식이 바뀌는 추세도 나타난다.

사회적 분업은 사람들이 각자 필요한 것을 모두 스스로 생산하는 대신 자신이 생산에 유리하다고 생각되는 재화만을 생산하고 그 생산물을 다른 사람이 생산한 재화와 교환하여 소비하는 방식이다. 이처럼 각각의 개인이 특정 재화의 생산에 특화(specialization)하는 것은 여러 측면에서 전체 사회의 생산성을 높여준다. 첫째, 환경과 여건에 따라 자신에게 생산에 유리한 재화가 있으므로 강가에 사는 사람이 물고기도 잡는 한편 멀리 떨어진 숲으로 가서 연료로 사용할 목재도 채취하는 것보다는 자신이 획득한 물고기 중 일부를 숲에 거주하는 사람이 채취한 목재와 교환하는 것이 현명한 생활방식이라고 할 수 있다. 다음으로 생산을 위한 노동의 과정에서 한 종류의 재화를 생산하다가 다른 재화의 생산을 위하여 노동의 내용을 바꾸는 경우, 예를 들어 물고기를 잡다가 목재를 채취한 경우에는 그 작업의 전환을 위한 준비에 노력과 시간이 소요된다. 생산활동의 특화는 이러한 노동의 낭비를 절약할 수 있다.

그보다도 사회적 분업의 핵심은 개인별로 차이가 나는 노동의

생산성을 사회 전체의 생산량을 최대화하는 방향으로 조정하여
준다는 점이다. 예를 들어 갑(甲)은 하루에 옷을 10개, 신발을
5개 만들 수 있고, 을(乙)은 옷을 5개, 신발을 10개 만들 수 있
다면 각자 자기가 재능의 절대우위(absolute advantage)가 있는 생
산활동, 이 경우에 갑은 옷 생산에, 을은 신발 생산에 특화하는
것은 당연하다. 그러나 갑이 하루에 옷 10개, 신발 10개를 만들
수 있고 을은 옷 9개, 신발 3개밖에 만들 수 없는 경우에도 절대
우위가 아니고 각자 재능의 비교우위(comparative advantage)에 따
라 생산활동에 특화함으로써, 이 경우 갑은 신발, 을은 옷을 만
드는 일에만 종사하는 것이 사회 전체의 생산을 증가시킨다.

이러한 사회적 분업은 자신의 생활에 필요한 여타 재화의 조달
을 다른 사람의 생산에 의존한다는 의미에서 경제구조의 상호의존
성을 높이는바 사회적 분업의 확산을 위해서는 자기의 생산물을
다른 사람의 생산물과 교환할 수 있다는 믿음이 전제될 수 있도록
원활한 교환이 이루어지는 시장의 역할이 중요하다. 단상과 고찰 3

노동이 생산력이 되기 위해서는 적어도 나물을 뜯거나 열매
를 줍는 채집이라도 할 수 있는 토지가 물론 필요하다. 무형의
생산물인 서비스를 제외하고 모든 재화는 토지로부터 비롯된 생
산물이다. 이때 토지(land)란 땅의 표면뿐 아니라 땅 아래에 존
재하는 모든 것을 의미하므로 자연(nature)이라고 부르는 것이
더 적절하다. 사실 인간이 생산하는 모든 재화는 무에서부터 창
출된 것이 아니고 자연에서 존재하는 물질을 인간에게 유용한
상태로 변형한 것에 불과하다. 나아가 인간 자체도 육체적으로

는 흙에서 생겨나 흙으로 돌아가는, 즉 자연의 물질계를 구성하는 부분으로서의 존재일 뿐이다.

이처럼 인간의 생존공간이며 자연자원의 원천인 토지는 노동과 함께 원래부터 존재하는 생산의 본원적 요소(factor)이다. 이 경우 노동은 인간의 주체적 생산활동이고 토지는 생산의 수단이 된다. 토지를 그 표면이 육지이든 강이나 바다이든 지구의 모든 표면을 지칭하는 뜻으로 이해한다면, 인간은 그 어떤 노력으로도 토지를 송곳 꽂을 만큼도 늘릴 수 없다. 이는 마치 인간이 자연에 존재하는 물질과 에너지의 질량을 먼지만큼도 증가시킬 수 없는 것만큼이나 엄연한 법칙이다. 강이나 바다를 메워 육지를 늘리는 행위도 토지를 증가시키는 것이 아니고 단지 토지의 형질을 변형시킬 뿐이다.

토지의 이러한 특성으로 말미암아 사회적으로 토지를 어떻게 취급할 것인가는 인류 역사에 걸쳐 매우 중요한 문제였다. 개인이 토지를 사유재산으로 보유하는 것을 허용하는 사회제도는 그 토지를 타인의 노동에 사용토록 하여 자신은 노동하지 않고 생산물 일부를 지대(rent)로 분배받을 수 있도록 함으로써 노동 외에 생산수단의 소유를 통하여 소득을 확보할 수 있는 길을 열게 되었다.

토지가 본원적 생산요소인 생산수단이라면 자본(capital)은 파생된 생산요소, 즉 생산된 생산수단이라고 할 수 있다. 물고기를 잡기 원하는 사람이 직접 강으로 가지 않고 집에서 낚시나 그물 등 물고기를 잡는 데 쓰일 도구를 만드는 데 노동과 시간을 사용하는 생산방식을 우회생산(round-about method of production)이라고 한다. 이처럼 생산에 쓰일 도구나 설비를 생산하는 이유는 이를 최종 목적인 소비재의 생산에 투입함으로써 더욱 많은 소비재를 생산할 수 있기 때문이다. 맨손으로는 하루에 물고기를 3마리 잡을 수 있지만 그물을 사용하면 30마리를 잡을 수 있게 된다는 설명은 잘 알려진 우회생산을 통한 생산성 향상의 예이다.

자본의 초기 형태인 도구나 설비는 이를 사용하거나 움직이는 데 주로 인간의 노동력이 필요하며 혹은 풍력이나 수력 또는 가축의 힘을 빌리므로 그 성격상 인간의 노동에 부속된 생산수단이라고 할 수 있다. 그러나 화석연료의 연소에서 생성된 인공적 에너지로 움직이는 기계의 출현은 인간의 물리적 노동을 대체할 수 있는 길을 열어 생산방식의 획기적 변화를 의미하는 산업혁명을 초래했다. 이와 같은 생산방식의 변화 결과, 종전에는 재화의 생산을 위한 노동이 주로 성인 남성의 영역이었으나 이제는 여성이나 미성년자도 노동 참여가 가능하게 되었다.

기계의 사용과 생산노동력의 향상은 재화의 생산을 과거와 비교할 수 없게 증가시킴으로써 인류사회에 종전에 없던 풍요를 가져다주었다. 농업생산이 주가 되고 수공업이 보조적인 생산활동이었던 과거 시절에는 생산량이 추세적으로 증가하지 않고 매년 자연환경의 변화에 따라 변동했다. 그러나 산업혁명 이후에는 생산을 위한 기계와 설비를 늘려감으로써, 즉 자본이 증가함에 따라 생산량의 추세적 증가가 가능했다. 다시 말하면 경제성장(*economic growth*)이라는 현상이 성립한 것이다.

기계나 설비 등 실물 생산수단인 자본은 화폐자본(*money capital*)이라는 개념과 구별하여 실물자본(*real capital*) 또는 자본재(*capital* goods) 라고 부른다. 화폐자본이란 사업(*business*) 의 주체가 화폐의 형태로 보유한 구매력이며 사업자는 이를 이윤(*profit*) 을 획득하기 위한 활동의 수단으로 사용하여 자신이 보유한 화폐자본의 증식을 도모한다. 이러한 화폐자본은 시대적으로 상업자본, 산업자본 및 금융자본의 순서로 발생했다.

상업자본은 사업자(상인) 가 보유한 화폐(M) 를 매입거래의 과정을 거쳐 재화(G) 로 전환하고 그 재화를 주로 공간적, 시간적 이동을 통하여 가치를 증대시킨 후 매각하는 거래로 처음의 화폐보다 증가한 화폐(M′) 를 획득하는 방식으로 순환한다. 이는 M→G→M′ 의 과정으로 표시할 수 있다.

산업자본은 사업자(산업자본가) 가 보유한 화폐로 고정자본(기계, 설비) 및 유동자본(원자재, 노동력) 을 획득하여 재화를 생산하는 과정을 거쳐 생산된 재화를 상품으로 판매하여 다시 증식된 화폐를 획득하는 과정으로 순환한다. 이는 M→G⋯G′→M′ 의 과정으로 표시할 수 있다.

금융자본은 사회의 여유화폐(사용을 대기하는 화폐) 가 금융기업(금융자본가) 에 집중, 축적되고 금융기업은 은행 및 증권 업무를 통하여 그 화폐를 산업자본가에게 제공한 후 이자, 배당 및 증권매매차익 등의 획득으로 화폐자본의 증식을 도모한다. 이 과정에서 금융기업은 자기사업의 안전과 번영을 위하여 산업구조의 독점을 촉진하고 강화하는 한편 산업자본에 대한 지배력을 행사하는 경향이 있다. 이러한 금융자본의 순환은 M→M′ 의 과정으로 표시할 수 있다.

경제적 관점에서 생각할 때 왜 많은 젊은이가 당장 노동을 통하여 소득을 획득할 기회를 포기하고 오히려 비용을 지불하고 교육을 받기 위해 대학에 진학하는가 하는 의문이 생길 수 있다. 교육이나 직업훈련 등이 개인의 노동생산성을 증가시켜 그 노동의 가치를 높임으로써 인생의 전 주기에 걸쳐 더 많은 소득을 획득할 수 있도록 하므로 그 비용과 시간을 보상받을 수 있음이 그 대답이 된다. 이처럼 마치 자본의 우회생산을 통한 생산성의 증대와 유사하다는 점에서 생산성이 증대된 개인의 노동력을 인적자본(*human capital*)이라 한다.

　이러한 인적자본의 증대는 개인에게는 더 많은 소득을 보장하고 기업에는 더욱 향상된 생산성을 의미하며 국민경제의 입장에서는 국가 내의 총생산을 증가시키므로 매우 중요하다. 인적자본을 증대하기 위해서는 교육이 제일 중요하지만 각 개인의 건강 역시 중요하다. 그러나 이와 같은 인적자본의 개념은 목적가치인 인간을 생산의 수단으로 전락시키고 있다는 이유로 적지 않은 비판이 제기되기도 한다.

단상과 고찰 3: 사회적 분업과 국제무역

전통적 국제무역이론은 각국 국민경제의 분리된 시장에서 나타나는 재화 간의 상대가격 차이에 주목하여 국제무역이 성립하는 배경과 국제무역이 모든 국민경제에 가져다주는 경제적 이익을 설명한다.

상대가격이란 상품 간의 교환비율을 의미한다. 즉, A국에서는 옷 한 개로 신발 두 개를 바꿀 수 있는데 B국에서는 옷 한 개로 신발 한 개를 바꿀 수 있다면 상인은 각국에서 상대가격이 저렴한 상품, 즉 A국에서 신발을 사서 B국의 옷과 교환하고 다시 B국의 옷을 A국으로 가지고 가서 신발과 교환하는 무역행위를 계속하여 이익을 남길 수 있다. 이러한 상대가격의 차이가 존재하는 한 무역이 이루어진다. 이러한 두 나라 사이의 옷과 신발의 교환비율, 즉 교역조건은 양국의 상대가격 사이에서 결정되며 결국은 두 나라 시장에서의 상대가격이 같아질 때까지 무역은 계속된다.

애덤 스미스의 절대우위론이나 리카도의 비교우위론은 노동을 유일한 생산요소로 가정하고 하나의 국민경제 내에서 교환에 의하여 자연적으로 발생하는 사회적 분업 또는 전문화의 원리를 국제적으로 확대 적용하였다. 즉, 사회적 분업에서의 개인 대신에 국가를 대입하여 두 나라의 생산성의 차이가 두 재화의 상대가격의 차이를 초래하는 것으로 설명하였다. 따라서 각국은 자신이 우위에 있는 생산에 특화하여 서로 생산한 재화를 수출하고 상대방이 생산한 재화를 수입하는 것이 전체의 생산이 증가하고 함께 이익이 된다는 이론이다.

그러나 절대우위론은 국민경제 내의 사회적 분업이나 국가 간의 무역이론으로서 과도히 단순화된 이론이라는 비판을 면할 수 없다. 예를 들어 갑은 하루에 옷 열 개, 신발 열 개를 만들 수 있는 반면

을은 하루에 옷 세 개, 신발 아홉 개를 만들 수 있다면 절대우위론은 을의 생산활동에 대한 근거를 제시하기 어렵다.

이에 대하여 비교우위론은 각자가 상대적으로 생산성이 높은 재화, 즉 갑은 옷, 을은 신발의 생산에 특화함으로써 사회 전체의 생산을 최대화할 수 있다는 것이다. 이 경우에도 갑 대신에 A 국, 을 대신에 B 국을 대입하면 A 국은 옷 생산에, B 국은 신발 생산에 특화하여 무역을 하는 것이 서로에게 이익이 된다는 이론이다.

그러나 비교우위론 역시 국제무역이론으로서 과도히 단순화된 이론이라는 비판을 면하기 어렵다. 왜냐하면 생산성의 차이는 개인별로 나타나며 국가적 생산성의 차이는 노동의 주체인 개인의 생산성을 평균하여 비교하기 때문이다. A 국의 노동자가 평균적으로 옷을 싸게 만들고 B 국의 노동자가 평균적으로 신발을 싸게 만든다고 A 국 노동자는 옷 생산에, B 국 노동자는 신발 생산에 특화한다는 것은 타당성을 갖기 어렵다. A 국의 옷 만드는 사람보다 훨씬 싸게 옷 만드는 사람이 B 국에도 있을 수 있는데 B 국의 옷 잘 만드는 사람도 무조건 신발 만드는 일에 특화한다는 것은 난센스이다. 따라서 비교우위론이 국민경제 내에서의 사회적 분업에 대한 설명으로는 타당하여도 국가를 개인으로 의제하여 확대 적용하는 것은 논리적 비약이다.

비교우위론은 그 밖에도 노동을 유일한 생산요소로 가정하여 토지와 자본 등 다른 생산요소를 고려하지 않고 현실을 너무 단순화하였다는 점, 생산성은 훈련이나 기술의 발전에 따라 향상될 수 있는 동태적 변수임에도 이를 정태적으로 적용하여 고착화시키는 이론이라는 비판에도, 자유로운 무역이 각각의 국민경제 모두에게 이익이 될 수 있는 방법이라는 사실을 제시하였다는 점에서 아직도 그 유효성이 인정되는 무역이론이다.

3) 분배와 교환

개인의 단독적 생산활동이나 생계를 함께하는 가족끼리의 공동 생산활동으로 생산된 생산물은 일반적으로 혼자서 또는 공동으로 소비하므로 분배의 과정이 필요하지 않다. 그러나 생계를 달리하는 복수의 사람이 함께 참여하여 수행한 생산활동으로 생산된 생산물은 그 생산과정에 참여한 사람들 사이에 분배(distribution of income)되어야 한다. 왜냐하면 노예의 경우처럼 강압 때문에 생산에 참여한 경우를 제외하고는 모든 사람은 생산물을 분배받을 목적으로 생산활동에 참여하기 때문이다.

각 개인은 노동이나 다른 생산수단을 제공하는 방법으로 생산활동에 참여함으로써 생산물 중 한몫을 청구할 수 있는 자격과 권리를 가지며 그 분배받은 재화에 대하여 배타적 소유권을 보유한다. 그런데 함께 생산활동을 수행하는 과정은 협력의 단계이지만 생산물을 분배하는 과정은 갈등의 단계이다. 분배에 참여하는 사람은 모두 자기의 몫이 정당하게 주어질 것을 기대하고 요구한다. 그러나 어떻게 나누는 것이 정당한 분배인가에 대하여 모든 사람이 동의할 수 있는 해답을 찾는 것은 매우 어렵다. 실제 이루어지는 분배는 일반적으로 분배 당사자의 사회적 세력관계로부터 영향을 받으므로 다수의 사람은 분배의 결과에 만족하지 못한다.

분배의 방법은 그 생산활동이 이루어지는 사회의 정치체제 그리고 생산양식 등 경제구조와 밀접한 관련을 갖는바 역으로 매우 불균형한 분배구조로 인하여 사회적 갈등이 고조되는 경우에는 정치적, 경제적 체제의 변혁을 초래하는 원인이 되기도 한다. 현대 자본주의 사회에서 우리가 경험하는 노사 간 문제는 이처럼 인간사회의 결성 이래 항상 존재한 생산물의 분배를 둘러싼 갈등의 연장선에 있는 현상이다.

역사적으로 분배의 방법을 결정하는 질서로는 전통, 권력, 공동체 및 시장 등이 있다. 전통적 질서는 예를 들어, 수렵사회에서 포획한 짐승에 화살을 맞힌 사람은 다리를 갖고 몰이를 한 사람은 몸통을 갖는 등 사회적 관습에 따른 분배이며, 권력적 질서는 권력적 지배자가 그 지배 아래 있는 사람들에게 일방적으로 분배의 방식을 정하여 강제하는 것이다. 공동체적 질서의 예로는 공산사회에서 집단적 의사결정에 따른 방법으로 구성원에게 생산물을 배급하는 분배 등을 들 수 있다.

시장적 질서는 현대 자본주의 시장경제의 한 축을 이루는 제도이므로 가장 중요한 내용이다. 시장경제는 생산물뿐 아니라 생산요소 역시 시장에서 상품으로 거래되는 경제구조이다. 기업이 생산활동을 위하여 노동시장에서 노동자를 고용한 대가인 임금 지불, 금융시장에서 자금을 차입한 대가인 이자 지급, 부동산시장에서 건물이나 토지를 임차한 대가인 지대(임차료) 지급 등은 기업으로서는 생신요소를 구입하는 데 쓰인 비용이지만 그 대가를 받은 사람은 사전적으로 생산물을 분배받은 것이다. 기업이 생산물을 판매하고 획득한 이윤을 주주에게 배당으로 지급하는 것은 사후적 분배에 해당한다.

이와 같이 자본주의 시장경제에서 이루어지는 소득분배와 관련하여 관심의 대상이 되는 사항은 노동소득 분배율이다. 이는 전체 소득의 분배액 중에서 피고용자에게 보수로 지급된 비율이 얼마인가를 측정한 수치이다. 생산요소 시장에서 분배된 소득은 피용자보수와 영업잉여로 구분할 수 있다. 피용자보수는 주로 빈곤층이라고 볼 수 있는 노동자에게 지급된 임금이고, 영업잉여는 상대적으로 부유층이라고 볼 수 있는 자산보유자에 대한 소득의 분배이므로 두 계층 사이의 소득분배를 형평성의 관점에서 살펴볼 수 있다.

생산물의 분배가 공평하고 정의롭게 이루어져야 한다는 원칙에는 대부분의 사람이 의견을 같이하지만 어떤 방법이 공평하고 정의로운지에 대하여는 사회적 합의에 이르기 쉽지 않다. 기회의 평등이 보장되면 자유로운 개인의 노력의 결과인 분배는 공평하고 정의롭다는 주장에서부터, 사람에 따라 태어난 가정의 재산이나 교육 등 능력 발휘의 여건이 다르므로 어느 정도의 결과적 평등이 필요하다는 주장 등 매우 다양한 견해가 있다. 최근 우리 사회에서 심심치 않게 들을 수 있는 '금수저, 흙수저' 비유도 이러한 논의의 일환이다. 이 주제에 대하여는 이어지는 절에서 국민경제를 주제로 다루며 바람직한 국민경제가 되는 데 필요한 '공평한 분배'의 의미를 더욱 자세히 살펴보도록 한다.

배고픈 사람이 가진 물과 목마른 사람이 가진 빵은 각자 자기의 것을 소비하는 것보다 두 사람이 서로의 것을 교환하여 소비함으로써 훨씬 더 큰 만족을 얻을 수 있다. 교환행위는 이처럼 동일한 양의 생산물을 가지고 사회 전체의 만족감(효용)을 증대할 수 있으며 앞서 살펴본 바와 같이 노동의 사회적 분업을 가능하게 함으로써 사회 전체의 생산능력도 증대시킨다.

그러나 이처럼 중요한 역할을 하는 교환(exchange)이 실제로 성립하기까지는 많은 어려움이 존재한다. 우선 배고픈 사람이 누가 여분의 빵을 가졌는지 찾는 데에는 많은 시간과 노력이 소요된다. 설령 물동이를 이고 돌아다니면서 빵을 가진 사람을 찾았다 하더라도 그 사람은 자기가 가진 물이 아닌 다른 것을 필요로 하는 경우가 훨씬 많을 것이다. 서로가 필요로 하는 재화를 교환해도 두 재화의 교환을 어떠한 비율로 할 것인지는 어려운 문제이다. 그 밖에도 물물교환이 이루어지기 위해서는 수많은 현실적 어려움이 따른다.

이러한 난관을 극복하기 위하여 자기가 가진 것과 필요한 것을 교환하기를 원하는 사람이 함께 모이는 장소가 자연스럽게 시장(market)으로 형성되었다. 이제 사람들은 필요한 재화를 구하기 위하여 무작정 돌아다닐 필요 없이 시장으로 모여들었고 시장은 점점 확장되면서 도시의 발전을 촉진했다. 이와 같은 시장의 유익함을 인식한 통치자도 경쟁적으로 자기의 영토 내에 시장을 육성하기 위하여 노력함으로써 시장의 규모와 기능은 더욱 커지게 되었다. 그러나 이러한 시장이 존재한다 하더라도 대부분의 거래가 물물교환의 방법으로 이루어지는 한 교환의 복잡성과 불확실성으로 인하여 사람들은 대부분 자급자족의 생산방식에 의존할 수밖에 없다.

이러한 물물교환의 어려움을 해결하기 위하여 등장한 것이 교환의 매개수단인 화폐(money)이다. 화폐는 거래상대방이 이를 교환의 대가로 받아들일 것이라는 기대를 모든 사람이 공유할 때 그 기능을 수행할 수 있다. 이제 더 이상 물물교환의 경우처럼 서로의 필요성이 상대적으로 일치하는 거래상대방을 찾을 필요 없이, 자기의 재화를 필요로 하는 사람에게 화폐를 대가로 팔고 그 화폐를 자기가 필요로 하는 재화를 가진 사람에게 제공하여 구입하면 원하는 교환이 이루어진다.

이렇게 교환이 쉬워짐에 따라 화폐의 사용은 더욱 보편화하고 교환활동은 더욱 활발해진다. 교환이 활발해지고 불확실성이 감소함에 따라 많은 사람이 종전의 자급자족 생산방식에서 자기의 생산물을 시장에 내다 팔고 시장에서 필요한 재화를 조달하는 상품생산방식으로 전환했다. 이러한 추세는 사회적 분업의 확산을 가속화했다.

화폐는 시장에서 거래되는 재화, 즉 상품에 가격을 부여하는바 이는 상품과 화폐와의 교환비율이며 시장의 상황에 따라 변동을 계속한다. 오랜 기간에 걸쳐 화폐로 사용된 것은 시장에서 널리 수요가 있는 물품, 특히 금, 은과 같은 귀금속이었다. 이러한 물품화폐의 양이 많아지면 화폐의 가치가 떨어지고 양이 적어지면 가치는 올라간다. 화폐의 양이 지나치게 많아지면 물가가 상승하고 지나치게 적으면 경제활동이 위축된다.

그러나 물품화폐의 양은 경제의 필요와 관련이 없이 새로운 광산의 발견 등 경제 외적 사건에 좌우되므로 경제적 필요에 따라 조절하기 어렵다. 귀금속으로 금화나 은화를 주조하는 권력을 가진 권력자는 대부분 그 명목가치와 다른 주화를 찍어 이득, 즉 주조차익(*seigniorage*)을 취하는 사례가 빈번했다.

물품화폐의 사용에 따르는 여러 가지 문제점 때문에 현대 국가는 대부분 중앙은행에게 법률로 지불수단의 권능을 부여한 화폐를 발행하도록 하며 이러한 법정통화에 대한 시장에서의 신뢰는 모든 경제활동의 기반이 된다. 법화인 지폐의 발행은 금속화폐의 주조보다 거의 비용이 들지 않기 때문에 발행한 금액의 거의 전부가 과거 금속화폐의 주조차익과 유사한 정부의 발행차익으로 간주될 수 있다. 따라서 정부는 별다른 부담을 수반하지 않는 화폐발행을 통하여 국민경제의 문제를 해결하려는 경향을 갖기 쉽다.

화폐의 가치가 떨어진다는 것은 물가수준의 상승, 즉 시장에서 모든 상품의 가격이 전반적으로 상승한다는 의미이다. 어떤 상품의 가격이 올랐다는 사실이 반드시 그 상품의 생산자가 유리해졌다는 것을 의미하지는 않는다. 만약 다른 상품의 가격이 더욱 크게 상승하였다면 가격이 덜 오른 상품의 생산자는 다른 상품과의 교환비율이 오히려 불리한 형편이 되어버린다.

따라서 특정 상품의 생산자에게 중요한 것은 화폐로 표시된 가격이 아니고, 다른 상품들과의 교환비율이며 이를 '상대가격'이라고 부른다. 개별 상품의 가격 변동을 물가지수의 변동으로 조정하여 산출하는 실질가격의 변동은 그 상품과 여타 상품과의 상대가격 변동을 나타낸다고 할 수 있다.

경제는 우리에게 인간의 신체와 같은 유기적 생명체를 연상하게 한다. 특히, 생산활동은 마치 심장이 혈액을 펌프질하여 온몸에 순환시킴으로써 각 기관에 영양을 공급하고 신체의 생명을 불어넣는 모습을 떠올리게 한다. 〈그림 1〉에서 보는 것처럼 인간의 주체적 생산활동인 노동과 생산수단인 토지 및 자본이

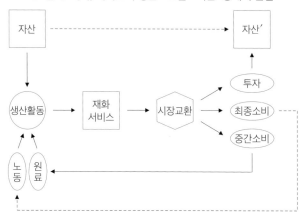

〈그림 1〉 재화, 서비스의 생산 · 교환 · 처분: 경제의 순환

함께 결합하여 이루어지는 생산활동은 마치 심장이 피를 뿜어내듯이 생산물인 재화와 서비스를 만들어낸다. 이들 생산물이 분배 과정을 거쳐 경제의 각 부문에 공급되는 과정은 마치 혈액이 혈관을 타고 흘러 신체의 각 조직에 산소와 영양분을 전달하는 과정에 비유할 수 있다.

또한 전달된 산소와 영양분이 신체조직에 흡수되기 위하여 생리적 화학작용을 해야 하는 것처럼 분배된 재화와 서비스는 소비와 투자 등의 활동에 쓰이기 위하여 교환과정을 거친다. 신체조직에 흡수된 영양분 등이 연소하여 에너지를 만들어 인간의 생명과 활동을 가능하게 하듯 생산물은 소비에 사용되기도 하고, 영양분이 근육과 골격을 이루는 것처럼 생산물 중 일부는 생산수단인 자본을 형성하는 투자에 쓰이기도 한다. 소비는 노동력의 재충전 또는 새로운 창출을 가능하게 하여 생산활동에 다시 노동이 투입되도록 하고, 투자로 형성된 자본은 생산과정에 마모된 자본을 대체하거나 증가시켜 생산활동에 사용되도록 한다.

이러한 경제의 순환은 마치 혈액이 다시 심장으로 유입되는 순환운동에 비교될 수 있는바 이러한 생산, 분배 교환, 소비 및 투자 그리고 다시 생산의 순환과정이 건강하게 지속하면 경제는 인구와 자본 등의 증가를 통해 경제의 규모, 즉 생산능력의 확대가 가능하지만 어떠한 모순으로 인해 생산활동 등이 침체되는 경우에는 마치 인체가 병약해지는 것처럼 경제의 위축을 겪게 된다.

4) 생산양식 및 경제구조에 관한 경제사의 평면적 해석

생산활동은 주체적 생산요소인 인간의 노동이 생산수단으로서의 생산요소인 토지 및 자본과 결합함으로 이루어진다. 또한 일반적으로 인간의 노동은 개별적으로 수행되기보다 집단적인 사회 체제에서의 협력적 형태로 수행된다. 인간 외의 동물의 경우에도 생존의 안전을 위하여 집단적 무리를 이루는 경우뿐 아니라 먹이 획득의 생산성을 높이기 위하여 협력적 노동을 전개하는 사례도 적지 않다. 아프리카의 사자나 하이에나 등이 무리가 협력하여 먹이를 사냥하고 그 무리의 본능적 질서에 따라 포획물을 구성원에게 분배하는 사회적 양상은 우리에게 친숙하다.

인간사회에서 어떠한 방식으로 노동이 생산수단과 결합하는가의 생산양식 문제는 그에 따라 누가 무엇을 생산하여 어떻게 분배할 것인지의 경제구조 전반을 결정하는 기초가 되기 때문에 인류 역사에 걸쳐 사회적 역동성의 가장 중요한 원동력으로 작용했다.

다음에는 현재 세계경제의 주류적 경제구조인 자본주의 시장경제가 생성되어온 유럽의 경제사를 중심으로 생산양식의 변천 경로를 살펴보고, 그 변동을 이끌어낸 역동성의 작용과정을 유추하고자 한다.

인간사회에 최초로 형성된 경제구조는 원시 공동체라고 한다. 최초의 공동체는 주로 혈연에 의하여 집단화된 씨족 공동체였으며 그 경제구조는 기본적으로 공유제였다. 토지 등 생산수단을 씨족 집단이 공동으로 소유하여 이를 공동체 구성원의 공동 노동으로 생산활동에 이용하고 집단의 전통에 따라 분배하여 함께 소비하고 생활하는 구조였기 때문에 이를 원시 공산사회라고 할 수 있다.

이처럼 규모가 작은 씨족 공동체는 구성원의 연대의식이 강하므로 개인의 이해와 집단의 이해가 크게 상충하는 양상을 보이지 않았을 것이다. 즉, 구성원은 집단에 대한 원초적 충성심으로 공동 수행되는 노동에 임할 때도 적극적으로 노동의지를 발휘하고 전통적 합의에 따른 생산물의 분배방식에도 쉽게 동의하였을 것이다. 일상적으로 돌출되는 갈등도 집단의 전통적 질서에 의하여 관리할 수 있었을 것이다.

그러나 집단의 규모가 커져 부족 공동체 또는 지역 공동체로 확장될수록 구성원 사이의 연대의식과 공동체에 대한 충성심이 약화하여 공동노동에 임하는 노동의지도 소극화되고, 분배방식에 대한 합의와 사회적 갈등의 관리도 점점 어렵고 복잡하게 되었으리라. 이에 따라 공동체의 체제를 유지하는 정치적 질서도 전통적 방식에서 지배적 방식으로 바뀌는 것이 불가피하였을 것으로 추정된다.

19세기에 당시 자본주의 경제구조의 폐해를 보고 고민하며 대안을 모색하던 몇몇 초기 사회주의 사상가가 이상적으로 생각했던 원시공동체 모형의 추구가 실패한 원인이나, 20세기 중 70여 년에 걸쳐 지구상에 인간사회의 양대 경제구조로 자리했던 공산주의가 몰락한 원인은 모두 인위적 공동체에서 그 구성원의 연대의식과 충성심을 충분히 확보하는 데 실패하여 낮은 생산성과 높은 갈등 수준을 피할 수 없었기 때문이다.

생산을 위한 인간의 노동은 생산물을 수확하는 성취와 함께 땀 흘리는 고통을 수반한다. 그뿐 아니라 자연환경 등 여건의 변화로 인한 흉작 시기에는 노동에도 불구하고 필요한 생산물이 절대적으로 부족한 결핍을 겪을 수밖에 없다. 노동의 수고를 회피하려는 이유든지, 생존을 위해 결핍을 벗어나려는 목적이든지, 아니면 더욱 많은 소비를 가능케 하고자 하는 탐욕을 따르든지 인간의 자연적 본성은 다른 사람이 노동의 결과로 가진 생산물을 폭력으로 빼앗고자 하는 약탈행위에 눈을 뜨게 한다. 이러한 약탈은 자연에서 동물의 약육강식 생태와 마찬가지로 개인과 개인 그리고 집단과 집단이 폭력적 투쟁을 전개하는 야만 상태로 인간사회를 몰아간다.

인간은 이와 같은 단순한 동물적 약탈에서 한 걸음 더 나아가 전쟁, 즉 집단 간의 폭력적 투쟁에서 승리한 집단이 패배한 집단을 정복하고 생산물은 물론 토지 등 생산수단도 빼앗는 한편 패전집단의 구성원, 즉 인간도 자기 소유로 삼아 그 노동력을 강제로 이용하는 노예제도를 구축했다. 이러한 노예의 사용으로 노예의 소유주인 귀족은 노동하지 않고 다른 사람의 노동으로 생산된 생산물을 모두 차지했다. 노동을 제공한 노예는 생산물의 분배에 참여하지 못하고 생존에 필요한 재화를 자신의 소유주로부터 받을 뿐이었다. 이제부터 인간사회는 함께 노동하고 소비하는 경제구조 대신 예속된 신분에 따라 노동에 종사하는 사람에 의해 생산활동이 이루어지는 경제구조를 갖게 된 것이다.

과거에는 자유로운 인간이 자신과 자신이 속한 공동체를 위하여 자발적으로 노동에 종사했으나 타인에 예속된 노예는 타인을 위하여 공포를 수반하는 강제 때문에 노동에 종사한다. 이러한 노예제도는 강제노동이 노동의지의 적극성을 기대할 수 없다는 이유 때문에 출발부터 생산성의 하락이라는 치명적인 문제점에 직면할 수밖에 없었다. 낮은 생산성으로 생산물이 부족하면 노예 소유주는 노예로 하여금 더욱 노동을 증가시키도록 강제하고, 두 집단 간의 갈등은 증폭한다.

노예의 결혼을 허용하여 노예를 재생산토록 할 것인가는 노예 소유주에게 양면성이 있는 문제였을 것이다. 노예의 수를 늘려 추가적 노동력을 확보할 수 있는 반면, 어린 노예를 양육해야 하는 부담도 따르기 때문이다. 반면 늙거나 병든 노예를 어떻게 취급할 것인가는 더욱 어려운 문제였을 것이다. 노동력을 상실한 노예를 부양하지 않고 유기한다면 부담은 줄일 수 있겠지만 이를 바라보는 젊은 노예의 노동의지를 더욱 약화시키고 집단 간 반목을 피할 수 없다. 그렇다고 노예 소유주가 이들을 부양하는 것은 마치 노예에게 사회보장을 부여하는 것과 같다. 즉, 노예 소유주는 노예의 노동을 이용하는 대신 그들의 평생 생활을 책임지는 부담을 떠안는다.

이러한 비효율과 모순 그리고 갈등이 내재하는 생산양식인 노예제도는 그 모순이 누적, 심화함에 따라 경제구조로서의 지속이 어려워지고 새로운 제도로의 전환이 불가피했다. 이러한 상황의 전개는 노예제도를 근간으로 했던 로마제국이 붕괴하고 중세 봉건제도로 이행하는 역사적 변화를 촉진하였으리라 생각된다.

봉건제도의 생산양식은 봉건영주가 자신이 소유하는 토지를 나누어 토지에 예속된 농노가 생산에 활용토록 하고 그 생산물에 대한 소유권을 허용하는 한편, 토지 이용의 대가인 지대(地代)를 영주에게 납부하는 것이다. 봉건영주는 농노(農奴)에 대하여 아직도 상당한 지배적 관계를 유지하지만 이제 더 이상 농노의 생활에 책임을 부담하지 않았으며, 농노는 비록 제한된 범위이지만 과거 노예상태보다 자유로운 가운데 자신의 노동으로 자신과 가족의 생활을 영위할 가능성을 갖게 되었다.

봉건시대 초기의 지대 납부는 노동지대의 방식으로, 전체 영지 중 영주가 직영하는 농지를 설정하여 농노로 하여금 일주일 중 며칠씩 별도로 영주의 직영지에서 노동을 제공토록 하고 그 생산물을 영주의 몫으로 하는 분배방식이었다. 이와 같은 중세 장원(莊園)제도는 과거 노예제도 시절의 문제점을 어느 정도 해결했으나 곧 새로운 모순에 직면했다. 농노가 자신의 경작지에서 노동하는 만큼 영주의 직영지에서 적극적 의지를 갖고 노동에 임할 것은 기대하기 어렵기 때문이다. 일반적으로 영주의 직영지가 농노의 경작지보다 우량한 토지였겠지만 생산성은 오히려 낮았을 것을 짐작하기는 어렵지 않다.

노동의 적극성은 강제나 감시의 방법으로 확보하기 어려우며 가능하다 할지라도 일시적으로 그치기 쉽다. 이러한 상황에서 영주는 농노에게 자신의 직영지에 더 많은 노동을 투입할 것을 요구하고, 이는 양자 사이에 갈등이 커지는 사태를 야기한다. 이와 같은 모순을 극복하기 위하여 모색된 대안은 노동지대 대신에 영주가 자기의 직영지도 농노에게 나누어 주고 생산물 일부를 지대로 내게 하는 생산물지대의 도입이었다.

이처럼 분배방식을 변경함에 따라 전체 토지의 생산성은 향상되었을 터이나 분배의 몫을 정확히 나누기는 쉽지 않았을 것이다. 마치 현대의 조세당국이 납세자의 과세소득을 정확하게 포착하기 어렵듯, 분배의 기준이 되는 생산량의 산정은 영주와 농노 사이에 마찰을 야기하는 작업이었음이 틀림없다. 그렇다고 생산량과 관계없이 일정량의 생산물을 지대로 거두는 방법은 생산량을 파악할 필요가 없다는 장점은 있으나, 흉작 때에는 지나치게 가혹한 반면 풍작인 경우에는 영주의 몫이 과소해지는 모순 때문에 채택하기 곤란했을 것이다. 게다가 생산물의 품질이 균등하지 않다면 생산량의 산정뿐 아니라 누가 더 좋은 품질의 생산물을 차지하는가의 문제 역시 마찰의 원인이 될 수 있다. 봉건체제 아래에서 생산주체인 농노는 자기 몫을 지키기 위해 감추고 속이는 방법으로 저항하고, 지배계층인 영주는 강제와 억압으로 이를 들추어내려 함에 따라 양자 사이의 대립과 갈등이 커졌을 터이다.

이러한 문제는 생산물지대 대신 화폐지대를 도입하는 분배방식의 변경으로 어느 정도 해결되었을 것이다. 토지의 사용 대가인 지대를 일정액의 화폐로 내는 것은 일정량의 생산물로 내는 경우보다 합리적이다. 왜냐하면 생산물의 가격이 흉작 때에는 올라가고 풍작 때에는 내려가기 때문이다. 봉건시대의 후반기에는 도시가 성장하고 도시 내에 시장이 커졌으며 화폐의 사용이 확산되었다. 이러한 여건의 변화로 화폐지대의 도입이 가능하게 되었다고 생각된다.

게다가 화폐지대의 도입은 역으로 시장의 규모를 확장하고 화폐의 사용을 촉진하는 상호작용을 하는 한편 경제구조의 근본적 변화를 초래하였을 것이다. 왜냐하면 농노가 지대로 납부할 화폐를 마련하기 위해서는 자기의 생산물을 시장에 내다 팔아야 하기 때문이다. 과거에는 자신의 생활에 필요한 재화를 생산했으나 이제는 시장에서 팔 수 있는 것을 생산하게 되었다. 자급자족 경제구조에서 교환경제, 시장경제로의 전환이 이루어지는 추세는 경제주체의 독립된 구조가 상호의존적 구조로 바뀌어 감을 의미한다. 즉, 시장에서 교환의 활성화가 사회적 분업을 촉진함에 따라 봉건적 경제구조가 점점 비효율적이 되어가는 변화의 물결 가운데 모든 경제주체의 적응이 필요하게 된 것이다.

화폐는 교환의 매개수단일 뿐 아니라 가치저장, 즉 구매력의 축적 수단이다. 이러한 권능을 가진 화폐가 경제구조의 중심에 들어옴에 따라 사회적으로도 의미 있는 세력변동(*power shift*)이 초래되었다. 상업을 통하여 화폐를 축적한 상인이 물리적 힘을 기초로 한 귀족 영주의 지배력과 별도로 돈의 힘을 바탕으로 한 세력으로 등장했다. 농업이나 수공업 종사자도 시장에서 경쟁력을 발휘하는 경우에는 화폐의 축적이 가능했다. 봉건영주 역시 자기의 토지를 경작하는 농노에 의존하기보다는 더 많은 화폐획득이 가능한 방법으로 활용하는 경향이 증가했다. 이와 같은 화폐적 환경의 확산은 봉건체제의 해체를 촉진하였고 많은 농노가 자의 또는 타의로 농지에서 이탈하여 도시로 집중되었다.

한편 상인이 사업을 영위하는 데 가장 큰 장애는 소규모로 분할된 봉건영지를 지배하는 수많은 봉건영주의 간섭과 통과세 징수 등이었다. 이를 극복하기 위하여 상인 집단은 유력한 영주와 연합하여 영주가 소규모 영지를 통합, 절대왕정의 통일국가를 건립하는 과정을 지원했다. 그 결과 왕권과 밀접한 관계의 상인은 국가로부터 특권을 부여받아 독점적 이익을 통해 막대한 화폐자본을 축적할 수 있었다.

이처럼 생산수단인 토지로부터 분리된 노동력의 도시 집중, 그리고 화폐자본의 축적이라는 여건이 성숙한 가운데 18세기 화석연료를 사용하는 기계의 발명 등 기술혁신은 자본설비를 집적한 공장을 설립하여 다수의 노동력을 고용하는 산업자본주의 생산양식을 등장하게 했다. 자본주의 생산양식은 생산물을 시장을 통하여 공급할 뿐 아니라 생산요소, 즉 노동력도 시장을 통하여 조달했다. 이제 노동은 신분에 따른 의무적 활동이 아니고 계약에 따라 임금을 대가로 노동시장에서 거래되는 상품으로서 위치하게 되었다. 생산물의 분배방식도 시장의 가격기구를 통하여 생산에 참여한 사람에게 임금, 이자, 지대 등의 형태로 나누어진 다음, 나머지는 자본가의 이윤으로 투입된 화폐자본을 회수, 증식하는 데 충당되었다.

절대왕정 국가는 중상주의 정책으로 국가가 시장과 국민의 경제활동을 통제했으나 애덤 스미스 등 경제사상가가 자유로운 시장경제의 당위성을 설파하고 정치체제 또한 영국의 시민혁명, 프랑스의 계몽사상 등의 영향으로 민주주의로의 이행이 이루어짐에 따라 작은 정부, 자유로운 시장이라는 환경에서 자본주의 시장경제로 발전하는 국민경제가 전개되었다.

인류사회의 초기 경제구조인 원시공동체가 인간의 야수적 본성에 따른 약탈과 정복으로 와해된 이후 이처럼 모순에 따른 갈등, 그리고 해법을 모색하는 격동의 역사가 반복되었던 것은 갈등에 대한 해법으로 등장한 새로운 제도의 결점 때문이기보다는 새로운 상황을 대면한 인간의 대응으로 또 다른 모순이 자라남에 따라 그 제도도 다시 낡고 불합리한 것으로 변하기 때문이었다. 어떠한 제도도 이러한 모순이 생기는 것을 영구히 피할 만큼 완전할 수 없다.

이러한 모순, 갈등, 해법 그리고 다시 모순의 반복 현상은 장기적인 역사의 관점에서만 관찰되지 않고 일상의 경제에서도 수시로 나타난다. 국민경제의 작동을 가능한 한 바람직한 방향으로 이끌기 위하여 각종 정책을 모색하는 정부가 느끼는 가장 큰 어려움도 이러한 문제이다. 즉, 정부가 정책을 내놓으면 국민은 대책으로 대응하므로 그 정책의 실제 효과가 애초의 의도를 벗어나는 경우가 비일비재(非一非再) 하다.

이러한 현상은 일반적으로 조세징수와 관련하여 현저하며 부모들의 교육열이 높은 한국의 경우 교육정책의 어려움이 초래되는 주된 원인이기도 하다.

2. 국민경제

1) 국내총생산과 국민총소득

국민경제(*national economy*)는 특정 국가의 경제제도 틀 안에서 경제활동의 주체가 생산으로 발생한 소득을 분배하고 이를 국내 또는 외국에서 생산된 생산물의 구매에 지출하여 소비 및 투자하는 활동이다. 국가는 일정한 지역을 배타적으로 보유하고(영토), 그 지역에 거주하는 사람을 구성원으로 하여(국민), 그 구성원에 대해 최고의 통치권을 독립적으로 행사하는(주권) 정치·사회적 단체이며 국민, 영토, 주권은 국가의 3요소이다. 그중 국민과 영토는 국가의 실체적 요소인바 국민경제의 범주를 정함에 있어서 지리적 기준과 인적 기준이 적용된다.

지리적 기준에 의하여 국가 영토 내에서 일정 기간 새로이 생산된 모든 재화와 서비스의 시장가격을 합산한 것이 국내총생산(*gross domestic product*: GDP)이며, 생산물의 분배과정을 통하여 인적 기준에 의한 국민(자연인, 법인)에게 귀속된 소득을 합산한 것이 국민총소득(*gross national income*: GNI)이다. 일정 기간, 즉 1년 또는 1분기 동안의 생산이나 소득을 산출하는 것은 그 파악 대상이 유량(*flow*)이라는 의미이다. 새로이 생산된 생산물만을 대상으로 GDP를 산출하는 이유는 각자의 생산물 중 타인의 생산활동으로 생산된 재화가 다시 중간원재료로 투입된 것을 공제하여 개별 생산활동의 부가가치(*value added*)만을 합산토록 함으

로써 이중계산의 오류를 배제하기 위함이다. 단상과 고찰 4

GDP를 생산물의 시장가격으로 평가하여 합산하는 까닭에 주부의 가사노동이나 자원봉사 등은 매우 가치가 큰 생산적 활동임에도 포함되지 않는다. 반면에 시장에서 거래되는 것이라면 비도덕적이거나 법률위반 여부와 관계없이 가치중립적으로 포함된다. 즉, 마약이나 매춘 등도 엄연히 생산활동의 결과물인 재화나 서비스로 인정되는 것이다. 다만 이들을 생산하고 소비하는 과정이 대부분 비밀리에 이루어지는 지하경제(*underground economy*)를 구성하기 때문에 보통 현실적으로 포함되지 못한다. 또 다른 지하경제의 일종으로 볼 수 있는 뇌물이나 절도 등은 재화나 서비스의 생산이 아니고 단순한 소유의 이전행위에 불과하므로 설사 파악이 된다 하더라도 GDP에 포함되는 대상이 아니다. 단상과 고찰 5

GDP로 파악된 국내총생산은 국민경제의 모든 산업의 생산물을 시장가격으로 파악하여 합산하지만 시장에서 가격을 통해 거래되는, 즉 판매하고 구매자로부터 받은 돈을 모두 생산자가 처분할 수 있는 것은 아니다. 그 가격은 정부가 공권력에 근거하여 부과한 생산물세를 포함하기 때문에 생산자는 수취한 돈 중에서 생산물세에 해당하는 금액만큼을 정부에 납부해야 한다. 즉, 생산물세는 상품의 부가가치에 얹혀서 시장가격을 그만큼 인상하는 작용을 하는바 한국에서는 대부분 상품에 일률적으로 부과되는 일반소비세인 부가가치세와 개별상품에 대한 소비세인 특별소비세, 교통세 등이 이에 해당한다. 이처럼 생산과정에서 파악된 GDP를 생산국민소득이라고 한다.

생산물이 시장가격으로 판매된 금액 중 정부에 납부한 생산물세를 제외한 부가가치에는 생산활동에 투입된 기계설비 등 고정자본의 마모로 인한 감가상각액이 포함되어 있다. 부가가치에서 감가상각액을 제외한 금액은 생산과정에 참여한 사람에게 임금, 이자, 지대 등으로 분배되고 나머지는 생산기업의 이윤으로 주주에게 분배되거나 기업 내에 남겨둔다. 따라서 생산물세, 감가상각액 그리고 생산참여자에게 분배된 임금, 이자, 지대 및 이윤 등을 합산한 금액은 GDP와 동일하며 이처럼 파악된 GDP를 분배국민소득이라고 한다.

국민경제의 구성원은 모두 자기의 소득을 지출하여 생산물을 사용한다. 개인은 임금, 이자 등으로 분배받은 소득으로 소비하고 기업은 자기가 보유한 자본이나 외부로부터 차입한 자금으로 투자하며 정부는 조세수입을 지출하여 정부활동을 수행한다. 그런데 이러한 소비, 투자, 정부지출 등의 대상은 국내에서 생산된 것만이 아니고 외국에서 수입한 재화 등을 포함하는 한편, 국내에서 생산된 생산물 역시 모두 국내에서만의 소비 등에 쓰이는 것이 아니라 그중 일부는 외국으로 수출되어 외국인의 소비 등에 쓰이게 된다. 즉, 국내생산(Y)과 외국으로부터의 수입(M)이 합하여져서 소비(C)와 투자(I) 및 정부지출(G) 그리고 수출(X)에 쓰이는 것이다.

이러한 관계를 수식으로는 $Y = C + I + G + (X - M)$으로 간단히 표시할 수 있다. Y는 국내총생산인바 이처럼 파악된 GDP를 지출국민소득이라고 한다. 위 식에서 $C + I + G + (X - M)$, 즉 소비, 투자, 정부지출과 순수출을 합한 것은 국내생산물에 대한

〈표 1〉 한국의 생산국민소득(Y): 각 산업 부문에 의한 부가가치의 국내총생산

생산활동(산업)	금액(조 원)	구성비(%)
농림어업	33	2.1
광공업	420	26.9
(제조업)	(416)	(26.7)
전기가스	46	3.0
건설업	73	4.7
서비스업, 기타	846	54.3
생산물세	141	9.0
계(GDP)	1,559	100

*경제구조의 공업화, 서비스화

〈표 2〉 한국의 지출국민소득: C + I + G + (X - M)

구매활동(수요)	금액(조 원)	구성비(%)
최종소비지출	1,008	64.7
(민간)	(771)	(49.5)
(정부)	(237)	(15.2)
투자지출	444	28.5
(고정자본)	(453)	(29.1)
(재고증감)	(- 9)	(- 0.6)
순수출	109	7.0
(+ 수출)	(+ 716)	(+ 45.9)
(- 수입)	(- 607)	(- 38.9)
계(GDP)	1,559	100

*통계불일치: -2

〈표 3〉 한국의 분배국민소득: 생산참여자에게
생산요소의 대가(요소비용)로 분배된 소득과 자본소모

구분	금액(조 원)	구성비(%)
피용자보수	693	44.4
영업잉여	400	25.7
고정자본소모	306	19.6
생산물세 + 수입세 - 보조금	160	10.3
계(GDP)	1,559	100

*노동소득 분배율: 62.9%

모든 수요를 의미하므로 이를 총수요라고 부른다. 이처럼 국내총생산, 즉 GDP를 생산, 분배, 지출 어느 측면에서 파악하든 같은 결과를 얻게 된다. 이러한 관계가 잘 알려진 '국민소득 3면 등가의 원칙'이다.

참고로 2015년도 한국은행 자료인 한국의 생산국민소득, 분배국민소득, 지출국민소득은 〈표 1〉부터 〈표 3〉까지와 같다.

GNI의 산정에 있어 국민의 범주는 생산활동을 하는 사람의 국적이 아니라 거주성이 결정기준이다. 거주성이란 그 사람의 경제활동 본거지가 어느 곳인가를 정하는 것이다. 자연인의 경우 외국인 노동자처럼 외국 국적을 보유하더라도 일정 기간 이상 거주하면서 노동 등의 경제활동에 종사한다면 거주성이 인정되는 경제적 국민으로 간주한다. 외국 국적의 법인인 기업도 사무소 등 상설 영업장을 보유하고 경제활동을 하는 경우는 거주성이 인정된다.

GDP와 GNI는 대체로 비슷한 규모이지만 몇 가지 원인에 의하여 차이가 발생한다. 첫째는 자국에서 생산된 생산물이지만 외국인이 생산요소를 제공하여 생산과정에 참여한 경우, 그 외국인에게도 소득이 분배되어 차이가 발생하는 경우이다. 다른 나라를 잠시 방문하여 노동에 종사하거나 해외시장에서 주식 또는 채권을 매입하여 배당이나 이자를 수취하는 경우, 외국인에게 요소소득이 분배된다. 이러한 요소소득의 국경 간 지급보다 수취가 많으면 GDP보다 GNI가 더 크고 지급이 더 많으면 반대가 된다.

이와 함께 외국과의 무역에 따른 교역조건의 변동에 따라서도 GDP와 GNI의 차이가 발생한다. 교역조건은 수출물품의 집합과 수입물품의 집합의 평균적 상대가격이라 할 수 있는데 교역조건이 개선되면 GNI가 GDP보다 커지고 교역조건이 악화하면 반대로 된다. 한국의 경우 수출품인 자동차, 반도체 등의 가격이 수입품인 원유나 곡물의 국제가격보다 더 많이 상승하면 동일한 양의 수출을 하여 더 많은 양을 수입할 수 있기 때문에 GNI가 늘어나는 효과가 있고 수입품의 가격이 수출품보다 더 상승하면 GNI가 줄어드는 것이다.

GNI의 증가가 GDP의 증가보다 더 클 때 경제성장률 등으로 표현되는 시장경제의 상황보다 국민의 생활형편이 더 좋아짐을 의미하고, 반대의 경우는 국민의 생활이 더 어려워짐을 뜻한다.

단상과 고찰 4: 소득과 재산

수량을 파악하는 대상에는 유량(流量)과 저량(貯量)이 있다. 강물은 일정 시간에 흐르는 물의 양이 얼마나 되는지를 파악해야 하므로 유량(*flow*)으로 측정하고, 저수지의 물은 일정 시점에 고여 있는 물의 양을 측정해야 하므로 저량(*stock*)으로 측정한다. 국민경제에서 총생산(GDP)과 총소득(GNI)은 생산이 계속되는 것이므로 유량에 해당하고, 국부(*national wealth*)는 저량에 해당한다. 개인의 경우에도 매달 받는 월급 등의 소득은 유량이고, 주택, 주식 등의 재산은 저량이다.

소득은 있으나 재산은 아직 거의 모으지 못한 젊은이와 소득은 더 이상 없지만 재산을 가지고 있는 노인 중 누가 더 부자인가는 보는 관점에서 달라진다. 분명한 것은 저수지의 많은 물도 새로운 물이 흘러들어오지 않으면 말라버리듯 쌓아놓은 재산도 새로운 소득이 없으면 고갈될 수밖에 없다는 사실이다. 과거 로마나 그리스처럼 융성한 국가에서 건설했던 성채나 왕궁 등의 훌륭한 재산도 국가가 쇠퇴함에 따라, 물론 생활방식의 변화로 인한 경우도 있지만, 더 이상 쓸모 있는 재산으로서의 가치를 유지하지 못하고 관광유적지로 변한 경우를 볼 수 있다.

현대에서도 일부 개도국에 건설된 고속도로가 예산부족으로 관리되지 못하여 그 기능을 잃고 주민들의 농작물 건조장소로 사용되었다는 사례나, 일본의 일부 아파트 단지가 거주하던 노인들이 가난해져서 떠나감에 따라 공동화되었다는 뉴스는 소득이 없으면 재산을 관리하기 어렵다는 실증이라 하겠다.

자본주의 경제의 발전으로 건설된 거미줄 같은 고속도로망, 도시의 스카이라인을 바꾼 고층 빌딩들, 마치 숲처럼 늘어선 아파트 단지는 과연 언제까지 계속되는 소득의 뒷받침으로 재산으로서의 기능을 유지할 수 있을까 하는 괜스런 염려를 해 본다.

단상과 고찰 5: 지하경제

지하경제란 광의로는 국민의 경제활동 중 정부가 포착하지 못하고 통계에 포함되지 않는 모든 경제활동을 의미한다. 그중에는 가사노동이나 자가소비 목적의 생산 또는 봉사활동 등 시장 밖에서의 활동을 포함하기 때문에 일반적으로는 좁은 의미로 시장에서 거래되는 경제활동 중 그 활동을 하는 사람들이 의도적으로 이를 감추는 것에 한정한다. 이렇게 자신의 경제활동을 숨기려는 의도는 크게 두 가지이다. 하나는 세금부담을 회피하기 위함이고, 다른 하나는 법률적 금지 또는 규제를 위반하는 행위를 하는 경우이다.

한국조세연구원이 2010년 발표한 연구자료에 따르면 한국의 지하경제 규모는 추정방법에 따라 차이는 있지만, 대략 GDP의 17~19%에 달한다고 한다. 한편, OECD가 2012년 회원국의 지하경제 규모를 1999년부터 2010년까지의 평균으로 추정한 자료에 따르면 회원국의 평균은 GDP의 20.3% 수준이며 한국은 회원국 중 다섯째로 높은 약 26%라고 추정하여 한국조세연구원의 발표와 다소 차이를 보였다.

지하경제 중 커다란 부분은 자영업자의 낮은 세금신고율에 기인하는 것으로 보인다. 금융실명제의 시행, 신용카드의 사용 확대 등으로 경제활동의 투명성이 제고됨에 따라 지하경제의 비중은 과거보다 상당히 축소되었지만 아직도 개선이 필요한 상황이라고 할 수 있다.

2) 자본주의 시장경제의 구조

국민경제의 구성원인 경제주체는 그들이 선택하였거나 그들에게 주어진 경제제도의 틀 안에서 서로 유기적 관계를 맺으며 경제활동을 수행한다. 경제제도는 생산활동에 있어 생산요소의 결합방식, 즉 생산양식과 경제활동에 있어 선택의 결정방식을 그 내용으로 한다. 자본주의나 사회주의는 생산양식이고 시장경제나 계획경제는 의사결정의 메커니즘이다.

자본주의 시장경제의 모순에 대한 대안으로 사회주의 계획경제가 제시되어 20세기의 대부분 기간 중 체제 간 경쟁이 있었으나 내부적 모순으로 20세기 말에 붕괴를 맞이했다. 그 결과 현재 대부분 국민경제는 자본주의 시장경제체제를 채택한다.

그 경위를 간단히 살펴보자. 원래 자본주의 체제는 자유로운 시장경제와 함께 짝을 이루어 발전했으나 1929년 대공황 이후 시장경제에 대한 신뢰가 무너지면서 각국 정부는 케인스주의(*Keynesism*) 등 여러 가지 형태의 시장개입을 확대하여 혼합경제체제의 모습으로 전환했다. 같은 시기에 독일의 나치 정권 등 전체주의적 정부는 국가 목표에 맞추어 경제주체를 통제하면서 시장기능을 제약하는 자본주의 통제경제체제를 추진하였으며 소련 등 공산주의 국가는 사회주의 계획경제를 확립함에 따라 더 이상 원래의 자유로운 시장경제는 존재하지 않게 되었다. 2차 세계대전 중 전쟁에 휘말린 여러 국가가 전쟁수행이라는 국가목표를 위하여 모든 경제활동을 통제한 것은 당연했으나 선진국들은 종전 이후에도 시장에의 정부 개입을 계속했다.

전쟁이 끝나고 신생 독립국으로 출발한 개도국은 시장경제에 계획경제적 수단을 가미하여 경제개발을 추진했으나 뚜렷한 경제 성장을 실현하지 못했다. 다만 1960년대부터 경제개발을 시작한 한국과 대만 등은 다른 개도국의 내수 중심 개발정책과 달리 수출 중심 경제개발을 추진하여 빠른 경제성장을 이룰 수 있었다.

이처럼 일반화된 시장경제에의 정부 개입은 1970년대에 이르러 물가의 상승과 실업의 확산이 동반되는 스태그플레이션 등 심각한 문제점을 드러냈다. 이에 대한 대안으로 등장한 신자유주의는 자유로운 시장의 회복을 주창하여 정부의 시장개입을 축소함으로써 자본주의 시장경제의 본래 모습으로 많은 접근을 이루었다.

한편 1990년 소련의 공산주의 체제가 붕괴하면서 사회주의 계획경제체제는 대부분 사라졌다. 중국도 사회주의 시장경제를 표방하며 계획경제를 포기하고 시장경제에 합류했다. 세계는 시장경제체제로 통합된 모습을 갖게 되었다. 단상과 고찰 6

자본주의 시장경제의 두 기둥은 사유재산권의 보장과 계약의 자유이다. 이 원칙은 시민혁명을 거쳐 민주주의가 도입되는 과정에서 정립한 국민의 경제적 기본권 중 핵심 개념이었으며 자본주의 경제의 발전을 뒷받침하는 원동력이었다.

근대사회의 초기에는 이러한 경제적 자유권이 자연법적, 천부적 인권으로서 신성불가침의 권리로 간주되었으나 19세기 후반기 산업화 과정에서 노동자가 빈곤, 실업 등 열악한 상황에 처하자 어느 정도의 수정이 불가피했다. 20세기 초의 독일 바이마르 헌법은 국민의 경제적 자유를 정의의 원칙에 적합한 범위

안에서 보장하고, 재산권 행사는 공공복리에 기여해야 하는 의무가 있음을 규정했다.

현재 민주주의 체제의 각국 헌법은 국민의 인간다운 생활을 보장하고 경제적 약자에 대한 국가적 배려를 강화하는 등 경제적 권리를 강조하면서 재산권 및 경제적 자유권을 상대화한다. 그러나 이러한 경제적 기본권의 제한은 일반적으로 반드시 법률에 따른다. 특히, 국가에 의한 조세징수는 국민의 재산권을 침해할 위험이 많은 공권력의 행사이므로 엄격한 조세법률주의가 필요하다.

자본주의 체제에서 사유재산권 보장의 핵심은 생산수단의 사유제로 이는 사회주의 국가의 재산제도와 구별되는 가장 중요한 차이이다. 원칙적으로 사유재산으로 생산수단의 소유를 인정하지만 토지의 재산권을 어떻게 규정할 것인가는 쉽지 않은 문제이다.

자유로운 시장경제체제의 지지자였던 조지(Henry George)는 그의 저서 《진보와 빈곤》(1879)에서 인간 모두에게 주어진 자연의 선물인 토지를 개인적으로 소유하는 것은 그릇되며, 토지는 공유되어야 하는 자원이라고 주장했다. 경제적 진보에도 빈곤이 확대되고 경제불황이 주기적으로 발생하는 이유가 토지의 사유제도와 그에 따른 토지 투기 때문이라는 것이다. 그는 토지를 공유하는 방안으로 임대료의 전액을 토지세로 거두고 다른 세금은 없애는 방안을 제시했다.

현재 자본주의 국가가 이러한 제도를 채택한 사례는 없지만 많은 국가가 토지의 특수성을 인식하고 다른 재산권에 비하여 가중된 사회적, 공공적 규제를 가한다.

계약의 자유는 개인이 외부로부터의 간섭 없이 자유롭게 활동할 수 있는 경제적 자유권으로서 계약을 체결할 것인지 여부, 계약상대의 선택, 계약내용 및 계약방식을 자유롭게 결정할 수 있는 자유를 포함한다. 이러한 계약자유 원칙은 자본주의 체제에서 자유시장경제를 창달하는 데 크게 공헌했으나 사회적 불평등 심화로 갈등이 격화되는 상황에서 경제적 강자에게만 유리한 규칙이라는 비판이 제기되었다.

이에 따라 계약자유도 재산권과 마찬가지로 사회정의의 실현을 위한 목적으로 법률에 따라 제한을 가하는 것이 일반화되었다. 가장 대표적인 분야가 노사관계이다. 노동자와 사용자가 노동시장에서 계약에 의하여 임금을 대가로 노동을 제공하는 노사관계는 표면적으로는 양자 간 자유롭고 평등하며 독립적인 교환관계이지만, 내면적으로는 노동으로 생계를 유지하는 노동자의 입장에서 아무리 낮은 임금과 열악한 조건이라도 수락하고 계약할 수밖에 없다. 이러한 상황에서 노동자는 인간다운 생활을 확보하기 위하여 단결하고 단결된 힘을 배경으로 사용자와 대등한 관계로 교섭하는 방법을 추구하는 것은 자연스러운 대응이라 할 수 있다.

이러한 노동운동의 초기에 각국 정부는 단결을 통하여 노동력을 독점적으로 거래하는 것이 계약자유의 원칙을 훼손한다는 인식으로 노동자의 단결을 금지했다. 이러한 정부의 태도는 노동자의 극렬한 저항에 직면하였으며 오래지 않아 각국 정부는 노동자의 단결을 허용할 뿐 아니라 노동 3권, 즉 단결권, 단체교섭권, 단체행동권을 법으로 보장하기에 이르렀다.

자본주의 시장경제에서 경제활동을 영위하는 경제주체는 가계(또는 개인), 기업 및 정부이며 이 중 가계와 기업은 민간경제를 구성한다. 가계(household)는 가장 기초적인 경제집단으로 구성원이 소득을 통합하고 공동으로 지출하여 필요한 재화 등을 구입, 소비한다. 가계는 대부분 혈연으로 구성되므로 사람은 어떠한 가족에서 태어나는가에 따라 인생을 시작할 때의 경제적 형편이 결정된다.

자본주의 시장경제 이전에는 가계가 소비의 공동체인 동시에 농업, 수공업 등 생산활동의 공동체였으나 자본주의 체제에서는 기업이 대부분의 생산을 담당하고 가계는 주로 소비의 공동체로서 존재하게 되었다. 그러나 현대에도 가족이 함께 농사를 짓는다든지 소규모 자영업에 종사하는 경우, 가계는 소비뿐 아니라 생산활동의 주체로서의 역할을 함께 수행한다고 할 수 있다.

가계는 소비에 필요한 재화 등의 구매를 위하여 소득이 있어야 한다. 소득은 노동에 종사하거나 자본을 제공하는 방법으로 생산과정에 참여함으로써 자력에 의하여 획득할 수 있다. 즉, 가계는 생산물시장에서는 수요자로서 화폐를 지급하고 생산물을 구매하는 한편, 생산요소시장에서는 노동과 자본의 공급자로서 임금, 이자, 지대 및 배당의 형태로 화폐를 수취한다.

기업(enterprise)은 이윤을 목적으로 재화와 서비스의 생산활동을 수행하는 자본의 조직단위이며 법률로 인격이 인정되는 회사의 형태가 일반적이지만 자연인인 개인이 영위하는 사업으로도 활동한다. 기업은 어떤 상품을 생산할지 결정한 후, 자본을 투자하여 기계설비와 원재료 등 생산수단을 보유하고 노동을 고용하여 생산한 재화나 서비스를 시장에 공급한다. 회사는 자본시장에서 주식이나 채권의 발행으로 개인이 혼자서는 마련하기 어려운 대규모의 재원을 조성하는 것이 가능하며 대량생산을 통해 생산비를 절감하는 규모의 경제를 실현할 수 있다.

기업이나 가계 등 민간경제의 주체는 생산활동에 참여하여 생산요소의 제공 대가로 소득을 분배받지만, 정부는 조세를 징수하여 국방 등 기본적 역할을 수행하는 동시에 민간경제에 관여하여 규제를 가하고, 소득재분배 정책을 시행하여 시장을 통해 분배된 민간 경제주체의 소득을 조정하기도 한다. 재정운용과 통화발행을 활용하여 국민경제의 활동 수준, 즉 경기를 조절하는 역할도 한다.

때에 따라서는 공기업 등을 통해 시장의 경제활동에 참여하기도 한다. 사회주의 시장경제를 표방하며 다른 나라보다 나중에 세계시장경제체제에 합류한 중국은 국가가 많은 공기업을 보유하고 통제하는 국가자본주의적 경제체제를 운영한다.

민간경제 주체의 소득은 생산요소의 대가로 분배되지만 정부의 조세징수는 생산활동에 참여 없이 권력적 관계에 따라 분배받는다. 이처럼 생산과정에 아무런 기여 없이 생산물 일부를 사용하는 정부지만 그 역할이 없다면 국민경제는 존립할 수 없다. 정부가 기본적으로 수행하는 기능인 국방, 치안 및 사법제도 등은 국민의 재산권을 보호하고 시장에서 자유롭게 체결된 계약의 이행을 강제할 수 있게 하므로 가계와 기업의 경제활동에 필수불가결한 환경을 제공한다.

국민의 바람직한 경제생활을 위하여 국민경제는 성장과 고용,

물가의 적정 관리, 공평한 분배 그리고 국제수지의 균형이 필요하다. 모든 정부는 이러한 목적을 달성하기 위하여 정도의 차이는 있지만 가능한 정책수단을 활용하여 시장경제에 개입한다. 그러나 이 목표가 서로 상충하는 경우가 발생하므로 정부의 시장개입이 항상 바람직한 결과를 나타내는 것은 아니다. 정부의 경제적 역할에 대하여는 제2장에서 보다 자세히 살펴볼 예정이다.

이처럼 가계, 기업 및 정부 등 국민경제 주체는 국민경제 내에서 상호 연계를 맺으며 경제활동을 영위하는 한편 무역, 투자 및 국제금융 등을 통하여 외국의 국민경제와도 교류한다. 자본주의 시장경제 이전에는 각 나라의 국민경제가 기본적으로 자급자족적 폐쇄경제체제였고 국제 교류는 극히 부분적 현상이었다. 자본주의 경제의 발전으로 산업화가 진행되면서 원료와 제품이 다른 국가의 시장 사이를 이동하는 무역이 활발하여졌고 20세기 후반에 이르러서는 글로벌화가 진행되면서 세계의 시장이 통합되는 국면이 전개되었다. 이 책의 제5장은 세계경제의 글로벌화를 주제로 다룬다.

단상과 고찰 6: 공산주의 혁명과 레닌의 고뇌

자본주의 시장경제로 야기된 사회적 불평등을 해소하기 위한 마르크스주의 혁명은 1917년 러시아에서 성공하여 레닌에 의해 영도되는 공산당 정권이 수립되었다. 당시 러시아는 유럽 국가 중 산업화의 발전이 늦었으며 아직 봉건경제의 잔재가 많이 남은 상태였다.

레닌이 그려낸 청사진은 사회주의 계획경제로 모든 생산수단을 사회적으로 공유하여 노동자, 농민이 주인이 되는 세상에서 능력에 따라 노동하고 일단은 노동의 대가로 분배를 받지만 빠른 시간 안에 높은 수준의 생산력을 실현하여 필요에 따른 분배를 통해 사회구성원 모두에게 안락한 생활을 보장하는 것이었다. 노동은 생계수단이 아니고 생활의 즐거움이 되며 모든 노동이 동일한 가치를 가지고 평등한 소비를 하는 사회에서는 과거 봉건제도나 자본주의 국가에서의 인간의 소외나 억압 그리고 착취가 사라질 것을 선언했다.

그러나 현실은 레닌의 바람대로 진행되지 않았다. 사회주의 경제체제가 성공하는 관건은 높은 수준의 생산력을 실현하는 것이며 이는 노동자의 적극적 노동의지에 의하여만 가능했다. 그러나 노동자의 입장에서는 사회의 주인이 되었다고 하지만 크게 좋아진 것이 없었다. 주인은 자기가 생산한 것이 직접 자기에게 귀속되어야 하는데 노동자의 입장에서는 직장에서 주어진 시간 일하고 보수를 받기는 마찬가지였다. 직장도 과거에는 자신이 선택하는 형식이었으나 이제는 남에 의해 배치되는 형식이며 보수도 과거에는 현금으로 받아 필요에 따라 소비했으나 이제는 나의 필요를 당에서 정해 현물 위주로 배급받았다. 주인이 된 것을 느끼는 유일한 방법은 강도 높은 노동을 회피하거나 몸이 좀 불편할 때 노동을 쉬는 정도였을 것이다.

이와 같은 소극적 노동의지는 생산성의 저하를 초래하였고 사회 전체의 생산력이 하락함으로 인해 노동의 대가인 배급도 충분할 수 없었다. 이처럼 부족한 산업생산을 가지고 노동자의 생계를 유지하기 위해서는 농민이 생산한 농산물과 공산품의 교환비율을 농민에게 불리하게 적용할 수밖에 없었다. 농민은 이러한 교환 요구에 저항했다. 그들은 봉건시대부터 타인의 착취에 대하여 속이고 숨기는 방법으로 저항하였으며 농민의 입장에서 불공평한 교환은 또 다른 착취와 다름없었다. 모든 노동은 동일한 가치를 갖는다는 원칙에 따라 고도의 기술을 필요로 하는 노동과 단순노동을 동일하게 대우했으나 기술노동자들은 일종의 태업으로 대응했다.

이러한 어려움을 직면한 레닌은 소규모 상업과 사영 농업을 재개하려 했으나 공산당 내에서 이는 자본주의와의 타협이고 혁명을 배반하는 행동이라는 비난을 받았다. 참으로 레닌의 고뇌는 머리가 터질 지경이었다. 실제로 레닌은 공산당 혁명을 성공한 5년 후 뇌일혈을 일으켜 자리에 눕고 2년 뒤 사망했다. 그가 꿈꿨던 이상적 사회에는 이상적인 인간들이 필요하였지만 현실은 그렇지 못했다.

레닌의 뒤를 이은 스탈린은 수천만 명을 숙청하고 죽음으로 몰아가는 폭력적 억압으로 사회주의 체제를 구축했다. 그러나 너무 많은 비효율을 잉태한 소련의 사회주의 계획경제 실험은 결국 생산성의 저하라는 문제를 극복하지 못하고 73년 만에 실패로 끝나고 말았다.

3) 경제성장과 경기변동 그리고 고용

경제가 성장해야 일자리가 늘어나고 국민의 소득이 증대되어 생활수준이 향상된다. 국민생활이 풍요로워지면 단순히 행복감을 높이는 차원을 넘어 그 국민경제에 속한 사람들의 육체적 형태와 정신적 기능을 변모시킨다. 한국의 경우 경제개발 이전인 1960년의 국민 평균 수명은 50세 남짓에 불과했으나 2010년에는 80세에 달하였으며, 11세 남아의 평균 신장 및 체중은 1965년에는 132㎝, 28kg의 왜소한 모습이었으나 2008년이 되면 150㎝, 46kg의 완전히 다른 체격으로 바뀌었다.

가난한 국가에서 태어나 어렸을 때 제대로 영양을 공급받지 못하고 자라면 성년이 되어서 체격뿐 아니라 지적 능력도 뒤떨어진다고 한다. 서양인과 동양인의 체격의 차이가 원래 인종 간 유전적 차이가 아니라 산업혁명 이후 2백여 년 동안 차이가 생긴 경제력으로 인한 결과라는 주장은 설득력이 있다.

경제성장은 생산이 증가한다는 의미이다. 국민경제의 생산이 얼마나 증가하였는지는 생산활동을 통해 창출된 부가가치, 즉 GDP의 기간별 변동으로 측정하는데 일반적으로는 연간 GDP 성장률을 지표로 활용한다. 이 경우 비교 대상의 GDP는 산출 시점의 시장가격(경상가격)을 그대로 적용하지 않고 비교시점 사이의 물가변동을 제거하는 조정을 거친 실질 GDP를 비교하여 성장률을 계산한다.

국민경제의 규모를 파악하기 위해서는 GDP 또는 GNI가 유용하지만 국민의 평균 생활수준을 나타내는 경제지표는 1인당

GNI이다. GNI를 인구수로 나누어 계산하는 1인당 GNI를 국가 간에 비교하면 국민의 평균 소득수준을 견주어볼 수 있다.

그러나 1인당 GNI의 수치상 차이만큼 국민의 생활수준이 차이가 나지는 않는다. 나라별로 물가수준이 다르므로 화폐의 구매력이 다르기 때문이다. 선진국에서는 1달러로 할 수 있는 일이 많지 않지만 가난한 나라에서는 훌륭한 한 끼 식사 이상을 해결할 수 있을 것이다. 이러한 불합리는 시장환율을 적용하여 각국의 1인당 GNI를 산출하였기 때문이다. 국가별 국민의 평균 생활수준을 실질구매력에 따라 합리적으로 비교하기 위해 IMF 등에서는 각국의 상대적 물가수준을 반영한 구매력 평가환율을 개발하여 경제지표를 작성하는 작업을 한다.

생산의 증가는 생산활동에 투입되는 생산요소의 증가나 생산성의 향상으로 이루어진다. 인구의 증가는 노동력의 증가를 의미하지만 생산수단의 증가가 수반되지 않는다면 증가한 인구는 생산에 기여하지 못하고 단지 소비의 필요만 늘어나는 것을 의미할 뿐이다.

산업화 이전의 농업경제 시대까지는 생산수단인 토지의 증가가 불가능하였기 때문에 인구도 한정된 토지의 생산으로 부양이 가능한 숫자 이상은 늘어날 수 없었다. 산업혁명 이후 생산의 증가는 더 많은 인구를 부양할 수 있게 하였고 인구 증가는 더 많은 노동력을 창출하여 생산 증가로 연결되었다.

그러나 생활수준의 향상이 반드시 인구증가로 이어지지는 않는다. 요즈음 산업화가 많이 이루어진 선진국 경제에서는 출산

기피 등의 이유로 인구가 감소하고 노인의 비중이 늘어나는 고령화 현상과 함께 생산도 위축되는 현상이 나타난다. 이처럼 소득수준이 높은 나라에서는 인구가 정체 또는 감소를 나타내는 데 반해 오히려 상대적으로 가난한 나라에서는 인구가 빠른 증가세를 보이는 것은 인간의 본성을 헤아리기 어려움을 느끼게 한다.

산업혁명 이후 각국 국민경제의 산업화가 진행되는 과정은 지속적 투자활동으로 기계설비 등 고정자산, 즉 생산수단인 자본이 축적되는 과정이었으며 더욱 많은 고정자본의 활용으로 노동 생산성이 증가하고 국민경제의 생산능력이 증대되는 모습이 장기적 추세로 지속되었다. 최근 선진국에서는 일반적으로 이러한 장기 성장추세가 둔화하고 멈추는 경향을 나타내는바 이 현상이 일시적인지 아니면 항구적인지, 그리고 그 원인은 무엇인지에 관하여 많은 연구가 진행 중이다.

이러한 침체현상이 항구적이라면 그동안 지속적 경제성장에 익숙한 선진국 경제에 속한 사람들도 이러한 경제를 새로운 일상(new normal)으로 받아들이고 적응할 수밖에 없을 것이다. 장기 성장추세 하락의 원인으로는 고령화 및 휴일의 증가 등에 따른 생산요소 투입의 감소, 저성장 추세에 적응하는 기업의 보수적 경영으로 인한 투자 감소 그리고 새로운 기술적 혁신의 부족에 따른 생산성의 정체 등이 거론된다.

국민경제의 생산능력이 충분히 발휘되어 〈그림 2〉의 성장추세선상의 생산을 달성한 국민소득을 완전고용 국민소득 또는 잠재국민소득이라 하는데 실제적 국민경제의 생산은 시장에서 총수요의 변동으로 완전고용 국민소득보다 많거나 작은 수준에서

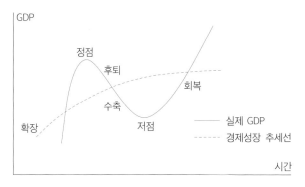

〈그림 2〉 경제성장과 경기순환

이루어지며 〈그림 2〉에서 보는 바와 같이 아래위로 진동하는 곡선을 그리며 진행한다. 이처럼 시장에서 수요와 공급의 균형으로 생산된 국민소득이 완전고용 국민소득과 괴리되어 상하로 파도처럼 순환하며 변동하는 것을 경기변동이라 하며 이는 국민경제의 총체적 활동수준을 나타낸다.

경기변동은 국민소득이 추세수준을 상회하여 확장하다 정점에서 확장을 멈추고, 후퇴하는 움직임이 추세수준을 하회하는 수축국면으로 지속된다. 이러한 경기후퇴는 저점에서 멈춘 다음 회복하는 국면이 시작되어 다시 추세선을 상회하는 확장국면으로 지속되는 순환적 변동을 반복하는데, 상하의 진폭과 상승 및 하락추세의 지속 기간은 변동 주기마다 다르게 나타난다. 즉, 경제는 단기적 순환변동을 반복하며 장기적 성장을 나타낸다.

국민소득이 완전고용 국민소득을 상회할 때 그 차이를 인플레 갭(*inflationary gap*)이라 하고 하회할 때의 차이를 디플레 갭(*deflationary gap*)이라 한다. 이러한 경기변동이 발생하는 원인으로는 국민경제의 총수요, 즉 소비, 투자, 정부지출 및 수출 등의 시장 수요와 통화량의 변동 등 여러 가지 경제 내의 실물적, 화폐적 충격 요인으로 설명된다.

이와 함께 기업인이나 소비자 등 경제주체의 심리적 변화가 경기변동에 따른 결과이기도 하지만 경기변동을 선도하는 역할을 한다는 점도 경험적 사실로 확인되었다. 경제주체의 과도한 낙관적 견해나 과도한 비관적 전망은 경기변동에 적지 않은 영향을 끼친다. 경제위기 등의 상황에는 경제주체의 두려움이 두려운 상황을 야기할 수 있다.

전통적 경제이론은 이러한 국민소득과 완전고용 국민소득의 괴리가 생산물 시장과 생산요소 시장의 가격 변동을 초래하여 자동으로 해소된다고 믿었으나, 1929년 미국으로부터 시작되어 대부분의 선진국에 연쇄적으로 일어난 대공황은 엄청난 재난의 수준으로 생산의 감소와 실업의 증가를 초래했다. 대공황으로 인한 고통이 너무나 극심했기 때문에 사람들은 자유로운 시장에 대한 믿음을 잃었고 시장에 대한 정부 개입이 필요하다고 받아들였다. 케인스(John Keynes)는 이러한 불황의 주원인을 민간경제에서 구매력인 수요, 즉 유효수요의 부족으로 진단하고 이를 해결하기 위하여 정부가 적자재정을 통해 재정지출을 늘리는 방법 등으로 총수요를 부양할 것을 제안했다. 많은 나라가 이에 호응함에 따라 정부의 경제적 역할에 새로운 국면이 전개되었다.

대부분의 현대 국가는 정부의 재정지출이나 중앙은행의 통화정책을 통하여 총수요를 조절하는 경기대응책을 실시한다. 이를 적기에 적정한 내용으로 집행하기 위해서는 국민경제의 총체적 활동수준인 경기의 움직임을 빠르고 정확하게 예측하는 것이 중요하다. 현재의 경기상황을 판단하고 장래의 경기동향을 예측하는 방법으로는 개별 경제지표, 종합경기지표 및 경제심리지표 등을 사용한다. 개별 경제지표로는 GDP 통계, 도소매 판매액, 기계설비의 주문금액 등 생산, 소비 및 투자 등의 추이를 반영하는 지표가 많이 사용되며 경기동향을 파악하는 데 유용하다. 그러나 경제 전반의 포괄적 움직임을 나타내는 데 한계가 있으며 개인의 주관에 치우치기 쉬운 약점이 있다.

종합경기지표에 의한 방법은 경기동향을 잘 반영하는 개별 경제지표를 선정하고 이를 통계적으로 가공, 종합한 경기종합지수를 산출하여 전반적 경기동향을 분석하는 방법이다. 경기종합지수는 경기변동시점과의 시차에 따라 장래의 경기동향을 예측하는 선행지수, 현재의 경기상태를 나타내는 동행지수, 경기의 변동을 사후에 확인하는 후행지수로 구분된다. 선행지수에는 기계주문 등, 동행지수에는 산업생산 등, 후행지수에는 상용근로자 수 등의 개별경제지표가 포함된다.

경제심리지표는 기업, 소비자 등 경제주체의 경기에 대한 판단과 전망이 경제활동에 큰 영향을 미치는 점을 감안하여 설문조사의 방법으로 수집된 정보를 바탕으로 작성되는 지수로서 기업 경기실사지수(*business survey index*)와 소비자 동향지수(*consumer survey index*) 등이 있으며 산출방법은 국가별로 약간의 차이가 있다.

생산에는 노동의 투입이 필요하므로 생산이 증가하면 노동의 투입이 더 많이 필요하고 노동자에게는 더 많은 일자리가 생긴다. 앞에서 살펴본 바와 같이 과거 원시 공동체처럼 자신이 속한 집단이 소유하는 생산수단으로 노동하여 생산하는 경우든지 노예나 농노처럼 생산수단을 소유하는 지배자에게 예속되어 노동하는 경우는 노동과 생산수단이 결합한 생산방식이었다.

반면 노동자가 신분 해방을 획득하여 자기의 자유로운 의지에 따라 임금을 대가로 노동시장에서 고용계약에 의한 노동을 제공하는 자본주의적 생산은 노동과 생산수단이 분리된 생산방식이다. 따라서 노동자는 노동하지 않을 자유가 있지만 자기가 노동을 원하여도 고용이 되지 않으면 노동의 대가로 소득을 획득할 길이 없는바 이러한 노동자의 형편이 실업(unemployment)인 것이다. 노동자의 입장에서는 자유의 대가로 불확실한 경제적 미래를 맞이하게 된 셈이다.

실업상태인 노동자는 생계를 유지할 수 있는 소득을 얻을 수 없으므로 빈곤과 궁핍으로 내몰린다. 따라서 현대의 모든 정부는 예외 없이 국민경제 내에 일자리가 늘어나 노동자의 고용이 증가하도록 노력한다. 정책 담당자가 경제성장에 높은 관심을 두는 것도 고용의 증가와 실업의 감소가 무엇보다 중요하기 때문이다.

한국의 경우 1963년도 산업별 취업자 통계를 살펴보면 약 750만 명의 취업자 중 63%에 해당하는 약 480만 명이 농업에 종사하는 것으로 나타났지만 이들이 농업에 종사하여 생산에 기여하였다고 볼 수는 없다. 한정된 토지에 노동의 투입이 증가하면 처음에는 생산의 증가로 이어지지만 곧 한계생산체감 현상이 나타난다. 노동의 추가 투입에 따른 생산의 증가는 점차 줄어들고, 어느 한계를 지나면 노동의 추가 투입으로 아무런 생산의 증가를 얻을 수 없게 된다. 이처럼 외형으로는 생산활동에 종사하는 것으로 보이지만 실제로는 생산의 증가에 전혀 기여하지 못하는 노동자의 형편을 위장실업이라 한다.

그 당시 농업에 종사하는 것으로 통계상에 나타난 480만 명의 노동자 중 상당수가 이러한 위장실업 상태였다. 이들은 경제개발로 산업화가 시작된 후에야 농촌에서 도시로 이동하여 새로 건설된 공장 등에 취업하여 생산활동에 참여했다. 한국의 2010년 산업별 취업자 통계로는 약 2천 4백만 명의 취업자 중 6.6%에 해당하는 약 160만 명이 농업에 종사하며 이 중 상당수는 산업간 이동이 어려운 고령자이다.

생산이 증가하면 고용도 늘어나는 것이 상식이지만 최근 많은 선진국에서는 경제지표상 성장이 기록됨에도 일자리가 늘어나지 않는 현상이 나타나고 있다. 이를 고용 없는 성장(jobless growth)이라고 한다. 이는 전체 소득이 증가함에도 생산에 참여하여 생산물을 분배받는 사람은 늘지 않거나 오히려 줄어든 결과이므로 고용이 개선되지 못하고 소득분배의 불평등이 심화하는 것을 의미한다.

이러한 현상은 기업이 치열한 시장경쟁을 극복하기 위하여 생산비용 중 가장 큰 부분을 차지하는 인건비를 절감할 목적으로 노동집약적 생산 공정을 임금이 저렴한 해외로 이전하든지 노동생략적 설비투자, 즉 생산 공정의 자동화를 늘리는 것이 주된 이유로 보인다. 해외로 이전한 노동집약적 산업 대신 국내에는 더욱 자본집약적 산업이 자리하면 생산보다 고용이 감소하게 된다. 특히, 새로운 산업 중 가장 큰 비중을 차지하는 정보통신기술산업(ICT)은 전통산업보다 고용창출이 적다고 알려져 있다.

최근 스스로 작업하는 능력을 갖춘 로봇의 사용이 확대되어 생산공정의 자동화는 새로운 지평을 열었다. 게다가 인공지능이 발달하여 생산자동화에 결합하면 기계에 의한 노동의 대체는 새로운 차원에 들어설 듯하다. 심지어는 인공지능으로 많은 직업이 사라질 것이라는 미래 예측도 폭넓은 공감을 얻고 있다. 어느 미래학자는 "인간은 하이테크의 발달로 노동의 기회를 박탈당할 것"이라는 섬뜩한 예언을 했다.

산업혁명의 시기부터 사용이 시작된 기계는 화석연료의 연소로 생긴 에너지를 이용하여 스스로 작동할 수 있으므로 어느 정도 노동을 대체하는 자본이 되었다. 이로 인하여 산업혁명 초기에 어려움에 직면한 일부 노동자가 기계를 파괴하여 예전의 일자리를 되찾자는 러다이트(Luddite) 운동으로 저항했다.

그러나 기계의 사용은 상상할 수 없는 인간생활의 변화를 가져왔으며 이로 인하여 수없이 많은 새 일자리가 창출되었다. 인류사회가 자동차를 사용함에 따라 마부와 마차 만드는 일자리는 없어졌지만, 제조업과 서비스업에서 얼마나 많은 직업이 새로 생겼는지는 헤아리기 어렵다. 로봇과 인공지능의 발달이 이처럼 인간의 생활에 편의를 높이고 새로운 일자리를 만들어낼지, 아니면 단순히 많은 사람을 불필요한 노동력으로 소외되는 형편으로 내몰아갈지는 아직 예상하기 어렵다.

4) 물가의 적정 관리

물가는 시장에서 거래되는 상품의 종합적 가격수준을 뜻하며 시간의 경과에 따라 상승 또는 하락의 움직임을 나타낸다. 가격은 상품의 가치를 화폐로 표시한 것이므로 실물 상품과 화폐의 상대가치라고 할 수 있다. 따라서 국민경제의 물가가 오르거나 내렸다는 것은 그 국민경제에서 쓰이는 화폐, 즉 통화(currency)의 가치가 하락 또는 상승했다는 의미이다.

과거 금이나 은 등 귀금속이 화폐로 사용되던 때에는 화폐도 재화이므로 물가는 화폐인 재화와 다른 재화와의 상대가격의 변동에 따라 상승 또는 하락했다. 즉, 금 광산이 새로 발견되거나 상품수출이 증가하여 외국으로부터 금의 유입이 많아지면 물가가 오르는 현상이 생겼다. 현대 국가는 법에 따라 지급수단의 권능이 부여된 통화를 중앙은행이 발행하도록 하므로 통화가치, 즉 물가를 관리하는 것은 중앙은행의 주된 임무이다.

물가가 급격히 변동하면 국민경제의 경제활동이 불안정해진다. 즉, 어느 시점의 물가수준이 얼마나 높은가보다는 일정 기간 중 물가가 어떻게 움직이는가의 문제, 다시 말해 물가의 변동이 국민경제에 더 큰 영향을 미친다. 그중 물가가 지속해서 상승하는 현상인 인플레이션은 화폐소득 생활자에게 박탈감을 느끼게 하고 채권자의 희생으로 채무자가 이득을 얻으므로 시장에서 장기계약의 성립이 어려워진다. 또한 소득분배의 불평등을 악화시킬 뿐 아니라 급기야는 경제주체가 통화에 대한 신뢰를 잃어 시장경제의 정상 작동을 어렵게 한다.

러시아의 공산주의 혁명을 이끌었던 레닌(Vladimir Lenin)은 화폐가치를 하락시키는 것이 자본주의를 붕괴시키는 가장 쉬운 방법이라고 했다. 세계의 인플레이션 사례를 보면 설득력이 느껴진다. 세계는 극심한 인플레이션을 여러 번 경험했다. 오래된 사례로는 프랑스가 혁명 직후 영국과 전쟁을 시작하면서, 미국은 남북전쟁에 즈음하여 양국 모두 남발된 화폐로 가치가 폭락하여 유통되던 통화를 폐기한 경험이 있다.

독일은 1차 세계대전 이후 전쟁 수행 그리고 패전국으로서 전쟁배상으로 인하여 경제가 핍절하여지고 화폐가치가 폭락하여 1조분의 1의 비율로 화폐개혁을 시행했다. 헝가리는 2차 세계대전 후 4에 0을 29개 붙인 비율로 구화폐와 신화폐를 교환했다. 두 차례의 세계대전을 즈음하여서는 그 밖에도 러시아나 그리스 등 여러 나라가 수년 사이에 수백억 배로 물가가 상승하는 어려움을 겪었다.

1980년대 이후에는 브라질, 아르헨티나, 볼리비아 등 중남미 국가에서 물가가 연간 수천 퍼센트 이상씩 상승하기도 하였으며 최근에는 아프리카의 짐바브웨가 2015년 짐바브웨달러를 미국 달러와 3경 5천조 대 1로 교환하고 자국 통화를 폐기했다.

이처럼 극심한 인플레이션을 초인플레이션(*hyperinflation*)이라 한다. 매달 50% 이상씩 물가가 상승하는 초인플레이션은 대부분 전쟁수행 및 포퓰리즘적 정부지출로 인한 재정적자를 중앙은행의 화폐발행으로 충당하는 과정에서 발생했다. 이와 같은 초인플레이션 상황에서는 사람들이 지폐로부터 실물로 탈출에 광분하면서 시장기능이 파괴되어 물물교환이 성행한다. 또한 많은 경우 자국통화 대신 외국화폐가 교환의 수단으로 사용된다.

정부가 재정적자를 중앙은행의 통화발행으로 충당하여 인플레이션이 유발되면 민간이 보유한 화폐자산은 가치가 줄어들고 정부의 재정지출은 늘어 정부의 조세수입이 늘어난 것과 같은 효과가 있다. 이러한 현상을 인플레이션 세금(*inflation tax*)이라고 한다. 더구나 재정적자로 국채발행이 누적된 경우라면 정부는 인플레이션으로 자국통화 표시의 국가부채 부담을 줄일 수 있다. 그러나 정부가 이러한 이득에 유혹을 느끼고 재정적자와 인플레이션을 용인하면 전체 경제가 파탄에 빠지는 소탐대실의 결과가 초래된다.

소득세가 명목소득이 많을수록 높은 세율로 과세하는 누진세 체계인 경우, 인플레이션은 실제로 조세수입을 증가시키기도 한다. 인플레이션으로 명목소득이 증가하면 실질소득이 증가하지 못하여도 높은 누진세율이 적용되어 납세자의 세 부담이 늘어나기 때문이다.

한국의 조세징수 실적을 보면 물가가 상승세를 나타내었던 1990년대까지는 거의 매년 징세액이 예산액을 초과했으나 물가가 안정세에 접어든 2000년대부터 징세액이 예산액과 비슷하거나 오히려 미달하는 때도 생기는 추세로 바뀌었다. 이는 실현된 경제성장률이 예측된 성장률에 미치지 못하여서 비롯된 바도 있겠지만 주된 원인은 물가상승에 따른 누진세율의 증세 효과가 더는 나타나지 않았던 때문이다.

한국의 인플레이션은 경제개발 시대인 1970년대에 걸쳐 소비자물가가 연평균 18%씩 상승하였으며, 특히 1차 오일쇼크 직후인 1974년과 1975년에는 24~25%씩 상승을 기록했다. 같은 기간 총통화(M2) 기준의 통화량도 빠른 증가세를 보였는데 이 기간에 통화증발은 주로 민간 부문의 높은 투자 수요를 뒷받침 하는 데 기인하였고 정부의 재정적자에 의한 지출은 많이 증가 하지 않았다. 재정적자를 통화증발로 뒷받침했던 다른 나라와 의 이러한 차이점은 한국의 개발 인플레이션이 통제 불능의 상 태까지 악화되지 않은 이유로 보인다. 단상과 고찰 7

반면 물가가 지속해서 하락하고 통화의 구매력이 향상되는 디플레이션은 그 원인이 생산성의 향상으로 시장에서 더 많은 상품이 더 낮은 가격으로 공급되기 때문이라면 바람직하지만, 대부분은 인플레이션 못지않게 국민경제에 어려움을 초래한다. 생산물의 가격이 하락하지만 기업이 명목임금의 삭감 등으로 생 산비용을 줄일 수 없다면 생산을 줄이는 방법으로 대응할 수밖 에 없다. 이는 생산과 고용이 함께 감소하는 국민경제의 위축을 초래한다.

시장에서 전반적인 가격 하락이 지속하면 대부분의 경제주체 는 지출을 뒤로 미루며 이로 인하여 디플레이션은 더욱 심화되 는 악순환이 된다. 이러한 디플레이션의 폐해 때문에 대부분 경 제전문가는 연간 약 2~3%의 안정적 물가상승은 경제활력을 유지하는 데 바람직하다고 여기고 0% 근처의 물가상승은 오히 려 디플레이션을 주의해야 할 수준으로 생각한다.

과거에는 디플레이션도 인플레이션 못지않게 빈번하게 나타 나는 현상이었지만 2차 세계대전 이후 대부분 국민경제가 만성적 인플레이션을 겪게 되어 디플레이션은 한동안 잊힌 경제문제가 되었다. 그러나 20세기 말 일본을 필두로 하여 21세기 초에는 대부분의 선진국에서 디플레이션의 조짐이 나타났다.

국민경제의 총생산은 총수요와 총공급이 균형을 이루는 상황에서 결정된다. 총수요, 즉 경제주체의 소비, 투자, 정부지출 및 순수출의 집합이 물가수준에 따라 반응하고 총공급, 즉 기업의 생산활동도 물가수준에 따라 반응하지만 역으로 총수요와 총공급의 변동도 물가와 생산량의 변동을 초래한다. 즉, 물가는 총수요 또는 총공급의 변동에 따라 상승 및 하락하게 된다.

통화량 등의 여건이 일정한 상태에서 물가가 하락하면 가계는 경제적 여력이 생겼다고 느끼게 되어 소비지출을 늘리고, 수출물가가 수입물가보다 싸게 되어 순수출도 늘어나는 등 총수요가 전체적으로 증가한다. 반대의 상황에서 물가가 상승하면 총수요는 감소하므로 물가와 총수요는 음의 상관관계를 보인다.

총수요에 밀접한 영향을 미치는 통화량의 변동은 총수요곡선의 이동을 초래하는데 중앙은행의 긴축정책으로 통화량이 감소하면 이자율이 상승함에 따라 총수요도 감소하고 물가의 상승도 억제된다. 중앙은행이 완화정책으로 통화량을 늘리면 일반적으로는 금리의 하락으로 총수요가 증가하고 물가는 상승 압력을 받는다.

그러나 경제주체의 소비 및 투자 심리가 극도로 위축된 상황에는 통화량의 증가가 총수요의 증가나 물가의 상승으로 이어지지 않는다. 즉, 통화량이 늘어도 총수요가 반응하지 않고 총생산도 물가도 반응하지 않는 상황이 생길 수 있다. 이러한 상태를 유동성 함정이라 한다. 비유하면 총수요가 말이고 중앙은행이 주인 그리고 통화량이 물이라고 가정할 때, 주인은 말이 물을 못 먹게 할 수 있고 말을 물가로 끌고 갈 수도 있지만 말이 물을 먹게 할 수는 없는 것과 같다.

기업이 일정한 생산능력을 보유하고 있지만 그 생산능력이 완전히 가동되지 못하고 실제 공급이 생산능력을 밑도는 상태에서 물가가 상승하면 기업은 생산능력을 더욱 활발하게 가동하여 총공급을 늘린다. 그러나 공급이 계속 증가하여 생산능력의 가동이 한계에 가까워지면 물가가 상승하여도 공급은 계속 증가하기 어려워진다. 즉, 물가와 총공급은 제한적인 양의 상관관계를 보인다.

생산능력은 기계설비 등 고정자본의 크기와 함께 생산성 그리고 임금 및 원자재 가격 등 생산비용의 수준에 따라 결정된다. 생산능력의 변동은 총공급곡선의 이동을 초래한다. 생산성이 향상되거나 에너지 가격의 하락 등으로 생산능력이 증가하면 총공급은 증가하고 물가는 하락한다. 반대로 실질임금이 생산성 증가 이상으로 인상되거나 에너지 가격의 상승 등으로 비용이 상승하면 기업의 생산능력은 줄어들어 총공급이 감소하고 물가는 상승한다.

국민소득은 국내의 일정 기간 총생산량(Q)을 화폐가격인 물가(P)로 표시한 것이다. 이러한 생산물의 모든 시장거래는 저량인 통화량(M)이 경제주체 사이에 유통되면서 뒷받침한 것이므로 사용된 화폐의 총액은 통화량을 유통속도(V)로 곱한 유량이다. 이러한 관계를 사후적 등식으로 표시한 것이 MV = PQ이며 이를 '화폐수량설'이라 부른다.

실제로는 시장에서 거래되는 것은 생산물만이 아니고 생산요소의 시장과 자산시장의 거래도 있으므로 MV > PQ이며 생산요소의 시장은 생산물의 시장과 비례적 관계라고 할 수 있으나 자산시장은 반드시 그렇지 않다. 그러나 화폐가 사용되는 주된 시장은 생산물시장이며 생산량과 물가에 영향을 끼치는 것이 통화량과 유통속도인 사실은 변함이 없다.

그중 통화량은 중앙은행이 의지를 갖고 조절할 수 있지만 화폐의 유통속도는 그렇게 할 수 없으므로 동일한 여건에서 화폐의 유통속도가 빨라진다는 것은 경제주체가 화폐보다 재화나 자산 등 실물을 선호하게 된다는 의미이다. 반대로 화폐의 유통속도가 느려진다는 것은 실물보다 화폐의 보유를 선호하게 되는 현상이라고 볼 수 있다. 화폐의 유통속도는 생산량과 물가에 영향을 미치고 또 받는 관계에 있지만 중앙은행은 이를 조절하는 것이 불가능하다는 점이 그 역할의 한계이다.

그렇다고 중앙은행의 행동과 화폐의 유통속도가 아무 관계가 없음을 의미하지는 않는다. 왜냐하면 화폐의 유통속도를 결정하는 여러 요인 중 경제주체가 장래 통화의 가치를 어느 정도 신뢰하고 있는가가 실물과 화폐 사이의 선호에 큰 영향을 미치기 때문이다.

대공황 이후 정부의 경제적 역할이 커지면서 많은 정부는 적자재정을 통하여 정부지출을 증가시켰다. 이러한 정부지출의 확대는 총수요의 증가로 연결되면서 극심한 경기침체와 전후 복구과정에서 경제의 회복에 매우 긍정적 역할을 했다. 이 시기에는 저물가·고실업의 디플레이션 상황에서 인위적 총수요의 증가가 물가의 점진적 상승과 실업의 감소를 가능하게 하였는바 당시 경제는 전통적인 필립스 곡선(*Phillips curve*), 즉 물가와 실업이 상충하는 관계의 모습을 보였다.

그러나 1960년대에 접어들어 경제의 회복이 이루어지고 생산활동이 완전고용의 수준으로 접근하면서 총수요의 증가로 야기된 물가의 상승은 공급의 증대에 기여하지 못했다. 오히려 물가상승으로 실질소득이 감소하는 박탈감을 느끼게 된 노조가 물가가 상승할 것으로 예상되는 만큼의 임금 인상을 요구하면서 기업의 생산비용 증가로 인한 공급의 감소와 그로 인한 물가의 추가적 상승이 촉발되었다.

더구나 1970년대 초에 닥친 오일쇼크로 원유가격이 폭등하여 기업의 생산비와 전체적인 물가수준이 상승하면서 대부분의 국민경제는 경제활동의 침체에 빠져들었다. 이제 재정적자 및 저금리에 의한 총수요의 증대가 물가의 가파른 상승을 초래하면서 생산활동은 오히려 위축되는 스태그플레이션 단계로 접어들었고 필립스 곡선도 〈그림 3〉처럼 과거와 다른 혼란스러운 모습을 갖게 되었다. 즉, 물가의 상승이 실업의 감소를 이끌어내지 못하는 양상이 된 것이다. 재정적자의 문제에 관하여는 제2장 정부의 경제적 역할에서 다시 살펴볼 예정이다.

이러한 스태그플레이션의 해결을 위하여 미국의 중앙은행인 연방준비은행(Federal Reserve Banks: FRB)은 1970년대 말 의장으로 취임한 폴 볼커(Paul Volcker Jr.)의 주도로 물가상승을 억제하기 위하여 강력한 디스인플레이션(*disinflation*) 정책을 추진했다. 그 결과 미국의 금리는 급격히 인상되었고 많은 기업이 파산에 내몰리는 고통스러운 상황이 야기되어, FRB는 추진 중인

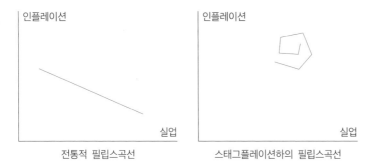

〈그림 3〉 전통적인 필립스 곡선과 스태그플레이션하의 필립스 곡선

전통적 필립스곡선

스태그플레이션하의 필립스곡선

긴축을 완화해야 한다는 원성과 압력에 직면했다. 그럼에도 불구하고 FRB는 비타협적인 자세로 긴축정책의 기조를 견지하였고 경제주체의 심각한 고통은 지속되었다.

이러한 경제적 고통은 미국 내에만 국한되지 않고 고금리로 인한 경제침체가 전 세계에 확산되었으며 설상가상으로 1970년대 말 이란혁명으로 촉발된 2차 오일쇼크와 맞물려 어려움은 가중되었다. 특히, 많은 외채가 누적되었던 한국 등 개도국의 상황은 더욱 심각했다.

그러나 경제주체가 이러한 FRB의 긴축의지에 신뢰를 가지면서 1980년대 초부터는 물가가 안정세를 나타내기 시작했다. 과거 지속적 물가상승의 시기에는 경제주체가 인플레이션 기대심리에 따라 관성적으로 물가상승에 대응했다. 예를 들어 노조는 예상 물가상승을 상회하는 임금인상을 관철하고 기업도 상품가격을 주기적으로 인상했다. 그러나 경제주체가 FRB의 인플레이션 억제정책을 신뢰하게 되면서 이러한 선제적 움직임을 자제하기 시작했다. 과거 경제주체 사이에 만연했던 인플레이션 기대심리가 꺾이면서 경제주체의 행태에 변화가 온 것이다. 그리고 물가안정은 금리수준의 하락과 경기의 회복 및 실업의 감소로 이어지는 결과를 가져왔다.

이러한 성공적 결과는 통화량 감축이나 금리의 인상 등 긴축적 통화정책의 직접적 결과라기보다 통화가치 안정에 대한 경제주체의 신뢰가 높아진 것에 힘입은 바가 크다는 것이 일반적 인식이다. 이러한 경험은 중앙은행으로 하여금 통화정책의 신뢰성을 높이면 인플레이션 억제를 위한 실업의 증가 등 경제적 대가를 감소시킬 수 있다는 확신을 갖게 하였고 많은 중앙은행이 통화량이나 이자율을 목표로 관리하는 과거의 방식에서 벗어나 물가안정목표제(inflation targeting)로 전환하는 계기가 되었다.

물가안정목표제는 중앙은행이 일정 기간 달성해야 할 물가목표치를 직접 제시하고 금리 등 다양한 정책수단과 변수를 활용하여 이를 달성하는 방식이다. 한국도 1998년 물가안정목표제를 도입하여 3년 정도의 중기적 관점에서 목표에 근접하도록 통화정책을 운용하고 있다. 물가안정목표제가 성공적으로 운영되기 위해서는 중앙은행의 물가안정 의지와 능력에 대한 경제주체의 신뢰를 바탕으로 장래 인플레이션에 대한 기대(예상)를 낮추는 것이 중요하다. 이를 위하여 중앙은행의 독립성을 확보함과 동시에 정책목표 달성에 대한 책임을 부여하고 통화정책을 가능한 한 투명하게 운영해야 한다.

인플레이션이 1980년대 중반부터 안정세를 보이면서 금리도 낮아졌으며 국제유가 또한 하락하여 세계경제는 일부 중남미 국가의 경제적 어려움이 지속되는 상황도 있었지만 전체적으로는 물가의 안정과 왕성한 성장이 지속되었다. 1980년대부터 선진국기업이 노동집약적 제조업을 해외로 이전, 저렴한 노동력을 고용하여 생산한 상품을 본국에 공급하는 해외진출이 확산됨에 따라 물가의 안정세는 더욱 확고해졌으며 선진국 노동자의 실질임금도 상승하기 어려워지는 상황이 되었다.

이처럼 상품시장과 노동시장의 가격 안정이 공고해지면서 중앙은행은 낮은 금리수준을 용인하며 확장적 통화정책의 기조를 유지했다. 이러한 저금리의 지속은 자산시장에서 부동산과 유가증권 가격의 급격한 상승을 유발하였으며 2008년 과열된 자산시장의 붕괴로 촉발된 글로벌 금융위기로 세계경제는 침체에 접어들었다.

많은 국가에서 경기의 침체가 물가의 하락 움직임으로 연결되는 디플레이션 조짐이 나타남에 따라 중앙은행은 제로금리 수준까지 금리를 낮추고, 양적 완화라는 개념으로 과거 중앙은행의 보수적 태도를 벗어나는 적극적 통화공급의 확대를 추진했으나 경기침체와 디플레이션 현상은 쉽게 호전되지 못하고 있다.

중앙은행의 통화공급이 증가하였음에도 생산량의 증가나 물가의 상승이 나타나지 않는다는 것은 중앙은행의 본원통화 공급이 은행의 대출과 예금의 순환과정에 의한 통화량의 창출로 연결되지 못하거나, 화폐의 유통속도가 변화하고 있다는 사실을 의미할 수 있다. 혹은 통화가 생산활동이 아닌 다른 부문, 즉 자산시장에서 주로 유통되기 때문일 수도 있다. 이는 디플레이션 상황에 대처함에 현재 중앙은행의 역할에 한계가 있음을 보여준다. 글로벌 금융위기의 발생과 그 후속과정 등에 대하여는 뒤의 금융제도와 금융위기의 장 등에서 다시 살펴볼 예정이다.

단상과 고찰 7: 물가의 규제

한국에서 인플레이션이 가장 큰 경제문제였던 1970년대, 정부는 물가를 잡기 위하여 공권력을 동원하여 당시 경제기획원에 물가국을 설치하고 강력한 규제를 시행했다. 정부는 물가불안의 가장 큰 원인을 독과점이라고 판단하였고, 독과점품목으로 지정한 상품은 가격인상 시 반드시 정부의 인가를 받도록 했다. 시멘트, 철근, 밀가루, 설탕 등 많은 품목이 가격통제의 대상으로 지정되었다.

그 결과 정부가 산정하는 물가지수는 인가된 가격을 적용하여 안정된 수치를 나타냈으나 시장의 상황은 그처럼 간단하지 않았다. 소비자가 시멘트대리점에 시멘트를 한 포대 사러 가면 가게에는 시멘트가 품절이고 가게주인은 어디에 가면 물건을 살 수 있다고 알려준다. 그곳으로 가면 지정가격보다 훨씬 비싼 가격으로 시멘트를 사게 되었다. 이른바 암거래가 성행한 것이다. 정부는 이러한 거래를 매점매석이라 비난하면서 공권력을 동원하여 단속하려 했지만 실효를 거둘 수 없었다.

이러한 상황은 경제원론의 수요와 공급 이론이 정확히 적용된 결과일 뿐이었다. 즉, 가격이 인위적으로 낮아지면 공급이 줄고 수요는 증가하여 시장에는 초과수요가 생긴다. 결국은 감소한 생산량으로 만족시킬 수 있는 수요자의 숫자만큼만 구매가 가능한 수준으로 암거래가격이 상승한다. 정부의 가격규제는 생산 감소와 가격의 추가 상승만을 초래하였을 뿐이었다.

대중소비 품목 역시 독과점 품목과 함께 정부의 가격규제 대상이 되었다. 설렁탕, 짜장면 등도 이에 포함되므로 음식점 주인은 함부로 가격을 올릴 수 없었다. 그 결과, 예를 들어 설렁탕은 품질이 하락되었다. 예전의 설렁탕과 다른, 쇠고기를 끓인 것인지 쌀뜨물을 끓인 것인지 알 수 없는 설렁탕이 낮은 가격으로 제공되었다. 그 대신 과거의 설렁탕은 양지탕이라는 새로운 이름으로 등장했다. 가격규제의 대상은 설렁탕이지 양지탕은 아니므로 식당주인은 마음대로 양지탕의 가격을 인상할 수 있었다.

시장을 공권력으로 통제하려던 정부의 시도는 결국 하나의 희극처럼 끝났다. 독과점 품목의 가격이 안정된 것은 1980년대 초 전면적 수입자유화의 시행으로 시장의 가격경쟁이 도입된 이후였다.

그러나 1970년대 당시 정부규제에 의한 물가억제 시도는 한국에서만 있었던 일은 아니었다. 미국의 닉슨 행정부도 그보다 조금 앞선 시기에 공권력으로 물가와 임금을 동결하는 정책을 시도하였지만 실효를 거두지 못하였으며 많은 나라에서 이와 유사한 사례를 경험했다.

5) 공평한 분배

다수의 사람이 함께 생산활동을 수행하여 생산물을 생산하면 생산과정에 참여한 사람들에게 생산물의 분배가 이루어진다. 분배에 참여하는 당사자는 서로 커다란 몫을 차지하기 원하므로 상호 간에 갈등은 불가피하게 조성된다. 따라서 분배과정은 당사자 사이의 힘의 관계와 협상의 결과가 반영되어 이루어지며 어느 일방의 희생을 강요하는 분배가 장기간 지속하면 정치적, 사회적 갈등이 고조되어 기존 경제제도의 존속이 어려워진다. 자본주의 시장경제의 분배제도가 가진 모순에 관하여 대안으로 제시되었던 사회주의 체제의 권력적 배급제도 실험은 종료되었지만 무엇이 사회구성원이 동의할 수 있는 공평한 분배인가에 대하여는 많은 논의와 모색이 계속되었다.

그런데 무엇이 공평한 분배인가를 논의하는 것은 이를 사후적으로 조정할 가능성이 없다면 의미 있는 노력이 되기 어렵다. 국민경제의 바람직한 운영을 위하여 공평한 분배가 요구된다는 말은 정부가 민간경제에서 이루어지는 분배의 과정이나 결과에 권력적으로 개입할 필요가 인정된다는 뜻으로 해석된다. 자본주의 시장경제체제에서는 소득의 분배가 생산요소시장에서의 거래과정을 통하여 임금, 이자, 지대 및 배당의 형태로 이루어지는바 이러한 시장소득 분배의 결과에 대하여 대부분의 정부는 조세의 징수 및 보조금 지급 등을 통한 소득재분배 정책으로 사후적 조정을 한다. 때에 따라 정부는 시장을 직접 규제하여 시장소득의 분배과정에 개입하기도 하는데 노동자의 단결권을 보호하는 법률 등이 그 예이다.

소득분배에서 정부역할에 대한 논의 중 자본주의 시장경제와 병존할 수 있는 입장은 ① 자유주의, ② 공리주의, ③ 복지주의 의 3가지로 살펴볼 수 있다. 이들은 무엇이 사회적 정의인가를 모색하는 노력의 일환으로 추론된 분배적 정의의 개념이다.

자유를 최고의 인류 보편적 가치로 인식하는 것은 근대사회의 민주주의 체제 생성의 기반이었다. 자본주의 시장경제도 자유의 토대 위에 세워진 경제체제이다. 인간의 천부적이고 신성불가침 권리인 자유는 정부라 하더라도 이를 침해할 수 없다는 자유주 의(liberalism)의 입장은 원칙적으로 소득분배에 대한 정부의 개 입을 부인한다. 개인은 자유로운 경제활동을 통하여 정당하게 취득한 재화에 정당한 권리를 가지므로 정부가 원하는 바에 따 라 이를 재분배하는 과정은 개인의 권리를 침해한다고 본다.

자유주의자가 생각하는 공평한 분배가 되기 위한 결과의 정 당성은 과정의 정당성에 의하여 부여된다. 그 핵심은 사회구성 원에게 보장된 기회의 평등이다. 그러나 평등한 기회가 무엇을 의미하는가에 관하여는 통일된 견해를 분명하게 찾기 어렵다. 개인의 출생에 따라 이미 주어진 불평등 상태를 외면하고 기회 의 평등만을 말하는 것은 마치 서로 출발선이 다른 달리기선수 에게 동일한 룰이 적용되기만 하면 공정한 게임이라는 주장과 다르지 않다는 비판이 제기된다. 시장기구에 의하여 결정된 소 득분배가 심히 편중된 상황에 관하여 자유주의적 입장은 이를 정당하다고 인정하면서도 절대적 빈곤은 사회의 불안정과 불편

함의 외부 효과를 가지므로 이에 대한 정부의 관여가 필요하다는 견해도 찾아볼 수 있다.

자유주의적 입장의 실용성은 개인의 창의와 노동에 대한 적극적 의지를 북돋을 수 있는 동기부여가 가능하다는 점이다. 사회구성원 각자는 평등하게 주어진 기회를 자유롭게 활용하면서 개인의 행복과 사회적 신분의 상승을 위하여 최선의 노력을 경주하겠지만 계층 간 장벽이 공고해지고 사회적 신분의 이동이 어려워진다면 이러한 동기부여는 감퇴하고 사회적 갈등과 긴장도 불가피하게 높아질 것이다.

공리주의(*utilitarianism*)는 벤담(Jeremy Bentham)의 '최대 다수의 최대 행복'이라는 표현처럼 사람들의 행복 또는 후생을 증대시키는 데 기여하는 것이 옳고 감소시키는 것은 그르다는 전제로 사회적 제도나 인간의 행동을 판단한다.

그런데 재화나 사회적 가치재 등이 인간에게 행복을 느끼게 하는 것이 효용(*utility*)이며 동일인이 사용하는 재화 등의 양이 많아질수록 추가되는 효용은 줄어드는 '한계효용 체감의 법칙'이 존재한다. 이러한 조건에서 사회의 행복을 최대화하는 방법은 재화 등을 구성원이 균등하게 분배하는 것이다. 한 사람의 독점은 행복의 총합을 최소화한다.

이러한 논리를 정치적 권력에 대입하면 민주주의가 가장 사회의 행복을 크게 하고 권력의 독점은 반대의 결과를 가져온다. 자유 또한 효용을 창출하는 가치이므로 사회구성원의 행복을 추구하는 자유가 보장되지만 개인의 효용 추구가 사회적 효용을 저해하는 경우도 있으므로 엄격한 법치주의가 필요하다.

이러한 논리의 연장에서 생산물의 분배도 균등할수록 사회 전체의 행복을 크게 하므로 사회주의적 분배방식에의 접근이 이루어진다. 그러나 정치적으로 자유민주주의 체제를 지지하므로 사회주의 체제와는 달리 시장경제의 테두리 안에서 균등한 분배를 추구한다. 이러한 입장에서 제도화되는 정책으로는 부자에 대한 중과세, 국영기업 등이 있다.

공리주의는 전체의 행복을 위하여 개인의 행복이 희생될 수 있다는 위험성과 동시에 정태적 상황을 전제로 하여 사회적 합리성을 추구하므로 생산과 분배의 순환이 반복되는 동태적 현실에서 경제적 후생을 최대화하는 방법론으로서는 한계를 갖는다. 균등한 분배, 즉 결과의 평등을 추구할수록 개인의 노동 등 경제활동에의 적극적 의지가 감퇴되고 생산성이 낮아지므로 장래의 생산 미흡이 사회의 행복을 제약하게 되는 문제에 대한 해답을 필요로 하는 것이다.

복지주의(welfarism)는 사회적·경제적 약자, 즉 빈곤의 문제에 관심을 갖고 빈곤층의 복지(welfare)를 향상하는 정책에 역점을 둔다. 이러한 복지주의를 사회적 정의의 관점에서 주장한 이론이 롤스(John Rawls)의 '최소최대화의 원칙'이다. 롤스는 사회구성원이 하나의 가정된 상황에서 어떠한 사회적 계약에 합의할 것인가를 추론함으로써 논의를 전개한다. 그는 사람들이 세상에 나오기 이전에 자신의 미래에 대한 정보, 자신의 능력, 출생가정 등 모든 사항을 알지 못하는 입장에서 앞으로 자신들이 살아갈 사회의 기본 원칙에 합의하는 상황을 가정하고, 이때 그 계약은 어떠한 것일까라는 질문을 제기한다. 롤스는 이러한 상황을 '원초적 상황'이라 부르고 이 상황에서는 사람들이 위험 회피를 위하여 가장 빈곤한 사람의 복지를 최대화하기로 자연스럽게 합의할 것이라 보았다. 이러한 가상의 계약에 따른 소득분배가 사회적 정의에 부합한다는 주장이다.

복지주의도 개인의 자유는 절대 침해될 수 없는 권리임을 인정하므로 자유로운 시장경제를 바탕으로 하는 것은 공리주의와 다르지 않다. 복지주의 역시 공리주의와 마찬가지로 경제주체의 동기부여가 감퇴한다는 문제점 외에 복지정책을 실현할 재원을 어떻게 조달할 것인지, 그 과정에서 개인의 권리가 침해될 위험이 없는지 등의 문제도 제기된다.

2차 세계대전 후에 대부분의 선진국이 복지국가의 노선을 채택하였는바 그 과정과 진행에 대하여는 제 2장 정부의 경제적 역할에서 다시 살펴볼 예정이다.

자본주의 시장경제에서 분배의 형평성을 높이기 위한 정부의 정책은 경제주체가 시장에서 경제활동을 이룬 다음 시장에서 분배된 소득을 사후적으로 조정하는 재분배정책이 주된 위치를 차지하지만 사전적으로 불평등의 원인을 제거하기 위한 노력도 한다. 때에 따라서는 경제주체의 시장활동에 직접 개입하기도 한다.

사후적 소득재분배정책의 예로는 소득이 높을수록 높은 세율을 적용하는 누진적 소득세율과 높은 상속세율 및 각종 사회보장제도 등을 들 수 있다. 이러한 재분배정책의 내용도 다음에 정부의 경제적 역할을 다루면서 살필 것이다.

불평등분배의 원인을 사전적으로 제거하거나 완화하기 위한 노력은 교육의 공급 확대, 사회적 차별의 철폐를 위한 규칙의 정비 등으로 이루어진다. 교육은 교육을 받는 사람이 인적자본을 형성하여 생산성이 향상된 대가로 높은 임금을 획득하게 한다. 그러한 측면에서 교육은 일종의 투자이므로 부유한 가정의 자녀보다 가난한 가정의 자녀는 상대적으로 불리한 교육의 기회가 주어지며 그 결과는 부와 빈곤의 세습으로 사회적 계층의 분리가 지속, 확대될 우려가 있다.

사회적 불평등의 고착과 확대를 막기 위하여 대부분의 정부는 의무교육을 확대하는 한편, 대학교 장학금의 확충 등으로 빈곤층 자녀에게도 고등교육의 기회가 더욱 많이 제공되도록 노력한다. 그러나 소득분배의 불평등이 심화되고 사회적 이동성(*social mobility*)이 하락하여 신분상승의 희망이 감퇴하면 교육의 기회가 주어진다 하더라도 교육을 받고자 하는 의욕도 감퇴하는 현상이 생기는 것을 볼 수 있다.

사회적 차별의 예로는 성별, 인종별, 학력별 임금격차와 채용 및 승진 차별 등이 많이 지적되는데 이러한 차별은 대부분 오랜 사회적 관행이나 인습 등에 기인한다. 정부가 이를 철폐하기 위하여 법률과 제도를 정비하여도 암묵적 관행은 지속되는 경우가 많다. 승진 및 보직 등과 관련하여 이러한 상황을 비유적으로 유리천장(*glass ceiling*)이라고 부른다. 이처럼 눈에 보이지 않는 차별적 관행을 철폐하기 위해서는 정부의 노력뿐 아니라 경제주체의 각성과 사회적 계몽이 수반되어야 한다.

분배의 형평성을 향상하기 위하여 정부가 경제주체의 시장활동에 직접 개입하는 예로는 최저임금제도를 들 수 있다. 최저임금이란 노동자의 인간다운 생활을 보장하기 위하여 정부가 임금의 최저기준을 정하여 사용자에게 그 지급을 강제하는 임금이다. 즉, 정부가 노동시장에서 계약 당사자의 거래가격, 즉 임금의 결정에 직접 강제력으로 개입하는 것이다. 노동조합이 결성된 사업장에서는 임금 수준을 결정하기 위한 노사 간의 협상이 가능하지만 그렇지 못한 영세사업장이나 비정규직 근로자는 사용자의 일방적 결정을 따를 수밖에 없는 경우가 많다. 이를 방치하면 가뜩이나 빈곤상태에 놓인 노동자의 임금이 점점 낮아져 최저한의 생활도 영위할 수 없게 될 위험이 있으므로 여러 나라는 최저임금제도를 채택하고 있다.

그러나 최저임금의 인상을 기업이 비용의 상승으로 인식하면 이에 대응한다. 과거에는 생산량의 축소와 공급가격의 인상으로 대응하였지만 근래에는 대부분의 기업이 생산자동화에 투자하거나 생산활동을 해외로 이전하는 등 대응방법이 다양화되었다. 최저임금의 인상이 전체 임금수준의 인상으로 확산되면 이러한 기업의 대응으로 국민경제는 고용 없는 성장과 국제수지의 악화 등을 겪는다.

국민경제의 소득분배가 얼마나 불평등한지를 나타내는 지표로는 지니계수나 5분위 분배율 등이 있다. 대부분 국가에서는 경제발전 단계에 따라 이러한 방법으로 측정한 소득분배의 불평등 수준이 변동하는 것을 경험했다. 즉, 일반적으로 경제개발 이전에 모든 국민이 함께 가난한 상태에서는 소득분배의 불평등이 심하지 않으나 경제개발이 진행되면서 소득분배는 악화하는 모습을 보인다. 이는 농촌에 가장실업 상태의 수많은 노동인력이 경제개발 초기에 도시로 이동하면서 무제한적인 비숙련노동력을 산업에 공급하기 때문이다.

그전까지 소득을 획득할 기회가 없던 사람들이 앞다퉈 노동시장에 참여하면서 임금은 낮은 수준에 고착되고 생산된 부가가치는 대부분 기업의 몫이 되어 자본축적에 기여하며, 증가한 자본은 또다시 낮은 임금의 노동을 사용하는 생산활동에 투입된다. 이러한 낮은 임금은 노동조합 등에 의한 인위적 임금인상이 없으면 노동력의 무제한적 공급이 더 이상 가능하지 않을 때까지 지속한다. 이처럼 노동과 자본 간의 불평등한 분배가 국민경제의 소득분배를 악화시키지만 노동자의 입장에서도 종전에 없던 생산활동과 분배과정에 참여할 기회가 생겼다는 점에서는 형편이 나아진 것이라고도 할 수 있다.

한국의 경우, 이러한 경제개발 초기 단계에서 '선성장 후분배' 정책을 내세우고 노조활동 등을 억압하여 인위적 임금인상의 여지를 차단했다. 이러한 정부의 행태는 사회적 약자인 노동자보다 자본가를 우선시하는 정경유착으로 비난받았으나 당시 정부는 무수한 도시 실업자와 농촌의 가장실업자를 생산인력으로 활용할 수 있도록 민간자본을 육성하는 것이 이미 고용된 노동자들의 임금을 올리는 것보다 시급하다고 판단했다. 그러나 생계를 유지하기 곤란한 정도의 저임금과 비인격적 대우 등 열악한 근로환경은 노동자의 저항과 노사갈등을 야기했다.

경제개발 초기의 저임금 수준은 농촌의 가장실업이 해소되는 단계에 무제한의 노동공급이 그치면서 상승하기 시작한다. 실질임금의 빠른 상승은 노동과 자본 간의 분배관계가 노동자에게 유리하게 전개됨을 의미하므로 국민경제의 소득분배도 개선된 모습을 갖게 된다. 한국의 경우 1980년대 중반부터 정치의 민주화가 진행되면서 노사분규도 최고조에 이르렀다. 한국에서의 1980년대 임금상승을 이러한 노동운동의 결실이라고 보는 견해도 있지만 이즈음의 한국의 노동시장은 노동력의 과잉공급이 해소되고 일부 부문에서는 노동력의 부족 현상이 나타나기 시작했던 점에 비추어 노동시장의 수요, 공급의 변화가 그 당시 임금인상의 주된 원인이라고 보인다.

한국도 이러한 경제개발 단계에 따라 소득분배의 불평등 수준이 변동했다. 1960년대 초 지니계수는 0.3을 조금 상회하는 수준에서 1970년대 말에는 0.4에 접근하는 수준으로 악화하였다가 1990년대 초에는 다시 0.3에 가까운 수준으로 개선되었다. 일반적으로 지니계수가 0.4를 넘으면 소득분배의 불평등이 심각한 것으로 인식된다. 중국도 1980년대 초부터 경제개발이 본격적으로 시작되면서 한국과 유사한 경로를 밟고 있지만, 소득분배의 불평등 수준은 한국의 경험보다 훨씬 심각한 것으로 나타났다.

6) 국제수지의 균형

국제수지(*balance of payment*)는 일반적으로 국민경제의 수출(X)과 수입(M)의 차이, 즉 순수출 또는 경상수지(X - M)를 의미한다. 수출은 자국이 생산한 재화와 서비스를 외국에 판매하여 소득을 얻는 것인 반면, 수입은 자국의 소득을 해외에 지출하여 재화와 서비스를 구입하는 것이다. 따라서 국제수지는 외국과의 거래에서 벌어들인 소득과 지출한 소득의 차이로도 설명할 수 있다. 국제수지가 흑자라는 뜻은 수출이 수입보다 많다는 뜻인 동시에 외국과의 거래에서 벌어들인 소득이 지출한 소득보다 크다는 뜻이며 적자라는 뜻은 그 반대의 경우를 의미한다.

국민소득은 앞에서 살펴본 바와 같이 여러 가지 측면에서 파악할 수 있다. 경제주체들의 지출 즉 소비(C), 투자(I), 정부지출(G)과 순수출, 즉 경상수지(X - M)의 합이 국민소득(Y)을 구성한다. 이러한 관계를 $Y = C + I + G + (X - M)$의 등식으로 표시한 바 있다. 따라서 국제수지 (X - M)는 $Y - (C + I + G)$로 표시할 수 있는데, 그 뜻은 국내총생산과 국내총지출의 차이가 국제수지로 나타난다는 것이다. 이 경우 국제수지가 적자라는 의미는 국내에서 생산된 것보다 경제주체가 더 많이 사용했다는 사실을 나타내는바 이는 외국의 국민경제가 저축한 것, 즉 해외저축을 사용한 것이다.

다른 한편으로 경제주체들은 국민소득을 소비(C)하고 세금(T)을 납부한 나머지를 저축(S)하는 방법으로 처분한다. 이러한 관계는 사후적으로 $Y = C + T + S$의 등식으로 정리된다. 따라서 $Y = C + T + S = C + I + G + (X - M)$이 성립한다. 그런데 기업은 저축을 재원으로 투자하고 정부는 세금으로 정부지출을 하므로, $(X - M) = (S - I) + (T - G)$라고 정리할 수 있다. 이 등식은 순수출, 즉 국제수지는 국내에서 민간 부문의 저축과 투자의 차이와 정부 부문에서 조세수입과 정부지출의 차이를 합한 결과임을 뜻한다.

민간 부문을 중심으로 살펴보면 생산 대부분이 소비되고 저축이 부족하거나 투자가 활발하여 국내저축을 상회하는 경우에 국제수지 적자의 원인이 된다는 의미이다. 국민경제의 생산능력이 미약하기 때문일 수도 있고 중앙은행의 확장적 통화정책으로 통화량이 늘어나면 금리가 하락하여 소비나 투자가 증가하고 물가가 상승하는 동시에 국제수지의 적자 요인으로 작용하기도 한다. 임금이 생산성을 초과하여 상승하는 경우도 생산비용 증가로 인한 생산능력의 감퇴로 생산과 저축이 감소하여 국제수지 적자 요인이 된다.

그렇다고 해서 수출과 수입은 단순히 국민경제의 거시적 운영 결과만을 반영하고 국제수지는 그렇게 수동적으로 결정된 수출과 수입의 차이에 따라 결정되는 것만은 아니다. 한국과 대만 등은 수출 중심의 경제개발을 추진하여 수출증가 → 생산증가 → 저축증가 → 투자증가의 경제발전을 이룬 바 있다. 반면 국내시장을 개방한 결과 수입이 증가하고 이에 대응한 산업생산의 증가가 없으면 국내생산과 저축이 감소한다. 이처럼 수출입과 국민경제의 거시적 운영은 서로 영향을 끼치고 받는 관계라고 할 수 있다. 그러므로 각국 정부는 특히 경제의 침체기에 수출을 촉진하고 수입을 억제하는 보호무역주의로 생산과 고용을 늘리려는 유혹에 접하기 쉽다.

정부 부문의 적자재정은 국제수지 적자의 가장 큰 요인이 된다. 예외적으로 일본의 경우는 정부가 오랫동안 재정적자를 기록하였지만 민간 부문의 저축으로 이를 충당할 수 있었기 때문에 국제수지의 흑자기조가 유지될 수 있었다. 그러나 대부분의 나라에서는 생산활동과 관련 없는 정부지출의 확대로 인한 재정적자는 거의 예외 없이 물가 상승과 국제수지 적자를 초래했다.

미국은 1970년대 말 세율을 낮추면 생산이 증가하여 오히려 조세수입을 늘릴 수 있다는 공급경제학의 이론을 바탕으로 과감히 세금을 낮추는 레이거노믹스(Reaganomics)를 추진했다. 그러나 그 결과, 막대한 재정적자와 함께 국제수지의 적자 확대로 이어져 이른바 쌍둥이 적자 상황을 초래한 바 있다. 당시는 미국의 FRB가 볼커 의장의 주도 아래 무자비한(?) 반인플레이션 정책을 집행하여 민간경제가 기업도산과 실업 등 커다란 고통을 겪었던 기간이었고 미국 정부의 이러한 재정정책은 민간 부문의 고통을 가중하는 원인이 되었을 것이다.

정부가 재정을 흑자로 운영하여 국제수지의 흑자를 가져오는 경우는 드물다. 최근 한국의 경우 민간, 특히 가계의 저축이 과거보다 현저하게 감소하였지만 정부 부문의 흑자가 이를 상쇄하여 국민경제의 국제수지는 흑자를 유지하고 있다. 이는 과도기적 현상으로 한국에서 국민연금제도를 시행하면서 시행 초기에 보험료의 납부가 보험금의 수령보다 훨씬 크기 때문에 거액의 적립금이 국민연금기금에 누적되었기 때문이다. 조만간 보험금의 지급이 보험료 납부를 초과하면 기금은 고갈되고 정부의 재정은 균형 내지 적자로 전환될 것이다. 이 경우 민간 부문의 저축이 회복될지 아니면 국제수지가 적자로 전환되는 계기가 될지는 불확실하다.

국제수지의 균형은 국제수지의 불균형, 특히 적자가 지속하여 누적된 크기가 국민경제가 감당하기 어려운 규모가 되면 대외거래를 계속하기 곤란한 상황이 생기므로 중요하다. 가정경제의 경우에도 소득보다 지출이 많으면 그만큼 빚이 늘어나거나 재산이 줄어든다. 계속 빚을 내거나 재산을 처분해서 여유로운 생활을 할 수 있는 동안은 문제가 없지만 채무불이행으로 인한 파산 등 더는 빚을 얻을 수 없는 상황이 닥치면 그때에는 정상적 생활을 영위하기가 불가능하다. 국민경제의 경우도 기본적으로 이와 동일하다. 국제수지의 적자가 누적되고 외채가 쌓이더라도 외국과의 무역이 계속되는 한 국민은 자국 경제의 문제를 피부로 느끼지 못한다. 그러나 누적된 외채의 원리금 상환에 실패하여 국제무역이 중단되면 국민경제의 모든 구성원은 엄청나게 고통스러운 상황을 맞는다.

그런데 이러한 상황을 두려워하는 정도는 나라마다 다르다. 국토가 넓고 자원이 풍부한 나라라면 이러한 상황은 생활의 어려움이 초래되는 정도지만 작은 국토에 자원도 부족한 나라라면 생존에 어려움이 닥치는 것이다. 따라서 후자의 국가는 전자의 국가보다 어떻게 하든지 외채를 상환해야 한다는 절박감이 크다. 개인도 빚을 갚을지를 결정할 때 빚을 상환하는 데 따른 고통과 빚을 못 갚았을 때의 고통을 비교하기 마련인데 후자의 국가는 전자의 국가보다 대외거래의 중단으로 인한 고통이 훨씬 크기 때문이다. 과거 한국과 같이 후자에 속한 국가의 국민은 외채상환을 위한 금 모으기를 할 정도로 빚 갚기에 열심이지만, 전자에 속하는 중남미 국가는 반복해서 외채상환의 위기를 맞이했던 경험이 이를 뒷받침한다.

국민경제의 외채가 상환 가능한지 여부는 외채의 원인인 국제수지의 적자가 어떤 요인에 의하여 발생하였는가와 관계가 있다. 개인이 번 돈보다 쓴 돈이 많으면 빚을 얻듯 국민경제도 생산한 것보다 지출, 즉 소비, 투자 및 정부지출의 합이 많으면 외채를 얻게 된다.

개인이 빚낸 돈으로 술 마시고 해외여행 등으로 흥청망청 써버리고 나면 그 빚을 갚기 어렵지만 사업을 위하여 빚을 냈다면 그 사업으로 소득을 벌기 시작하여 빚을 갚을 수 있게 된다. 즉, 분수에 넘치는 생활을 위하여 빚을 진 경우는 갚기가 어려운 법이다. 국민경제도 이와 유사하다. 국민이 과다한 소비를 계속하여 저축이 부족하든지 또는 정부가 선심성 재정지출을 위하여 재정적자를 늘리면 외채를 상환하기 어렵지만 기업의 늘어난 투자 때문에 발생한 외채는 상환할 가능성이 크다.

한국은 1980년대 초까지 경제개발 과정에서 만성적 국제수지의 적자를 기록했다. 당시 국민은 소득이 증가함에 따라 소비보다 저축을 늘리는 성향이 강했고 정부도 비교적 재정의 균형을 유지했으나 기업의 투자가 급증했던 까닭에 국민경제 전체로는 지출이 생산을 초과하였으며 이는 국제수지의 만성적 적자로 나타난 것이다. 한편, 여러 중남미 국가에서는 정부가 국민의 인기에 영합하는 재정지출로 재정적자의 규모가 확대되어 국제수지 적자로 이어졌다. 이러한 차이는 후일에 양측의 생산능력 및 국제수지 상황의 차이를 가져왔다.

국제수지의 흑자로 생기는 문제는 적자의 경우와 다르며 덜 심각하다. 양차 세계대전 이전에 금이나 은 등 귀금속을 화폐로 사용하던 선진국 사이의 무역거래에서 어느 나라가 국제수지의 흑자가 지속되면 그 나라에 화폐량이 증가하여 물가가 상승하고 그로 인하여 수출의 경쟁력이 약화되고 수입이 증가하므로 국제수지 흑자는 소멸하는 자동조절기능이 작동했다. 그러한 금본위제도에서는 각 나라 화폐 사이의 교환비율인 환율의 문제도 존재하지 않았다.

현대 국가는 더 이상 귀금속 등 실물과 관련 없이 법으로 중앙은행이 발행한 통화에 지불능력을 부여한 법화를 사용한다. 각 나라의 통화 사이의 교환비율은 시장에서 결정되든지 정부에서 정하는 환율에 의한다. 어느 국민경제의 국제수지가 흑자를 지속하면 통화량이 증가하고 그에 따라 물가가 상승하거나 외환시장에서 환율이 하락(자국 통화가치의 상승)하여 수출이 감소하고 수입이 증가하므로 국제수지의 균형이 회복되는 것은 금본위제도의 경우와 다르지 않다.

그러나 중앙은행이나 정부 당국이 외환시장에 개입하여 공급이 늘어난 외화를 매입하면 환율의 관리가 가능하다. 이러한 중앙은행의 외환시장 개입은 통화량의 증가를 초래하지만 중앙은행은 늘어난 통화를 국내 부문에서 환수하는 불태화정책을 통하여 통화량을 조절할 수 있다. 이와 같은 중앙은행의 외환시장 개입 및 불태화정책을 통하여 국민경제는 환율의 안정과 함께 공적 외환보유고를 늘리고 통화량의 증가가 거시경제에 교란 요인이 되지 않도록 관리하면서 국제수지의 흑자기조를 이어갈 수 있다. 중국 등 동아시아 국가의 교역 상대국은 이 나라들이 정부의 이러한 시장개입적 정책에 의하여 오랜 기간 국제수지의 흑자를 유지하고 막대한 외환보유고를 보유할 수 있었다고 본다.

이와 같은 인위적 고환율로 무역수지를 관리하는 것은 과거 대공황 기간에 많은 나라가 사용하여 세계경제의 어려움을 가중했던 인근궁핍화정책(*beggar-my-neighbor policy*)과 다르지 않다는 비판을 제기하기도 한다. 더구나 글로벌 금융위기 이후 세계무역의 증가세가 퇴조하는 가운데 국제원유가 등 에너지, 자원 가격이 급격히 하락하면서 세계무역은 오히려 감소세를 나타냈다. 이처럼 세계경제의 침체와 국제무역이 위축되는 상황에서 국제수지의 불균형이 지속, 심화하면 통상마찰이 커지고 많은 나라가 보호무역주의 수단에 의존함으로써 세계경제가 더욱 어려워질 위험이 우려된다.

제 2 장

정부의 경제적 역할

모든 국가는 스스로 의사와 질서를 결정할 수 있는 주권을 가지며 국가를 구성하는 국민과 영토에 통치권을 행사한다. 통치권의 내용과 행사방법은 국가형태에 따라 다르지만 모든 국가에는 통치권을 행사하는 조직인 정부가 존재한다. 정부는 국가의 존립이나 활동을 유지하기 위하여 국방, 치안 및 사법 등의 기능을 수행한다. 이러한 정부의 기본적 기능은 국민경제가 존립할 수 있는 토대를 제공한다. 정부는 특정의 대가를 제공함이 없이 권력관계에 의하여 국민으로부터 세금을 징수하며 이를 정부의 역할을 수행하는 데 사용한다.

정부의 통치권은 국민경제 내에서 경제주체의 활동에 대하여도 행사된다. 그 내용이 정부의 경제적 역할이며 이는 국가형태나 정부의 정책노선에 따라 달라진다. 정부의 경제적 역할을 결정하는 핵심은 정부와 시장의 관계이다.

국민경제의 생산, 분배, 투자 및 소비 등 경제활동을 어떻게 수행할 것인지 결정하는 방법은 기본적으로 두 가지이다. 하나는 교환관계에 의한 시장이고, 다른 하나는 권력관계에 의한 정부이다. 18~19세기 자본주의 초기처럼 정부가 국방, 치안 등 기본적 역할만 수행하고 시장에 대한 개입을 최소화하던 자유방임주의 정부로부터 과거 소련 등 사회주의 계획경제 국가처럼 시장의 기능을 부인하고 정부가 대부분의 자원배분을 담당하던 공산주의 정부에 이르기까지, 정부와 시장의 관계는 국가형태에 따라, 또 시대에 따라 많은 변화를 겪었다.

자본주의 시장경제체제 국가에서 본격적으로 정부의 시장개입이 시작된 것은 1930년대 대공황부터이다. 대공황의 경제적 어려움을 극복하기 위한 처방으로 케인스는 부족한 유효수요를 충당하기 위하여 재정적자에 의한 정부지출 증대를 제안하였고 여러 국가가 이를 채택했다. 그에 더하여 2차 세계대전이 종료된 다음 유럽지역에서는 비참한 국민의 생활을 개선하기 위하여 정부가 직접 생산의 역할까지 담당하면서 시장에 개입하는 복지국가의 형태가 확산했다. 이러한 상황의 전개로 경기조절을 위한 처방이었던 재정적자가 복지를 확충하기 위한 재원 조달의 수단으로 변질되면서 대부분의 국가에서 재정적자가 지속되고 정부의 역할은 마치 마법처럼 확대되었다.

현대의 모든 정부는 정도의 차이는 있지만 시장에 개입하는데 개입의 주된 방법은 정부규제, 공기업 그리고 사회복지를 위한 소득재분배이다. 선진국 중 미국은 주로 규제의 방법으로 시장에 개입했다. 이는 19세기 말과 20세기 초에 걸쳐 철도, 석유 등 거대기업에 의한 횡포를 경험하면서 이를 규율하기 위한 제도적 장치를 도입함으로써 시작되었다. 그러나 국가권력에 대한 전통적으로 뿌리 깊은 불신으로 인하여 정부로부터 독립된 독립규제위원회 제도를 도입했다. 공기업 방식은 극히 예외적이었다. 반면 유럽은 과거 군주국가의 전통이 남아있는 상태에서 사회주의적 성향의 정부가 선거에서 승리하면서 주요 기업의 국유화를 광범위하게 단행했다.

재정적자에 의한 정부지출의 확대와 광범위한 정부의 경제적 역할 확대는 마치 정부가 국민경제의 모든 분야에 관여하고 국민의 생활을 책임질 수 있는 것처럼 보이게 했다. 그러나 1960년대 말부터 정부의 마법은 효험이 떨어졌고 국민경제는 인플레이션과 실업이라는 이중고를 겪으면서 1970년대 말부터는 다시 자유로운 시장으로 귀환을 주장하는 신자유주의에 따른 개혁이 진행되었다.

정부의 경제적 역할을 축소하고 시장의 가격기능을 제고하기 위한 개혁의 주요 내용은 규제의 완화, 공기업의 민영화 및 재정적자의 축소와 작은 정부의 지향 등이었다. 그러나 신자유주의적 경제질서와 세계경제의 글로벌화가 진행되면서 자본주의 시장경제 국가의 국민경제는 다시금 소득분배의 불평등이 심화되고 글로벌 금융위기 등 경제의 불안정과 경기침체를 겪었다.

이러한 문제를 해결하기 위하여 여러 가지 대안이 논의되는 중이지만 결국은 어떻게 정부의 역할을 통해 시장기능을 보완할 것인가를 크게 벗어나지 못하는 듯하다. 왜냐하면 국민경제의 운영방식에서 시장과 정부 이외의 현실성 있는 방안을 아직 찾지 못하였기 때문이다.

다음으로는 시장기능의 한계와 정부개입의 필요성 그리고 정부역할의 한계와 부작용 등을 검토한 후, 정부의 시장개입 방식인 규제, 공기업 및 사회복지제도 등을 살펴보기로 한다.

1. 시장과 정부

시장의 효율성은 경쟁에서 비롯된다. 그러나 모든 시장이 경쟁 상태를 유지하는 것은 아니다. 시장에서 독점력을 보유하는 독과점기업은 독점이윤의 확보를 위하여 생산을 감축하고 가격의 인상을 도모하여 국민경제에 심각한 비효율을 초래할 우려가 있다. 독과점기업의 시장지배력이 남용되는 시장에 정부가 개입할 필요가 있는지에 관하여 많은 사회적 논란이 있었지만 현재 대부분의 정부는 독과점기업을 규제함으로써 시장경쟁의 활성화를 위하여 노력한다. 다만, 노동시장에서 노동자의 단결에 의한 독점력 행사에 대하여는 고용자인 기업과 개별 노동자 사이의 불평등한 지위를 고려하여 일반적으로 이를 허용하거나 오히려 보호한다.

자유로운 시장은 계약자유의 원칙을 기반으로 둔다. 시장에 참여하는 사람은 어떠한 계약을 누구와 어떠한 내용으로 체결할 것인지를 본인의 자유의사에 따라 결정하고 그에 따른 성과나 손실은 본인에게 귀속한다. 따라서 모든 사람은 각자 최선의 주의를 다하여 계약에 필요한 정보를 확인하고 시장에서의 경제활동을 수행해야 한다.

그러나 어떠한 종류의 계약은 당사자 사이에 커다란 정보의 비대칭이 존재하여 정보를 충분히 소유하지 못한 당사자가 계약 결과 예기치 못한 손실을 볼 위험이 있다. 일반적으로 이러한 문제는 계약당사자가 해결해야 하지만 특수한 경우에는 정부의 개입이 필요하다. 독점기업이 아니더라도 하나의 기업과 다수의 고객이 거래하는 많은 경우에 고객이 필요한 정보를 제공받지 못함으로 인하여 손실위험에 처하게 될 우려가 있기 때문이다. 따라서 정부는 이러한 기업에게 고객에 대하여 필요한 정보를 제공하게 하거나 계약의 내용을 제한하는 등의 규제를 가하기도 한다.

어떤 재화나 서비스의 경우는 그 성질상 경쟁이 충분하지 못하거나 왜곡된 경쟁의 모습이 나타나기도 한다. 그러한 재화나 서비스의 생산과 소비를 시장에만 맡기는 경우, 시장기능의 한계로 인하여 바람직하지 못한 결과가 생길 수 있다. 이처럼 재화 등의 성질과 시장의 형성 내용에 따라 정부개입의 필요가 달라지는바 그 내용을 다음과 같이 살펴볼 수 있다.

재화나 서비스를 공급자가 허용하는 사람에게만 소비하도록 하고 나머지 사람에게는 소비를 막을 수 있을 때, 배제성이 존재한다고 한다. 그리고 한 사람이 어떤 재화나 서비스를 소비함에 따라 다른 사람이 그 재화나 서비스를 소비하는 것에 제한을 받는다면, 경합성이 존재한다고 한다. 물론 이러한 배제성과 경합성의 존재 여부는 상대적 정도의 차이인 경우가 대부분이지만 단순화하여 모든 재화와 서비스를 다음 4가지 범주로 나눌 수 있다.

경합성과 배제성이 모두 존재하는 부류를 사적 재화라고 한다. 대부분의 시장상품과 유료서비스가 이에 해당한다. 이러한 사적 재화의 경우, 일반적으로 그 공급과 수요를 시장기능이 담당하고 정부의 개입은 필요로 하지 않는다. 그러나 식량 등 생필품과 에너지 등 주요 물자는 일시적으로 수요와 공급의 불균형이 발생하여 국민생활에 커다란 고통을 유발하거나 국민경제의 운영에 심각한 지장을 초래할 수 있다. 이러한 경우에 대비하여 대부분의 정부는 주요 물자를 정부 또는 민간에 의하여 비축하는 제도 등을 운영한다.

또한 의료나 교육 등의 서비스를 시장에만 맡기면 소비자들의 부담능력의 차이에 따라 심각한 격차가 발생하므로, 저소득층 국민에게 적절한 의료 및 교육 등 필수적 서비스가 제공될 수 있도록 정부의 역할이 요청된다. 이외에도 어떤 재화의 경우에는 국민의 보건과 안전에 위해를 초래할 우려가 있기 때문에 정부는 이러한 재화에 일정한 규격을 요구하는 등 규제를 가하기도 한다. 또한 금융 및 보험서비스의 경우처럼 다수 고객의 재산을 보호하거나 금융시장의 신용질서 유지를 위하여 정부의 감독 및 규제의 필요성이 인정되는 경우도 있다.

경합성은 있지만 배제성이 없는 경우를 공유재라고 하는데 야생 동식물 및 자연자원 등이 이에 해당한다. 깨끗한 물이나 공기 등 환경도 오염되어 훼손될 수 있다는 측면에서 이 범주의 재화에 포함한다. 공유자원의 소비를 자유롭게 시장에만 맡긴다면 사용가치가 있는 야생 동식물은 경쟁적 수렵과 채취로 빠르게 멸종되어버릴 것이며 깨끗한 물과 공기는 심한 오염을 면하기 어렵게 된다.

따라서 이러한 재화에는 정부가 개입하여 합리적 자원의 관리가 이루어지도록 할 필요가 있다. 아프리카 코끼리를 보호하기 위해서는 밀렵의 금지만으로는 충분하지 않고 상아제품의 시장거래를 규제하는 것이 필요하다. 야생 동식물이나 어족자원 등은 국가적으로 관리의 대상이 되며, 특히 멸종위기 동식물에 대하여는 국제협약에 의하여 국제무역을 규제한다.

환경을 오염시키는 행위는 깨끗한 환경이라는 공유자원의 소비로 볼 수 있다. 이러한 환경오염에 대하여 정부는 도시 하수처리 등 환경 정화시설의 건설과 함께 폐수 및 배기가스의 배출기준 등을 정하여 규제하는 한편, 기업의 에너지 사용에 따른 대기오염에 대하여 탄소세의 부과 또는 탄소배출권 거래제도 등을 시행한다. 연안 어족자원에 대하여는 정부의 면허 및 허가를 받아 어업을 영위하도록 하거나 일정 구역을 마을주민이 공동으로 관리하고 배타적으로 채취할 수 있도록 한다.

탄소배출권이나 어장 주민관리 등은 공유자원에 사유화의 요소를 도입하는 관리방법이라고 할 수 있다. 일반적으로 사람은 타인과 함께 공유하는 것에는 소비에만 관심을 가지고 보존 및 관리에는 소홀하지만 배타적으로 나만의 것에 가까울수록 관리에 힘쓰는 본성을 가진 것을 부인하기 어렵기 때문이다.

공유자원과 유사한 경우로 국가가 소유, 관리하는 전파 및 육상·해상·항공 교통노선 등을 누구에게 어떻게 사용하도록 할 것인지 또는 광물 등 지하자원을 누구로 하여금 개발하고 채굴하도록 허용할 것인지의 방법도 정부의 선택이 필요하다. 예를 들어 전파의 경우 주파수대가 한정되므로 방송사나 무선통신사업자가 무질서하게 이를 사용할 수 없기 때문이다.

공익적 성격을 갖는 사업자에 대하여는 별도로 공익에의 기여도를 평가하는 방법 등으로 사용자를 선정할 수 있으나 영리사업자의 경우에는 경쟁입찰방식에 의한 배분이 많이 활용된다. 이는 한정된 자원의 배타적 이용으로 발생하는 경제적 지대의 상당 부분을 재정수입으로 확보할 수 있다는 장점이 있지만 낙찰가격이 지나치게 높아지면 그 부담이 최종소비자에게 전가되는 문제도 고려할 필요가 있다.

배제성은 있지만 경합성이 없거나 극히 작은 경우는 전기, 통신 및 철도 등 대규모 망(network)을 설비하여 재화나 서비스를 공급하는 경우를 생각할 수 있다. 유료고속도로 등이 이에 해당한다. 이러한 재화나 서비스 공급에 필요한 망 설비에는 막대한 투자가 필요하지만, 한 명의 소비자에게 공급하는 추가비용은 매우 미미하다는 특성을 갖는다. 즉, 고정비용은 크지만 생산이 늘어날수록 평균비용은 계속 낮아지는바 이러한 상태를 규모의 경제가 존재한다고 한다.

이러한 규모의 경제는 철강, 석유화학 및 반도체 등 다수의 다른 거대산업에도 나타나지만 망산업은 그 설비의 지역에 따라 공급이 제한되므로 특별히 구별된다. 따라서 동일한 지역에서 다수의 공급자가 경쟁하는 경우라면 공급망의 규모가 큰 기업에 의하여 작은 기업은 시장에서 도태될 가능성이 크다. 하나의 큰 기업에 의하여 공급되는 것이 다수의 작은 기업에 의하여 공급될 때보다 가격이 낮아질 수 있기 때문이다.

이러한 시장상황을 갖는 산업을 자연독점산업(natural monopoly

industry)이라고 한다. 이 자연독점산업을 시장에 자유롭게 맡기면 생산된 재화 등의 시장가격은 공급자의 이윤을 극대화하는 방법으로 형성되므로 대다수 소비자에게 크게 불리한 높은 가격이 책정되거나 공급되는 재화 및 서비스의 품질이 저하될 우려가 크다. 이러한 가격을 전제로 새로운 경쟁자가 진입하여도 거대한 기존 독점사업자는 가격을 인하하는 방법으로 새로운 경쟁자를 도태시킬 것이고, 다시 독점상태가 회복되면 과거의 행태가 재현된다.

이러한 문제를 해결하기 위한 정부의 시장개입으로 두 가지 방법을 생각할 수 있다. 첫째는 그 수요와 공급을 시장에 맡기되, 정부가 독점기업의 가격책정 등을 규제하거나 개별 기업의 시장점유율을 제한하여 인위적 경쟁상태를 조성하는 등의 규제적 방식이다. 다른 방법은 정부가 공기업을 설립하여 재화나 서비스의 생산, 공급을 담당하는 방식이다.

배제성과 경합성이 없는 재화나 서비스, 즉 사람들이 누구나 마음대로 소비할 수 있으며 한 사람의 소비로 인하여 다른 사람의 소비가 지장을 받지도 않는 재화나 서비스를 공공재(*public goods*)라고 한다. 국방이나 치안 등 공공의 안전과 일반도로, 시민공원 등 사회편익시설 등이 이에 해당한다.

공공재는 개인이 사적 이익을 추구하는 시장을 통하여서는 원활한 공급을 기대하기 어렵다. 왜냐하면 이러한 공공재의 소비, 즉 혜택으로부터 아무도 배제할 수 없으므로 대부분의 사람은 그 비용을 부담하지 않고 혜택만 누리려 할 것이기 때문이다. 이러한 행태를 무임승차(*free ride*)라고 하며 그로 말미암아 이러한 공공재의 공급이 부족하게 되면 국민경제에 커다란 비효율이 초래된다.

따라서 공공재는 정부가 그 공급을 담당할 수밖에 없으며 일반적으로 그 비용은 조세수입으로 충당한다. 이와 같은 정부의 공공재 공급은 적절한 양을 생산하여 국민에게 공평하게 혜택을 부여하는 것이 중요한데 이를 위한 합리적 공공선택이 필요하다.

공공재의 생산, 공급뿐 아니라 대부분의 정부활동이 공공선택의 결과이며 이는 정치적 의사결정 과정을 거치게 된다. 정치적 의사결정은 민주주의 국가에서 선거에 따라 선출된 정치인에 의하여 이루어지며 정치인은 개인의 이해관계를 초월하여 공공의 이익을 우선할 것으로 기대된다.

그렇다면 시장에 의한 선택이 개인의 사적 이익 추구행위에 의하여 결정되는 반면, 정부에 의한 공공선택은 공공의 이익을 기준으로 결정되는 것일까? 이에 대해 일반적으로 정부의 공공선택 역시 정치인의 개인적 이익추구에 의하여 결정되며, 이 경우 주된 개인적 이익은 선거에 의한 재선으로 정치권력의 유지 및 확대를 도모하는 것이라 본다.

따라서 정부의 행위가 특정한 내용으로 이루어지기를 희망하는 사람들은 이익단체(*interest group*)를 결성하여 정치인의 의사결정에 영향력을 행사하기에 노력한다. 많은 정치인이 특정 이익단체, 예를 들어 노조, 농민단체 등의 이익을 대변하는 입장을 취하기도 한다. 이러한 이익집단 간 대립과 타협은 정부의 선택과정을 복잡하게 하고 합리성이 왜곡되는 결과를 초래하기도 한다.

이와 같은 정치적 과정으로 인하여 많은 경우 공공선택의 결과가 공공의 이익과 멀어지게 된다. 예를 들어 정치인이 사안별로 객관적 타당성을 검토하기보다는 서로의 관심사항을 차례로 해결하기 위하여 동맹하여 교대로 협조하는 행태를 '통나무 굴리기'(log rolling)로 표현하기도 한다. 이와 같은 정치인의 개별적 관심사항이 반영되는 성취가 모이면 정부지출의 확대와 재정적자의 증가로 나타나기도 하는바 이러한 현상을 방지하려는 방안이 여러 가지로 논의되기도 한다.

정부에 의한 시장개입 중 그 타당성 여부에 많은 논의가 있었던 분야는 특정 산업의 보호, 육성을 위한 산업정책의 시행이다. 산업정책은 선별적으로 개별 산업을 보호, 육성하기 위한 정책이라는 점에서 경제 전반의 조절기능을 수행하기 위한 재정정책, 금융정책과 구별된다. 산업정책은 과거 독일이나 미국 등 후발 선진국의 산업화 추진, 2차 세계대전 후 일본에 의한 전후 경제복구 그리고 한국 등 개도국의 경제개발 등을 위한 전략적 정책으로 널리 활용되었다. 산업정책의 주요 내용은 정부가 육성하고자 하는 산업의 보호를 위한 무역정책이 중심 위치를 차지하지만 보조금 지급, 조세 감면 등 국민경제의 재원배분 방식도 활용된다.

이러한 산업정책에 대하여는 정부가 시장경제의 복잡성과 변동성에 대하여 필요한 정보를 적기에 확보하기 곤란하다는 근본적 한계 때문에, 소기의 성과를 기대하기 어렵고 경쟁의 저하 및 로비행태의 확산 등 국민경제에 비효율을 초래할 뿐이라는 회의론이 일반적이다. 그러나 능력 있는 관료조직을 보유한 정부가 장기적이고 객관적 입장에서 전략적으로 추진한다면 과거 일본이나 한국 등 동아시아 국가의 경우처럼 국민경제의 발전을 견인할 수 있다는 견해도 존재한다.

산업정책은 1990년대 이후 세계경제의 자유무역추세를 확산하는 WTO/GATT 체제로 각국 정부에 의한 보호무역정책의 여지가 축소되고 보조금 등 산업에 대한 정부의 지원수단이 제약되면서 과거처럼 이를 활용하기는 어려운 여건이 되었다. 그러나 경기가 급격하게 큰 폭으로 위축되는 불황이나 금융시장의 경색 등으로 다수의 기업이 집단으로 도산의 위험에 직면한 경우에는 정부가 유동성 지원 등의 방법으로 기업의 일시적 어려움을 극복할 수 있도록 도움을 제공함으로써 대규모 기업도산과 실업의 증가를 방지토록 한다든지 중소기업이나 기술집약적 벤처기업의 육성을 위한 지원을 제공하는 등의 산업정책은 대부분의 정부가 시행한다. 이에 대하여는 3장에서 다시 살펴보도록 할 것이다.

또한 정부의 시장개입이 상대적으로 큰 국가일수록 일반적으로 정경유착을 통하여 부를 축적하는 기업인이 많고 그들의 부가 전체 경제에서 차지하는 비중이 크게 나타난다. 이는 주로 정부가 전제적 권력을 행사하는 개도국에서 더욱 현저하다. 이러한 정경유착 기업인이 주로 활동하는 분야는 자원개발, 건설 및 도박장 등 정부의 면허 등이 필요하거나 정부와의 거래가 큰 비중을 차지함에 따라 경제적 지대의 추구가 용이한 사업이다.

2. 정부규제와 규제완화

시장과 정부의 관계에 있어 규제는 시장실패를 보완하여 사회적 능률과 형평을 제고할 목적으로 정부 또는 이에 준하는 기관이 기업 또는 개인의 경제활동에 공적으로 개입하고 제한을 가하는 것을 의미한다. 이러한 규제의 정의는 경제의 운영이 원칙적으로 시장기능에 의하여 결정되는 것이며, 정부의 규제는 이를 보완하는 입장이라는 점이다.

그러나 정부규제의 본질은 국민의 권리, 소득과 재산의 사회적 배분을 초래한다는 면에서 중요하다. 즉, 규제에 의하여 누구는 기득권을 상실하고 다른 개인이나 기업은 직간접적 이익을 보는 결과가 초래되므로, 정부의 강제력에 기초하여 국민의 권리와 재산을 침해하거나 의무를 부과하는 작용을 한다. 따라서 규제를 이해하기 위해서는 그것이 누구의 이익을 위하여 누구에게 부담을 지우는지와 아울러 그러한 목적은 타당한지, 규제의 내용은 그 목적에 적합하게 정해졌는지를 살펴보아야 한다.

규제는 국민의 권리와 재산에 직접 관여하므로 이를 둘러싸고 이해관계를 갖는 당사자 사이에 첨예한 대립과 갈등이 생기는 것은 자연스러운 현상이다. 따라서 규제에 의하여 영향을 받는 당사자들이 조직한 이익단체는 정부의 의사결정 과정에 영향을 행사하기 위하여 정치적 노력을 기울이며 정부는 이러한 상황 가운데 정책을 결정해야 한다.

규제의 형태는 정부의 명령, 즉 적극적 강제나 소극적 금지 등으로 이루어지기도 하지만 대부분 인가, 허가 및 면허 등의 방법이 사용된다. 이는 특정 산업이나 직종에 참여하기 위한 요건을 설정하고 그 요건에 부합하지 못하는 경우 그 행위를 하지 못하도록 진입을 규제하는 것이다.

이와 함께 정부가 어떠한 기준을 정하고 기업이나 개인이 그 기준을 준수하는지를 감시, 단속하는 규제도 많이 존재한다. 어떠한 행위에 대하여는 부담금 등 금전적 의무를 부과하여 억제하고 그로 인하여 발생한 비용을 부담시키는 규제도 사용되는 바 주로 환경, 교통 등의 분야에서 많이 볼 수 있다.

국가에 따라서는 정부가 법적 강제력이 아닌 정부의 권위 또는 도덕적 설득에 따라 민간의 행위를 유도하는 행정지도의 형태를 볼 수 있다. 이는 정부의 강제력을 바탕으로 압력을 가한다는 점에서 규제와 다르지 않으며 과거 일본이나 한국 등 관료주의적 문화가 자리 잡은 국가에서 흔히 볼 수 있었다. 이러한 행정지도는 신축성을 갖는다는 장점과 함께 관료에 의하여 자의적으로 집행될 수 있다는 문제점이 있다.

일반적으로 규제는 정부의 요구에 기업이나 개인이 불응하거나 위반할 때 처벌하거나 불이익을 주는 방법으로 이루어진다. 경우에 따라서는 보조금의 지급, 특허권의 설정 등 적극적 유인책을 통하여 기업이나 개인의 바람직한 행동을 유도하는 때도 있다. 이러한 정부의 행위도 민간의 행동에 제약을 가하는 행위와 마찬가지로 규제에 해당한다고 볼 것인지에 대하여는 다른 견해들이 존재한다.

규제는 그 목적에 따라 ① 경제적 규제, ② 독과점 규제, ③ 사회적 규제로 구분할 수 있다. 경제적 규제와 독과점 규제는 기업의 시장활동을 규제한다는 점에서 동일하지만 일반적으로 전자는 시장경쟁을 제약하는 내용인 반면, 후자는 시장경쟁의 활성화를 목적으로 한다는 점에서 구별된다. 사회적 규제는 기업의 본질적 활동은 아니지만 환경, 안전 및 보건 그리고 소비자 보호 등 사회적 영향을 끼치는 행동에 대한 규제를 의미한다. 독과점 규제에 대하여는 다음 3장에서 살펴볼 예정이며 다음에서는 경제적 규제와 사회적 규제에 대하여 검토한다.

경제적 규제는 진입규제, 가격규제 및 거래 내용에 대한 규제 등으로 나눌 수 있다. 즉, 민간의 자유로운 경쟁을 통한 기업활동에 제약을 가하는 것이다. 규제의 목적은 소비자를 보호하는 것과 생산자를 보호하는 것, 두 가지로 나눌 수 있다. 소비자 보호를 목적으로 하는 경제적 규제는 주로 전력, 가스, 철도 및 통신 등 자연독점적 망 사업의 경우에 많이 볼 수 있다. 공기업이 아닌 민간기업의 형태로 운영되는 경우에도 진입규제와 함께 공익성의 확보를 위하여 가격규제, 품질규제 및 서비스 공급의 의무부과 등의 규제가 보통 이루어진다.

가격규제는 독점적 지위를 이용한 경제적 지대의 획득, 즉 초과이윤의 발생을 방지하거나 사업자의 이윤 극대화를 위하여 가격차별을 못 하게 함으로써 소비자를 보호하려는 것이다. 품질규제는 양질의 재화나 서비스가 안정적으로 공급되도록 기준을 정하고 감시하는 것이다. 오지에 거주하는 소비자에게도 전력이나 교통서비스가 제공되도록 서비스 공급의 의무를 부과하는데 이 경우 지역적으로 소외된 소비자에게 공급하는 가격이 지나치게 높아지지 않도록 일반소비자에게 다소 높은 가격으로 공급하는 것을 허용하기도 한다. 이러한 방식을 교차보조라고 한다.

생산자 보호를 목적으로 하는 경제적 규제로는 국내산업의 보호를 위한 수입규제 및 중소기업의 보호를 위한 각종 규제 등을 예로 들 수 있다.

사회적 규제는 기업의 사회적 행동에 대한 규제로 환경오염, 소비자의 보건 및 안전에 대한 위험, 근로자의 권익 침해 및 차별대우 등 기업에 의해 가해질 수 있는 사회적 위해를 방지하고 기업의 사회적 책임을 강제하기 위한 규제이다. 미국에서부터 시작된 사회적 규제는 대량생산과 대량소비의 산업사회의 단계에서 대다수 소비자가 정보 부족 및 개인의 무력함 등으로 인하여 생산자의 횡포에 속수무책인 지위에 처하자, 공익적 행동주의자들이 소비자 문제를 제기하면서 입법활동이 촉구되었다. 또한 환경을 오염시키는 기업의 행태에 대한 감시, 근로자 권익옹호 등 사회적 가치를 확보하기 위한 시민단체의 풀뿌리조직 활동은 입법과정에 영향력 행사 등을 통하여 사회적 규제를 급속히 확산시켰으며, 이러한 추세는 현재도 다수의 NGO에 의하여 이어진다.

그러나 이러한 사회적 규제의 확산은 기업의 저항을 유발했다. 기업은 사회적 규제의 증가로 인하여 생산성의 저하 및 생산비 증가, 인플레이션 및 신규투자 감소 등 경제적 문제가 야기되며 기업의 자유롭고 창조적인 활동을 위축시킨다고 비판했다. 이러한 입장 차이로 인하여 사회적 규제의 범위와 강도는 어떠한 정부가 집권하는가에 따라 많은 변화를 겪었다. 개도국에서도 과거 관심을 얻지 못했던 사회적 규제가 강화되는 추세이다.

규제를 담당하는 정부기관은 상충하는 이익집단의 이해관계를 조정하여 경제적, 사회적 질서를 창출하고 유지하는 역할을 담당하므로 다양한 정치적 상호작용을 피할 수 없다. 이러한 규제기관은 한국의 경우 주로 행정부처가 담당하지만 미국을 비롯한 선진국에서는 행정부나 의회로부터 독립된 지위를 갖는 독립규제위원회가 보편적이다.

한국의 경우 합의제 행정기구위원회의 유형인 규제기관도 여럿이다. 방송통신위원회와 공정거래위원회를 들 수 있으며, 금융 분야의 규제기관은 정책기구인 금융위원회의 산하에 독립된 금융감독원이 집행을 담당하는 이원적 체제이다. 이러한 위원회는 대통령이나 국무총리에게 소속되며 행정부처도 노동이나 전기 등의 분야처럼 합의제 행정조직인 행정위원회를 규제기관으로 두는 경우도 있다.

미국의 독립규제위원회는 규제에 대한 필요성과 정부권력에 대한 불신이 타협된 결과로 보이며, 초당파성과 임기의 보장으로 외부로부터의 정치적 영향력을 배제한다. 위원회 형태의 규제기관은 독립성과 전문성이 강화되고 시민참여가 용이하다는 장점도 있지만, 책임의 소재가 불분명하고 의사결정이 지연될 수 있다는 문제점도 지적된다.

규제는 일반적으로 정부에 의하여 이루어지지만, 규제대상인 업계가 스스로 활동을 규제하는 자율규제의 방식도 폭넓게 활용된다. 자율규제는 업계의 전문성을 통하여 규제의 실효성을 확보하고 기업의 이미지 제고와 사회적 신뢰의 확보를 도모할 수도 있으나 자칫 선도적 위치를 점하고 있는 기존업체의 기득권을 유지한다거나 신규 진입을 제한하는 등 반경쟁적 운영도 우려된다.

정부규제가 실제로 누구를 위해, 누구의 부담으로 어떻게 이루어지는가 하는 현실적 정치과정에 대한 여러 설명 중 가장 공감받는 것은 윌슨(James Q. Wilson)의 규제정치이론이다. 이 설명에 의하면, 규제의 정치적 상황은 정부규제로부터 각각의 이익집단이 감지하고 있는 비용과 편익이 어떠한 분포를 나타내는가에 따라 결정된다. 즉, 감지된 비용과 편익이 각각 넓게 분산되어 있는가, 또는 좁게 집중되어 있는가에 따라 4가지 상황을 상정할 수 있다. 이 경우 분산과 집중은 상대적 구분이지만 이를 단순화하여 살펴볼 수 있다.

첫째, 규제로 인하여 발생하는 비용이 불특정 다수에게 분포되어 개별적으로 부담하는 비용은 적지만 그 편익은 소수에게 귀속되어 개별적으로 얻을 수 있는 편익이 큰 경우이다. 이러한 상황에서 이익을 얻는 소수집단은 빠르게 조직화하여 이를 제도화하기 위한 정치적 영향력을 행사하는 반면, 상대방은 조직화하지 못하고 이러한 규제의 시행을 지켜보는 것이 보통이다.

이러한 규제에는 수입제한, 농산물 최저가격 규제, 의사, 변호사 등의 직업면허 등이 있다. 수입제한의 경우 이익을 얻는 집단은 국내생산자이고 손해를 보는 집단은 소비자이다. 이러한 경제적 규제는 피규제산업의 이익을 규제기관이 대변하고 그들을 위해 봉사하는 상황인바 이처럼 규제기관이 피규제산업에게 포획(capture)되는 현상을 고객정치적 상황이라고 한다.

둘째, 고객정치적 상황과 대조적으로 규제의 비용은 소수의 집단에 집중되어 있으나 그 편익은 다수에게 넓게 확산하는 경우로 환경오염규제, 안전규제 및 위생규제 등이 이에 해당한다. 이러한 경우에는 비용을 부담하는 소수 집단이 잘 조직되어 정치적 영향력을 행사하는 반면, 상대방은 조직되기 어렵고 정치적 활동도 미약하므로 소수 기업에 의하여 규제의 도입 또는 강화가 용이하게 저지될 수 있다. 이러한 현상을 기업가적 정치상황이라고 한다. 그러나 사회적 물의를 일으키는 대규모 재난이나 사고, 예를 들어 독극물에 의한 수질오염 또는 가습기 살균제에 의한 집단적 중독 등이 발생하는 경우 비등하는 여론으로 규제강화의 입법 등이 이루어진다.

셋째의 상황은 규제로부터 예상되는 비용과 편익이 모두 소수의 집단에 집중되어 그 구성원이 커다란 이해관계를 갖는 경우로, 쌍방이 모두 조직화하여 적극적으로 정치적 영향력을 행사하며 첨예하게 대립하는 상황이 전개된다. 이에 해당하는 규제로는 노사관계, 의약분업 및 대형할인점과 재래시장의 관계를 규율하는 규제 등이 있다. 대부분은 일반소비자나 국민의 이익은 고려됨이 없이 두 이익집단 사이의 세력관계에 의하여 결정되는 모습을 보인다. 이러한 현상을 이익집단 정치상황이라고 부른다.

마지막으로 규제에 대하여 감지된 비용과 편익이 모두 불특정 다수에 분산되어 개별적으로 얻는 이익이나 부담하는 비용이 적은 경우를 상정할 수 있다. 경제적 규제는 아니지만 금연장소의 지정과 유사한 경우를 생각할 수 있다. 일반적으로는 정치적 의제로 등장하지 않더라도 새로운 신념이나 국민의 일반감정이 뒷받침되면 정치인에 의하여 입법 등 정치적 행동이 이루어진다.

자본주의 시장경제 국가에서 1930년대 대공황 때부터 시작된 정부의 시장개입은 2차 세계대전을 거쳐 전후 복지국가를 추구하는 정부가 집권하면서 1960년대 말까지 계속 증강되었다. 이때 규제는 중요한 정부의 시장개입 수단이 되어 그 숫자가 증가하고 규제의 내용도 강화되었다. 그러한 현상은 미국에서 더욱 현저했다. 독과점규제를 필두로 각종 진입규제 및 가격규제 등 경제적 규제와 함께 1960년대부터는 기업의 횡포로부터 소비자권익과 사회적 가치를 보호하기 위한 사회적 규제의 입법도 증가했다.

그러나 1970년대부터 경기침체와 인플레이션을 함께 겪는 스태그플레이션 현상 등 정부주도의 경제운영방식이 비효율을 드러내면서 정부의 시장개입을 축소하여 시장 중심의 경제운영방식으로 복귀할 것을 주장하는 신자유주의가 널리 보급되었다. 이러한 흐름 가운데 규제에 대한 비판론자는 만연된 정부규제가 경제의 효율성을 저하하고 고비용 경제구조로 인한 인플레이션을 야기하며 진취적이고 자유로운 기업활동을 저해한다고 주장하면서 작은 정부를 지향하는 기치 아래 모든 분야에 걸친 규제완화(deregulation)를 추진했다.

규제의 도입과 마찬가지로 규제의 완화도 권리, 의무 및 소득의 분배를 수반하기 때문에 치열한 정치적 상황이 수반될 수 있다. 즉, 기업에 이익이 집중되는 고객 정치상황적 규제보다는 기업에 비용이 유발되는 기업가 정치상황적 규제가 우선적으로 철폐될 가능성이 크다. 한국의 경우, 소방 관련 규제와 연안여객선 운항과 관련된 규제가 완화되었으나 대규모 화재 및 여객선 침몰 등의 참사가 발생하면서 다시 규제가 강화된 사례도 있었다. 세계적으로는 1980년대부터 금융산업과 금융시장에 대한 규제완화가 광범위하게 진행되었으나 2008년 글로벌 금융위기의 발생으로 세계경제가 심각한 위험에 처하여 금융산업에 대한 재규제(re-regulation)가 추진되었다. 이러한 예외적 사안에도 불구하고 규제완화는 대부분의 시장경제국가에 확산되는바 많은 정부가 규제완화를 자국경제의 국제경쟁력 강화 수단으로 간주한다.

규제완화의 추진 방법은 기존 규제에 대한 비용편익분석으로 존치 필요성 및 규제내용의 적정성을 재검토하고 규제의 일몰조항(sunset clause)을 도입하는 등으로 이루어진다. 규제완화가 전 세계적으로 확산된 것은 세계경제의 글로벌화 추세에 힘입은 바가 크다. 각국 정부가 경쟁적으로 자국의 경제체제를 친기업적으로 개편하는 과정에 규제완화는 핵심적 글로벌 스탠더드(global standard)로 자리 잡았으며 이러한 움직임은 WTO, IMF, OECD 등 국제기구에 의하여 뒷받침되었다.

3. 공기업과 공기업 민영화

공기업(*public enterprise*)은 정부 또는 지방자치단체가 수행하는 기업적 성격을 가진 사업, 즉 생산 및 판매활동을 하는 사업을 의미한다. 자본주의 시장경제체제에서 기업은 일반적으로 민간이 소유하고 통제하지만, 공기업은 정부 등 공공단체가 소유 또는 통제하는 조직이라는 점에서 구별된다.

공기업은 민간기업의 시장활동에만 맡기기 곤란한 재화나 서비스의 생산활동을 수행하여 사회공공의 복지를 증진하는 역할이 그 존재의 당위성이다. 그러나 그러한 공공성은 상대적 개념이기 때문에 경우에 따라서는 민간기업과 경쟁관계에 있는 공기업도 적지 않게 존재한다.

공기업 설치의 필요성이 인정되는 공공성은 보통 다음의 몇 가지로 볼 수 있다. 첫째는 자연독점적 사업을 민간에 맡기고 규제하기보다 정부가 직접 경영하는 경우이고, 둘째는 민간기업의 공급만으로는 부족하거나 지나치게 높은 가격이 우려되는 필수적 재화나 서비스, 예를 들어 상하수도, 우편, 주택 등의 공급을 정부가 담당하는 것이다. 셋째로 자원개발사업 또는 전략적으로 중요한 군수산업 등을 정부가 직접 경영하는 경우도 있다.

개도국의 경우에는 경제개발을 추진하는 데 필요하지만 막대한 자본이 소요되는 기간산업을 민간자본으로는 감당할 수 없으므로 정부가 투자를 담당하는 경우도 적지 않다. 한국의 경우 경제개발을 추진하는 전략으로 수자원, 고속도로 등 사회간접자본뿐 아니라 철강 및 비료 등 재화의 공급에 이르기까지 다양한 분야에 공기업을 통하여 투자를 집행했다.

공기업을 설치하는 이유나 과정은 국가에 따라 다르며 정부가 어떠한 이념이나 정책을 추구하는가에 따라 차이를 갖는다. 대공황과 2차 세계대전을 거치면서 확대된 정부의 시장개입은 미국에서는 주로 규제의 강화를 통하여 이루어졌지만, 유럽에서는 복지국가를 지향하는 사회주의 성향의 정부 또는 전후 비참한 국민생활을 직접 책임지는 역할을 자임한 정부에 의하여 민간기업의 국유화가 광범위하게 이루어졌다.

영국에서는 2차 세계대전 말기에 집권에 성공한 노동당 정부가 점진적 방법에 따른 사회주의를 추구하며 석탄산업을 필두로 철강, 철도, 통신 등 광범위한 분야의 산업을 국유화했다. 이러한 산업이 민간기업에 의하여 필요한 투자가 이루어지지 못함에 따라 규모가 작고 비효율적이 되었으며 이는 영국경제의 저생산과 고실업을 초래하였다는 판단이 국유화 추진의 명분이었다. 그들은 국유화를 통하여 자원의 원활한 이용과 신기술의 도입 및 효율적 경영이 가능하다고 주장하며 국유화된 기업의 조직형태로 공사(public corporation)를 채택했다. 이는 자본금 전액을 정부가 출자하고 정부에 의하여 임명된 이사회가 경영을 담당하는 독립적 특수법인의 형태였다.

이러한 혼합경제의 방식을 채택한 영국의 경제는 2차 세계대전이 끝난 후 빠른 속도로 회복하여 생산 증가와 실업률 감소를 달성했다. 그러나 중요산업의 국유화 정책은 노동당과 보수당 사이에 정권교체가 있을 때마다 변경되었으며, 특히 철강산업은 그때마다 국유화와 민영화가 반복되기도 했다.

프랑스는 과거에도 석유 및 철도 등 몇몇 분야에 국유화 조치가 있었지만 2차 세계대전이 끝난 후 본격적으로 은행 및 전기, 가스 부문 등에 국유화를 시행했다. 이는 낙후된 프랑스의 산업을 재건하기 위한 전략적 선택의 일환이었다. 이와 아울러 전쟁 중 나치의 괴뢰정부인 비시(Vichy) 정권에 부역한 르노자동차 소유주에 대한 처벌적 성격으로 그 회사를 국유화하기도 했다. 이러한 징벌적 국유화의 사례는 여러 국가에서 볼 수 있는데 한국의 경우 1960년대 초 집권한 군사정부가 부정축재 기업인을 단죄하는 조치의 일환으로 몇몇 시중은행을 국유화한 사례가 있다.

프랑스도 정권의 노선에 따라 국유화 정책에 변화를 겪었다. 1980년대 초 집권한 미테랑(Mitterrand) 정부는 사회주의 노선을 천명하고 은행 및 제조업에 이르기까지 광범위한 국유화를 단행함으로써 당시 세계적 조류였던 신자유주의에 역행했으나 프랑스에 많은 경제적 어려움이 초래되었다.

패전국인 독일은 극심한 경제난과 함께 국토의 분단을 겪는 와중에 자본주의 시장경제의 진영에 속한 서독이 사회주의 시장경제 노선을 채택하여 경제의 눈부신 재건을 달성했다. 서독정부도 수송, 통신 및 방송 등 공익사업의 영역뿐 아니라 철강, 조선 등 제조업 분야에까지 상당한 지분율의 주식을 보유했다. 그러나 서독정부는 영국 및 프랑스의 경우와 달리 정부가 직접적 통제권을 행사하는 대신 기업과 노동 그리고 정부의 3각 관리방식에 따른 경영협의회 제도를 운용하여 정부의 통제권을 제한했다.

이탈리아는 대공황 기간에 산업부흥공사(Istituto per la Ricostruzione Industriale: IRI)를 설립하였고 파산기업을 인수토록 하여 경영이 유지되도록 했다. 이는 결과적으로 취약기업에 대한 비계획적 국유화 조치가 되었다. 이처럼 경제위기를 극복하는 과정에서 정부가 도산위기에 몰린 기업에 유동성을 지원하고 그 지분을 취득함으로써 국유화가 이루어지는 사례는 여러 국가에서 볼 수 있다. 한국의 경우, 1990년대 말 IMF 경제위기를 극복하는 과정에 우리은행 등이 국유화되었고 미국에서는 2008년 글로벌 금융위기를 극복하는 과정에 주택 관련 금융기관의 국유화가 이루어졌다.

한편 2차 세계대전 후 새로이 독립한 개도국에서는 과거 식민지 당시 지배국의 정부나 민간이 소유했던 기간산업 등을 정부가 인수하여 공기업이 되기도 했다. 한국의 경우 전력, 통신 및 담배·인삼 등의 사업이 이러한 과정을 통하여 공기업으로 운영되었다. 또한 천연자원에 대한 영구주권의 원칙을 표방하여 산유국 등 자원보유국이 과거 선진국의 기업이 소유했던 자국 내에서 석유 등 자원채굴 사업을 하는 기업을 국유화하는 조치를 단행하기도 했다.

러시아에서는 소련연방의 해체 이후 주요 국영산업의 민영화 과정에서 정경유착을 통하여 막대한 부를 축적하고 석유자원 등 산업 전반을 장악했던 올리가르키(oligarchy) 집단 중 푸틴 정부와 갈등관계에 있던 기업인을 부패척결의 명분으로 사법 처리하면서 그들의 기업을 국유화했다.

중국은 1970년대 말부터 사회주의 시장경제를 표방하며 시장경제체제에 합류했다. 생산활동을 담당하는 기업은 국유기업과 지방주민이 집단으로 소유하고 공동으로 경영하는 향진기업,

그리고 개인이나 외국인이 경영하는 삼자기업으로 구별된다. 그중 국유기업은 숫자는 적지만 에너지, 교통, 통신 및 금융 등 중요산업 대부분을 점하면서 중앙정부가 소유하고 통제한다.

이러한 중국의 경제체제를 새로운 형태의 국가자본주의(*state capitalism*)로 지칭하는 견해도 있다. 과거 사회주의 진영의 관점에서 국가자본주의는 자본주의에서 사회주의로 전환하는 과도기적 상황에서 국유화 등 정부개입을 전략적으로 확대하는 과정을 의미했으나, 중국의 경우는 다수의 국유기업이 범국가적 재원을 바탕으로 국내 및 세계시장에 진출하는 현상을 비판적 시각에서 표현하는 것으로 보인다. 그러나 다수의 국유기업이 경영의 비효율로 인하여 막대한 누적적자의 상황에 처하였고 이는 중국경제가 해결해야 할 어려운 과제로 남아있다.

공기업은 조직형태에 따라 정부부처, 주식회사 및 공사 등으로 구분된다. 정부부처의 형태는 행정기관이 직접 운영하는 정부기업을 의미하는데 한국의 경우 우편사업 등 5개 기업특별회계가 설치되었으며, 국립의료원이나 국립극장 등도 책임운영기관이라는 특별회계의 명칭으로 이에 포함된다.

주식회사 형태의 공기업은 상법 또는 특별법에 따라 설립된 회사이며 정부가 그 주식의 전부 또는 일부를 소유하고 경영을 통제한다. 한국에서는 한국전력공사와 한국가스공사가 그 명칭에 불구하고 이에 해당하며 그 기업의 주식은 거래소에 상장되어 있다.

공사는 특별법에 의하여 설립되며 자본금 전액을 정부가 출자하고 독립적 특수법인의 형태를 지니는 공기업으로 회사제도와 관련된 상법 등 법령의 적용을 받지 않고 공공성을 추구하는 경영을 할 수 있다. 지방자치단체도 상하수도, 쓰레기처리 등 지역성이 큰 사업을 수익자부담 원칙에 따라 직영 또는 지방공사 등의 형태로 광범위하게 운영한다.

공기업은 공익성을 추구하는 동시에 독립된 기업으로서 효율적 경영이 요구된다. 따라서 정부는 공기업에 지배구조의 통제뿐 아니라 생산된 재화나 서비스의 판매가격, 즉 공공요금 등에 대한 규제를 행사하는 한편, 독립채산제를 시행하여 공기업 경영의 합리화와 자율성 제고를 추진한다. 공공요금의 인상은 정부에게 매우 부담스러운 정치적 반발을 초래하므로 공기업이 공급하는 재화나 서비스의 가격이 생산비를 반영하지 못하는 수준으로 억제되어 공기업의 적자가 누적되고 정부재정에 의한 지원이 필요한 경우가 적지 않다. 또한 정부가 공기업으로 하여금 수익성이 확보되지 않는 대형 국책사업에 참여하도록 영향력을 행사함으로써 공기업의 중장기적 재무건전성이 훼손되기도 한다.

그러나 비효율적 비용관리는 공기업 경영악화의 더욱 일반적인 원인이다. 많은 경우에 공기업이 내부구성원의 이익을 도모하기 위하여 조직을 확대하고 사업영역을 다각화하며 과다한 경비지출 등 무책임한 경영행태를 보이는 한편, 소유주인 정부도 행정편의적 운영으로 일관하여 과다한 부채가 누적되는 결과가 초래되기도 했다.

이처럼 방만한 경영의 근저에는 공기업은 망하지 않는다는 안일한 인식이 내부구성원 사이에 자리 잡았기 때문인 듯싶다. 특히, 노사분규의 경우 민간기업은 극단적 노사 간의 대립이 기

274

업의 경영악화를 초래하여 자칫 노사가 함께 공멸할 수 있다는 위기의식으로 자제를 기대할 수 있으나, 공기업의 경우는 기업이 도산할 염려가 없다는 인식으로 노사분규가 격화되는 양상이 나타나기도 한다.

이러한 공기업의 경영성과는 국가의 재정부담과 직결되므로 각국 정부는 공기업의 독립채산제를 강화하고 경영의 효율성이 회복되도록 사업영역과 재무구조의 조정에 노력하는 한편, 1970년대 후반부터는 공기업의 민영화를 적극적으로 추진했다.

이러한 공기업의 민영화는 신자유주의 흐름에 따라 정부의 시장개입을 축소하여 경제의 효율성을 회복하고 재정수지의 개선을 도모하는 목적으로 시행되었으며 그 결과는 사안에 따라 성공적 사례와 그렇지 못한 사례가 엇갈리게 나타났다. 공기업 민영화와 관련하여 민영화가 타당한 것인지 또는 추진하는 경우 어떠한 방식을 채택할 것인지 등의 사항과 민영화 이후에 나타날 수 있는 경제적, 사회적 영향 등은 무엇인지에 관하여 검토가 필요하다.

민영화 대상 부문을 선정하면서 일부 국가에서는 수돗물 공급을 민영화한 결과 가격이 상승하여 저소득층의 국민에게 어려움을 가중한 사례가 있다. 전력 및 철도사업 등 자연독점적 사업을 민영화하는 경우, 공공성보다 수익성을 우선한 경영의 결과로 요금의 인상과 더불어 투자의 부족으로 인하여 대규모 정전사태 발생, 열차의 연발착 및 철도사고 등 서비스의 질적 저하가 나타나기도 했다. 따라서 어떠한 사업을 민영화할 것인지 그리고 우려되는 문제는 어떻게 해결할 것인지에 대한 고려가 필요하다. 일부 국가의 정부 또는 지방정부에서는 교도소의 운영을 민영화하는 사례도 있어 국가의 기본적 역할을 포기한다는 의미에서 '국가 자살'이라는 비판도 제기된다.

공기업의 민영화는 특정 자본가나 기업에 경영권을 갖도록 하는 '주인 있는 민영화'와 주식을 일반 국민이 소량씩 보유토록 하는 '주인 없는 민영화', 두 가지 방식으로 추진될 수 있다. 전자의 방식은 책임경영을 확보할 수 있으나 기간산업 부문에 새로운 민간기업의 등장으로 인위적 경제력집중이 초래되기도 한다. 한국의 경우, 일제강점기에 일본인이 경영했던 기업을 정부가 국유화한 다음, 민영화하는 과정이 민간자본의 형성과정에 적지 않은 영향을 미치기도 했다.

공기업의 '주인 없는 민영화'의 경우에는 자칫 새로운 경영진이 내부구성원과 연합하여 자신의 이익을 우선으로 기업을 경영하는 상황이 발생할 수 있다. 이를 방지하기 위하여 정부가 계속 개입하는 경우는 그 정당성에 대한 문제가 제기되기도 한다.

공기업을 외국자본에 매각하거나 민영화 이후 M&A 거래를 통하여 외국인이 경영권을 획득하는 경우에는 국부의 해외유출이라는 우려가 제기되기도 한다. 일부 유럽 국가에서는 과거 공기업의 민영화에 황금주 제도(*golden share*)를 도입하여 정부가 단 1주만 가지고 특정한 주주총회 안건에 거부권을 행사할 수 있도록 했으나 EU 재판부가 이를 주주 평등의 원칙을 위반하는 것으로 판정하여 폐지된 바 있다.

공기업의 민영화를 추진하는 과정에는 임직원과 노동조합 등

이해관계자의 반발이 흔히 나타난다. 이들의 관심사항은 물론 민영화로 인한 신분의 불안, 업무부담의 증가 등이지만 반대를 제기하는 명분으로 공공성의 저하 우려를 내세우고 이러한 주장에 시민단체 등의 지원을 얻기도 한다.

4. 소득재분배와 사회보장제도

이 책의 앞장에서도 많은 논의가 있었지만 국민의 복지수준을 향상하기 위해서는 경제의 성장과 분배의 개선이 함께 필요하다. 즉, 경제성장은 시장의 자유로운 경쟁을 통하여 경제주체의 효율적 행동을, 공평한 분배는 사회정의에 입각한 규범적 형평성을 각각 추구하지만 두 목표는 서로 상충하는 선택적 관계가 아니고 조화되어야 하는 관계이다.

그러나 효율성을 중시하는 자본주의 체제에서는 성장을 저해하지 않는 범위에서 분배문제를 취급함에 따른 불균형이 나타나는 경향이 있는 반면, 성장보다 분배를 중시하는 사회주의 체제는 경제주체의 성취동기가 약화하여 생산성이 저하됨으로 말미암아 그 체제를 유지, 발전시키지 못하고 소멸했다.

서구의 산업국가는 자유와 효율에 편향된 자본주의 체제의 모순을 극복하기 위하여 19세기 후반부터 소득세와 상속세를 도입하고 누진세율을 적용하는 한편, 사회보장제도를 도입하는 등 분배의 불균형을 완화하기 위한 정책적 노력을 시작했다. 특히, 대공황을 거치면서 빈곤을 개인의 책임으로 간주하고 부자의 임의적 자선행위로 빈민을 도와주던 과거의 시각에서 탈피하여 빈곤에 대한 사회적 책임과 정부의 역할을 인정했다. 이러한 변화는 2차 세계대전 후 복지국가를 지향하는 사회주의 정부가 집권하면서 더욱 급속히 진행되어 1950년대부터는 서구 선진국의 복지정책이 확장, 정착되었다.

상당수 개도국의 경우, 국민의 복지증대를 위한 재정지출을 확대함에 따라 재정적자와 국제수지 적자가 누적되어 높은 인플레이션과 국가부채위기가 초래되었다. 이러한 현상은 복지정책을 수단으로 국민의 정치적 지지를 확보하려 했던 중남미 국가의 경우에 더욱 현저했다.

그러나 1970년대 이후 선진국의 경제성장이 둔화하고 높은 조세 부담과 비효율적 복지지출에 대한 비판이 제기되면서 신자유주의에 따른 정부의 경제적 역할 축소와 함께 복지정책도 축소 및 재편되기 시작했다. 즉, 과도한 복지제도가 개인의 노동의욕을 저하시키고 재정악화와 만성적 인플레이션을 초래함에 따라 결국 복지정책의 지속이 어려워졌다는 인식으로 생산적 복지(*workfare*)라는 노선 아래 사회복지에 지출되는 비용을 축소하고 생산활동을 고취하는 내용으로 복지제도를 개편하여 국민경제의 효율성 향상을 추진했다.

그러나 시장기능의 활성화에 의한 경제운영을 지향하는 신자유주의의 확산과 세계시장의 통합을 심화시킨 글로벌화의 전개는 치열한 시장경쟁과 함께 소득분배의 양극화를 초래했다. 세계경제의 글로벌화로 기업활동의 지리적 이동이 용이하여짐에 따라 각국 정부는 증세를 통한 복지재정의 확충이 어려워졌으며, 노동조합 역시 노동소득의 분배율을 제고하기 위한 노조활동에 제약을 받게 되었다. 이러한 상황으로 인하여 선진국에서 실질임금 수준이 정체 내지 하락하는 현상이 나타나면서 노동자는 취업하여도 빈곤을 면하기 어려운 이른바 '근로 빈곤'(*working poor*)의 형편에 처했다.

또한 글로벌 금융위기에 이은 경기침체로 저소득계층 사람들이 상대적으로 더 큰 피해를 본 것으로 알려졌으며 중산층의 붕괴와 빈곤의 고착으로 말미암아 소득계층 간 이동성도 하락했다. 이와 같은 소득분배의 악화는 많은 나라에서 사회적 갈등의 심화와 함께 정치적 불안을 확산시켜, 기존의 정치·경제체제를 공격하는 극단적 정치구호에 많은 유권자가 지지를 나타내는 현상이 확산되었다.

경제주체의 시장활동의 결과인 소득분배를 정부가 조정하는 소득재분배 역할의 크기는 국가에 따라 다르게 나타났다. 스웨덴, 덴마크 등 북유럽 국가는 정부가 경제적, 사회적 불평등을 제거하기 위하여 적극적인 역할을 수행하면서 높은 수준의 복지를 제공한다. 이러한 국가를 사회복지국가(social welfare state)로 분류할 수 있다.

한편 미국이나 영국은 국민의 최저생활을 보장하는 수준의 복지를 제공하는 국가로서 사회보장국가(social security state)로 분류된다. 독일, 프랑스, 일본 등은 이러한 분류의 중간적 위치에 해당한다.

개도국은 시장소득의 불평등을 개선하려는 정부의 역할이 미약했다. 남아프리카공화국, 브라질, 콜롬비아 등은 그중에서도 불평등의 정도가 매우 큰 소득분배 구조를 나타낸다. 중국은 경제개발 초기에 나타나는 소득분배의 불평등 현상을 아직 개선하지 못한 것으로 보인다.

한국의 소득분배구조는 개도국보다는 월등하게 양호하며 선진국 유형에 속한다고 볼 수 있으나 정부의 소득재분배 기능은 그동안 복지제도의 많은 개선에도 불구하고 충분하지 못한 것으로 나타난다. 이는 국민연금제도가 아직 본격적 지급 시기에 이르지 못한 것에 기인한 바가 크며 앞으로 개선이 빠르게 이루어지는 과정이라고 할 수 있다. 한국은 OECD 회원국 중 상대빈곤율, 근로연령층 빈곤율은 평균보다 다소 높은 수준이지만 노인빈곤율이 매우 높은 수준이다. 이 역시 국민연금이 미성숙단계인 사실과 관련이 있으며 정부는 기초연금제도를 도입하는 등 과도기적 어려움을 완화하는 방안을 모색하고 있다.

사회복지는 재원의 조달 및 제공방법 등에 따라 여러 가지 정책적 선택이 가능하다. 보험의 형태로 소득이 있는 사람이 참여하여 기여하는 방식으로 재원을 조달하고 빈곤에 처할 우려가 생긴 경우에 도움을 받도록 하는 사회보장적 협동방식과 빈곤에 처한 사람에게는 국민이 납부한 세금으로 조성된 재정으로 필요한 복지를 제공하는 방식이 있다. 한국과 미국 등 다수의 국가가 두 가지 방식을 함께 채택하고 있다.

이에 비하여 북유럽의 사회복지국가는 세금으로 모든 국민을 대상으로 하는 대부분의 복지비용을 충당한다. 이는 국가의 사회적 분배역할이 강조되면서 소득이 있는 국민에게 매우 높은 조세 부담을 지우는 방식이다.

이러한 재원조달 방식의 차이에 따라 복지를 제공하는 방식도 달라진다. 전자의 경우는 가난한 사람을 가려내어 시혜적으로 복지를 제공한다는 뜻에서 선별주의라고 하며, 후자는 국가가 재정으로 모든 국민에게 동등한 복지를 제공하여 전반적 생활수준의 유지를 가능하게 한다는 점에서 보편주의라고 한다.

선별적 복지는 비용을 절감하면서 지원이 필요한 집단에 한정하여 효율적으로 복지를 제공한다는 장점이 있지만 혜택을 받는 사람이 무능력자라는 낙인이 찍히는 수치심으로 인하여 수혜를 기피하는 현상이 생기기도 한다.

이에 반하여 보편적 복지는 빈곤층의 발생을 예방하고 국가의 공동체 의식을 함양하는 장점이 있으나 지나치게 높은 세금 부담으로 경제활동이 둔화하고 복지혜택이 남용되어 재정의 악화가 초래되는, 이른바 복지병의 우려가 있다.

한국의 경우 학교에서의 급식을 가난한 가정의 학생만 무상으로 할 것인지, 또는 모든 학생에게 무상급식을 제공할 것인지를 놓고 선별적 복지주의와 보편적 복지주의의 논란이 제기되기도 했다.

사회보장제도(social security)는 자기의 소득만으로 생활하기 곤란한 사람에게 정부가 최소한의 생활을 할 수 있는 소득을 보전하여주는 제도이다. 대부분의 현대 국가는 공동체적 사회정의의 실현을 목적으로 하는 복지국가를 지향하면서 국민의 사회적 기본권으로서 인간다운 생활을 위하여 일정한 국가적 급부와 배려를 요구할 수 있는 권리를 인정하고 있다. 한국의 〈헌법〉도 "모든 국민은 인간다운 생활을 할 권리를 갖는다"는 생활권적 또는 생존권적 권리를 국민의 기본권으로 규정한다.

과거 농업경제의 시대까지는 개인의 생활은 자신 또는 가족 공동체 단위로 영위했으나 산업사회로 진입하면서 대가족제도가 해체되고 자신의 노동으로 생활하던 개인이 노령이나 질병으로 노동력을 상실하는 경우에 생활 및 생존을 할 수 없는 어려움에 처하게 되었다. 특히, 대공황 중에는 노동력과 노동의지를 가지고 있는 개인도 노동기회를 얻지 못하여 생활을 영위할 수 없는 상황을 겪었다.

사회구성원의 이와 같은 불안정한 상황으로 사회적 불안이 야기됨에 따라, 19세기 말부터 독일을 비롯한 선진 산업국가에서는 개인의 빈곤한 삶에 관한 국가의 개입이 시작되었으며 대공황 기간 중 더욱 확산되었다. 사회보장제도는 국민을 빈곤과 질병의 공포로부터 지키기 위한 정부의 역할인바 이는 인간다운 생활이 곤란한 개인에게 국가적 보호를 제공하는 제도이며 소득계층 간 소득과 생활수준의 격차를 완화하는 것을 직접적 목적으로 하지는 않는다.

사회보장 수준은 정부의 정책적 의지도 중요하지만 재정지출이 수반되므로 국가공동체의 경제력, 즉 국민소득의 크기에 따라 결정된다. 한국의 경우 사회복지재정 지출이 GDP에서 차지하는 비율은 2012년 기준 9.3%인데 이는 OECD 평균인 21.7%보다 많이 낮은 수준이다. 그러나 1995년의 3.3%와 비교하여 빠른 속도로 증가하고, 앞으로도 급속히 증가할 것으로 예상되어 2050년에는 21% 내지 25%에 이를 것으로 전망된다.

사회보장제도는 국민을 빈곤으로부터 보호하는 사회적 안전망의 성격을 갖는 제도와 인구학적으로 일정 계층에 속하는 국민, 예를 들어 아동, 장애인 및 노인 등에 대하여 소득이나 재산과 관계없이 의무교육 등 필요한 급여를 제공하는 사회수당으로 구분할 수 있다.

사회 안전망에 해당하는 사회보장제도는 1차 안전망과 2차 안전망으로 구분할 수 있다. 전자가 국민이 빈곤에 떨어지지 않도록 질병이나 노령으로부터의 보호를 제공하는 장치라면 후자는 빈곤상태에 떨어진 국민에게 인간다운 최저생활이 가능하도록 지원하는 사회적 협동의 형태이며 그 재원은 정부의 일반적 재정수입인 조세로 충당한다.

일반적으로 1차 안전망은 국가가 보험원리를 도입하여 설립한 사회보험(social insurance)의 형태이다. 국민이 가입하여 빈곤과 질병으로부터 보호받을 수 있도록 하면서 일정액의 보험료를 징수한다. 이 경우 보험료는 가입자 본인과 사용자가 함께 부담하는 것이 대부분이므로 기업으로서는 그만큼 고용에 따른 인건비의 지출이 증가하게 된다. 이러한 사회보험은 국가에 따라 명칭과 내용을 달리하지만 노령, 질병, 실업 및 산업재해 등에 대하여 보호를 제공한다.

2차 안전망은 이와 같은 1차 안전망에도 불구하고 빈곤의 상태에 처하게 된 국민을 위하여 정부의 재정지출로 운영된다. 극빈자의 최저생계를 보장하여 주는 공공부조(public assistance)와 가족에게 생활을 의탁하기 어려운 노인 및 아동 등 취약계층을 위하여 시설 등을 제공하는 사회복지서비스가 이에 해당한다.

한국의 사회보험제도는 ① 국민연금, ② 건강보험, ③ 고용보험, ④ 산재보험의 4가지로 구성되어 있다.

국민연금은 가입자, 사용자 및 국가로부터 일정액의 보험료를 받아 이를 재원으로 하여 노령으로 인한 근로소득 상실을 보전하는 노령연금, 가족 중 주된 소득자의 사망에 따른 소득상실을 보전하는 유족연금, 질병 또는 사고로 인하여 장기간 근로능력을 잃게 됨에 따른 소득상실을 보전하는 장애연금 등을 지급하여 국민의 생활안정을 도모하는 사회보장제도이다.

국민연금제도는 1988년 10인 이상 근무하는 사업장으로부터 시행되어 단계적으로 확대되어 1999년에는 전 국민이 그 대상으로 적용되었다. 보험료율은 2016년 현재 월 소득액의 9%이며 직장 가입자는 본인과 사용인이 각 4.5%씩 부담하고 지역 가입자는 전액을 본인이 부담하는데 농업과 어업에 종사하는 가입자에게는 일정액을 정부가 보조한다.

보험료의 기준이 되는 월 소득액은 하한선과 상한선이 있는데 이는 연금의 실효성을 보장함과 아울러 고소득자에 대한 혜택을 제한하기 위한 취지이다. 연금 급여수준은 40년 가입자의 경우 자신의 평균소득액에 비하여 지급받는 연금액의 비율인 소득대체율을 제도도입 당시에는 70%로 책정되었으나 그렇게 높은 비율의 지급은 연금제도의 존립을 어렵게 한다는 판단에 따라 여러 차례 급여수준을 인하하여 2007년부터 50%의 급여수준을 2028년 40%까지 단계적으로 인하하고 있다.

연금의 지급기간 중에는 소비자물가 변동률을 반영하여 급여액을 조정하며 보험료율은 월 소득액에 관계없이 동일하지만 급여액의 산정 시 본인의 소득액과 가입자 전체의 평균 소득액을 함께 반영하여 소득재분배 효과를 가미했다.

노령연금으로서의 국민연금을 운영하는 방식은 적립방식과 부과방식의 두 가지가 있다. 전자는 가입자가 소득이 있는 동안 납부한 보험료를 적립하여 노후에 연금으로 지급하는 방식이며, 후자는 매년 수급권자에게 지급되는 연금을 그해의 사회보장 수입금으로 충당하는 방식으로 세대 간 부조의 성격이 더욱 강하다. 한국의 국민연금은 적립방식을 채택하며, 미국은 1935년 사회보장제도 도입 당시 적립방식을 채택하였다가 1939년 부과방식으로 변경했다.

한국의 국민연금은 적립방식으로 인하여 시행 초기에는 보험료의 수입이 보험금의 지급을 크게 초과하기 때문에 거액의 적립금이 연금기금에 누적되고 있다. 2015년 말 국민연금 가입자는 2,160만 명에 달하지만 수급권자는 383만 명이며, 노령연금 수급자도 가입기간이 일천하여 개인별로 받는 연금액이 미미한 편이다. 그동안 기금수입은 징수된 보험료 403조 원과 운용수익을 포함하여 638조 원에 달하는데 지출은 연금 120조 원을 비롯하여 126조 원이다. 그 결과 512조 원의 거액이 기금으로 적립되어 있으며 대부분은 금융자산의 형태로 국내외에서 운용된다.

이러한 적립금의 증가는 향후 계속되어 2043년 2,560조 원에 이를 것이나 그 후 연금지급이 본격화됨에 따라 급격히 감소하여 2060년에는 완전히 소진될 것으로 전망된다.

이와 같은 국민연금의 누적되는 흑자 등 사회부담금의 증가는 가계의 가처분소득을 제약하는 효과를 낳고 있다. 한국의 가계저축률은 1988년 24.7%에 달하여 같은 기간 OECD 평균 11.3%를 크게 웃돌았으나 2010년에는 3%대로 하락하여 같은 기간 OECD 평균 6.8%보다 크게 밑돌았다. 즉, 가계의 저축여력 중 상당 부분이 국민연금의 적립금으로 이전된 것이다.

노령연금을 적립방식으로 운영하더라도 결국은 실질적으로 세대 간 부조의 성격을 면할 수 없는바 사회의 고령화 현상은 그러한 측면에서 향후 연금제도 운용에 중요한 의미가 있다. 한국은 전체인구 중 노령인구가 7% 이상을 차지하는 고령화사회에 진입하였으며 2019년에는 노령인구가 14%를 상회하는 고령사회를 지나 2026년에는 노령인구가 20%를 넘는 초고령사회로 급속하게 진입할 것이 예상된다. 이는 평균수명은 길어지는 반면 출산율은 하락하는 인구구조의 변화에 기인한 것이다.

그 결과 2010년에는 생산가능인구 6.6명이 1명의 노령인구를 부양했으나 2026년에는 3.2명의 생산가능인구가 이를 담당해야 할 것으로 보인다. 이는 국민연금제도의 장래에 중요한 의미가 있는 상황이다.

연금기금의 운용과 관련하여 또 하나의 논의는 기금이 주식시장에서 취득하여 보유하는 주식의 의결권을 행사하는 문제이다. 국민연금과 같은 기관투자자가 투자기업의 사회적 책임이나 지배구조 등과 관련하여 적극적인 의결권 행사를 권장하는 국제적 견해가 있지만, 한국의 자본시장 규모에 비하여 엄청나게 커다란 규모의 자금을 보유한 국민연금이 적극적인 의결권 행사로 기업에 대한 정부의 영향력을 발휘하는 것은 사실상 연금사회주의와 다름없다는 비판 등 엇갈린 견해가 존재한다.

국민의 노후생활을 보장하는 연금제도는 국민연금 외에 사용자인 기업이 운영하는 퇴직연금이 있으며 그 밖에 개인이 금융기관에 개별적으로 가입하는 개인연금 등을 활용할 수 있다. 이를 노후생활의 3층 보장체계라고 부르기도 한다. 기업연금은 확정급여 또는 확정기여의 방식으로 운영되며 한국에서는 종전의 퇴직일시금제도에 갈음하여 퇴직연금제도의 운용이 가능하도록 2004년 법률을 제정하여 단계적으로 시행하고 있다.

공무원, 군인 및 학교교직원 등 특수직역 종사자에게는 국민연금과 별개의 연금제도를 적용하는데 이는 국민연금과 기업연금을 결합하여 운영하는 성격을 가진다. 다른 OECD 회원국의 경우를 살펴보면 한국과 같이 국민연금과 분리된 공무원 연금제도를 운영하는 나라와, 공무원도 국민연금에 함께 가입도록 하면서 별도의 2층 보장체계로 퇴직연금제도를 운영하는 나라로 혼재한다.

국민이 빈곤으로 떨어지게 되는 또 하나의 위험은 본인이나 가족이 질병이나 부상으로 치료를 받으면서 과다한 진료비를 부담하는 경우이다. 이러한 위험에 대비하여 평소에 보험료를 납부하고 병원의 치료가 필요한 경우 치료비의 상당 부분에 해당하는 보험급여를 받을 수 있도록 하는 사회보장제도가 건강보험제도이다.

국민이 필요 시 병원 치료를 받도록 보장하는 제도는 사회건강보험(*social health insurance*)의 방식 외에 정부가 조세수입에 의한 일반재정으로 모든 국민에게 무상으로 의료를 제공하는 국민보건서비스(*national health service*) 방식도 있다. 이 경우 의료기관의 상당 부분이 사회화 또는 국유화되어 있으며 영국, 스웨덴 및 이탈리아 등이 이러한 제도를 채택한다.

사회보험 방식을 채택하는 대부분의 국가에서는 의료조합 등 자치적 기구를 통하여 보험방식의 의료보장을 제공하지만 한국과 대만은 국가기관이 국민 전체의 건강보험을 관리, 운영하는 국민건강보험(*national health insurance*) 방식을 채택하고 있다.

한국은 1977년 의료보험제도를 도입하여 단계적으로 확대하면서 전국에 직장조합과 지역조합을 다수 설립했으나 2000년 법률 개정을 통하여 의료조합을 해산하고 국민건강보험공단으로 보험기구를 통합했다.

미국은 노인이나 장애자 또는 극빈자 등에 대하여 메디케어(Medicare) 및 메디케이드(Medicaid) 등 정부가 의료보호제도를 운영하지만, 나머지 대부분의 국민은 민간 보험회사에 의료보험을 가입도록 하는 민영의료보험(*private health insurance*) 을 시행한다. 이러한 민영보험은 보험회사가 만성질환 환자의 가입을 거부하고 싸구려 보험의 경우 실질적 의료수혜가 어려운 등의 문제로 과거 국민 중 약 4천만 명 이상이 의료보험을 갖지 못하고 질병위험에 노출되는 상황에 있었다. 이를 개선하기 위하여 오바마(Barack Obama) 대통령이 추진한 의료개혁을 2010년 입법하여 의료보험 가입을 의무화하고 보장한도를 철폐하는 등의 내용으로 〈오바마케어〉(Obamacare) 를 시행했다.

한국의 건강보험제도는 대표적인 보편적 복지의 내용을 담고 있다. 보험료(기여금) 는 소득에 따라 부과되지만 모든 가입자에게 동일한 의료보장이 제공되어 소득재분배의 기능을 수행한다. 건강보험 가입자가 납부하는 보험료는 직장 가입자와 지역 가입자에 따라 산정방법이 다르다.

직장 가입자는 보수월액에 보험료율을 곱하여 산출한 금액을 본인과 사용자가 50%씩 부담하며, 지역 가입자는 소득과 재산 등을 점수화하여 점수당 금액을 곱하여 산정한 금액을 본인이 납부한다. 따라서 재산은 많으나 직장에서 수령하는 소득이 적은 사람이 퇴직하면 소득을 상실하였는데도 보험료는 대폭 인상되는 상황이 생길 수 있다. 정부는 보험료 수입의 20%에 해당하는 금액을 건강보험공단에 지원한다. 단상과 고찰 8

한국사회의 고령화가 진행되면서 중풍, 치매 등 노인성 질환이 증가하고 환자를 돌보기 위한 가정의 부담이 심각한 경우가 많이 발생하고 있다. 이러한 문제의 해결을 위하여 2008년 노인 장기요양 보험제도를 도입했다. 노인성 질환 환자에게 요양시설에서 치료를 받거나 가정에서 방문요양 서비스를 제공받을 수 있으며 필요한 재원을 확보하기 위하여 건강보험료의 일정 비율을 가산하여 징수한다.

실업보험(*unemployment insurance*) 또는 고용보험은 노동자가 직장을 잃으면 본인과 가족의 생활을 영위하기 어려우므로 본인의 뜻과 달리 직장을 잃은 실업자의 생활안정을 도모하면서 재취업을 촉진하기 위한 사회보장제도이다. 실업보험제도는 경제의 심각한 불황으로 실업이 만연할 때 저소득계층에 대한 생계지원과 사회적 안정을 도모하기 위한 정책의 일환으로 많은 나라에서 도입되거나 확장되었다. 미국은 1935년 대공황 기간에 실업보험제도를 도입하였고 한국에서는 1995년 도입된 고용보험제도를 1998년 IMF 경제위기 와중에 모든 직장인에게 적용을 확대한 바 있다.

실업보험은 가입자가 실직하였을 경우 일정 기간 실업급여를 지급하면서 새로운 일자리를 얻을 수 있도록 구직활동을 지원한다. 이 경우 필요한 직업훈련 등을 제공하여 개인적 차원에서뿐 아니라 국민경제 전체적으로도 인력의 과잉 부문에서 부족 부문으로, 사양산업에서 신흥산업으로 원활한 자원의 재배치를 통한 구조조정을 촉진한다.

한국의 고용보험제도는 65세 이후 새로 취업한 직장인과 공무원 등 특수직역 직장인을 제외하고 모든 직장인을 가입대상으로 하며 외국인 근로자, 일용 근로자 및 자영사업자도 고용보험의 혜택을 받을 수 있다. 실업자에게 실업급여를 제공하여 생활안정을 지원하는 사회보장제도의 역할과 함께 재취업을 촉진하기 위한 취업알선과 고용안정을 위한 사업 및 직업능력개발사업 등 적극적인 노동시장정책을 고용보험제도에서 통합하여 시행한다.

고용안정사업은 사업주가 근로자를 감원하지 않고 고용을 유지하거나 실업자를 채용하여 고용을 늘리는 경우 그 비용의 일부를 지원한다. 직업능력개발사업은 사업주가 근로자에게 직업훈련을 실시하거나 근로자가 자기 계발을 위하여 훈련을 받는 경우 사업주 및 근로자에게 일정 비용을 지원한다. 실업급여(구직급여)는 가입자의 퇴직 전 평균임금의 50%의 금액을 소정 급여일수만큼 지급하는데 상한액과 하한액을 두며 급여일수는 가입자의 연령과 가입 기간에 따라 차이가 있다. 실업급여를 위한 보험료는 가입자와 사업주가 절반씩 부담하지만 고용안정사업과 직업능력개발사업을 위한 보험료는 사업주가 전액 부담한다.

노동자는 작업과정 중에 사고로 인한 부상 및 사망 또는 유해한 작업환경으로 인한 직업병 등 다양한 위험에 노출된다. 산업혁명 이후 기계를 사용하는 공업화가 진행되면서 제조업에서 산업재해가 급속히 증가하였으며 광업, 건설업 및 운수업 등 여러 분야에서 발생했다. 노동자와 그 가족의 생활에 심각한 타격을 초래하는 산업재해가 대규모로 발생하여 사회문제가 되는 경우도 적지 않았다. 또한 많은 질병의 원인이 노동자의 작업환경에서 발견되었으며 새로운 산업이 생겨나면서 산업재해의 종류도 증가했다. 노동자의 열악한 근로조건을 개선하고 산업재해를 당한 노동자를 보호하여 노동자의 인간적 존엄과 권리의 회복을 추구하는 노동운동과 사회운동이 확산되었으며 노사 간 대립을 초래했다.

서방 산업국가의 정부는 산업평화의 확립을 위하여 이러한 상황의 개선이 필요하다는 공감대를 자본가로부터 이끌어내어 노동자를 산업재해로부터 보호하기 위한 각종 노동자보호제도를 도입했다. 그중 중요한 것은 산업재해를 예방하기 위한 산업안전보건제도와 산업재해를 당한 노동자에게 사회적 보호를 제공하는 산재보험이다.

산업안전보건제도는 노동자의 작업과 관련된 안전과 보건에 관한 기준을 세워 그 책임의 소재를 명확히 하는 동시에 쾌적하고 안전한 작업환경을 조성하여 산업재해를 예방하는 제도이다. 산업재해의 발생원인은 사용자 측에서 사고예방이나 안전

대책을 제대로 갖추지 못했기 때문일 수도 있고 노동자의 피로나 부주의에 의한 실수 또는 작업의 미숙련 등에 기인할 수도 있다. 정부는 산업안전보건에 관한 기준과 책무를 사용자와 노동자에게 제시하고 그 이행을 감독한다.

산재보험은 산업재해를 당한 노동자와 가족을 보호하고 보상을 제공하는 책임을 국가가 담당하는 사회보험의 하나이다. 한국의 산재보험제도는 산업화 추진에 즈음하여 1964년 사회보험제도 중 처음으로 도입되었다. 〈근로기준법〉상 사용자의 재해보상책임을 보장하기 위하여 국가가 사업주에게서 소정의 보험료를 징수하여 조성한 재원으로 사업주를 대신하여 산업재해를 당한 노동자에게 보상하는 제도이다. 업무상 재해를 입은 노동자에게 지급되는 보상은 요양급여, 휴업급여, 장애급여 및 유족급여 등이다. 업무상 재해는 사용자의 고의나 과실 유무를 불문하는 무과실 책임이다. 보험료는 전액 사업주가 부담하며 재해발생 등 개별 실적에 따라 차이가 난다.

공공부조는 빈곤상태에 있는 국민의 최저생활을 보장하고 스스로 빈곤을 극복할 수 있도록 정부 및 지방자치단체의 책임으로 지원하는 제도를 의미한다. 즉, 생활능력의 상실 또는 다른 이유로 최저생활을 영위하지 못하는 사회구성원을 보호하여, 최저생활을 보장하고 생활능력의 회복을 지원하여 빈곤에서 벗어날 수 있도록 국가나 지방자치단체가 제공하는 직접적이고 최종적인 경제적 보호제도라고 할 수 있다.

과거에는 빈민의 구제가 부자나 종교기관의 시혜적 자선행위이거나 대규모 자연재해 등으로 발생한 이재민에게 정부가 사후적으로 제공하는 응급적이고 일시적인 구호조치 등이었으나 19세기 말부터 서구 산업국가에서 빈곤에 대한 국가책임을 인정하기 시작하여 여러 나라로 확산되었다.

한국에서는 1961년 〈생활보호법〉을 제정하여 고령자, 미성년자 및 장애인 등 근로능력이 없는 영세민을 대상으로 생활금품을 지급하거나 시설보호를 제공하는 등 제한된 빈곤대책을 시행했다. 국가의 경제력이 향상됨에 따라 의료보호 등 지원의 내용을 확충했다.

2000년 IMF 경제위기를 극복하는 와중에 대규모 실업사태 등으로 사회적 안전망에 대한 국민적 공감대가 형성됨에 따라 기존 〈생활보호법〉을 〈국민기초생활보장법〉으로 대체하여 저소득층에 대한 국가책임을 강화하는 종합적 빈곤대책으로 전환했다. 국민기초생활보장제도의 특징은 과거의 생활보호제도와 달리 연령이나 근로능력 등 인구학적 기준과 관계없이 가구소득이 최저생계비 이하이고 가족의 부양을 받을 수 없는 모든 가구에 대하여 국가적 보호를 제공한다는 점이다.

가구소득은 소득과 재산을 소득으로 환산한 금액을 합산하여 산출하며 최저생계비와 가구소득의 차이를 보충하기 위하여 지원한다. 기초생활수급자로 인정된 가구에는 생계, 주거, 의료 및 교육 등의 급여를 제공하며 최저 생활수준을 조금 상회하는 차상위계층에도 일부 지원한다. 기초생활수급자는 2009년 전체 국민의 3.2%에 해당하는 약 157만 명에 달했으나 2014년 2.6%, 약 133만 명으로 감소했다.

현재 한국에서 빈곤문제가 제일 심각한 계층은 노인이다. 과거에는 노인의 부양이 가족관계에 의하여 이루어졌으나 부부 단위의 핵가족 중심으로 변화되면서 가족에 의한 노인부양은 점점 어려워지고 있다. 지금의 노인은 자신의 부모를 부양했으나 자식으로부터 부양받기를 기대하기는 어려워진 것이다. 많은 노인이 자녀양육 등 지출로 자신의 노후를 대비하지 못하였고 국민연금제도도 그 시행이 일천하여 혜택을 받을 수 없는 상황이다. 이러한 과도기적 어려움에 처한 노인들에 대한 지원을 다소나마 보강하기 위하여 2007년 기초노령연금을 도입하고 2014년 기초연금으로 전환했다.

단상과 고찰 8: 영리병원과 국민건강보험

현재 한국에서 국가나 공공기관이 아닌 민간에서 병원을 개설하는 방법은 의사 본인이 설립하는 개인병원과 비영리법인이 운영하는 병원에 한정된다. 즉, 영리를 목적으로 하는 회사의 형태로는 병원에 투자가 불가능하다.

이러한 제약으로 말미암아 의료시설의 확충 및 첨단화가 부진하고 고급인력 유치가 제한적일 수밖에 없어 의료산업의 발전이 늦어진다는 지적과 함께 주식회사 형태 등의 영리의료법인이 병원을 운영할 수 있도록 허용해야 한다는 주장이 계속되었다.

영리법인이 병원을 설립하지 못하도록 제한하는 나라는 한국, 일본 등 일부 국가뿐이며 한국도 병원설립에 관한 정책을 바꿀 때가 되었다는 것이다. 또한 앞으로 국민경제의 발전을 위해서는 서비스업의 경쟁력을 강화하는 것이 중요한데 의료산업의 개혁은 그 핵심사항이라고 주장한다. 영리의료법인의 허용으로 의료서비스의 품질이 향상되면 국내외 수요가 확대되어 외국인 의료관광 유치에 도움이 될 뿐 아니라 의료계 종사자의 고용확대 및 연관산업으로의 파급효과를 통해 경제 전반에 이익을 가져올 것이라는 입장이다.

이에 대하여 영리의료법인의 도입은 의료기관 간의 치열한 경쟁으로 병원의 고급화, 인건비 인상 등에 따른 의료비 상승이 불가피할 것이며 이는 현재의 국민건강보험제도 붕괴로 이어질 것이라는 반대의견이 강력하게 제기되고 있다. 즉, 현재의 건강보험제도는 당연지정제에 따라 모든 의료기관이 건강보험공단과의 계약을 체결하고 모든 보험 가입자에게 의무적으로 의료서비스를 제공한다. 또한 의료수가를 정부에서 책정하고 제공된 의료서비스 및 진료비의 적절성을 심사하는 제도이므로 영리추구를 위한 의료행위가 어렵다. 따라서 영리병원의 출현은 당연지정제의 폐지를 전제로 하여야 하는데 이는 의료산업의 급격한 구조조정을 거쳐 공공 의료서비스의 기능이 크게 약화되는 결과를 초래할 것이라는 주장이다. 이처럼 영리병원과 건강보험계약병원으로 차별화된 의료시스템은 소득계층 간 의료서비스의 격차를 심화시키고 무리를 해서라도 좋은 의료서비스를 받고 싶어 하는 저소득층에게 의료비의 부담을 가중해 빈곤으로 몰아가는 결과를 초래할 것이라고 우려한다. 한국의 건강보험시스템은 능력에 따라 보험료를 부담하고 필요에 따라 동일한 의료서비스를 제공받는 보편적 복지의 바람직한 제도인데 이를 손상시킬 수 없다는 것이다.

이러한 양측의 대립적 입장은 성장주의와 평등주의의 전형적 모습이다. 현재의 사회적 분위기는 그동안 신자유주의적 정책의 결과 소득분배가 악화하여 양극화 현상에 대한 정치적, 사회적 갈등이 고조된 상황이므로 영리병원의 주장을 관철하기는 쉽지 않아 보인다. 이는 대학의 기여입학제 논란에서도 나타나는 현상이다. 의료와 대학교육에 보다 많은 재원을 투자할 수 있다면 바람직하다. 그러나 국민이 돈이 없어서 좋은 치료를 받지 못한다든가 부모의 재력 부족으로 원하는 대학에 갈 수 없다는 좌절은 사회에 대한 불신과 갈등을 더욱 부채질할 것이라는 우려도 외면할 수 없다. 경제적 효율과 사회적 연대라는 두 가지 가치를 어떻게 선택하고 어떻게 조화할 것인지 고민하지 않을 수 없는 문제인 것이다.

한편 정부는 이에 심사숙고하는 모습을 보였으나 현재로는 영리병원의 도입을 부정하는 입장을 공식화했다. 다만 제주특별자치도와 경제자유구역에서 외국인 투자에 의한 외국의료법인을 설립하여 외국인 관광객과 외투기업종사자 등에 대한 의료서비스를 제공할 수 있도록 영리의료법인의 설립을 극히 제한적으로 허용하였는데 영리병원 반대론자는 이를 단계적 전략이라고 경계하는 한편, 국내 의료계는 내국인에 대한 역차별이라고 비판하는 양상이다.

5. 재정의 기능, 규모와 적자재정

재정(財政)의 규모나 운용방향을 결정하는 가장 중요한 요소는 정치적 과정이다. 민주주의 국가에서는 정기적으로 선거를 통하여 정치권력을 담당할 사람을 선출한다. 이러한 선거에서 후보는 자신의 공약을 내세워 국민의 선택을 받으며, 공약의 이행은 재정을 통하여 실현되기 때문이다. 선거과정을 통하여 수렴된 국민의 요구와 필요를 실천하는 재정은 다양한 이해관계를 정치적으로 조정하는 기능을 수행한다. 또한 재정을 운영하는 핵심적 절차인 예산을 의회에서 확정토록 함으로써 국민의 대의기관인 의회가 행정부를 통제하는 중요한 수단을 제공한다.

경제적 측면에서 재정이 수행하는 기능으로는 자원배분과 소득재분배기능 및 경제안정과 성장기능으로 나누어 생각할 수 있다.

자원배분기능은 민간의 시장활동으로 이루어지는 자원의 배분이 효율적이지 못한 상황을 개선하는 역할을 의미한다. 시장에서 개인의 수요를 반영하여 담배나 술 등 기호품은 과다하게 생산, 공급되지만 교육이나 의료서비스 등은 부족하다면 이는 재화나 서비스의 외부성이 반영되지 못한, 사회적으로 바람직하지 않은 비효율적 현상이라고 할 수 있다. 정부는 술, 담배 등 기호품에 대한 세금을 인상하고 교육 등에 보조금 등을 지급하는 재정제도의 운용으로 시장의 재원배분을 더 효율적으로 개선할 수 있다.

소득재분배기능은 민간의 시장활동에 의한 소득의 분배가 심각하게 불평등한 경우 정부가 고소득자에게 누진세율에 의하여 높은 소득세를 징수하거나 사치품에 대하여 특별소비세를 징수하는 한편, 저소득계층을 위해서는 사회복지를 제공하는 재정지출을 통하여 소득 격차를 완화하는 사후적 조정을 의미한다.

재정의 경제안정기능은 경기변동에 따라 작동하는 자동안정화 경로와 재량적 재정정책으로 경기변동을 완화하기 위한 정부의 정책적 노력으로 나누어 생각할 수 있다. 자동안정화 경로는 경기변동에 따라 자동으로 조세수입이나 재정지출이 증감되어 경기변동을 완화하는 작용을 한다고 믿는 것이다. 호황에는 소득세, 소비세 등이 많이 징수되고 실업보험 등 사회보장성 이전지출이 감소하며 경기침체 기간에는 반대의 현상이 생기는 것을 근거로 한다.

재량적 재정정책은 경기변동에 따라 정부가 적극적으로 세율과 재정지출을 변경하여 경기변동 완화를 추구하는 것이다. 케인스는 재정지출의 승수효과로 재정지출 증가나 감소의 몇 배에 해당하는 국민소득의 증감을 유도할 수 있다면서, 심각한 불황 국면에는 적자재정을 통하여 유효수요를 창출토록 함으로써 경기침체의 고통을 완화하는 방안을 제안했다.

이에 대해 경제학자들은 재정의 경제안정화 기능에 의문을 표시하고 많은 논란을 제기했으나, 대부분의 정부는 이러한 정책을 채택한다. 최근 글로벌 금융위기를 극복하는 과정에도 많은 정부가 적극적인 재정지출 확대의 방법으로 대응했다.

재정은 사회간접자본의 건설로 경제활동을 뒷받침하는 것 외에도 재정지출을 통하여 중소기업, 고도기술산업 및 고용 효과가 큰 산업 등을 지원하는 산업정책을 시행하여 국민경제의 성장을 촉진하는 기능을 한다. 또한 무역자유화 등 경제개방 과정에서 피해를 보는 산업이나 노동자 등에 적절한 보상을 제공하는 재정지출을 통하여 국민경제의 원활한 구조조정을 촉진한다.

정부의 경제적 역할이 확대되는 혼합경제체제에서 정부규제 및 공기업의 증가와 함께 재정의 규모도 확대를 계속했다. 재정의 확대는 절대적 금액뿐 아니라 국민경제에서 재정이 차지하는 비중도 급격한 증가를 초래했다.

많은 경제학자는 이러한 재정의 확대가 국민경제의 비효율을 초래하는 원인이라 지목하면서 국민경제에서 재정의 비중을 감소시키는 작은 정부로의 전환을 주장하고 있다. 이에 따라 정부의 경제적 역할을 축소하고 국민경제의 시장기능을 회복하는 신자유주의적 경제개혁으로 정부규제를 정비하고 공기업을 민영화하는 정책은 괄목할 만한 진전을 이루었지만 재정 규모는 오히려 증가를 계속했다. 1990년까지는 재정의 확대가 급속하게 진행되었으나 그 이후로는 증가속도가 둔화하였지만 2013년 OECD 회원국의 GDP 대비 재정지출의 비중은 평균 40%에 달했다.

한편으로는 세계경제의 글로벌화가 확산되어 자본의 이동성이 커짐에 따라 기업이 생산활동의 장소를 선택함에 있어 조세부담이 중요한 고려사항의 하나가 되고 있다. 즉, 다국적기업에 의한 조세쇼핑(*tax shopping*)이 행해지는 것이다. 다수의 정부가 해외기업을 유치하고 자국기업의 해외 이전을 막기 위하여 소득세나 법인세 세율을 인하하는 등 세금경쟁의 사례도 생기고 있는바 이러한 현상은 재정수입의 제약을 초래한다. 그러나 대부분 정부는 재정지출을 감축하는 대신 적자재정을 통하여 재정 규모와 정부역할을 유지한다.

국민경제 규모가 성장함에 따라 정부지출이 국민소득에서 차지하는 비중이 증가하는 경향은 현대 국가에서 오래전부터 관찰된 현상이다. 이처럼 정부지출이 지속해서 증가하는 원인에 관하여 다음과 같은 여러 가지 설명이 있다.

첫째는 민주주의의 발달이 정부지출의 증가를 초래하였다는 정치경제론적 설명이다. 정부지출은 조세수입에 의하여 충당되므로, 조세 부담이 상대적으로 큰 고소득층은 낮은 수준의 정부지출과 공공재의 공급을 희망하고 조세 부담이 작은 저소득층은 더 높은 수준의 공공재 공급을 희망한다. 그러나 시장경제의 발달에 따라 소득분배의 불평등이 심화되고 저소득층에 속하는 유권자의 숫자가 증가한다. 따라서 다수의 지지를 확보하기 위한 정치인의 경쟁의 결과 정부지출은 계속 증가한다는 설명이다.

둘째는 경제가 성장함에 따라 정부가 공급하는 교육, 보건 등 공공재의 수요가 증가하며 저소득층에 대한 보호 등 사회적 서비스의 필요성이 커지므로 정부지출의 국민소득에 대한 탄력성이 1보다 크다는 설명이다. 즉, 정치적 과정이 아니더라도 정부지출은 경제의 성장보다 빠른 속도로 증가하는 속성을 가지고 있다는 설명이다.

이 밖에도 전쟁, 천재지변, 경제위기 등 위기상황에는 정부지출이 급격히 증가하지만 이러한 상황이 종료된 다음에도 채무변제 및 복구사업 등으로 정부지출의 상대적 비중이 원래의 수준으로 복귀하지 못하고 일단 높아진 수준에서 다시 지속해서 증가하는 추세를 보인다는 설명, 그리고 정부 부문과 민간 부문의 효율성의 차이가 정부지출의 증가를 초래한다는 설명 등이 그것이다.

즉, 시장에서 공급되는 재화나 서비스의 생산비용은 빠르게 하락하는데 정부 부문은 생산성이 정체되어 생산비의 절감이 이루어지지 못하므로 정부지출이 증가한다는 것이다. 현실적으로는 어떤 정부지출에 의하여 이익을 보는 사람이 소수이고 각자에게 귀속되는 이익이 클수록 그들이 결성한 이익집단의 로비 때문에 그 지출항목이 우선적으로 채택되는 경향도 정부지출 증가의 원인이 된다.

일반적으로 국민이 정부를 마치 자기들의 모든 생활을 돌보는 보호자처럼 생각하는 경향이 있는 것도 정부지출 증가의 원인이 된다. 국민의 이러한 착각과 행태는 정부의 공공재 공급확대가 정부지출의 증가로 이루어지며 늘어나는 조세 부담을 의미한다는 인식이 부족하기 때문이다. 정치인은 이러한 인식을 가진 국민으로부터 지지를 얻기 위하여 경쟁적으로 무분별하게 공공재 공급을 확대하는 공약을 제시하면서도, 이로 인한 반발을 우려하여 세율의 인상은 못 하기 때문에 조세수입을 초과하는 정부지출로 말미암아 재정적자가 초래된다.

이처럼 재정적자는 정부지출의 증가로 인한 결과이기도 하지만 국민이 정부지출의 증가에 대하여 둔감하게끔 하기도 하는데 이는 당장 조세 부담이 증가하지 않으면서 더욱 많은 혜택을 누릴 수 있기 때문이다.

재정운영에 대한 전통적인 생각은 수입의 범위에서 지출이 이루어지는 균형재정이었다. 전쟁 등 비상상황에는 일시적으로 국채발행을 통한 적자재정이 집행되는 경우도 있지만 일반적 시기에는 재정의 수지가 균형을 유지하도록 노력했다.

이러한 균형재정의 배경에는 당시의 화폐제도에 의한 제약에 기인한 바도 적지 않았다. 서방 선진국은 1차 세계대전 발발 이전까지 금본위제도를 택하였는데, 금의 보유량에 따라 화폐발행이 제한되는 여건 아래에서는 통화량이 제한되므로 재정지출을 늘리기 어려웠다. 그러나 금본위제도가 포기되면서 패전국인 독일에서는 전쟁보상금의 지급 등으로 인한 재정적자와 통화량 증발로 말미암아 미증유의 초인플레이션이 초래되어 극심한 고통을 겪기도 했다. 그 후 몇몇 국가에서 회복을 시도했던 금본위제도는 대공황을 겪으며 완전히 종언을 고하였다.

케인스는 극심한 불경기를 극복하기 위하여 정부가 적자재정으로 유효수요를 창출할 것을 제안하여 경기안정의 관점에서 재정을 운영하는 기능적 재정의 발판을 제공했다.

2차 세계대전이 끝난 후 미국달러의 가치를 금과 연계한 고정환율제도를 운용했으나 미국의 베트남전쟁 수행과 복지재정 확충으로 증가된 재정적자가 국제수지 적자로 이어지면서 미국달러에 대한 국제신뢰가 훼손되어 고정환율제도는 붕괴했다.

새로운 변동환율제도 아래에서는 대부분 국가의 통화발행이 중앙은행의 재량에 따르므로 정부는 더욱 자유롭게 재정적자를 통하여 정부지출을 늘릴 수 있게 되었다. 중앙은행이 정부가 발행한 국채를 매입하여 보유하고 이를 금융시장에서 거래하며 통화정책의 수단으로 활용함에 따라, 국채는 금융시장에서 중요한 금융상품으로 자리 잡았으며 금융시장의 성장에 기여하는 역할도 있었다.

한편, 2차 세계대전 이후에 등장한 복지국가의 개념은 사회복지확충을 위하여 더욱 많은 정부지출을 해야 하였고, 이에 따라 케인스가 제안한 경기안정 목적의 재정적자는 복지재정 확충을 위한 수단으로 변질했다.

이처럼 정부의 경제적 역할이 확대되면서 빚어진 1970년대 스태그플레이션을 극복하는 과정에서 미국은 금융시장에서는 강력한 통화긴축을 집행하면서도 감세정책 등으로 재정적자는 오히려 확대했으며 이로 인하여 재정적자와 국제수지적자의 쌍둥이 적자 상황이 빚어지기도 했다. 이러한 재정적자로 말미암아 당시 볼커 FRB 의장 주도로 시행된 긴축정책은 더욱 강화되지 않을 수 없었고 과도한 금리인상 등으로 미국 경제와 세계경제에 심각한 고통을 일으킨 것으로 평가되기도 한다.

이와 같이 여러 나라의 재정운영이 만성적 적자를 지속하고 국채발행이 누적되면서 통제하기 어려운 수준이 됨에 따라 1980년대부터 건전재정의 필요성에 대한 의견이 점증했다. 선진국의 재정적자 대부분이 사회복지 지출의 증가에 기인한다는 사실은 고령화의 진전에 따라 재정적 압박이 더욱 심화될 것을 예고하였으며 이러한 재정적자는 자본시장에서 민간투자를 저해하는 원인으로 지목되었다.

이에 따라 기존의 사회복지를 조정하는 등의 정책적 노력이 있었지만 사회복지 지출의 증가를 요구하는 정치적 압력으로 그 성과에는 한계가 있을 수밖에 없었다. 여러 나라의 정부는 재정적자를 관리하기 위하여 나름대로 재정준칙을 제정하여 시행하기도 했다. 예를 들어 EU는 유럽통화동맹(European Monetary Union: EMU) 결성과 유로(euro)화 도입에 즈음하여 회원국 정부의 유럽중앙은행(European Central Bank: ECB) 차입금지, 재정적자 및 정부부채의 상한 설정 등을 시도했다. 미국은 연방정부와 주정부의 연간 재정수지 균형을 위한 목표를 설정하는 한편, 의회가 연방정부의 국가채무 한도를 제한했다.

이러한 노력으로 정부지출의 증가세가 둔화하고 재정적자의 규모가 감소하는 등 개선의 모습이 나타나기도 했지만 2008년 발발한 글로벌 금융위기에 이어진 경기침체를 극복하는 과정에 다시 재정적자는 확대되고 국가부채가 급증하는 상황이 재개되었다.

미국의 경우 2013년 부득이한 정부지출의 증가로 말미암아 국가채무 한도의 증액이 필요한 국면에 직면했는데 의회의 승인이 어려워져 국가부도와 정부기능 마비가 초래되는 재정절벽의 상황이 빚어지기도 했다. EU는 2012년 일부 회원국의 국가부도위기와 함께 유로체제의 붕괴가 우려되면서 ECB가 회원국의 국채를 매입하기로 정책을 수정했다. OECD 회원국의 국채발행 규모의 GDP에 대한 비율은 2014년 현재 평균 110%를 상회하며 일본은 약 230%로 세계에서 가장 높은 수준인바 한국은 38%로 비교적 관리 가능한 규모라고 할 수 있다.

국가채무와 관련하여 논의되는 사항 중 하나는 재정적자로 인한 국가채무가 미래 세대에게 상환의 부담을 전가하는 무책임한 행동이라는 도덕적 비판이다. 세대 간 부담 전가를 어떻게 이해할 것인가는 여러 견해가 있을 수 있지만 현재의 세대가 생산한 이상으로 소비함에 따라 미래세대가 그만큼 소비를 줄여야 하는 부담을 진다는 의미가 타당하다고 보인다.

따라서 정부가 재정수입을 초과하여 지출하여도 민간 부문이 소득에서 소비 및 투자지출을 차감한 잉여재원으로 국채를 매입한 것이라면, 현재 세대가 생산한 범위에서 지출이 이루어진 것이므로 세대 간에 부담이 전가되었다고 보기는 어렵다. 이러한 경우 정부의 재정적자에 불구하고 국민경제의 국제수지는 균형 또는 흑자를 유지한다는 특징이 있다. 일본의 경우 막대한 재정적자와 국가부채에도 불구하고 국제수지는 흑자기조를 유지한다.

다음으로 정부 부문의 재정적자와 함께 민간 부문도 활발한 투자지출이 저축을 상회하는 경우, 국제수지의 적자가 발생한다. 그러나 정부 부문의 사회간접자본 투자와 민간 부문의 산업설비 투자로 말미암아 빚어진 결과라면 지금의 세대가 미래세대에게 외채와 함께 생산능력을 조성하여 넘겨주는 것이므로 채무상환의 부담만을 넘겼다고 할 수 없다.

한국의 경우 경제개발 기간에 협의의 정부는 균형재정을 유지하고 민간 부문은 높은 저축률을 나타내었음에도 정부투자기관 등에 의한 사회간접자본 투자와 민간기업의 활발한 생산설비 투자로 인하여 장기간 국제수지의 적자가 지속된 바 있다.

마지막으로 정부의 소비성 복지지출로 인하여 재정적자가 확대되고 민간 부문도 과소비로 인하여 투자재원을 충당하기 위한 저축이 부족한 경우에는 국제수지의 적자로 인한 외채를 미래세대가 부담하거나 외채상환의 실패로 인한 경제의 파탄이 국민경제의 위축을 초래하게 된다. 다수의 중남미 국가를 비롯하여 복지재정의 과다한 팽창을 관리하지 못한 국가의 경우가 이에 해당한다.

다시 말하면 미래세대에의 부담 전가는 정부나 민간을 막론하고 과다한 소비지출로 국제수지의 적자 및 외채의 누적이 발생한 경우이다. 국민경제의 생산 범위에서 지출이 이루어져 국제수지가 균형을 유지하는 경우 또는 투자지출로 인한 국제수지 적자의 경우는 정부의 재정적자가 미래세대에 부담을 전가하는 것이라고 하기 어렵다.

재정적자 및 국가채무와 관련하여 제기되는 또 다른 논의는 정부의 채무상환능력이다. 국가채무가 과다하게 누적되면 정부의 채무상환 능력에 당연히 의구심이 생기게 되며, 특히 국채를 거래하는 금융시장은 민감한 반응을 보인다.

그러나 정부의 채무상환 능력을 단순히 국가채무의 규모로만 판단하는 것은 부적절하다. 일본의 경우 국가채무의 규모는 세계에서 제일 크지만, 민간의 저축 또한 매우 크기 때문에 대부분의 국채는 국민경제 내에서 민간 부문이 소유한다. 따라서 만기에 상환 받은 투자자는 특별한 경우가 아니면 다시 국채를 매입할 것이므로 정부는 국채의 차환발행을 통한 채무관리에 어려움이 없을 것이다. 혹시 일시적 어려움이 생기는 경우라도 국채의 대부분이 일본 엔화 표시이므로 중앙은행의 도움으로 해결할 수 있다. 즉, 일본의 국가채무는 재정운영의 경직성을 초래하는 등 문제를 내포하지만 정부의 상환능력에 대하여는 신뢰를 유지한다.

그러나 국내저축의 부족으로 인하여 국채의 대부분을 외국인 투자자가 보유하는 경우에 만기가 도래한 국채의 상환을 위하여 새롭게 발행되는 국채를 외국인 투자자가 다시 매입한다고 단정하기 어렵다. 또한 국채의 표시통화가 자국의 통화가 아니라면 중앙은행이 통화증발의 방법으로 정부의 채무상환을 지원할 수 없다. 많은 개도국의 경우 국제수지 적자를 충당하기 위한 외채 도입을 정부가 국제금융시장에서 외화표시 국채를 발행하여 추진하였는바 정부의 상환능력 부족으로 인한 외채위기가 수시로 발생했다.

그리스를 비롯하여 스페인, 이탈리아 등 유로존 국가는 일본보다 국가채무의 규모가 작지만 글로벌 금융위기에 이어진 유럽재정위기에 즈음하여 국제금융시장에서 국채의 상환능력에 대한 의구심으로 수익률이 급증하여 국채가격이 폭락한 바 있다. 이는 이들 국가의 국제수지가 적자라는 요인과 함께 이들 국채가 ECB가 발행하는 유로 표시이므로 자국의 중앙은행이 통화를 발행하여 정부의 국채상환을 지원할 수 없는 사정에 기인한 것이다.

미국은 장기간의 재정적자로 인하여 막대한 국가채무를 부담하였고 국제수지 또한 적자가 지속하여 상당한 분량의 국채를 외국인 투자자가 보유하게 되었다는 점에서 취약한 구조를 가진 듯하다. 그러나 미국 국채의 대부분은 미국달러 표시이며 미국달러는 국제거래에 통용되는 기축통화로서 대부분의 국가가 달러를 대외지급 준비자산으로 보유한다는 사실이 그 취약성을 보완하고 있다.

글로벌 금융위기는 미국에서 촉발되었음에도 불구하고 이로 인하여 세계금융시장에 초래된 금융경색은 각국이 더욱 많은 달러 유동성을 대외지급 준비로 보유하지 않을 수 없게끔 했다. 미국달러에 대한 수요가 확대되어 미국 정부가 국채의 차환발행으로 상환을 이행하기 용이하게 되었으며, 혹시 차질이 생기더라도 자국의 중앙은행인 FRB로부터 지원받을 수 있으므로 국채 상환에 대한 우려는 생기지 않고 있다.

다만 미국달러 이외의 통화가 각국의 대외지급 준비자산의 지위를 분점하게 되는 등 상황의 변동으로 국제금융시장에서 달러 자산에 대한 수요가 감소하면 달러 가치와 함께 미국의 국채 가격이 폭락하는 사태가 발생할 가능성도 배제할 수 없다.

제 3 장

기업과 정부

자본주의 시장경제를 경제체제로 채택하는 국민경제는 생산을 담당하는 기업과 소비행위의 공동체인 가계로 민간경제를 구성한다. 이와 같은 생산적 주체와 소비적 주체의 구분은 자본주의 경제의 독특한 모습이다.

자본주의 이전의 경제체제에서는 농업이나 수공업의 생산자가 자기와 가족의 노동력과 토지 등 생산수단을 결합하여 생산활동을 수행하므로 생산주체와 소비주체가 분리되지 않은 경제구조였다. 지금은 거의 소멸한 사회주의 통제경제체제에서는 사회적 공동체로서의 정부가 생산활동을 주관하므로 자기의 계산으로 생산을 담당하는 민간의 경제주체가 원칙적으로 존재하지 않았다.

1. 기업의 생성

기업 (*enterprise*) 은 생산활동을 수행하여 이윤을 획득할 목적으로 조직되는 자본의 단위이며 이러한 기업을 조직하고 출범시키는 역할을 하는 자연인을 기업가 (*entrepreneur*) 라고 한다. 기업의 설립은 기업가가 사업의 아이디어를 실현하기 위하여 자본을 동원하고 조직함으로써 이루어지므로 기업가, 사업 아이디어 그리고 자본을 기업이 출범하는 데 필요한 3요소라고 할 수 있다.

기업가의 사업 아이디어나 자본이 원래부터 기업가 자신의 것일 필요는 없다. 기업가에게 필요한 것은 사업 아이디어의 타당성을 검토하고 이를 실행하기 위하여 자본과 노동 등 생산요소를 결합하여 부가가치를 창출할 수 있도록 조직하는 추진력과 시장에서의 경쟁력을 확보하기 위한 혁신의 능력 그리고 불확실성을 감수하는 모험정신이다. 이처럼 기업가에게 요구되는 자질을 기업가정신 (*entrepreneurship*) 이라고 부르며 기업은 이러한 기업가정신이 발현된 결과이다.

이와 같이 생성된 기업은 독립적 유기체로서 시장경제 안에서 성장과 쇠퇴, 존립과 소멸을 자기의 책임으로 이루게 된다. 기업의 활동에 대한 의사결정을 내리고 이를 집행하는 기능을 경영 (*business management*) 이라고 한다. 경영의 일상적 수행을 담당하는 기관이 이사회 (*board of directors*: BOD) 이며 최종적 경영책임을 담당하는 의사결정권자가 CEO이다. 이사회에서는 몇 명의 이사가 CEO를 중심으로 함께 의사결정 기능을 수행하는데 이들을 기업의 집단적 경영인이라고도 할 수 있다.

기업의 규모가 그다지 크지 않으면 기업을 창업한 기업가가 경영을 담당하는 것이 보통이지만 기업의 성장으로 그 규모가 거대하고 구조가 복잡해지면 기업의 소유와 분리된 전문경영인으로 하여금 경영을 담당토록 하는 것이 일반적이다. 기업가를 아무것도 존재하지 않는 무의 상태에서 기업을 창업하는 모험가라고 한다면 경영자는 존재하는 기업을 키우고 관리하는 역할을 수행하는 전문적 기능인이라고도 할 수 있다.

기업을 창업하기 위해서는 먼저 사업계획을 가진 기업가의 출현이 필요하다. 사업계획은 기업가 스스로 고안할 수도 있고 다른 사람의 아이디어를 빌려 구체적으로 구상하고 실천할 수도 있다. 중요한 것은 사업 아이디어가 시장에서 성공할 것인지에 대한 판단인데 대부분은 과학적이고 합리적 검토보다는 기업가의 본능적 직관에 의한 접근이 많다고 한다.

사업을 시작하는 방식에는 독립창업, 프랜차이즈를 이용하는 방법과 함께 인터넷쇼핑몰이나 앱스토어 등 e-비즈니스를 창업하는 방법 등 그 형태가 다양해졌다. 소점포사업의 경우 프랜차이즈 가맹점의 방법으로 창업하면 상품, 기술, 경영노하우 등을 제공받고 상호를 사용할 수 있으므로 창업이 쉽다는 장점이 있지만, 불공정계약 등으로 위험은 크게 부담하고 수익은 적게 배분받는 등 불리한 입장에 처하는 경우도 드물지 않다.

사업계획이 구체화되면 이를 실행하는 데 필요한 자금의 규모를 산정하고 조달해야 한다. 대부분의 경우 자기가 보유한 자금으로 부족하기 때문에 신설되는 기업의 지분을 배분하는 조건으로 자본참여를 이끌어내거나, 금융기관으로부터의 신용을 제공받는 방법 등에 의존한다. 이때 투자자나 금융기관에 사업계획에 대하여 설득력 있게 설명해야 한다.

사업을 시작하는 데 필요한 자금이 확보되면 사업장과 물적설비를 구비하고 종업원을 고용하여 노동력의 투입이 가능하도록 한다. 성공한 거대 IT기업의 시작이 자신의 주택이나 주차장 등의 일부 공간이었다는 것은 널리 알려진 사실이며 이러한 형태의 소호(*small office home office*: SOHO) 창업이 성행하고 있다.

기업은 지속적, 반복적으로 이윤을 추구하는 영리활동이 개인에 의하여 수행되거나 2인 이상이 함께 출자하여 공동사업을 경영하기로 약정하는 조합의 형태일 수도 있다. 규모가 일정 이상인 경우에는 법인격을 가지는 회사를 설립하여 경영하는 것이 일반적이다. 전자의 경우는 개인이 권리, 의무의 주체이지만 후자의 경우에는 법인이 권리, 의무의 주체이고 출자자인 개인은 법률이 정한 범위에서 책임을 진다.

회사 설립을 위해서는 상법에 따른 정관의 채택 등 설립절차를 거쳐 법원(등기소)에 설립등기를 해야 한다. 관계법령에 의하여 인허가 또는 면허나 등록이 필요한 경우에는 사업을 시작하기에 앞서 이러한 인허가 등을 받아야 한다. 지속해서 재화나 서비스를 공급하는 사업자는 사업 개시에 즈음하여 세무관서에 사업자등록을 하여야 하며 이로써 본격적 경제활동을 시작할 수 있는 하나의 기업이 출범한다.

이렇게 출범한 기업은 마치 유기적 생명체처럼 성장하고 번성하기도 하지만, 병들고 소멸할 위험을 대면하는 존재로서 시장활동을 영위하게 된다. 조사에 의하면 한국의 1965년 상위 100대 기업 중 2009년까지 생존한 기업은 29개이었으며, 아직도 100대 기업으로 남은 기업은 12개에 불과했다.

정부는 국민경제의 생산부문인 기업이 건강하게 성장할 수 있는 여건을 조성할 목적으로 기업생태계에 개입하는데 중소기업 육성과 벤처기업 지원, 시장경쟁의 활성화와 경제력집중의 억제, 투명하고 합리적인 기업지배구조 개선 및 부실기업 정리 등 원활한 구조조정 지원 등을 추진한다.

2. 한국의 기업현황

통계청 조사에 의하면 전국의 종사자 1인 이상인 사업체는 2013년 말 기준 약 368만 개며 그중 90%인 약 330만 개 사업체가 서비스업 등을 영위하고, 45%인 약 165만 개 사업체는 도소매, 숙박 및 음식점의 업종에 해당한다. 제조업을 영위하는 사업체 숫자는 전체의 10%인 약 37만 개다. 농림어업 및 광업을 영위하는 사업체는 전체 사업체의 0.1%인 약 5천 개 정도이다.

고용을 기준으로 사업체 규모를 살펴보면 82%에 해당하는 약 300만 개의 사업체가 4인 이하의 종사자를 보유하고 5인 이상 100인 미만인 사업체가 18%인 약 66만 개, 100인 이상 300인 미만인 사업체가 0.4%인 약 1만 3천 개이며 종사자가 300명 이상인 사업체는 0.1%인 약 3천 개다.

조직형태로는 전체의 12%인 약 45만 개 사업체가 회사법인이고 나머지는 개인사업체 등이다. 이는 사업체 대부분이 생계형 소자본의 영세 사업체임을 말해준다.

한국의 전체 사업체 숫자는 1986년 기준 약 168만 개에서 2013년까지 약 368만 개로 약 2.2배 증가했다. 이는 한국사회의 창업에 대한 높은 관심을 나타낸다. 한국의 사업체 숫자는 같은 기간인 2013년 말 한국의 15세 이상 인구가 약 4천 2백만 명이고 경제활동인구가 약 2천 6백만 명인 것을 감안할 때 매우 많은 것이며 이는 경제활동인구 중 자영업에 종사하는 인구의 비중이 높은 데 기인한다.

2006년 기준으로 한국의 경제활동인구 중 자영업 종사자의 비중은 32.8%이었으며 이는 OECD 회원국 평균 15.8%보다 매우 높은 수준이다. 미국의 경우, 자영업에 종사하는 인구의 비중이 7.4%로 OECD 회원국 중 가장 낮은 수준이다.

기업은 재화와 서비스 등을 생산하며 국민에게 일자리를 제공하는 중요한 역할을 하므로 기업의 건강한 발전은 국민경제 전체적으로 매우 중요하다. 기업의 경영상태가 얼마나 건강한지 살펴보는 기준으로는 안정성, 수익성 그리고 성장성을 들 수 있고, 이는 대차대조표, 손익계산서 및 현금흐름표 등 기업의 재무제표 분석을 통하여 판단할 수 있다.

기업의 안정성은 기업의 재무구조가 얼마나 건전한가를 의미한다. 이는 불경기 등으로 기업경영에 어려움이 닥치는 경우에 얼마나 견딜 수 있는 상태인가를 예측하게 하여준다. 재무구조가 건전하지 못한 기업은 불경기로 매출이 부진하여 이익이 감소하고, 적자를 보면 난관을 견디지 못하고 도산할 위험이 크다.

기업의 재무구조 안정성을 파악하기 위한 지표로는 부채비율, 차입금의존도 및 유동비율 등을 주로 사용한다. 부채비율은 부채를 자기자본으로 나눈 것이다. 낮을수록 재무구조 측면에서 안정성이 크다고 해석할 수 있다. 부채비율이 낮다는 것은 총자본 중에서 자기자본이 차지하는 비중이 크다는 의미이다. 증자 등의 방법으로 자본금을 확충하거나 잉여금의 적립 등으로 내부유보를 늘리든지 차입금의 상환 등으로 부채를 감축함으로써 부채비율을 낮출 수 있다.

한국 기업의 평균 부채비율은 2014년 기준 134%이다. 1997년 400%의 높은 수준에서 IMF 경제위기를 겪은 후 기업의 구조조정 노력과 과거 외형 위주의 경영에서 수익성 위주의 경영으로 전환하여 급속히 낮아졌으며 2005년에는 101%까지 하락하였다가 다소 상승했다. 기업 규모별로 살펴보면 대기업 부채비율 127%에 비하여 중소기업은 161%로 높은 편이며 산업별로는 제조업의 부채비율이 99%로 다른 산업보다 낮은 수준이다. 외국의 제조업 평균 부채비율을 살펴보면 2009년 미국과 일본의 제조업이 비슷하게 136% 수준이었는데, 같은 해 한국의 제조업 부채비율은 110%를 기록했다.

기업의 차입금의존도는 총자본 중 차입을 통하여 조달한 자금의 비중이다. 차입금의존도가 높은 기업일수록 금융비용 부담이 가중되어 기업의 수익성이 저하되고 안정성도 악화할 우려가 크다. 2014년 한국기업의 평균 차입금의존도는 32%인데 이는 1997년 54%의 높은 수준에서 부채비율과 마찬가지로 낮아져서 2005년에는 23%까지 하락하였다가 다소 상승했다. 1998년 IMF 경제위기 와중에는 금리가 크게 상승하여 기업의 높은 차입금의존도로 말미암아 매출액에서 금융비용이 차지하는 비율이 9%에 달하기도 했다.

부채비율과 마찬가지로 기업 규모별로는 대기업보다 중소기업의 차입금의존도가 높은 편이고 산업별로는 제조업의 차입금의존도가 다른 산업보다 낮은 편이다.

영업이익을 이자비용으로 나누어 산출하는 이자보상비율은 영업이익의 추이와 차입금의존도 및 금리 수준에 따라 결정된다.

2014년 제조업 이자보상비율은 412%로 이는 2013년의 513%보다 다소 하락한 수준인바 그 원인은 제조업의 총영업이익 규모가 2013년 약 91조 원에서 약 73조 원으로 감소한 사실에 기인한다. 경제위기를 겪은 1998년에는 제조업의 이자보상비율이 68%까지 하락하였는데 이는 영업이익으로 이자도 지급할 수 없었다는 의미이다.

기업은 부채상환에 차질이 없도록 단기간에 현금화가 가능한 유동자산을 적정하게 보유해야 한다. 기업의 재무구조가 튼튼하더라도 대부분의 자산을 부동산 등 현금화하기 어려운 형태로 보유하면 부채를 상환하기 어려울 수 있다. 그런 경우에는 자산을 헐값에 매각하든지 극단적 상황에는 자산을 많이 보유한 상태에서 현금 부족으로 부채상환에 실패하여 이른바 흑자도산의 위험에 처하게 된다.

이러한 문제가 생기는 이유는 현금화가 쉬운, 즉 유동성이 큰 자산은 대부분 수익성이 낮기 때문이다. 따라서 수익성에만 치중하여 자산을 보유하는 경우에는 유동성의 애로가 발생할 우려가 크다. 유동자산을 충분히 보유하는지를 나타내는 지표는 유동비율인데 이는 유동자산의 유동부채에 대한 비율을 의미하며 유동비율이 높을수록 부채상환 능력이 양호한 것을 나타낸다.

2014년 한국 기업의 평균 유동비율은 130%이며, 대기업은 128%, 중소기업은 133%로 비슷한 수준이고 제조업 등 산업별로도 큰 차이가 없다. 한국의 경제위기가 시작되었던 1997년에는 한국 기업의 평균 유동비율이 92%에 그쳤는데 이는 대부분 기업이 금융기관의 도움 없이는 부채 상환이 용이하지 않았음을 보여준다. 당시 부동산을 과다하게 보유하여 유동성 확보가 어려웠던 기업이 먼저 도산되는 아픔을 겪었는데 이는 불황기에 금융경색이 촉발되는 경우 부동산의 매각이 어렵고 가격도 폭락하는 속성이 있기 때문이다.

기업의 수익성은 이익을 창출하는 능력을 의미하며 이는 이익의 수준과 기업의 규모 등을 고려하여 판단할 필요가 있다. 이 경우 이익이나 손실은 보통 기업의 주된 영업활동, 즉 제조 및 판매관리 활동에 의해 실현된 영업이익과 영업활동 외에 재무활동 등 다른 부문에서 발생한 손익까지 반영한 경상이익을 의미하지만, 요즈음은 영업이익에 감가상각비를 더하여 산출하는 EBITDA(*earnings before interest, texes, depreciation and amortization*)를 많이 활용한다. EBITDA는 현금지출이 없는 감가상각비를 비용에서 제외하여 기업이 영업활동을 통해 벌어들이는 현금창출능력을 보여주므로, 기업의 실질가치를 평가하는 기준으로써 의미가 있다. 특히, 제도의 차이 등으로 국가 간 기업의 이익 계산이 달라지는 요인을 제거해 준다.

기업의 수익성을 판단하는 데 널리 쓰이는 지표는 매출액영업이익률이다. 이는 영업활동의 효율성을 측정하는 지표로서 영업이익을 매출액으로 나누어 산출한다. 영업이익과 경상이익의 차이가 생기는 가장 큰 요인은 이자지급 등 금융비용이며 2014년 한국 기업의 평균 매출액영업이익률은 4.0%이고 매출액경상이익률은 3.3%이었다. 두 지표의 차이는 차입금의존도와 이자율 등에 따라 급격한 변화를 보인다. 경제위기가 발발한 1997년에는 한국기업의 평균 매출액영업이익률은 8.3%이었으나 금융비용의 급증으로 매출액경상이익률은 마이너스 0.3%의 평균 적자를 기록했다.

기업 규모별 수익성을 살펴보면 2014년 대기업과 중소기업의 매출액영업이익률은 각각 4.4%와 3.1%로 대기업의 수익성이 현저하게 높다. 제조업의 수익성을 외국과 비교하면 한국 제조업 2014년 평균 매출액영업이익률은 4.2%인데 미국과 일본의 제조업 평균 매출액영업이익률은 각각 7.8%, 4.2%로 미국의 제조업이 가장 높은 수익성을 나타냈다.

건강한 기업은 성장한다. 성장하는 기업은 장래에도 경쟁력을 가지고 시장에서 활동할 것을 기대할 수 있다. 기업의 외형적 성장은 매출액의 증가와 유형자산의 증가로 나타난다. 따라서 기업의 성장성은 매출액증가율과 유형자산증가율로 판단할 수 있다. 여기서 매출액증가율에 더욱 유의할 필요가 있다. 개별기업의 매출액증가율을 동일 업종의 평균 증가율과 비교함으로써 시장에서 경쟁력이 향상되어 시장점유율이 증대되는지를 알 수 있다.

한국기업의 2014년 평균 매출액증가율은 1.3%인데 이는 2012년 5.1%에서 2013년 2.1%로 둔화한 것에 이어 또다시 급속히 하락한 것이다. 기업 규모별로는 대기업이 2012년 5.0%에서 2013년 0.3%로 증가세가 급격히 하락하였고 2014년에는 마이너스 0.4%로 매출이 오히려 감소한 상황으로 악화했다. 중소기업의 경우에는 2012년 5.3%에서 2013년 5.6%로 매출액증가율이 상승했으나 2014년 4.4%로 둔화했다.

성장성의 위축은 제조업의 경우 더욱 심각하였는데 제조업의 매출액증가율은 2012년 4.2%에서 2013년 0.5%로 급격히 둔화한 것에 이어 2014년에는 마이너스 1.6%로 매출액이 현저히 감소했다. 즉, 매출액의 증가 둔화 및 감소 현상은 제조업 그리고 대기업을 중심으로 나타나고 있다.

3. 중소기업 육성과 벤처기업 지원

1) 중소기업의 육성

한국의 〈헌법〉은 정부에게 중소기업을 보호·육성할 책무를 규정하는데 정부가 중소기업을 보호·육성한다는 의미를 분명하게 이해하기는 쉽지 않다. 중소기업은 숫자가 많지만 사실상 거의 대부분의 기업이 영세기업이다. 그중에서 어느 정도 사업의 기반을 확보한 기업이 중소기업이며 중소기업에서 대기업으로 성장하는 기업은 그야말로 극소수에 불과하다. 모든 기업이 시장에서 치열한 경쟁을 치르지만, 대기업보다 중소기업과 영세기업은 그야말로 한 치 앞을 알 수 없는 경쟁의 와중에서 생존하고 번영하기 위하여 혼신의 힘을 다한다. 그럼에도 많은 기업이 시장경쟁에서 도태되는 것이 현실이다.

정부가 이 많은 기업이 도산하지 않고 성장할 수 있도록 해주겠다고 약속한다면 이는 불가능한 약속이다. 따라서 정부의 중소기업 육성정책은 시장에서 경쟁력을 확보하고 성장할 수 있는, 규모가 작지만 유망한 기업이 제도의 미비나 불합리한 관행 및 행태 등으로 시장에서 도태되는 경우를 방지하고 자신의 잠재력을 발휘할 수 있도록 제도나 관행을 개선하는 것이라 할 수 있다.

정부의 중소기업 육성정책에도 불구하고 많은 기업이 시장에서 경쟁과정을 통하여 도태되고 새로운 경쟁기업이 시장에 진입하는 순환과정은 계속될 것이며 이러한 경쟁과정을 통하여 개별

기업의 생산성도 향상되고 국민경제의 산업부문도 발전한다. 만약 정부가 기업 간 계약에 개입하여 특정 기업의 존립을 담보하거나 시장에서의 가격 등 거래조건을 규제한다면, 시장의 교란과 국민경제의 비효율을 초래할 가능성이 크다.

한국의 산업구조는 수출 중심의 중화학공업화를 추진하는 과정에서 대기업의 경제적 비중이 크게 증대하였으며 이로 인한 대기업과 중소기업 사이의 불균형과 경제력집중이 초래되었다. 이러한 경제구조에 대하여 중소기업 중심의 산업구조를 가진 대만의 경우와 비교하며 비판하는 의견이 적지 않다.

2차 세계대전이 종료할 때까지 한국과 마찬가지로 일본의 식민지였던 대만은 1949년 중국 본토에서 공산당에 패배한 국민당 정부가 이전하면서 모든 권력을 장악했다. 국민당 정부와 함께 이주한 소수의 본토 사람이 공공 부문을 장악하면서 인구 대부분을 차지하는 대만의 원주민은 상공업에 종사하게 되었다. 대만 정부는 이러한 민간 부문에 대하여 특별한 지원도 없지만 억압하지도 않는 불개입의 입장을 유지했다.

따라서 한국의 대기업이 정부의 지원을 힘입어 대규모 중화학공업에 진출한 것에 반하여 대만의 기업은 가족 및 친지 등을 중심으로 자력에 의한 중소기업 경영이 대부분이었다. 대만의 중소기업은 일본 기업과의 협력관계에서 임가공 및 부품 납품의 방식으로 시작한 기업이 많으며, 지금은 일본뿐 아니라 미국의 기업과도 이러한 협력관계를 유지한다. 따라서 조선이나 자동차 또는 제철 등의 대규모 산업에 투자는 드물고 전자산업도 부

품 생산 및 위탁 생산방식(*original equipment manufacturer*: OEM)
이 주를 이루었다. 최근에는 중국과의 관계가 개선되면서 선진
국 거대기업과 협력관계에 있는 대만기업이 중국에 현지법인 형
태로 생산기지를 구축하여 진출하는 사례도 증가하고 있다.

반면 한국은 중화학공업 투자를 통하여 일본 등 선진국 산업
과 경쟁관계의 산업구조를 구축하였으며 국내의 중소기업 중 대
부분은 국내 대기업과의 협력관계에서 활동한다. 개도국으로서
산업화를 추진함에 있어 선진국과 경쟁관계인 한국의 방식과 협
력관계인 대만의 방식 중 어느 것이 바람직한가에 대하여는 서
로 다른 입장이 존재할 수 있다.

중소기업이 생산하는 재화 등은 소비자에게 판매하는 상품인
경우와 다른 기업에 판매 또는 납품하는 경우로 구분할 수 있
다. 소비재인 상품은 주로 국내 소비자를 대상으로 하며 외국으
로부터의 수입이나 해외로의 수출이 그다지 큰 비중을 차지하지
않는 경우와, 국내에서는 외국으로부터 수입된 상품과도 경쟁
하고 해외수출도 적극적으로 추진하는 경우로 나뉜다.

전자의 예로는 두부, 된장 등 식품류와 제과점 등을 들 수 있
다. 이러한 부문에서 중소기업의 보호와 관련된 문제는 대기업
의 직간접 진출에 대한 규제이며 이는 중소기업의 보호와 소비
자의 선택권이라는 두 명제 사이의 절충이 필요한 사항이다. 후
자로는 완구나 게임산업 등을 예로 들 수 있는데 치열한 국제경
쟁을 극복하는 데 도움이 되도록 중소기업의 기술개발과 판로확
보 등에 대한 정부지원이 적절하게 이루어져야 한다.

한편 기업 간 거래는 중소기업이 독립적 지위에서 여러 기업을 상대로 판매하는 경우와 특정 기업에 납품하기 위하여 생산하는 경우로 나뉜다. 전자의 중소기업은 세계시장에서 경쟁하는 소비재의 경우와 마찬가지로 기술 등 경쟁력의 확보가 중요하며 정부의 적절한 지원이 필요하다. 독립적 중소기업은 제품의 성능이 우수하고 가격이 합리적인 경우, 구매하는 대기업과의 협상에서 오히려 우월적 지위를 점할 수 있다. 왜냐하면 대기업의 입장에서 우수한 부품을 확보하는 것이 자신의 경쟁력을 높일 수 있는 방법이기 때문이다.

특정 기업에 납품하기 위하여 부품 등을 생산하는 중소기업은 이를 구매하는 대기업과의 수탁·위탁거래의 관계 또는 계열관계에 있는 기업이다. 이러한 중소기업은 생산하는 제품의 판로가 확보되었다는 점, 납품 수량이나 가격의 예측이 어느 정도 가능하다는 점 등의 유리한 측면이 있다. 따라서 많은 중소기업이 대기업과 이러한 수탁거래를 하기 위하여 노력한다.

그러나 일단 대기업과 수탁거래를 시작하면 끊임없이 대기업으로부터 품질 향상과 가격 인하의 요구를 받는다. 왜냐하면 세계시장에서 글로벌 경쟁에 직면한 대기업의 입장에서 자사 제품의 경쟁력은 자사 만에 의하여 결정되는 것이 아니고 위탁거래를 통해 납품하는 모든 협력회사의 경쟁력 총합에 의하여 결정되기 때문이다. 그리하여 대기업은 협력회사에 기술개발과 설비투자를 통하여 품질을 향상하고 가격을 낮출 것을 지속해서 요구하게 되는바 이는 서로 간의 갈등 요인이 되기도 한다.

대기업 가운데는 협력관계의 중소기업이 자사의 소중한 팀원

임을 인식하여 기술과 자금을 지원하고 필요한 경우 공동연구도 하면서 협조하는 회사도 있지만 아무 지원도 없이 협력회사인 중소기업에 모든 부담을 지우면서 협력회사의 존립과 성장에는 관심이 없고 단기적 관점에서 협력회사의 재원을 수탈하는 경우도 있다. 이러한 양자의 관계에 정부가 개입하여 어떠한 역할을 할 수 있는지는 쉽지 않은 문제이다.

한국의 〈중소기업기본법〉은 중소기업 육성정책의 기본적 사항을 정하기 위하여 1966년 제정되었다. 〈중소기업기본법〉은 중소기업의 범위를 정하고 있는데 과거에는 매출액, 자산규모와 함께 자본금, 상시근로자의 수 등을 기준으로 했으나 2015년 법률개정을 통하여 총자산 5천억 원 미만이고 매출액은 업종별로 정한 금액 이하로 기준을 변경했다. 이는 중소기업이 자본금을 확충하거나 고용을 늘림으로 인하여 법률상의 중소기업 범위를 벗어나는 결과를 우려하지 않게 하려는 취지인 것으로 보인다. 이러한 기준 변경으로 중소기업 지원제도의 대상이 되는 기업이 확대되고 개별기업으로서도 안정적으로 중소기업의 지위를 유지하게 되었다.

종전 기준에 의한 통계이지만 2013년 한국의 중소기업은 사업체 수 367만 3천 개로 전체 사업체 수 367만 7천 개의 99.9%를, 종사자 수는 2,290만 7천 명으로 전체 기업종사자 수 2,506만 6천 명의 91.4%를 각각 차지했다. 2009년부터 2013년까지 전 산업 종사자 수는 156만 명이 증가하였는데 그중 중소기업 종사자 138만 5천 명, 대기업 종사자 17만 6천 명이 각각 증가했다.

한편, 중소기업과 대기업의 부가가치 생산액을 보면 2012년 한국 제조업의 부가가치 생산액은 약 502조 원인데 그중 48%인 약 239조 원이 중소기업인 제조업체에 의하여 생산되었다. 반면 2012년 중소기업의 수출액은 1,027억 달러로 전체 수출액 5,479억 달러의 19%에 미달하는바 이는 중소기업 대부분이 대기업에 납품을 통하여 수출에 참여한다는 것을 말해준다.

중소기업 경영자들이 제기하는 애로사항을 살펴보면 우선 대기업과의 관계에서 발생하는 어려움을 든다. 전통적 중소기업의 사업영역에 대기업이 참여하여 경쟁하는 것으로 인한 시장충격과 대기업의 수탁기업에 대한 무리한 가격인하 요구 또는 원자재가격 상승의 반영을 거부함에 따른 수익성 악화와 함께 대기업의 기술자료 요청에 대하여 느끼는 기술유출의 우려 등이 그것이다.

〈중소기업기본법〉은 정부가 중소기업자에게 적정한 사업분야에서 사업영역이 원활히 확보될 수 있도록 필요한 시책을 실시할 것을 요구한다. 이에 따라 1997년부터 중소기업의 사업영역을 보호하기 위한 중소기업 고유업종제도를 시행했으나 고유업종으로 지정된 분야의 경쟁이 약화하여 산업의 질적 정체 또는 저하가 초래됨에 따라 소비자의 권리가 제한된다는 문제 제기와 함께 대기업이 빠진 자리를 외국기업이 진출하여 메운다는 비판으로 2006년 폐지되었다.

그러나 고유업종제도의 폐지 이후 중소기업의 사업영역에 대기업의 진출이 확대되어 중소기업의 어려움이 가중되었다는 지적으로 2011년 다시 중소기업 적합업종제도를 도입했다. 적합업종은 중소기업의 신청으로 대기업과 중소기업의 합의를 거쳐 일단 선정되면 향후 3년간 진입자제, 사업철수 및 확장자제 등의 조치가 부과되고 합의가 이루어지지 않는 경우에는 정부에 사업조정절차를 신청한다.

중소기업 적합업종제도에 관하여도 이를 옹호하는 견해와 중소기업 고유업종제도에 관한 비판과 같은 선상의 비판적 견해가 함께 존재한다. 대기업과 중소기업 사이의 균형 및 형평과 산업의 발전 및 소비자 선택권이라는 두 목표의 조화를 위하여 적합업종의 결정을 한시적으로 적용하도록 규정한 것으로 보이는바 실효성 있는 집행이 중요하다.

수탁·위탁관계 또는 계열관계의 대기업과 중소기업의 원활한 협력을 위하여 2006년 〈대·중소기업 상생협력 촉진에 관한 법률〉(이하 〈상생협력법〉)을 제정하여 수·위탁거래에 있어 대기업인 위탁기업이 준수하여야 할 사항을 열거했다. 그리고 수·위탁거래에 있어 불공정거래에 대하여는 〈하도급거래 공정화에 관한 법률〉(이하 〈하도급법〉)이 적용된다. 〈상생협력법〉에는 성과공유제의 규정을 두었는데 수탁기업의 원가절감 등 공동목표 달성을 위탁기업이 지원하고 그 성과를 수탁기업과 위탁기업이 공유하는 내용이다.

이와 같은 대기업과 중소기업의 성과공유가 무엇을 의미하는가에 대하여 서로 다른 견해가 존재한다. 위탁대기업과 수탁중소기업이 협력하여 원가절감 등 성과를 이루면 그만큼 납품단가를 인하하여 대기업만 이익을 취하지 말고 양측이 함께 이익을 공유할 수 있는 수준에서 단가조정이 이루어져야 한다는 원칙론적 견해와 수탁중소기업의 기여에 의하여 위탁대기업이 많은 이익을 실현한 경우 대기업의 이익을 수탁중소기업도 배분받아야 한다는 견해도 존재한다.

후자의 견해에 대하여는 시장경제의 기본 원리에 반하는 주장이라는 거부적 입장과 중소기업을 지원하여 국민경제의 균형 잡힌 발전을 이루는 데 필요하다는 입장이 엇갈린다. 독립적 기업인 위탁기업의 실현된 이익 중 어느 만큼이 수탁기업의 기여에 의한 것인지를 가려낼 수 있는지, 설사 구분을 하더라도 어떻게 이를 이전할 것인지는 현실적으로 매우 어려울 뿐 아니라 시행과정을 둘러싼 당사자 간의 갈등도 심화할 것이 우려된다.

〈상생협력법〉은 수탁중소기업이 납품하는 재화 등의 가격을 현저히 저가로 정하지 못하도록 규정하고, 〈하도급법〉도 2009년 개정을 통하여 납품가격을 당사자 간 협의에 의하여 정하도록 시장 자율에 맡기되 대기업이 협의 자체를 거부하지 못하게 한다. 〈중소기업협동조합법〉은 대기업과 중소기업 간 단가교섭력의 격차 해소를 위하여 협동조합에 원자재 가격을 조사하고 납품단가의 조정을 지원하는 기능을 부여했다. 그러나 시장에서 당사자 간의 자유로운 의사에 의하여 이루어지는 거래가격에 대한 제3자의 개입과 조정의 실효성에 대하여는 회의적 견해가 많다.

상당수의 중소기업은 자신이 개발한 기술을 경쟁력의 기반으로 삼는다. 그러나 이러한 기술이 모두 특허로 보호받지 못하며, 특허가 가능하더라도 유사한 기술로 변형하는 경우에는 침해당할 우려가 크기 때문에 특허를 받지 않는 경우가 많다. 이러한 기술을 보유하는 기업은 항상 기술유출의 위험에 직면한다. 그리고 거래하고자 하는 대기업이 기술자료를 요청하는 경우, 거래는 이루어지지 않고 기술만 탈취당하지 않을까 하는 우려를 한다. 한편 대기업의 입장에서는 상대방 중소기업의 기술수준도 확인하지 않고 거래를 시작하기 어렵다.

이러한 문제를 해결하기 위하여 〈상생협력법〉에 기술자료임치제도를 도입했다.

〈상생협력법〉은 대·중소기업 상생협력지수를 산정하여 공표할 것을 규정하고, 이를 같은 법에 따라 설치된 동반성장위원회가 산정하여 공표하는 동반성장지수로 대체하도록 했다. 동반성장지수는 개별 대기업의 동반성장 수준을 평가하여 계량화한 지표를 정기적으로 산정, 공표하는 것으로 자신의 사회적 평판에 관한 대기업의 관심을 이용하여 대기업과 중소기업의 동반성장을 촉진하는 제도이다.

그 내용은 대기업과 수탁중소기업 사이에 공정거래협약을 체결토록 하고 그 협약의 내용을 평가하고 이행도를 점검하는 한편, 수탁중소기업이 체감하는 동반성장의 수준을 설문조사로 파악하여 지수로 산출하는데 평가대상으로 선정된 대기업과 거래하는 중소기업의 입지를 강화하는 역할도 한다.

대기업과 중소기업의 교섭력 차이로 인한 불평등을 해소하기 위한 여러 가지 제도가 중소기업의 입장을 개선하는 데 도움이 되는 만큼 상대 대기업에는 부담이 증가한다. 이러한 부담을 회피하기 위하여 대기업이 협력상대를 해외기업으로 전환하는 것은 글로벌화된 경제구조에서 그다지 어려운 일이 아니다.

만약 대기업과 중소기업의 거래에 대한 정부의 개입이 대기업으로 하여금 국내의 중소기업과 협력하는 것을 꺼리게끔 한다면 이는 애초의 의도와 달리 중소기업에 매우 커다란 어려움을 초래하게 된다. 대기업의 입장에서도 국내의 중소기업과 거래하는 것이 유리함에도 이러한 이유로 해외기업과의 거래로 전환하면 그만큼 경쟁력이 저하되는 것을 피할 수 없다. 대기업과 중소기업의 동반성장을 목적으로 하는 정부의 개입으로 자칫 기업이 동반하여 위축되는 결과를 가져오지 않도록 주의할 필요가 있다. 아울러 수탁중소기업의 입장을 강화하는 각종 제도가 기존 대기업과 중소기업의 거래를 고착화하여 새로운 기술력을 가진 중소기업의 진출을 봉쇄하는 결과를 초래한다면 이 또한 국민경제의 발전을 저해한다.

중소기업의 또 다른 어려움은 자금 확보의 어려움이다. 수익성 있는 사업을 경영하면서도 일시적 자금 부족을 견디지 못하고 도산하는 사례도 없지 않다. 이러한 자금관리의 어려움은 판매한 대금을 적기에 받지 못하거나 판매대금으로 받은 어음을 현금화하지 못하여 초래되기도 한다. 이러한 경우를 방지하기 위하여 〈하도급법〉은 위탁자에게 물품 등을 수령한 날로부터 60일 이내에 대금을 지급하도록 하고 어음으로 지급하는 경우에는 그 어음이 금융기관에서 할인 가능한 것이어야 하며 어음의 지급일자가 물품 수령일로부터 60일을 경과하면 그 경과한 일수에 해당하는 할인료를 지급하도록 규정한다.

중소기업의 판매대금 수취 현황을 살펴보자. 2013년에는 현금 80% 및 어음 20%인바 이는 1999년 판매대금을 현금, 어음 각각

50%로 수취했던 것보다 많이 개선된 결과이다. 중소기업의 판매대금 수취의 내용이 이처럼 개선된 것은 구매자금융 등 어음을 대체하여 결제할 수 있는 금융수단의 개발에 기인한 바가 크다.

금융기관은 중소기업에 대한 각종 대출제도를 운용하는데 한국은행은 은행의 중소기업대출 의무비율을 책정하고 은행에 관한 자금지원을 함에 있어 그 이행실적을 기준으로 삼는다. 특히, 국책은행인 중소기업은행(IBK 기업은행)과 산업은행(KDB)은 시중은행보다 중소기업에 대한 대출비중이 더 높으며 더욱 특화된 중소기업지원 금융제도를 운용한다.

사업성은 양호하지만 담보력이 약하여 자금조달에 어려움을 겪는 중소기업에게 채무이행을 보증하여 금융기관으로부터 대출이 가능하도록 지원하는 기관으로는 신용보증기금과 기술신용보증기금이 있다. 지역신용보증재단은 소기업이나 자영업자들에 대하여 신용보증을 제공한다. 한편 중소기업진흥공단은 재정자금 등에 의한 각종 정책금융을 지원한다.

중소기업은 필요한 인력을 충원하기 쉽지 않은 경우가 많다. 젊은이가 중소기업 취업을 기피하는 현상 때문이다. 그리고 중소기업에 일단 취업한 청년 중에도 자기가 파악한 정보와의 불일치를 이유로 입사 후 단기간 내에 퇴직하는 사례도 적지 않은 것으로 전해진다. 한국의 실업자는 2014년 말 약 94만 명이고 실업률은 3.5%인데 그중 15세 이상 29세 이하의 청년 실업자는 39만 명이며 청년실업률은 9.0%에 달했다.

이처럼 높은 청년실업률에도 불구하고 청년이 중소기업 취업을 기피하는 이유를 조사하면, 첫째는 고용의 안정성이 낮다는 점이다. 중소기업의 지속적 존립 자체가 불투명하다는 것이 청년이 중소기업을 선택하지 않는 가장 큰 이유이다. 반면 독보적 기술을 보유하고 성장 가능성이 큰 중소기업은 많은 청년이 취업을 희망한다.

두 번째 이유는 중소기업의 낮은 임금과 낙후된 복지후생 수준이다. 중소기업의 평균 임금 수준은 2012년 기준으로 대기업의 약 62% 수준이었다. 그리고 복지후생 수준도 대기업보다 많이 뒤떨어진 편이다. 그러나 직원에게 권한을 위임하여 주도적인 업무처리를 맡기고 합리적 성과보상제도를 운영하는 중소기업은 직원의 근무 만족도가 높은 것으로 조사되었다.

또 하나의 이유는 중소기업 종사자에 대한 사회적 인식이 낮다는 점이다. 특히, 결혼을 앞둔 청년 중에는 더욱 사회적으로 인정받는 존재가 될 수 있다는 생각으로 중소기업 대신 대기업이나 공공기관 취업에 매달리는 경우가 적지 않은 것으로 알려졌다.

중소제조업의 인력 부족은 2002년 20만 명을 상회했으나 2014년 4만 명 미만으로 줄어들었는데 부족 인력의 충원은 대부분 외국인 근로자의 유입으로 이루어졌다. 종전에 산업연수 등의 명목 아래 편의적으로 운영되던 외국인 근로자 고용제도가 2007년 외국인 근로자 고용허가제로 바뀌면서, 중소기업은 인력 확보가 어려운 경우에 외국인 근로자를 고용할 수 있고 외국인 근로자도 노동자로서의 기본적 권익이 보장되도록 했다.

인력난과 고임금은 많은 중소기업이 해외로 진출하는 주된 이유이다. 2012년 중소기업의 해외투자 건수와 금액은 4천 건, 35억 달러를 각각 상회했다. 청년은 중소기업의 근무조건에 대한 불만족으로 취업을 꺼리는 반면 중소기업은 한국의 임금 수준으로 사업을 지속하기 어려워 해외로 진출하는 불일치 현상이라고 할 수 있다.

중소기업이 겪는 어려움은 이 밖에도 기술개발의 초기투자비용이 과대하고 기술인력의 확보가 어려운 점, 해외에의 판로개척이나 정보획득을 할 수 있는 지사 등의 설치가 미비한 점 등을 들 수 있다.

중소기업청은 중소기업 지원에 관한 전반적 사항을 담당하는 정부부처이고, 중소기업진흥공단은 현장 중심 종합지원기관으로서 각종 정책자금 제공과 함께 기술개발, 품질향상 및 정보화 등을 지원한다. 대한무역투자진흥공사(KOTRA)는 중소기업의 해외시장개척, 해외투자진출 및 외국인 투자유치 등을 지원한다.

2) 벤처기업 지원

벤처(venture) 또는 벤처기업은 '위험성이 크지만 성공할 경우 높은 수익이 기대되는 신기술이나 아이디어를 독립적 기반 위에서 영위하는 신생 중소기업'이라고 정의할 수 있다. 나라에 따라 요건의 규정은 다르지만, '연구개발(research and development: R&D)의 집중도가 높은 기업' 또는 '기술혁신이나 기술적 우월성이 성공의 주요 요인인 기업' 등의 표현이 일반적이다.

벤처기업의 등장 배경으로는 2차 세계대전 후 기술이 빠르게 발달하고 생활이 안정되면서 소비자의 욕구가 다양하게 나타나기 시작한 미국에서 이러한 수요에 부응하기 위하여 유연성과

창조력을 갖춘 새로운 중소기업이 출현하게 되었다고 해석한다. 미국에서는 기술집약적 벤처기업을 육성하기 위하여 자본이득에 대한 세율인하 등 지원제도를 마련하여 일반투자자의 투자가 활성화됨에 따라 벤처기업의 기업화가 촉진되었다.

국민경제에서 벤처기업이 성장산업으로 등장하는 시기는 중화학공업의 성숙기 또는 쇠퇴기 이후이며 미국에서는 1960년대, 일본에서는 1970년대 그리고 한국에서는 1980년대 이후라고 할 수 있다.

벤처기업은 창조적 아이디어와 기술혁신을 추구한다는 점에서 경제 전반의 기술수준을 제고하고 산업구조를 고도화하며 관련산업의 경쟁력을 강화하는 등 국민경제의 역동성을 높이는 효과를 가진다. 특히, 첨단산업 분야에서 독자적인 응용기술의 개발에 성공하는 벤처기업이 많아지면 기술기반의 강화와 생산성 향상에 기여하게 된다.

벤처기업은 강한 창업의지로 독립적 경영을 지향하는 성향이 강하므로 일반 중소기업과 달리 대기업의 지배에서 비교적 자유롭다. 이는 벤처기업이 기존의 산업과는 다른 새로운 분야에 진출하여 다양한 기술영역을 확보함에 따라 대기업과 상호 보완적이고 대등한 관계를 이룰 수 있기 때문이다.

대기업에서는 새로운 시장에 진출하거나 새로운 제품 및 서비스를 사업화할 목적으로 기업 내부에 자율적이고 독립적인 사업단위를 설립하여 사업활동을 수행하기도 하는데 이러한 경영시스템을 사내벤처라고 부른다. 사내벤처는 조직의 의사결정라인을 축소하여 독자적이고 자율적 운영권한을 부여함으로써 관료적 조직에서는 표출하기 어려웠던 창의성을 확보하기 위한 노력이다.

한국의 〈벤처기업육성에 관한 특별조치법〉(이하 〈벤처기업법〉)은 벤처기업의 정의를 따로 하지 않고 벤처투자기관으로부터 투자를 받거나 기술보증기금의 보증 또는 중소기업진흥공단의 대출을 받은 기업과 기업부설연구소를 보유하는 기업 중 일정한 요건을 갖춘 중소기업을 벤처기업으로 확인하는 제도를 운용한다.

벤처기업으로 확인받은 기업에 대하여는 창업지원과 함께 다양한 세제, 금융상의 지원이 실시된다. 2016년 6월 현재 벤처기업으로 확인된 기업은 약 3만 1천 8백 개인데 이는 2000년 벤처기업 8천 8백 개와 비교하여 3.6배 증가한 숫자이다. 이 중 기술평가보증기업이 82%인 2만 6천 개이고 기술평가대출기업은 9%인 2천 8백 개로 기술평가보증 및 대출기업이 91%를 차지한다. 2015년 벤처기업의 수출은 170억 달러로 총수출 5천 2백억 달러의 3.3% 정도이다.

벤처기업의 창업을 촉진하고 성공률을 제고하기 위하여 대학, 연구기관, 지방자치단체, 민간기관 등이 창업보육센터(business incubator)를 설립, 벤처창업자를 입주시켜 여러 가지 기능과 지원을 제공한다. 이는 미국의 선례를 벤치마킹(benchmarking)한 것으로, 특히 정부는 대학교의 창업보육센터 설립 시 시설자금과 운영자금을 지원하여 전국의 대부분 대학에 창업보육센터가 설립되었다. 이와 아울러 대학의 교수, 연구원 등으로 하여금 벤처기업의 대표 또는 임직원의 겸임, 겸직이 가능하도록 하고 창업을 위한 휴직도 허용한다.

대부분의 선진국이 기술혁신 활동을 통하여 경쟁력 확보가 가능하거나 혁신된 기술을 보유하여 성장 가능성이 있는 중소기업을 Inno-Biz 또는 High-Tech Firm이라는 이름으로 인증 또는 지정하여 지원한다. 한국에서도 제조업 또는 제조업 관련 서비스업을 영위하는 중소기업을 평가하여 기술혁신형 중소기업(Inno-Biz)으로 인증하고 금융, R&D 등 다양한 지원을 제공한다. 기술혁신의 평가는 OECD가 개발한 매뉴얼을 활용하는데 기술혁신능력, 기술사업화능력, 기술혁신경영능력 및 기술혁신성과 등을 세부화하여 평가한다.

　기술혁신형 중소기업처럼 높은 기술력을 보유하지 않아도 마케팅, 조직관리, 생산성 향상 등 경영혁신 활동을 통하여 탁월한 경영성과를 나타내는 기업도 경영혁신형 중소기업으로 선정하여 지원한다. 이는 서비스업 등 다양한 업종에서 혁신기업을 육성하기 위한 제도이다.

　벤처기업의 창업자가 기업을 설립하는 데 필요한 자금인 창업자본은 성장단계에 따라 조달방법을 달리한다. 사업의 아이디어를 구체화하거나 연구개발이 진행되는 예비창업 단계에는 자기 자금이나 가족, 친지 등의 자금에 의존할 수밖에 없다. 정부나 지방자치단체의 창업보육자금 등을 활용할 수도 있지만 물적, 인적 담보나 신용보증서가 요구되는 경우가 대부분이다.

　엔젤투자는 벤처기업의 창업초기에 자본을 투자하고 경영노하우 등을 지원하여 투자지분에 해당하는 이익배당이나 주가상승에 따른 양도차익으로 고수익을 추구하는 투자를 의미한다.

엔젤투자는 벤처기업의 성장단계에 투자하는 벤처캐피털보다 초기 단계의 기업에 투자하기 때문에 위험이 더 크고 수익도 더 높다. 엔젤투자자는 경영자, 전문직업인 등으로 종사하거나 은퇴한 개인인 경우가 많지만 대기업이 비공식적 자본시장에 참여하는 대기업 엔젤도 존재한다.

또 여러 개인투자자가 클럽을 결성하여 투자조합인 엔젤펀드를 조성하고 투자활동을 하기도 한다. 엔젤투자는 좋은 투자대상기업을 찾는 정보의 획득과 주식가격 등 투자조건의 협상 그리고 기업의 정직하고 투명한 경영을 확보하는 것이 중요한데 개인투자자의 능력이나 시간여유가 부족한 경우, 엔젤클럽의 활용이 좋은 방안이 될 수 있다.

한국에서는 엔젤투자를 촉진하기 위하여 투자금액의 일정 비율을 소득공제하고 정부가 펀드를 조성하여 엔젤투자자의 지분투자와 일정 비율로 매칭하는 방법으로 투자하는 엔젤투자매칭펀드를 운용한다.

2015년 한국의 엔젤투자 규모는 소득공제 신청기준으로 1천 4백억 원인데 이는 2014년 7백억 원보다 2배 증가한 규모이다. 엔젤투자는 2000년 5천 5백억 원에 달하였다가 벤처버블이 꺼지면서 격감하여 2010년에는 340억 원에 불과하였으며 다시 상승하는 추세를 보인다. 미국의 엔젤투자는 벤처기업의 자금조달에 가장 중요한 역할을 담당하며 2014년 투자실적은 241억 달러였다.

정부나 지방자치단체는 창업에서 성장단계에 있는 중·소 벤처기업에게 재정에 의한 정책자금을 지원한다. 담보력이 취약한 기술집약적 기업의 자금조달을 촉진하고 산업 및 기술경쟁력을 제고하기 위하여 저리융자자금 또는 출연자금의 형태로 제공한다. 융자금은 담보가 필요하지만 출연금은 무담보, 무이자로 제공되며 정당한 사유가 인정되면 사업이 실패한 경우에 상환의무가 면제되기도 하는데 주로 신기술 연구개발에 대하여 지원된다.

신용보증기관 중 기술신용보증기금은 기술보증제도의 정착과 발전을 통해 벤처기업을 육성하는 기관으로 자리매김했다. 기술신용보증기금은 기술평가센터를 설치하여 기업의 기술성, 시장성 및 사업성 등 미래가치를 평가하여 보증 지원하고 그 밖에 벤처기업 확인평가, 기술혁신형 중소기업 선정평가, 경영혁신형 기업평가 및 창업보육기관 연계지원 등을 수행한다. 특히, 기술창업자를 위한 정책자금 지원신청을 접수하여 기술성, 사업성 평가를 통한 1회의 심사만으로 정책자금을 지원하는 One-stop 지원 등을 제공한다. 또한 기술평가를 신청한 기술사업에 대하여 기술수준과 위험수준을 종합적으로 평가하고 기술사업 평가등급을 산정하기도 한다.

벤처기업이 시제품 개발을 마치고 제품의 양산에 착수하는 본격적 창업단계 또는 초기 성장단계에 진입하면 벤처캐피털로부터 자금의 조달을 추진할 수 있다. 벤처캐피털은 중·소 벤처기업에 대한 주식인수, 전환사채(convertible bond: CB) 인수, 단기자금의 대출, 경영컨설팅을 수행하여 투자한 중·소 벤처기업을 성장시키고, 성장 후 코스닥시장(KOSDAQ)에 등록하거나 거래소에 상장토록 지원하여 보유주식을 매각함으로써 자본이득을 획득한다. 벤처캐피털은 여러 벤처캐피털 회사나 개인투자자와 함께 투자조합의 형태로 투자하는 경우도 많고, 지분투자와 함께 CB, 상환전환우선주 등을 활용하여 투자와 융자를 결합하는 방법으로 자금을 제공하기도 한다.

벤처기업은 고도의 기술력과 장래성은 있으나 아직 역사가 짧고 경영기반이 약하여 일반금융기관에서 융자하기에 어려움을 느낀다. 벤처캐피털은 이처럼 성장이 기대되는 발전단계 초기의 기업에 자금을 공급하고 그 기업의 성장을 지원하는 역할을 수행한다. 따라서 고위험, 고수익을 지향하는 벤처캐피털은 경영권을 목적으로 투자하는 것은 아니지만 투자대상기업의 경영능력과 신뢰관계 등을 중시하며 경영자문, 임원추천 등을 통하여 기업의 성장을 지원한다.

한국의 벤처캐피털은 〈중소기업창업 지원법〉에 의한 창업투자회사와 〈여신전문금융업법〉에 의한 신기술금융회사가 있다. 벤처캐피털은 자기의 자금으로 투자와 융자를 하는 외에 자신이 업무집행조합원이 되는 투자조합을 결성한 다음, 일반조합원인 개인이나 법인으로부터 출자를 받은 펀드를 조성하여 일정비율 이상을 비상장 중소기업에 투자하고 일부는 다른 금융상품에 투자함으로써 얻은 투자수익을 조합원들에게 분배한다. 정부는 재정자금으로 모태펀드(fund of funds)를 조성하여 벤처투자조합 등에 출자하는 한편 벤처캐피털 회사, 투자조합 출자자 및 벤처캐피털을 투자받은 기업 등에 대하여 세제지원을 함으로써 벤처캐피털의 활성화를 도모한다.

벤처기업 창업자는 기업의 성숙단계에 도달하면 기업공개(Initial public offering: IPO)를 통해 추가적 자본을 조달하거나 자신의 지분을 매각하여 투자금을 회수한다. 기업공개를 통한 지분매각은 부분적 매각으로 경영권을 유지하면서 투자회수를 할 수 있지만 경영권과 함께 지분을 매각하는 M&A도 가능하다. 한국의 경우 벤처투자의 회수방법이 기업공개 93%, M&A 7%인데 비하여 미국은 기업공개 30%, M&A 70%의 비중으로 현격한 차이를 보인다. 벤처캐피털 회사도 벤처기업에 투자한 자금을 회수하기 위하여 기업공개를 원하고 그 과정에 기업가치가 증대되기를 기대한다. 벤처캐피털의 투자자금 회수는 투자기업의 가치상승에 따라 증권시장이나 장외시장에서 이루어진다.

한국거래소 코스닥시장(Korea Securities Dealers Automated Quotations: KOSDAQ)에서는 성장성과 기술력 있는 유망기업을 등록하고 이 기업이 발행한 주식을 일정한 거래질서에 따라 매매하도록 운영한다. 중·소 기술기업은 코스닥시장에 등록하여 직접금융의 이용기회를 확대하고 벤처캐피털은 보유주식의 매각으로 투자자금을 조기에 회수할 수 있으며 투자자는 성장성이 기대되는 유망기업의 주식을 거래할 새로운 투자기회를 이용할 수 있다.

4. 독점규제와 공정거래

1) 시장경쟁과 정부규제

시장에서 재화나 서비스를 공급하는 기업의 입장에서 경쟁은 매우 고통스럽지만 소비자에게는 품질이 더 좋은 상품을 더 저렴한 가격으로 구매할 수 있는 환경을 조성한다. 기업은 이윤을 목적으로 생산과 판매를 하는데 경쟁적 시장이란 개별 기업의 행동과는 관계없이 하나의 시장가격으로 거래되는 것을 의미한다. 다시 말해 개별기업이 몇 개의 상품을 추가로 생산하여 팔아도 시장가격은 영향을 받지 않으므로 추가로 팔아서 얻는 한계수입은 판매상품의 평균수입과 달라지지 않는다. 같은 상품의 공급자와 수요자가 많기 때문에 개별적으로 팔고 사는 양이 전체 시장에서 차지하는 비중이 미미하기 때문이다. 즉, 모든 공급자는 시장에서 형성된 가격을 주어진 것으로 받아들이는 가격순응자(price taker)로 시장에 참여하여 한 단위의 상품을 추가로 생산하는 비용, 즉 한계비용이 시장가격보다 커지기 전까지 생산한다.

　일반적인 상품은 한계생산비가 상승하면 평균생산비도 뒤따라 상승하는 상황에서 생산이 이루어진다. 이 경우 개별기업의 경쟁력이 우위에 있는 기업, 즉 평균생산비가 가격보다 작은 기업은 이윤의 획득이 가능하지만 평균생산비와 가격이 동일한 한계기업은 이윤이나 손실이 발생하지 않는 상태이다. 그리고 평균생산비를 시장가격 이하로 생산할 수 없는 기업은 시장에 참여하지 못하고 관망하는 잠재적 경쟁자이다.

만약 수요의 증가 등으로 시장가격이 상승하면 한계기업은 이윤을 획득하고 또 다른 한계기업이 시장에 진입할 것이다. 그러나 시장가격이 하락할 때 한계기업은 손실을 피할 수 없지만 당장 시장에서 퇴출되지는 않는다. 왜냐하면 상품의 생산비는 고정비용과 가변비용으로 구성되는데 시설이나 기계를 구입하는데 투자된 고정비용은 생산을 중단하여도 대부분 회수가 불가능한 매몰비용(sunk cost)이며 시설투자가 이루어진 상태에서는 원료비, 인건비 등 가변비용만 투입되면 생산이 가능하기 때문이다. 따라서 한계기업은 고정비용을 포함한 평균생산비에 미달하는 시장가격으로 손실을 입는 상황에서도 가변비용만 회수된다면 생산과 판매를 계속한다.

사전적으로 이러한 상황을 예상했다면 기업을 시작하지 않겠지만 기왕 시작한 기업은 가능한 한 경쟁에 남을 수밖에 없는 것이다. 따라서 가격이 하락하는 시장에는 상당수의 기업이 손실을 감수하며 계속 경쟁에 참여하게 된다.

결과적으로 시장가격이 상승하면 새로운 경쟁자의 진입으로 가격의 추가상승이 억제되고, 시장가격이 하락하는 경우에는 손실기업이 피를 흘리면서도 경쟁에 참여하여 가격의 회복을 가로막는 것이 시장경쟁의 상황이다. 이처럼 시장경쟁은 고통스럽기 때문에 기업은 조금이라도 경쟁의 압박을 완화하기 위하여 노력한다.

기업의 이러한 노력의 목표는 독점력(monopoly power)의 확보이다. 독점력이란 더 이상 시장의 가격을 주어진 것으로 받아들이지 않고 자기가 생산한 상품의 가격을 선택할 수 있는 가격결정자(*price maker*)로서의 영향력이다. 즉, 어느 기업이 특정 상품의 생산과 공급을 늘리면 그 상품의 시장가격이 하락하고 공급을 감소시키면 가격이 상승하는 영향력 있는 기업을 그 상품의 독점력 또는 시장지배력을 보유한 기업이라고 할 수 있다.

독점력을 갖기 위하여 가장 일반적으로 사용되는 방법은 자기가 생산한 상품과 시장경쟁자의 상품의 차별화(*differentiation*)이며 이를 위하여 상품의 성능, 스타일 등 품질의 차이를 추구하기도 하고 광고 등을 통해 소비자에게 상표 등 기업의 브랜드에 대한 인식을 구축하기도 한다. 기업의 이러한 차별화 노력으로 동종 상품의 시장이라도 완전히 동일한 상품이 아닌 경우가 대부분이며 기업은 제한된 범위이지만 자기가 생산한 상품의 차별된 시장에서 가격책정 등 판매전략을 수행하는 것이 가능하다. 기업은 이처럼 조금씩 차별화된 제품을 생산하여 다른 가격에 판매하면서 소비자로부터 가장 가성비(*price performance ratio*)가 좋은 상품으로 선택받기 위해 경쟁하는 것이다.

이와 같은 시장경쟁을 독점적 경쟁 또는 차별적 경쟁이라고 하는바 소비자의 다양한 수요를 반영할 수 있는 기술혁신을 촉발하고 상표의 신인도를 유지하려는 기업의 노력으로 소비자의 선택을 용이하게 하여주는 등 국민경제의 후생수준을 높이는 데 기여한다.

문제는 시장에서 경쟁이 없거나 부족하여 특정 상품의 독점적 시장이 형성되는 것이다. 경쟁기업이 거의 존재하지 않고 하나의 기업에 의하여 상품이 공급되는 독점시장의 경우, 독점기업이 완전한 독점력을 행사하여 시장에서 결정되는 가격은 독점기업의 선택의 결과이다. 시장의 수요는 가격이 높으면 감소하고 가격이 낮으면 증가하므로 독점기업은 자신의 이윤이 극대화되는 가격으로 시장에 공급한다. 이러한 독점시장은 경쟁시장에 비하여 가격은 높고 공급량은 적어지는 것이 일반적이며 경쟁이 없으므로 혁신을 위한 기업의 노력도 미약하여 국민경제의 효율성을 저해할 우려가 크다.

이와 같은 독점시장이 형성되는 원인은 다른 기업이 경쟁에 참여하기 어려운 진입장벽이 있기 때문인데 이러한 진입장벽은 대규모 투자가 필요한 자연독점산업과 특허권의 설정, 외국의 경쟁상품에 대한 수입규제 등 제도적 요인 및 원료의 독점적 보유, 담합행위 등 기존 기업의 행태적 요인에 의하여 조성된다.

독점적 시장의 폐해는 독점상품의 가격탄력성이 작을수록 더 심각하다. 고대로부터 곡물 등을 상인이 매점매석하여 이익을 추구하는 행위는 국민의 고통을 대가로 이득을 취하는 행위이므로 정부의 엄격한 처벌대상이었다. 따라서 전기, 수돗물 등 생필품 시장이 독점화되는 것은 정부가 특별한 주의를 기울일 필요가 있다.

독점시장에 대한 정부의 대책으로는 자연독점사업을 국가독점으로 운영하는 방법, 독점기업의 가격, 생산량 등을 정부가 규제하는 방법 및 독점시장을 경쟁적으로 만드는 방법 등이 있는데 수입개방을 통하여 외국으로부터의 경쟁을 유입하는 것이 핵심적 정책의 하나라고 할 수 있다. 독점시장이 형성된 다음

이에 대처하는 것보다 중요한 것은 기업이 기업결합이나 공동행위 등의 방법으로 경쟁을 인위적으로 제거하고 독점력을 강화하려는 기업행태에 대한 제도적 대응이다.

현실에 있어 완전한 독점시장은 드물다. 많은 경우, 소수의 공급자가 존재하는 과점시장의 형태이다. 과점시장의 공급자인 기업은 서로 간에 협조하여 생산량을 줄이고 가격을 인상하여 하나의 독점기업처럼 행동함으로써 공동의 이윤을 극대화하려는 욕구와 자신의 몫을 키우고 싶어 하는 경쟁적 욕구를 함께 갖는다. 따라서 과점기업 사이에는 전쟁과 평화가 있을 수 있다.

평화의 상태에서 대부분의 과점기업은 가격경쟁을 지양하고 품질이나 서비스 향상 등의 방법으로 자사 상품의 시장점유율을 높이기 위하여 경쟁한다. 전쟁의 상태에서는 이른바 치킨게임의 양상으로 치열한 가격경쟁이 벌어지기도 하는데 공급자의 숫자가 너무 많다는 선두기업의 인식으로 일부 기업을 시장에서 도태시키고자 하는 목적인 경우가 많다. 과점시장에서 개별 기업의 전략적 행동의 결과는 이에 대한 다른 과점기업의 대응에 따라 정해지므로 이를 예측하기가 쉽지 않다.

일반적으로 과점시장은 경쟁시장보다 생산량이 적고 가격이 높으며 독점시장보다는 생산량이 많고 가격이 낮은 편이다. 인위적으로 독점력을 강화하려는 기업의 시도는 대부분 과점시장에서 볼 수 있는데 여러 과점기업이 가격과 수량을 협의하여 결정하는 담합행위를 통하여 카르텔을 구성함으로써 시장의 경쟁을 제거하는 것이다. 대부분의 정부는 이러한 과점기업의 담합을 법률로 금지하기도 하지만 카르텔은 가맹한 기업 스스로 협약을 위반하여 이득을 취하고자 하는 욕구가 강하므로 지켜지기 어렵다는 취약점도 가지고 있다.

정부의 독과점 규제는 시장경쟁을 촉진하는 목적의 규제라는 점에서 이와 대조적으로 시장경쟁을 제한하는 효과를 가지는 경제적 규제와 구별된다. 일반적으로 시장에 대한 정부의 개입이 활발한 국가에서는 독과점 규제가 미약한 반면 자유시장의 원칙에 충실하고, 정부의 시장개입이 적은 국가에서는 독과점규제가 강력하게 이루어진다. 같은 국가라도 시대상황의 변천에 따라 규제정책의 강도가 변화한다.

독점규제정책이 최초로 시행된 미국의 경우, 19세기 후반 남북전쟁이 끝난 후 자본주의 체제와 산업의 발전이 급속하게 이루어지면서 여러 분야의 산업에서 수평적 통합에 의하여 산업 내 경쟁을 제거하고 독점화를 구축하는 기업의 행태가 진행되었다. 소수의 철도회사로 과점화된 철도산업에서는 과점기업 간 경쟁과 카르텔을 반복하면서 가격차별 등 부당한 가격책정 행위가 성행하고, 정유산업에서는 트러스트에 의한 기업결합으로 규모가 작은 경쟁기업의 도태를 목적으로 약탈가격과 독점화를 이룬 다음 이윤 극대화를 위한 독점가격 등이 성행하자 이를 저지하기 위한 〈셔먼 반독점법〉(Sherman Antitrust Act)이 제정되었다.

기업은 이에 대한 대응으로 금융과 산업의 결합을 통한 지주회사 방식에 의하여 거대기업의 형성을 추진하였으며 이러한 기업의 무한확장과 횡포에 대한 정부개입의 정당성 논란은 1912년 미국 대통령 선거의 핵심 이슈가 되었다. 결국 정부개입을 주장하는 윌슨(Woodrow Wilson) 대통령이 취임하면서 독점규제를 강화하고 시장경쟁을 회복할 목적으로 〈연방공정거래위원회법〉(Federal Trade Commission Act) 및 〈클레이턴법〉(Clayton Antitrust Act) 등이 제정되었으며 이후 선거에 의하여 선출된 정부의 노선과 경제상황에 따라 독점규제는 강화 또는 완화되었다.

한국의 경제개발 초기에는 정부의 시장개입이 계속 확대, 강화되었으므로 진입규제가 만연됨에 따라 시장구조가 전반적으로 높은 독과점화의 경향을 나타냈다. 1970년대까지 독과점규제는 물가안정의 차원에서만 추진되었으며 1980년대 들어 시장을 중시하는 민간주도 경제로의 전환을 천명하면서 〈독점규제 및 공정거래에 관한 법률〉(이하 〈공정거래법〉)이 제정되고 전반적인 수입자유화의 시행으로 독과점 산업구조가 상당 수준 완화되었다. 그러나 1980년대 중화학공업의 어려움을 극복하기 위한 구조조정 실시에서 산업합리화의 명목으로 카르텔을 허용하는 등, 독과점 규제의 진행과정은 복잡한 양상을 겪었다.

한국의 〈공정거래법〉은 '공정하고 자유로운 경쟁을 촉진함으로써 창의적인 기업활동을 조장하고 소비자를 보호함과 아울러 국민경제의 균형 있는 발전을 도모함을 목적으로 한다'고 천명한다. 그리고 〈공정거래법〉을 집행하는 공정거래위원회는 중소기업 보호정책에도 많은 관여를 한다. 동반성장위원회가 대기업의 동반성장지수를 산출함에 있어 위탁대기업과 수탁중소기업 사이에 공정거래협약을 체결토록 하고 그 내용과 이행 정도를 평가하는 등을 볼 수 있다. 따라서 공정거래위원회는 독과점과 불공정거래행위 규제에서 경쟁의 촉진 및 소비자 보호의 목표와 중소기업 보호의 목적이 상충하는 경우, 정책적 우선순위를 정하여야 할 경우도 생길 수 있다.

독점시장에 대한 정부의 대책이 필요하다면 문제되는 독점력은 과연 어느 정도의 시장지배력을 의미하는가의 판단이 필요하다. 시장지배력을 나타내는 지표로는 산업집중도(concentration ratio)를 사용한다. 이는 동종 산업에 종사하는 기업 중 매출액 기준으로 시장점유율이 큰 순서로 상위 몇 개 기업의 시장점유율 합계가 얼마인가를 나타내는 개념이며 CRn으로 표시한다. 즉, 특정 산업의 매출액이 소수의 기업에 집중된 정도를 측정하는 것이다.

개별 상품에 대하여도 이와 같은 방법으로 시장집중도를 측정하는데 단순평균과 산업별 또는 품목별 매출액 가중치를 반영한 가중평균을 산출한다. 산업별 집중도를 파악하는 다른 지표로는 허쉬만-허핀달 지수(Hirschman-Herfindahl Index: HHI)가 있는데 이는 한 산업의 모든 기업별 각각의 시장점유율을 제곱한 값을 합한 수치이다. 즉, 완전독점의 상태인 최고치는 10,000이고 최저치는 0에 접근한다.

한국의 공정거래위원회는 정기적으로 표준산업분류에 의한 산업의 집중도를 조사하여 발표한다. 2013년 한국의 산업집중도는 CR3 기준으로 단순평균 44.5%, 가중평균 52.2%를 나타냈다. 이는 1980년도의 단순평균 62.4%, 가중평균 55.1%와 비교하면 대부분 산업에서는 집중도가 상당히 완화되었으나 국민경제에서 비중이 큰 산업에서는 집중도가 여전함을 보여준다. 자동차, 반도체 등 수출비중이 큰 산업이 몇몇 대기업에 의하여 세계시장에서 경쟁하는 현실을 반영한다.

이러한 추세는 품목별 시장집중도 역시 마찬가지인데 2013년의 HS 분류기준 품목별 CR3의 단순평균 68.1%, 가중평균 65.6%는 1980년의 단순평균 81.7%, 가중평균 67.1%와 비교하면 산업집중도의 경우와 유사한 것을 알 수 있다. HHI는 2011년 단순평균 1,591, 가중평균 1,931을 나타냈다. 1980년대 이래 전반적으로 하락추세였으나 2000년대 들어 상승추세로 반전했다.

2) 독과점과 불공정거래행위 규제 및 소비자 보호

독과점 기업을 규제하는 방법에는 두 가지가 있다. 독과점 기업의 형성과 확장 자체를 규제하는 구조주의적 접근방법과 독과점 기업의 존재를 인정하되 독과점적 행동에 따른 폐해를 제거하는 행태규제적 접근방법이다. 독과점적 시장구조의 형성을 초래하는 기업결합과 카르텔 행위에 대하여는 구조주의와 행태규제주의 모두 규제하는 것이 일반적이다.

구조주의적 입장은 미국, 일본 등 입법례에서 택하는데 산업의 집중도를 정책판단의 중요한 지표로 삼는다. 미국의 경우 과거 높은 산업집중도, 즉 독점률이 높으면서 고수익을 누리고 새로운 기업의 진입이 어려운 거대 독점기업에 정부와 법원이 강제로 기업을 나누도록 한 사례도 있다. 스탠더드오일(Standard oil), 아메리칸타바코(American tobacco) 및 AT&T 등이 그 대상이었다. 마이크로소프트(Microsoft)도 정부로부터 분할명령을 받았으나 재판과 협상 과정을 통하여 분할을 면할 수 있었다.

그러나 구조주의적 접근은 독점력을 측정하고 판단하기 위한 관련 시장의 범위를 명확하게 설정하기 어렵다는 기술적 문제가 있다. 왜냐하면 대체성과 보완성을 가진 유사상품의 범위를 어느 정도까지 포함하느냐 하는 것이 문제된 상품시장의 독점 정도를 측정하는 데 결정적 영향을 미치기 때문이다. 따라서 구조주의적 독과점규제를 하는 국가에서도 기업 분할 등의 구조적 시행명령은 행태적 시정명령만으로는 기대하는 효과를 거둘 수 없을 정도로 독과점이 심하거나 피해가 크다고 인정되는 산업에서 예외적으로 시행된다.

행태주의적 입장은 독일, 프랑스 등 유럽 국가와 한국의 입법례에서 택한다. 〈EU의 경쟁법〉(European Union competition law)은 구조적 규제를 규정하며 이사회 규칙에서 행태적 시정조치만으로는 효과를 달성할 수 없거나 이러한 조치가 오히려 기업에 더 많은 부담을 주는 경우에만 구조적 시정조치를 할 수 있다고 요건을 규정한다. 다음으로는 한국의 〈공정거래법〉을 중심으로 독과점규제제도를 살펴본다.

한국의 〈공정거래법〉은 과거 시장지배사업자를 사전에 지정했으나 현재는 시장지배력의 요건을 명문화하고 사후적으로 이에 해당하는지를 측정, 심사하는 제도를 운용한다. 시장지배력의 요건은 하나의 사업자가 시장점유율이 50% 이상이거나 셋 이하 사업자의 시장점유율 합이 75% 이상인 경우의 그 기업들이다. 다만 후자의 경우 그중 시장점유율이 10% 미만인 기업은 제외한다. 공정거래위원회는 정기적 시장구조조사를 통하여 시장지배사업자가 존재하는 산업을 조사하는데 2013년 기준 이러한 산업은 전체 조사대상 476개 산업의 12%인 56개 산업이었다.

시장지배사업자가 다음의 행위를 하는 경우 시장지배적 지위의 남용행위로 인정되어 시정조치를 명령받거나 과징금 또는 징역형의 형사처분을 받을 수도 있다. 첫째는 가격을 부당하게 결정하거나 변경하는 행위인데 원가변동 요인보다 지나치게 가격을 많이 인상하거나 조금만 인하하는 행위 등을 의미한다. 다음은 출고조절 행위로 전형적 매점매석에 해당한다. 시장의 수요보다 추가로 공급할 능력이 있음에도 공급량을 감소시켜 시장가격의 상승을 유발하는 행위이다.

끝으로 다른 사업자의 활동을 부당하게 방해하는 행위인데 이는 자신의 시장지배력을 유지하거나 강화할 목적으로 경쟁사업자나 새롭게 경쟁에 참여하는 사업자를 부당하게 방해하는 행위로 원재료나 필수 요소의 구매 또는 접근을 방해하는 행위, 다른 사업자의 필수 인력을 좋은 대우를 약속하고 빼내가는 행위 등이 포함된다. 마이크로소프트는 한국에서 메신저 끼워 팔기가, EU에서 웹 브라우저 끼워 팔기가 이러한 유형의 시장지배력 남용행위로 지적되어 시정조치 등을 받았다.

최근 구글이 검색엔진의 90%를 차지하는 유럽에서는 EU 의회가 구글의 분할권고안을 채택하는 등 세계 각국에서 IT기업의 독점규제에 관한 논의가 진행되고 있다. 검색엔진의 점유율이 높은 점을 이용하여 자사에 이익이 되는 관련 콘텐츠를 우선 반영하는 등의 영향력 행사가 시장지배력의 남용이 아닌가 하는 점도 논의의 대상이다.

검색엔진 시장을 국내기업이 석권하는 한국에서는 구글의 모바일 운영체제(operating system: OS)인 안드로이드의 시장지배력

남용 여부에 대한 정부의 조사가 진행되기도 했다. 검색엔진뿐 아니라 메신저, SNS 등 IT부문은 사용자가 많아질수록 사용자의 편의가 향상되는 네트워크(network) 사업의 특성을 가지므로 분할된 시장이 반드시 사용자에게 유리하다고 하기 어렵고, 마이크로소프트, 애플, 구글 및 페이스북(Facebook) 등 IT 거대 기업 사이에도 치열한 경쟁이 이루어진다는 점에서 각국의 정부는 IT부문의 경쟁정책을 어떻게 다루어야 할지 검토를 거듭하는 듯하다.

기업결합은 개별기업의 독립성이 소멸하여 경영권이 통합되는 기업 간의 자본, 인적 및 조직적 결합이다. 기업결합의 수단은 다른 회사의 주식 등 지분의 취득, 다른 회사와의 합병, 영업의 양수 또는 새로운 합작회사의 설립 등이 있으며 한 회사의 임원이 다른 회사의 임원을 겸임하는 행위도 이에 해당한다.

기업결합을 두 기업의 업종에 따라 수평적 결합, 수직적 결합 및 혼합적 결합으로 분류할 수 있다. 수평적 결합은 동일 업종의 기업이 규모의 경제를 목적으로 결합하는 것으로서 시장경쟁을 제약할 위험성이 가장 큰 기업결합 형태이다. 수직적 결합은 서로 수요 공급의 관계를 맺는 업종의 기업이 결합하는 형태로서 시장거래를 내부화하는 효과가 있다. 따라서 결합하는 기업과 기존의 거래관계에 있는 경쟁회사가 거래에서 배제되는 봉쇄 효과로 말미암아 시장의 경쟁이 제한되는 우려가 없는가 하는 점이 심사의 대상이다. 혼합결합은 서로 다른 업종의 기업이 결합하여 기업집단을 이룸으로써 사업 다각화를 통한 범위의 경제를 추구하는 것으로 시장경쟁을 제약할 위험은 그리 크지 않다. 미국에서는 1980년 레이건 정부 출범 후 혼합결합에 대한 규제를 사실상 종료한 것이 1980년대 M&A 붐이 촉발되는 배경이 되었다.

기업결합은 규모의 경제를 통한 생산비 절감 및 중복투자의 생략 등 기업의 경쟁력을 높이는 순기능도 있지만, 시장지배력을 강화하여 독과점 폐해가 심화하는 문제도 있으므로 매출이나 자산이 일정 규모 이상인 기업의 기업결합은 신고하여 심사 받아야 한다. 한국의 경우 정부는 기업결합에 의한 HHI의 증가 등을 심사한 결과 시장경쟁을 실질적으로 제한한다고 판단되면 기업결합을 금지하여 원상회복을 명하거나 조건을 붙여서 승인할 수 있다.

다만 고용의 증대 또는 회생불가기업의 인수 등 기업결합의 국민경제적 효율성 증대가 인정되는 경우, 시장경쟁이 제한되는 경우에도 예외적으로 승인이 가능하다. 과거 도산위기의 기아자동차를 현대자동차가 인수한 경우 등이 이러한 조건에 부합한 사례이다.

개별기업의 독립성이 상실되는 기업결합과 달리 카르텔은 동일한 사업 내 기업이 각자 독립성을 유지하면서 공동행위, 즉 담합을 통하여 다른 사업자와 공동으로 상품가격의 조절, 생산량이나 판매지역의 분할 또는 판매조건이나 방법을 획정하는 것을 말한다. 카르텔 행위는 공동판매회사의 설립 등의 경우처럼 계약 등을 통하여 이루어지기도 하지만 은밀하게 행하여지는 것이 일반적이다.

이러한 카르텔은 동종 산업의 기업이 상호 간의 시장경쟁을 배제 또는 제한함으로써 시장지배력을 발휘하여 공동의 이익을 확대하려는 것이며 대부분 소비자의 이익을 침해하고 국민경제에 비효율을 초래한다. 따라서 대부분 정부는 이러한 카르텔 행위를 매우 엄격하게 다루며 한국의 〈공정거래법〉도 시정명령과 거액의 과징금을 부과하는 외에 징역형 등 형사처분을 규정한다.

대부분의 기업은 시장경쟁의 치열함으로 담합의 유혹을 느낀다. 특히 과점시장이나 경쟁입찰의 경우 담합이 쉽고 가시적 효과를 기대할 수 있으므로 암묵적 담합행위가 이루어질 소지가 많다. 카르텔은 합의만으로도 범죄행위가 성립하며 명시적 합의뿐 아니라 묵시적 합의도 마찬가지이다. 시장에서 기업이 특별한 사유가 없음에도 비슷한 시기에 가격인상 등 유사한 내용의 행위가 발견되는 때에는 암묵적 담합의 추정이 가능한바 해당 기업은 담합이 없었음을 입증할 책임이 있다.

아울러 은밀하게 이루어지는 기업의 담합행위를 적발하기 어려운 현실 때문에 리니언시 제도(leniency program)를 도입하여 담합행위를 자진하여 신고하거나 증거제공 등으로 조사에 협조한 경우에는 처벌을 면제 또는 경감한다. 이는 카르텔의 와해 가능성을 높이는 효과를 나타낸다. 근래 한국에서는 카르텔 행위에 의한 피해자에게 집단소송을 허용해야 한다는 주장도 제기되었다.

카르텔의 형성과 운용은 동업조합인 사업자단체를 통하여 이루어지는 경우도 있고 드물게는 정부부처의 행정지도가 카르텔의 결과를 초래하는 경우도 있다. 어떠한 경우이든 시장지배력을 발휘하여 소비자의 이익을 침해한 경우에는 부당한 공동행위가 성립한다.

그러나 정부가 특수한 경제상황이나 정책적 필요성이 있는 경우에는 카르텔을 인가할 수 있도록 한다. 산업합리화, 기술 개발, 불황의 극복 및 중소기업의 경쟁력 강화 등 정책적 목적을 위한 제도이다. 이와 같은 불황카르텔 등은 정부가 생산자 보호를 위하여 소비자의 이익 침해를 허용하기 때문에 예외적이고 한시적으로 시행된다. 〈EU의 경쟁법〉도 기업의 공동행위가 역내 기술, 경제 발전에 기여한다고 인정되는 경우, 법의 적용을 배제한다.

카르텔 중 가격협정, 수량제한, 시장분할 및 고객배분 그리고 입찰조작 등 담합행위를 경성카르텔(hard-core cartel)이라고 한다. 이는 이러한 담합행위를 주로 강화된 독점력의 행사만을 목적으로 한다고 여기기 때문이다.

세계경제의 글로벌화가 진전되면서 국제적 차원의 카르텔도 이루어지므로 OECD는 회원국에 자국의 경쟁법이 경성카르텔에 효과적으로 대응할 수 있는지 점검함과 아울러 회원국 간의 협력이 중요함을 권고한 바 있다. 국경을 초월하여 이루어지는 외국기업의 경쟁제한행위로 국내시장의 경쟁질서가 침해되는 사례가 늘어남에 따라 각국이 자국의 영역 밖에서 이루어진 경쟁제한적 행위에 대하여 자국의 경쟁법을 적용, 집행하는 경쟁법의 역외 적용이 세계적으로 확산되고 있다. 이러한 규제의 대상은 주로 자국 내에서 국제적 영업활동이 있는 외국기업의 카르텔 결성에 대한 제재와 기업결합 신고 등이다.

미국과 EU 등은 1990년대 중반부터 국제적 카르텔 행위를 적극적으로 규제하기 시작하였으며 유럽의 비타민 제조업체, 한국의 반도체 제조업체가 처벌받은 것을 포함하여 많은 집행사례를 기록했다. 외국기업의 대표자나 임원 등의 위법행위에 형벌을 부과하더라도 이들이 국내에 없는 경우 상대국이 협조하지 않으면 집행할 수 없지만, 이들이 자국으로 자진하여 입국함에 따라 형벌이 집행되는 사례도 없지 않고 자국 내에 재산 등이 존재하면 이에 대한 압류 등의 조치를 취할 수 있다. 한국의 공정거래위원회도 이러한 국제적 흐름에 참여하여 흑연전극봉, 비타민 등의 국제 카르텔 참여기업에 과징금을 부과한 바 있다.

불공정거래행위는 사업자가 불공정한 경쟁수단을 이용하여 경쟁사업자나 거래상대방의 사업활동을 방해하거나 구속하는 행위로, 시장의 경쟁질서를 어지럽히고 소비자에게도 영향을 미친다. 이러한 불공정거래행위를 규제하는 것은 시장의 독점화를 예방하고 소비자 및 경제적 약자를 보호하기 위함이다. 이는 독과점과 관계없이 모든 기업에 해당하는 것으로 경쟁의 수단이나 방법에 대한 규제를 의미한다. 불공정거래행위는 공정한 거래행위를 저해할 우려가 있는 행위를 직접 하거나 간접적으로 계열회사 또는 다른 사업자가 행하도록 하는 것을 포함하는데 한국의 〈공정거래법〉은 이에 해당하는 행위를 열거한다.

불공정거래행위로 규제되는 어떤 행위는 동시에 시장지배적 지위의 남용행위에도 해당한다. 시장지배적 사업자가 이러한 행동을 하는 경우 더 무거운 제재의 대상인 시장지배적 지위남용 행위로 규제되고 일반 사업자가 하는 경우에는 단순히 불공정거래행위로 규제의 대상이 된다.

〈공정거래법〉에 열거된 불공정거래행위에는 부당하게 거래를 거절하거나 거래 상대방을 차별하여 취급하는 행위를 규정한다. 자본주의 시장경제체제에서는 계약의 자유 또는 사적 자치의 원칙에 따라 누구와 어떤 거래를 하든지 안 하든지 또는 개별적 거래를 어떠한 조건으로 하든지 자유이지만 독과점을 형성하거나 유지할 목적 또는 경쟁사업자의 사업을 곤란하게 할 목적으로 이러한 행위를 하는 것은 규제의 대상이 된다.

또한 경쟁사업자를 배제할 목적으로 부당하게 염가로 판매하거나 고가로 매입하는 행위와 부당한 방법으로 고객을 유인하기 위하여 과다한 이익을 제공한다든지 거짓 선전 등 속임수를 사용하는 행위도 불공정거래행위에 해당한다. 거래상 지위가 우월한 당사자, 이른바 갑의 위치에 있는 자가 자기보다 열등한 지위에 있는 당사자, 이른바 을의 위치에 있는 자에게 억압적 방법으로 거래나 이익 제공 또는 판매목표의 달성 등을 강제하는 행위도 불공정거래행위에 포함되는데 끼워 팔기나 임직원에 대한 사원판매 등도 이에 해당한다.

이와 아울러 거래상대방에게 자신의 경쟁사업자와 거래를 못하게 하거나 거래지역 등을 제한하는 등 부당하게 사업활동을 구속하는 행위와 다른 사업자의 사업활동을 방해하는 행위, 예를 들어 기술이나 기업정보 또는 거래고객을 탈취할 목적으로 다른 사업자의 인력을 부당하게 유인하여 사업활동을 곤란하게 하는 행위 등도 불공정거래행위를 구성한다.

불공정거래행위로 열거된 항목 중에는 계열회사 사이의 부당한 지원행위도 포함된다. 계열회사를 거느리는 모든 기업집단에 적용되는 규제이며 경제력집중과 관련된 대규모기업집단의 내부거래에는 별도의 규정이 추가로 적용된다. 기업집단의 우량 계열회사가 부실 계열회사의 사업활동을 지원함으로써 경영안정을 도모하는 등의 긍정적 효과도 있지만 우량회사의 투자자 등 이해관계인에게 손실을 끼치는 것과 아울러 한계기업의 퇴출을 지체하여 국민경제의 비효율을 초래하고 시장경쟁이 왜곡되는 문제를 일으키기 때문이다. 특수 관계인이나 다른 계열회사에 대한 부당지원으로는 가지급금, 대여금, 인력 및 부동산 지원 등 경제적 이익을 제공하는 행위 등이 이에 해당한다.

공정거래위원회는 〈공정거래법〉에 열거된 불공정거래행위와 별도로 특정 분야 또는 특정 행위에 대한 기준을 세워 특수 불공정거래행위를 고시한다. 이에는 과다한 경품 등의 제공, 신문의 무가지 제공 등에 대한 규제와 함께 병행수입에서의 불공정거래행위를 포함한다.

병행수입이란 유명상표가 부착된 상품 등 외국제품의 독점수입권자가 있지만 제3자가 다른 유통경로를 통하여 진정상품을 독점수입권자의 동의 없이 수입하는 것이다. 독점수입권자가 기득권 보호를 위하여 외국의 상표권자가 제품 공급을 중단하게 하는 등 병행수입을 방해하거나 병행수입된 상품을 취급한 판매업자를 제재하여 국내판매를 방해하는 행위를 불공정거래행위로 규정하여 소비자의 이익을 보호하려는 취지이다.

〈공정거래법〉은 불공정거래행위와 별도로 재판매가격유지행위의 제한을 규정하는데 이는 제조업자나 도매업자가 하위 판매업자에 대하여 재판매가격을 지정하는 것이며 가격제한은 정찰

제 또는 최고가격이나 최저가격의 유형이다. 이는 주로 브랜드 상품, 이른바 명품 제조사가 자사제품의 성가(聲價)를 유지하기 위하여 수직적으로 가격을 결정하여 하위 판매업자를 구속하는 경우가 많다. 재판매가격유지행위를 규제할 것인지에 대하여는 각국의 입법례가 상이하다. 한국의 〈공정거래법〉은 원칙적으로 이를 금지하지만 저작물은 예외품목으로 허용한다.

〈공정거래법〉에 의하여 규제되는 불공정거래행위 외에 몇몇 특수 분야 또는 특수한 행위에 관하여는 별도의 법률이 제정되어 시장거래의 공정화를 위한 규율을 하는데 이 법률은 〈공정거래법〉의 특별법의 지위를 갖는다.

첫째로 〈하도급거래 공정화에 관한 법률〉은 발주자로부터 도급을 받은 원사업자가 도급받은 사업의 전부 또는 일부를 제 3자인 수급사업자에게 위탁하는 거래인 하도급거래를 규제한다. 원사업자가 하도급거래를 함에 있어 거래상 지위를 부당하게 이용하는 경우 〈공정거래법〉상 불공정거래행위로 규제의 대상이지만 원사업자와 수급사업자 사이에 힘의 불균형이 워낙 크기 때문에 지위남용에 대한 규율로는 불충분하다는 인식으로 제정되었다. 원사업자에게는 하도급거래의 내용을 서면으로 확인하여야 하는 등의 의무와 함께 부당한 대금 감액이나 반품 등을 금지하는 등의 내용을 규정한다. 특히, 원사업자가 수급사업자의 기술자료를 제출받아 유용하는 경우에는 손해액의 3배 범위에서 배상토록 하는 징벌적 손해배상제도를 적용한다.

둘째, 〈대규모 유통업에서의 거래 공정화에 관한 법률〉은 백화점, 대형할인점, TV홈쇼핑 및 인터넷쇼핑몰 등 거래규모가 큰 사업자가 납품업자나 매장임차인 등과의 거래관계에서 우월적 지위를 이용하여 부당하게 피해를 주지 못하도록 규제한다. 상품대금을 감액하거나 상품의 수령을 거부, 지체 또는 상품을 반품하는 행위를 금지하고 판촉비용을 전가하거나 상품권 구입 등을 요구하지 못하도록 규정하는 한편, 거래를 중단하거나 변경할 때는 매장의 설비에 투입된 비용을 보상하도록 하여 경제적 약자를 보호한다.

셋째, 〈가맹사업거래의 공정화에 관한 법률〉은 가맹본부와 가맹점사업자의 거래관계를 규제한다. 가맹사업은 가맹본부가 가맹점사업자로 하여금 자기의 상표, 상호 등을 사용하여 일정한 품질기준과 영업방식에 따라 재화나 서비스 등을 판매하도록 하면서 경영노하우, 교육 등의 지원을 제공함과 아울러 영업활동을 통제하는 사업이며 가맹점사업자는 가맹본부에 가맹금을 지급한다.

가맹본부는 가맹점사업자에게 부당한 제한이나 거래의 중단 또는 거절을 하지 못하고 부당하게 점포환경의 개선을 요구하지 못하며 부당하게 가맹점사업자의 영업시간을 구속하거나 영업지역을 침해하지 못하도록 규정하여 가맹본부가 우월적 지위를 남용하지 못하게 한다. 이와 함께 부실한 가맹본부로 인한 가맹점사업자의 피해를 보상받을 수 있도록 가맹본부로 하여금 가맹사업자 피해보상보험에 가입하고 공제조합과 공제계약을 체결하는 등의 의무를 부과한다.

소비자보호제도는 미국에서 1960년대에 사회적 약자(minority)

362

의 보호를 위한 시민운동으로 시작되었다. 소비자가 안전을 보장받을 권리와 알고 선택할 권리 및 피해를 보상받고 단결할 권리 등을 소비자의 권리로 확보했다.

한국에서도 소비자의 보호를 위하여 다수의 법률이 제정되었는데 첫째, 〈소비자기본법〉은 소비자의 권리와 함께 정부의 소비자 보호 의무를 규정하고 사업자에게는 결함물품의 수거, 파기 또는 수리, 교환 등을 의무화하는 리콜(recall)제도 등을 이행하도록 한다. 이와 아울러 소비자 피해구제 및 소비자 분쟁의 해결제도와 함께 소비자단체가 사업자에 대하여 소비자의 권익을 침해하는 행위를 중지하는 단체소송을 제기할 수 있도록 했다. 사업자가 다수의 사람에게 피해를 줬을 때 그중 일부가 소송하면 다른 피해자도 별도의 소송 없이 피해를 구제받을 수 있는 집단소송제도는 현재 증권시장에서 회사의 분식회계 등으로 피해를 본 투자자에 한하여 인정되나 이를 확대하려는 주장도 여러 분야에서 제기된다.

다음은 〈표시·광고의 공정화에 관한 법률〉로서 소비자에게 정확한 정보를 제공하여 올바른 상품선택권을 보장하는 것은 공정한 시장경쟁의 기반임을 명시한다. 표시는 상품의 내용이나 거래조건을 상품의 용기, 포장 및 거래증서 등에 기재하는 것이고 광고는 신문이나 방송 등을 통하여 소비자에게 널리 알리는 것을 의미한다. 이러한 행위가 허위 또는 사실을 은폐, 축소하는 등으로 기만적이거나, 경쟁사 제품과 근거 없이 또는 편파적으로 비교하거나 비방하는 등으로 이루어져 소비자의 선택을 오도하고 경쟁사업자를 방해하지 못하도록 규정한다.

이 외에도 금융, 통신 및 항공운송 등 다수의 고객과의 거래에서는 사업자가 그 거래상 지위를 남용하는 불공정약관을 사용하지 못하도록 규제하고 표준약관을 보급하는 〈약관의 규제에 관한 법률〉이 적용된다. 또한 소비자와 사업자의 여러 가지 특수한 형태의 거래, 즉 외판원에 의한 직접판매 방법인 방문판매, 단계적으로 판매원을 가입시켜 판매이익이나 후원수당을 제공하는 다단계판매, 그리고 소비자가 상품을 제공받고 2개월 이상의 할부거래 및 TV 홈쇼핑, 인터넷쇼핑몰 등의 전자상거래 등과 관련하여 거래마다 소비자 보호를 위한 법률이 제정되었다. 소비자 보호의 주요 내용은 상품을 구매한 뒤 청약을 철회하거나 계약을 해제할 수 있는 소비자의 권리를 규정한 것이다.

한편 〈제조물책임법〉은 상품의 결함으로 인한 소비자의 신체적 또는 재산상의 피해를 사업자가 배상함에 있어 과실책임 원칙의 예외로 무과실책임을 규정하여 피해소비자의 입증책임을 면제한다. 따라서 제조자가 그 상품의 공급 당시에 관련 법령 등에 규정된 기준을 준수하였음을 입증하지 않는 한 소비자에게 초래된 손해를 배상할 책임을 면할 수 없다.

5. 경제력집중의 억제와 기업지배구조

1) 경제력집중의 의의와 대규모기업집단의 지정

재벌이라는 표현은 2차 세계대전 이전의 일본에서 존재하던 자이바츠(財閥)에서 유래되었다. 전체주의적 군국주의 이념 아래 미쓰비시(三菱), 미쓰이(三井) 등 창업주 일가가 은행과 종합무역상사를 중심으로 이끌었던 다각화된 기업집단을 의미한다. 군산(軍産)일체라는 표어의 정경유착 가운데 전쟁을 경제적으로 뒷받침하는 역할을 수행했다. 전쟁이 끝난 후 미국은 이들을 전범처리 차원에서 다루어 강도 높은 해체작업을 진행했다.

현재 한국에서 재벌이라고 불리는 대규모기업집단은 특정 창업자와 가족이 경영을 지배한다는 점, 제조, 유통 및 금융 등 여러 산업 부문으로 다각화가 이루어져 많은 거래를 내부화한다는 점, 이들이 진출한 산업에서 막강한 자금력과 조직을 통하여 독점적 집중도를 형성한다는 점에서 과거 일본의 자이바츠와 유사하다고 할 수 있다.

그러나 한국의 대규모기업집단은 은행의 지배가 불가능하다는 점이 과거 일본의 자이바츠가 은행 등 금융회사를 거느리고 기업집단의 자금 파이프라인(*pipe line*)으로 활용했던 점과 구별된다. 또한 자이바츠가 전체주의적 정경유착을 명시적으로 추구했던 것에 반하여 한국의 대규모기업집단은 경제개발 시기에 수출진흥, 중화학공업 육성 등 정부의 지원을 힘입어 기업도 성장하고 한국경제의 고도성장을 이끄는 견인차의 역할을 수행했으나, 사안에 따라서 정부와 협조 및 대립의 관계를 달리하였다는 차이가 있다.

경제력집중은 경제적 힘, 그리고 이에 수반되는 여러 가지 사회적 영향력이 특정 기업집단 또는 이를 지배하는 자연인에게 쏠리는 현상, 즉 일반집중을 가리키는 표현으로 어느 산업이나 시장에서의 독점적 집중과는 다른 의미이다. 현재 많은 한국인들은 재벌에 속하는 기업이 건축한 집에서 그들이 생산한 제품을 사용하며 생활하면서 경제뿐 아니라 정치, 문화, 의료 및 교육 등 모든 분야에서 그들의 영향을 느끼며 살고 그들이 만드는 광고의 언어 속에 인식을 물들이고 있다. 따라서 경제력집중이란 특정 경제주체의 선택이 다른 경제주체의 선택과 국민경제의 자원배분에 영향을 미칠 수 있는 상태라고 정의한다.

이러한 의미에서 경제력집중은 유독 한국만의 현상이 아니고 정도의 차이는 있지만 대부분 자본주의 시장경제체제의 국가에서 볼 수 있는 거대기업의 힘이라고 할 수 있다. 미국은 개별 대기업의 규모가 방대하고 대부분 증권시장에 공개된 회사이며 창업한 지 오래되지 않은 기업을 제외하고는 지분이 널리 분산되어 특정인이 지배하는 경우가 많지 않다. 대부분 기업의 경영권이 전문경영인에게 귀속된 전문경영인 자본주의의 모습을 보인다. 일본의 경우는 과거 자이바츠에 계열로 속한 기업이 경영권 보호의 목적으로 은행이나 보험회사를 중심으로 서로의 주식을 보유하여 횡적으로 결합된 기업집단을 형성하였으며 사장단 회의 등을 통하여 서로의 경영방침을 조율하고 CEO도 기업 내에서 양성되는 법인 자본주의라고 할 수 있다.

이처럼 거대기업 또는 거대 기업집단이 존재하는 자본주의 시장경제체제의 어느 국가에서도 기업의 규모를 기준으로 경제력집중을 정부가 규제하는 사례는 찾아보기 어렵다. 이러한 사실에 비추어 경제력집중을 억제하는 한국의 규제제도가 국제적인 적합성을 갖지 않는다는 비판도 있다.

그러나 한국의 재벌로 불리는 대규모기업집단이 다른 나라의 거대기업 또는 기업집단과 다른 점은 특정한 가족 구성원에 의한 경영권의 봉쇄적 지배와 세습이 이루어진다는 점이다. 그리고 2009년 통계에 의하면 이러한 가족적 지배의 핵심적 지배주주는 평균 기업집단의 주식총수 중 약 2%만을 소유하고 특수관계인의 지분을 합하여도 평균 5% 미만이지만 나머지 지배력은 계열회사 서로의 주식보유를 통하여 46% 이상을 확보함으로써 지배주주가 있는 기업집단의 평균 내부지분율이 53%에 이르는 것으로 나타났다.

이처럼 자신의 보유지분보다 과대한 규모의 기업집단을 지배하고 경영권을 세습하는 행태는 국민의 부정적 정서를 유발하는 것 외에도 국민경제에 비효율을 초래한다고 지적된다.

첫째는 지분보유가 적은 지배주주와 기업의 이해관계가 상충할 수 있으며 이런 경우 지배주주 이익 중심의 기업경영은 기업과 다른 지분보유자에게 손실을 초래할 우려가 크다.

둘째는 재벌기업의 계열회사 지분보유에 의한 기업집단의 다각화가 지배주주의 영역 확대라는 동기에서 추진되어 이윤동기에 의한 기업경영에서 일탈하는 현상이 발생한다. 전문경영인에 의하여 지배되는 미국의 기업에서는 이러한 다각화가 전문경영인의 영역인 단일기업 내에서 이루어지므로 기업집단이 아닌 복합기업 (conglomerate) 의 형태를 갖는 경향이 있다.

기업집단에 속한 기업의 입장에서는 계열기업 간의 지원과 보조 등, 즉 내부거래에 힘입어 시장경쟁력이 제고되는 측면도 있지만, 바로 이러한 점 때문에 공정한 시장경쟁이 저해되고 중견·중소기업을 억압한다는 비판이 제기된다. 왜냐하면 경쟁기업으로서는 재벌집단에 속한 기업과의 경쟁은 일 대 일의 대등한 경쟁이 아니고 기업집단과의 경쟁을 의미하기 때문이다.

그뿐 아니라 기업집단 내부의 비효율적 기업을 지원하려는 노력이 자칫하면 집단에 속한 많은 기업의 동반 부실을 초래할 위험이 있다는 사실은 1997년 발발한 IMF 경제위기 동안 한국경제가 겪은 교훈이었다. 한국의 산업구조와 기업경영 행태는 IMF 경제위기를 분수령으로 많은 변화를 겪었다. 경제위기의 기간 중 대규모기업집단은 당시 30대 집단 가운데 12개 집단이 몰락하는 최대의 피해 당사자였지만 동시에 재벌기업의 불건전한 기업행태가 경제위기의 주요 원인이었다는 비판의 대상이 되기도 했다.

비판의 주요 내용은 과다차입에 의한 외형확장으로 말미암은 기업 재무구조의 취약, 지나친 다각화에 따른 전문성의 저하 그리고 총수 일가의 전횡적 지배구조로 인한 의사결정 과정의 투명성과 합리성 결여 등이다. 이와 같은 지적사항에 관하여 많은 개선노력이 정부와 기업 차원에서 있었다. 주요 내용은 재무구조의 건전화, 외형 위주보다 수익 중심의 경영 그리고 기업지배구조의 개선 등을 들 수 있다.

상위 30개 대규모기업집단의 국민경제적 비중을 살펴보기 위하여 전체 기업 중 차지하는 비중을 1995년과 2005년 기준으로 비교해 보자. 총자산은 34%에서 19%로, 매출액은 60%에서 36%로, 고용은 40%에서 26%로 각각 감소했다. 그러나 계열기업의 숫자는 433개에서 565개로 증가했다. 전체적으로는 경제력집중이 완화되었지만 상위 두세 개 기업집단으로의 집중은 심화되었다. 이는 해당 기업집단이 전자 및 자동차의 세계시장 점유율을 현저히 증가시킨 실적에 기인한다.

한국의 〈공정거래법〉은 1980년 제정되던 당시에는 경제력집중을 포함하지 않았다. 그러나 재벌에 대한 정치사회적 논의가 가열되면서 이른바 문어발 경영으로 일컫는 사업의 다각화, 제왕적 경영이라 불리는 총수의 전횡과 세습경영 그리고 기업집단의 관점에서 개별기업을 경영하는 선단식 기업경영의 폐해가 지적되었다. 그리하여 1986년 〈공정거래법〉을 개정하면서 경제력집중을 억제하는 제도를 도입했다. 그 주요 내용은 지주회사의 설립금지, 주식 상호보유 금지, 출자총액의 제한 등이었고 그후 계열회사 간 부당 내부거래제도와 상호채무보증의 제한을 추가로 도입했다.

IMF 경제위기를 겪은 후에는 계열사 간 신규 채무보증을 전면 금지하는 한편, 지주회사의 설립을 제한적으로 허용하였으며 출자총액 한도는 폐지하였다가 다시 도입했다. 이후 대규모기업집단에 소속된 금융회사가 보유하는 계열기업의 지분에 대한 의결권 제한이 강화되었으며 지주회사에 대한 규제가 대폭 완화되었다. 또한 출자총액 한도를 폐지하는 대신 기업집단 현황의 공시제도가 도입되었고 2014년에는 대규모기업집단의 신규 및 추가적 순환출자를 금지했다.

〈공정거래법〉에서 기업집단이라 함은 동일인이 사실상 그 사업내용을 지배하는 회사, 즉 계열회사의 집단으로 규정한다. 이 경우 동일인은 회사인 경우와 그렇지 않은 경우가 있다. 회사인 경우는 자신을 제외하고 하나 이상의 기업을 지배하는 것이고 회사가 아닌 경우에는 둘 이상의 기업을 지배하는 것이며 하나의 집단에 속한 기업은 서로의 계열기업이 된다.

경제력집중 억제제도의 적용대상인 대규모기업집단은 제도 도입 당시에는 일정 자산규모 이상의 기업집단을 지정했으나 국민경제의 규모가 팽창하고 기업집단의 자산규모가 계속 증대함에 따라 1992년부터는 자산규모를 기준으로 상위 30개 기업집단을 지정하는 방식으로 변경했다. 그러나 커다란 편차를 보이는 기업집단을 일률적으로 지정하는 방법의 문제점이 제기되고 대상 기업집단 중 하위집단은 수시로 지정과 제외를 거듭하는 상황이 나타나면서 2002년 다시 일정 자산규모 이상의 기업집단을 지정하는 방법으로 바뀌었다. 상호출자제한기업집단 및 채무보증제한기업집단의 지정 기준은 여러 번 상향조정을 거쳐 2008년부터 자산규모 5조 원 이상의 기업집단을 지정한다.

지정대상인 기업집단은 민간 기업집단뿐 아니라 외국계 기업집단과 공기업집단을 포함하지만 금융업 또는 보험업만을 영위하는 기업집단 또는 금융회사나 보험회사가 지배하는 기업집단을 지정대상에서 제외하고, 사회기반시설에 대한 민간투자회사 및 신기술창업 전문회사 등이 일정 요건에 해당하는 경우 기업집단에서 제외할 수 있다.

2016년 65개 기업집단이 상호출자제한기업집단으로 지정되었으며 소속된 계열회사는 1,736개이다. 이 중 민간 기업집단은 52개, 공기업집단은 13개이고 민간 기업집단 중 총수가 있는 기업집단은 45개이다. 지정된 기업집단의 자산총액은 2,340조 원이고 매출총액은 1,400조 원인데 자산총액은 계속 증가세를 나타냈으나 매출액은 2013년부터 지속적으로 감소세를 보였다.

다음에서는 〈공정거래법〉상 경제력집중의 억제를 위한 제도를 출자, 보증 및 지주회사에 대한 규제의 내용 등을 중심으로 살펴본다.

2) 경제력집중의 억제제도

상호출자는 복수의 회사가 상대방의 주식을 취득하여 보유하는 행위를 의미한다. 회사의 출자는 투자의 수단인 동시에 기업을 자본적으로 결합하는 수단으로서 기업집단의 규모를 확장하고 특정 오너(owner) 중심의 소유 및 지배구조를 강화할 수 있도록 한다. 실질적 자본의 증가 없이도 회사 사이의 출자 경로를 통하여 자본이 이동하기만 하여도 가공자본을 창출할 수 있고 계열회사의 숫자를 늘리는 것이 가능하다.

상호출자를 악용하면 실질적 출자액이 적은 특정인에게 경영권이 귀속되는 회사 지배구조의 왜곡, 기업공개요건을 우회하는 위장분산 등 〈회사법〉과 〈자본시장과 금융투자업에 관한 법률〉(이하 〈자본시장법〉)의 원칙을 훼손하는 여러 행태의 원천이 될 수 있고 원하는 회사를 추가적 자본 투입 없이 인수하는 것도 가능하다. 이러한 상호출자가 만연되면 계열회사의 가공자본으로 말미암아 가용자본이 부족하게 되어 일반적으로 부채비율이 높아진다.

상호출자에는 두 회사가 서로 주식을 맞교환하는 형태로 보유하는 직접 상호출자와 셋 이상의 회사가 고리모양으로 돌아가며 주식을 보유하는 순환형 상호출자, 그리고 셋 이상의 회사 중 한 회사가 다른 여러 회사의 주식을 보유하는 매트릭스형 상호출자가 있다. 상호출자로 이루어진 대규모기업집단은 이러한 상호출자 방법을 변형되고 혼합된 형태로 활용한다.

한국에서 상호출자를 처음으로 규제한 법률은 〈자본시장법〉의 전신이라고 할 수 있는 〈증권거래법〉이 상장회사 상호 간의 직접적 주식보유를 규제한 바 있다. 이어서 〈상법〉에서 모자(母子)회사의 개념을 도입하여 자회사가 자신의 경영권을 지배하는 모회사의 주식 취득을 금지하는 한편, 모회사가 아니더라도 자신의 주식 10% 이상을 보유한 회사의 주식은 이를 취득한 경우 의결권의 행사를 제한하는 규정을 둔다.

〈공정거래법〉은 1986년 경제력집중 억제제도를 도입하면서 대규모기업집단 계열회사의 직접적 상호 간 주식보유를 금지했으나 간접적 상호보유는 규제하지 않았다. 이는 기업의 출자를 과도하게 규제하는 경우에 투자를 억제하는 부작용을 우려했던 것으로 보인다.

그 대신 출자총액한도를 규제하는 제도를 도입하여 대규모기업집단에 속하는 계열회사가 순자산, 즉 자기자본 중 계열회사에서 출자한 금액을 제외한 금액의 일정 비율을 초과하여 다른 국내회사에 출자하지 못하도록 제한했다. 출자총액한도 적용대상인 기업집단은 상호출자제한 대상인 기업집단과 동일한 기준으로 규제하기도 하였지만, 더 커다란 자산규모를 가진 대규모기업집단에만 적용하기도 했다. 출자총액한도 규제는 규제대상인 기업집단에 속하는 회사가 다른 계열회사뿐 아니라 모든 국내회사에 출자하는 한도를 규제하는 것이라는 점에서 상호출자의 제한과 구별되었다.

출자총액한도 제도는 상호출자제한제도의 미비점을 보완하고 당시 지주회사를 금지하는 법적 취지를 확인하는 의미가 있다고 할 수 있으나 정책적 타당성과 합리성 여부는 항상 논란의 대상이었다.

1999년 IMF 경제위기를 극복하는 과정에서 외국인 투자자의 적대적 M&A를 허용하면서 국내기업의 경영권 보호에 관한 논란이 제기되어 출자총액한도 제도를 폐지했으나 외국 투자자에 의한 M&A는 없는 반면, 대규모기업집단에 의한 계열회사에의 출자가 증가하고 내부지분율이 상승하는 등 경제력집중이 심화했다. 이에 따라 출자총액한도 제도가 부활했으나 이후 수차례 제도의 내용을 완화하였으며 2009년 출자총액한도 제도는 폐지되었다. 이러한 정부의 입장은 기업의 투자를 활성화하여 고용과 생산을 증대시키고자 하는 목적에 출자총액한도 제도가 걸림돌이 된다는 지적에 영향을 받은 것으로 생각된다.

상호출자제한기업집단으로 지정되어도 과거에는 직접적 방법이 아닌 순환형 상호출자는 규제의 대상이 아니었기 때문에 대규모기업집단은 이러한 순환출자를 통하여 계열회사를 늘리거나 지배주주의 경영권을 강화하기 위하여 내부지분율을 증가시키는 데 큰 어려움이 없었다.

이러한 문제점에 대한 논쟁은 2009년 출자총액한도 제도를 폐지하면서 더욱 가열되었고, 결국 2014년 순환형 상호출자도 직접적 상호출자와 마찬가지로 금지되었다.

순환출자의 금지는 신규 순환출자와 기존의 출자 지분율을 더욱 증가시키는 추가 출자를 대상으로 하며 기존의 지분율 범위에서의 순환출자는 규제대상이 아니다. 이 경우 순환출자란 계열회사로부터 출자를 받은 기업이 다른 계열회사의 지분을 보유하는 회사에 출자하는 것을 의미한다. 이와 같은 순환출자의 금지로 말미암아 순환출자의 방법으로 형성된 대규모기업집단은 앞으로 계열회사의 수를 늘리거나 내부지분율을 강화하는 데 어려움이 초래될 것으로 보인다.

이들 대규모기업집단이 새로운 부문에 진출하는 투자가 어려워지는 것이 중소·중견기업이 진출하는 기회의 확대로 이어질 것인지 아니면 국민경제 전체의 투자 감소만 초래하게 될 것인지를 지켜보아야 한다.

〈공정거래법〉상 채무보증이란 채무보증제한기업집단에 속하는 회사가 은행 등 금융회사로부터의 대출 등 신용제공과 관련하여 국내의 계열회사에 대하여 행하는 보증을 말한다. 현재 채무보증제한기업집단의 지정기준은 자산규모 5조 원 이상으로 상호출자제한기업집단의 지정기준과 동일하다.

과거 대규모기업집단은 순환적 상호출자로 초래된 가용자본의 부족을 금융회사로부터의 차입으로 충당하면서 기업집단의 외형을 키웠다. 한국의 금융회사는 회사에 대한 신용제공에서 기업의 신용도와 사업성을 평가하기보다는 일반적으로 물적 담보를 확보하거나 믿을 수 있는 제3자의 인적 담보에 의존했다. 이러한 금융회사의 관행은 금융회사의 여신이 재벌 기업집단에 편중되는 원인이 되었다. 따라서 대규모기업집단에 속하는 계열사 간 채무보증의 제한은 경제력집중의 억제뿐 아니라 금융자금의 효율적 배분과 중소기업의 균형발전을 위하여도 필요한 제도라는 당위성을 가지고 1992년 도입되었다.

도입 당시 대규모기업집단 계열회사의 채무보증 한도는 자기자본의 200%였으나 1997년 이를 100%로 축소했다. 1998년 신규채무보증을 전면 금지하고 이어서 2000년까지 기존의 채무보증을 모두 해소했다. 계열회사 간 채무보증제한을 이처럼 급속하게 강화한 것은 IMF 경제위기 중 겪은 상황에 영향을 받은 바가 크다.

기업집단 계열회사 간 상호출자나 채무보증은 해당 계열회사를 공동운명체로 결합하는 효과가 있다. 즉, 기업환경이 양호한 상황에는 이러한 방법이 서로 시너지 효과를 발휘하여 사업의 급속한 성장을 도모할 수 있다. 그러나 환경이 어려워지면한 계열회사의 손실이 다른 계열회사로 전이되는 것을 피할 수 없다. 그리고 다른 계열회사의 도산으로 인한 피해는 일반적으로 상호출자보다 채무보증이 더욱 심각하다. 왜냐하면 상호출자의 경우 도산한 계열회사에 출자한 만큼으로 손실이 제한되지만, 채무보증의 경우에는 도산한 회사의 채무를 변제할 책임을 부담하기 때문이다. 이러한 관계는 기업집단의 계열회사에 마치 도미노가 넘어지는 것과 유사한 상황을 초래한다. IMF 경제위기 중 많은 대규모기업집단의 와해가 바로 이러한 원인에 기인한 바 크다고 할 수 있다. 이는 마치 《삼국지》의 적벽대전에서 조조의 전함을 서로 묶어두었다가 오나라의 화공(火攻)에 의하여 전멸된 연환계(連環計)를 연상하게 하는 상황이었다.

지주회사(holding company)는 다른 회사의 주식이나 지분의 소유를 통해 그 회사의 사업활동을 지배 또는 관리하는 회사를 말하며 지주회사가 지배하는 회사를 자회사라고 한다. 지주회사는 그 자신의 사업을 영위하지 않고 다른 회사의 지배만을 목적으로 하는 순수지배회사와 별도로 자신의 사업을 영위하면서 지주회사의 역할을 수행하는 사업지주회사로 구분한다. 자회사가 주식 등의 보유를 통하여 다른 회사를 지배하면 지주회사의 손자회사가 생기게 되는데 이러한 단계적 체제는 더욱 확장될 수 있다.

지주회사는 기업집단을 형성하는 수단의 하나이며 그 자체로 경쟁제한성을 갖는 기업조직은 아니므로 대부분의 국가에서 이를 허용한다. 다만 2차 세계대전 후 미국이 일본의 자이바츠를 해체하는 과정에서 지주회사를 법률로 금지하였으며 한국에서도 1986년 경제력집중을 억제하는 제도를 도입하면서 지주회사를 전면적으로 금지했다.

지주회사를 아무 제한 없이 허용하는 경우, 다단계적 자회사 구조를 통해 적은 자본으로 대규모기업집단을 거느리게 된다. 차입금에 크게 의존하는 지주회사는 취약한 기업집단을 초래하며 자칫 자회사의 다른 주주나 채권자의 권리를 침해할 우려가 없지 않다.

그러나 한국의 〈공정거래법〉이 지주회사를 전면적으로 금지하여 기업이 지주회사의 방법보다 오히려 기업의 지배구조가 더 불투명한 순환출자의 방법으로 기업집단을 형성할 수밖에 없는 여건을 조성한 셈이 되고 말았다. 지주회사 체제에서는 계열회사 간 교차, 순환형 등의 상호출자가 금지되고 수직적 출자만 허용되므로 소유지배구조가 순환출자 체제보다 단순, 투명하다. 또한 수직적 출자구조의 특성상 부실기업의 신속한 퇴출이 가능하므로 시장에서 기업집단에 의하여 경쟁을 제한하는 비효율이 완화될 수 있다.

일본이 1998년 지주회사의 설립을 허용하였고 한국에서도 1999년 〈공정거래법〉을 개정하여 지주회사를 제한적으로 허용했다. 〈공정거래법〉에 의한 지주회사는 자산총액이 1천억 원 이상이고 자회사 주식의 합계액이 자산총액의 50% 이상인 회사이다. 자산총액의 기준은 규모가 작은 기업집단에 대하여는 〈공정거래법〉상 경제력집중 억제의 규정을 적용하지 않으려는 취지이다. 또한 자회사의 주식가격 하락이나 보유주식의 감소 등으로 자회사 주식의 금액이 자산의 50%에 미달하면 지주회사의 요건이 상실되기도 한다.

지주회사에는 일반지주회사와 금융업 또는 보험업을 영위하기 위한 금융지주회사도 허용되지만, 하나의 지주회사는 금융업을 영위하는 자회사와 비금융업을 영위하는 자회사를 동시에 거느리지 못한다. 대규모기업집단의 총수가 지주회사를 설립하거나 지주회사 체제로 전환하는 경우, 지주회사와 자회사 및 다른 국내계열회사 그리고 자회사 상호 간 및 자회사와 국내계열회사와의 채무보증을 해소해야 한다.

지주회사를 설립하거나 전환하는 방법으로는 회사분할 방법이 가장 많이 활용되며 이 밖에 현물출자, 주식취득 등의 방법이 있다. 회사의 분할은 하나의 회사를 두 개 이상의 회사로 분할하되 분할 전의 회사의 권리의무가 분할 후의 회사에 포괄적으로 승계되는 것을 말한다.

여러 개의 사업 부문을 가진 회사가 일부 사업 부문을 분리하여 별도의 회사를 설립하는 분할설립방식(*spin-off*) 등은 전문화, 외부화 등의 관점에서 기업 구조조정의 수단으로도 활용된다. 회사의 분할방법은 인적 분할과 물적 분할로 구분되는데 인적 분할은 분할되어 설립하는 신설회사의 지분을 분할 전 회사의 주주에게 배정하는 형태로, 두 회사는 독립적 관계이다. 물적 분할은 분할되어 설립되는 신설회사의 지분을 분할 전 회사 자신이 취득하는 형태로, 두 회사의 관계는 모회사와 자회사가 되기 때문에 지주회사를 설립하는 방법으로 활용할 수 있다.

또한 〈금융지주회사법〉과 〈상법〉은 지주회사를 용이하게 설립할 방법을 규정한다. 기존의 두 회사 간의 주식교환계약을 통해 자회사가 되는 회사의 발행주식 총수를 지주회사가 되는 회사로 전부 이전하고, 자회사가 되는 회사의 주주는 지주회사가 되는 회사가 발행하는 신주를 배정받는 주식의 포괄적 교환에 의한 방법과 지주회사를 신설하면서 자회사가 되는 회사의 발행 주식 총수를 신설되는 회사로 이전하고, 자회사가 되는 회사의 주주는 신설 지주회사의 주식을 배정받는 주식의 포괄적 이전에 의한 방법이다.

지주회사로 말미암아 우려되는 부작용을 예방하는 차원에서 부채비율, 자회사지분율 등에 대한 제한을 부과하였다가 이를 점차로 완화했다. 즉, 자회사 및 손자회사의 최저지분율을 애초 50%(상장회사 30%)에서 현재는 40%(상장회사 20%)로, 지주회사 부채비율의 한도를 100%에서 200%로 완화하여 지주회사의 설립과 운영이 원활하여지도록 했다. 손자회사는 발행주식의 총수를 보유하는 경우에만 증손회사를 거느릴 수 있다.

또한 지주회사는 자회사 이외의 국내계열회사의 주식을 소유할 수 없고, 계열회사 이외의 국내회사 주식을 발행주식 총수의 5%를 초과하여 소유하지 못하며 자회사나 손자회사도 다른 자회사나 동일한 기업집단에 속하는 국내계열회사의 주식을 소유하는 것이 금지된다.

〈공정거래법〉에 의하여 신고된 지주회사는 2014년 총 132개 회사였으며 이 중 일반지주회사는 117개, 금융지주회사는 15개이다. 일반지주회사 117개 중 상호출자제한기업집단 소속 지주회사는 22개 기업집단의 31개 회사인데 기업집단에 속하는 모든 계열회사가 지주회사 체제에 속하지는 않는다. 지주회사를 가진 대규모기업집단에 소속된 계열회사 총 596개 중 412개가 지주회사 체제 내에 속하여 편입비율이 69.1%인데 이 비율은 점차 감소하고 있다. 대규모기업집단에 속하는 지주회사의 평균 자회사 및 손자회사의 숫자는 각각 8.5개와 15.5개였다.

〈공정거래법〉은 경제력집중의 억제를 위하여 이 외에도 대규모기업집단에 속하는 금융회사 또는 보험회사의 의결권을 제한하고 대규모기업집단에 대한 정보의 공시 및 공개제도를 규정한다.

일반기업과 금융기업의 관계는 국가마다 다양한 모습을 보이는데 미국과 같이 주주 자본주의 체제를 가진 국가에서는 산업자본과 금융자본의 상호연관성이 약하지만, 독일이나 일본처럼 이해관계자 자본주의 체제를 택한 국가에서는 산업자본과 금융자본의 연관성이 상대적으로 강하다. 한국은 은행을 제외하고는 산업자본의 금융회사에 대한 소유와 지배를 비교적 폭넓게 허용하는 반면, 은행과 금융회사의 일반기업 지배는 금지 내지 제한한다.

〈금융산업의 구조개선에 관한 법률〉은 금융회사가 자신이 속하는 기업집단의 계열회사 주식을 5% 이상 소유하는 경우 금융위원회의 승인을 받도록 규정한 한편, 〈공정거래법〉은 대규모기업집단에 속하는 금융회사나 보험회사가 취득 또는 소유하는 국내 계열회사의 주식에 대하여 의결권을 행사할 수 없도록 규정한다. 대규모기업집단이 아닌 기업집단에 속하는 금융회사 등은 〈공정거래법〉의 적용대상이 아니다. 다만 대규모기업집단에 속하는 금융회사도 국내 계열회사의 임원 선임이나 해임, 합병 또는 영업양도 등 중요사항을 주주총회에서 의결하는 경우에 다른 특수 관계인의 보유주식과 합산하여 계열회사 발행주식의 15% 이내에서 의결권을 행사할 수 있다.

대규모기업집단에 대한 정보의 공시 및 공개제도는 경영권을 행사하는 지배주주에 대하여 다른 주주나 투자자가 겪는 정보의 비대칭 문제를 완화하고 공정한 시장경쟁을 촉진하는 기능을 가진다. 과거 대규모기업집단에 속하는 계열회사 사이에 만연된 부당 내부거래를 규제하기 위하여 이에 대한 이사의 책임을 강화하고 소수주주나 채권자 등 이해관계인이 효과적으로 감시할 수 있도록 대규모 내부거래를 하는 경우 미리 이사회 등의 의결을 거친 후 공시하도록 한다. 내부거래의 유형은 자금, 유가증권 및 부동산 등을 제공하거나 거래하는 행위와 계열회사와 상품 또는 용역을 제공하거나 거래하는 행위 등을 포함한다.

　대규모기업집단에 소속된 계열회사 중에는 비상장회사의 숫자가 상장회사보다 훨씬 더 많음에도 불구하고 시장에 제공되는 정보가 적은 반면, 비상장회사를 이용한 출자지원, 부당 내부거래 등의 가능성이 큰 점을 고려하여 이들 비상장회사의 지배구조, 재무구조 및 기업조직에 변화를 초래하는 사항을 공시하도록 규제한다. 구체적 공시 대상은 최대주주와 주요 주주의 주식 보유 현황 등과 자산, 주식의 취득 및 채무의 인수와 면제 등 재무구조와 관련된 주요 사항 그리고 영업의 양도, 양수 및 주식의 교환·이전 등 경영활동에 변동을 초래하는 주요 사항 등이다.

　〈공정거래법〉상 경제력집중 억제제도 중 논란의 대상이었던 출자총액한도 제도를 2009년 폐지하면서 이에 대한 보완방안으로 기업집단현황 공시제도를 도입했다. 대규모기업집단에 속하는 계열회사는 그 기업집단의 일반현황과 계열회사의 임원현황, 주식보유현황, 순환출자현황 및 특수 관계인과의 거래현황 등을 공시해야 한다. 이와 아울러 공정거래위원회도 대규모기업집단에 속하는 회사에 대한 정보를 공개하고 이와 관련된 정보시스템을 운영하도록 함으로써 대규모기업집단에 대한 투명성을 높이고 있다.

3) 기업지배구조

기업지배(*corporate governance*)는 기업가치의 극대화라는 기업 본연의 목표를 추구하는 동시에 주주, 경영자, 채권자, 종업원 및 거래상대방 등 다양한 이해관계자의 권익과 의무를 확립하여 이들 간의 갈등을 조정하고 해소할 수 있도록 기업을 통제하고 감시하는 과정 또는 장치를 뜻한다. 기업은 이기적 속성을 가진 다양한 경제주체의 명시적 또는 묵시적 계약관계의 집합체라고 할 수 있다. 따라서 개별 경제주체 사이의 이해상충과 갈등은 필연적이며, 특히 기업의 경영자는 기업의 주인이 아니고 주인의 대리인(*agent*)의 지위에 있는 경우가 대부분인바 대리인이 자신의 이해관계를 주인의 이익보다 앞세우면 대리인 비용이 발생한다.

그뿐 아니라 누가 기업의 주인인가 하는 문제도 간단하지 않다. 일반적으로 주주(*shareholder*)가 기업의 주인이라고 하지만 주주의 구성도 다양하며, 주주 이외에도 채권자, 종업원, 고객 등 많은 이해관계자(*stakeholder*)의 권익을 반영하는 제도적 장치를 어떻게 할 것인지의 입장도 엇갈린다. 이와 같이 기업의 경영을 둘러싸고 여러 가지 복잡한 이해관계가 얽혀 있지만 결국 현실적 기업지배구조의 핵심은 경영자의 임면과 경영활동에 대한 감시와 견제를 통하여 대리인 문제(*agency dilemma*)를 해결하는 것이라고 할 수 있다.

지배구조는 내부지배구조와 외부지배구조로 구분한다. 전자는 주식회사의 경우 주주총회, 이사회 및 감사 등 〈상법〉상 회사의 기관과 내부통제시스템 및 이와 관련된 제도를 의미하며 후자는 자본시장, 경영자시장 등에 의한 시장규율과 소비자, 정부 및 시민단체 등에 의한 사회적 감시장치 등을 포함한다.

일반적으로 내부지배구조는 경영자의 행위를 사전적으로 통제하는 장치임에 반해 외부지배구조는 사후적인 통제기능을 수행한다. 따라서 내부지배구조가 외부지배구조보다 더 직접적이고 강력한 효과가 있지만 자본시장의 발전과 기업 소유구조의 분산화에 따라 경영권을 행사하는 내부자와 경영에 참여하지 않는 외부주주 및 채권자 등 외부투자자 사이의 이해상충 문제를 다룰 수 있는 외부지배구조의 중요성이 커지고 있다.

자본시장의 발전과 외부투자자의 보호는 상호 간에 원인과 결과의 관계를 가진다. 외부지배구조가 약한 경우 일반적으로 기업의 내부지배구조도 제대로 작동하지 못한다. 무능하고 사적 이익을 추구하는 경영진을 규율하기 위해 자본시장에서의 M&A 등 외부지배구조에 의하여 내부지배구조의 한계를 보완하는 것이 필요하다. 따라서 바람직한 지배구조는 공정하고 투명한 내부지배구조를 바탕으로 하고 원활하고 효과적인 외부지배구조를 병행하는 것이라고 할 수 있다.

각국의 기업지배구조는 역사적 배경과 사회, 문화적 차이로 인하여 다양한 형태를 보인다. 미국은 자유시장경제의 이념 아래 주주이익 우선주의(*shareholder capitalism*)를 표방하지만 주식이 광범위하게 분산되어 개별 주주의 입장은 약한 반면, 전문경영인이 중심이 되는 구조가 일반적이다. 경영자는 막강한 권한을 행사하면서 사외이사 위주의 이사회를 운영하는데 형식적으로는 이사회가 CEO를 지명하지만, 사실상은 CEO가 이사회의 멤버를 선정한다.

외부투자자 중 중요한 위치를 점하는 기관투자자는 과거에는 경영진의 묵시적 지원자로서 투자기업의 경영진을 지지하든지 그렇지 않으면 주식을 팔고 떠나는 소극적 영향력만을 행사하는 것이 관행이었으나 최근에는 기업의 감시자이자 동반자의 역할을 자임하며 적극적 주주권 행사로 투자기업의 경영에 참여하는 주주 행동주의의 경향이 늘어났다. 그러나 기관투자자의 주된 관심은 수익을 실현하여 현금화하는 것이며 인덱스펀드에의 투자 증가 등은 이러한 입장을 반영한다고 할 수 있다.

미국의 자본시장에서 전통적으로 가장 효과적인 외부지배구조는 적대적 M&A 등 경영권시장인데 소수주주의 무임승차 문제 등으로 인한 과도한 비용 때문에 경영자에 대한 견제기능이 약화하는 추세라는 견해가 있다. 미국기업의 경영자는 주가의 추이, M&A 시장의 동향 등 자본시장을 위주로 기업지배구조를 관리하므로 일반적으로 단기실적을 중시하는 경영을 하면서 경기의 하강 등으로 기업경영의 여건이 어려워지면 대규모 고용조정 등을 서슴지 않는 경향을 보인다.

유럽 국가는 미국의 경우보다 지배주주가 존재하는 기업이 상대적으로 많고 차등의결권 제도 등 지배주주의 경영권을 보호하는 장치가 다양하다. 독일 등 은행 중심의 금융자본주의 전통을 가진 국가에서는 다른 기업에 의한 장기관계적 주식보유가 일반적이다.

독일의 경우, 은행 등 기관투자자는 적극적으로 의결권을 행사하며 일본의 은행, 보험회사 등 기관투자자는 경영권을 보호하는 안정주주의 역할을 수행하면서도 적극적 의결권 행사로 기업경영에 참여한다. 영국의 기관투자자는 주식보유비율이 매우 높음에도 미국과 마찬가지로 관행적으로 투자기업의 경영에 관여하지 않았으나, 최근에는 투자기업의 지배구조 개선을 위해 기관투자자가 적극적 역할을 할 것을 요구하는 법규와 행동지침 등이 제정되어 기관투자자의 투자기업 경영 참여가 증가하는 추세이다.

독일, 프랑스 등 일부 유럽 국가에서는 미국이나 영국의 경우와 달리 종업원 대표의 이사회 참여가 제도화되었는데 이처럼 종업원, 채권자 등의 영향력이 큰 독일 등의 기업지배구조를 이해관계인 자본주의(*stakeholder capitalism*)라고 부르기도 한다.

이처럼 각국의 기업지배구조가 다른 것에 대하여 어느 제도가 우월한가의 논의는 각국의 경제상황에 따라 달라지는 양상을 보였다. 1980년대에는 일본과 유럽의 기업지배구조가 주목을 받았으며 1990년대부터는 미국의 기업지배구조가 주도적 위치를 차지했으나, 2000년대 들어 엔론(Enron) 사태 등에 이어 글로벌 금융위기를 겪으면서 회의적 입장으로 바뀌었다.

세계경제의 글로벌화가 진전되면서 기업지배구조가 글로벌

스탠더드로 수렴될 필요가 있는지 등에 관한 국제적 논의가 OECD 등을 중심으로 진행된 바 있다. 이에 대하여 OECD 보고서는 기업지배구조는 정태적이거나 완결되는 것이 아니고 변화의 과정이므로, 모든 국가나 기업이 일률적으로 따라야 할 보편타당한 모델은 없다고 하면서 합리적 기업지배구조가 갖추어야 할 몇 가지 원칙을 제시했다. 이러한 원칙으로 제시된 것으로 주주의 권리 보호, 이해관계자의 참여 촉진, 신속·정확한 공시 그리고 독립적인 이사회의 책임 등이 있다.

한국의 기업지배구조는 IMF 경제위기를 겪으면서 많은 변화를 겪었다. 이는 경제위기의 주요 원인 중 하나가 지배주주가 전횡하는 불투명한 기업지배구조의 취약성이었다는 지적에 따른 것이었다.

기업지배구조의 형태에 있어 소유와 경영이 분리된 전문경영인 체제와 대주주에 의한 경영지배 체제 중 어느 것이 바람직한가의 문제도 명확하게 답변하기 어렵다. 지배주주 또는 오너에 의한 경영은 기업의 주인과 경영자가 일치하기 때문에 대리인문제가 어느 정도 해소될 수 있다는 장점이 있다. 이로 말미암아 전문경영인 체제에서 문제점으로 지적되는 단기실적 위주의 경영행태를 극복하고, 장기적 관점에서 기술개발 등 기업의 역량을 기르는 데 더욱 관심을 두는 경영이 가능할 것이라 기대할 수 있다.

그러나 기업집단의 계열회사 간 순환출자 등으로 경영권의 참호를 구축한 지배주주가 기득권을 유지하는 관점에서 기업경영에 임한다면 오히려 비효율이 더 클 수 있는바 이러한 상황은 능력이 검증되지 않은 기업집단의 대주주가 기업경영을 지배할 때 더욱 개연성이 크다. 지배주주도 전문경영인과 마찬가지로 자신의 이익을 도모하기 위하여 회사와 다른 주주의 이익을 희생하는 행태가 있을 수 있는바 부실계열사 지원, 회사의 사업기회 유용, 부당한 주식거래 등이 이러한 예이다.

한국의 기업지배구조는 주로 〈상법〉에 규정되어 있으며 주주총회는 주식회사의 최고 의사결정기관으로 이사·감사의 선임과 해임, 재무제표의 승인, 이사의 보수 결정 등 이사회를 통제하는 기능과 회사의 정관변경, 해산, 합병 및 영업양도 등과 같이 회사의 기초를 결정하는 기능을 수행한다.

회사의 주식을 보유하는 주주는 지분의 보유량에 따라 대주주와 소수주주로, 회사경영에 참여 여부에 따라 내부주주와 외부주주로 구분한다. 경영에 참여하지 못하는 소수주주가 회사의 경영을 감시할 수 있는 제도로서는 대표소송제기권, 회계장부열람권 등이 있으며 기업지배구조 개선의 일환으로 상장회사에 대하여는 이를 행사할 수 있는 여건을 대폭 완화했다.

집중투표제도는 선출하는 이사의 숫자만큼 한 주식에 의결권을 부여함으로써 주주가 자신이 원하는 특정인의 이사선임을 위해 의결권을 집중적으로 행사하는 제도이다. 〈상법〉은 일반적인 이사선임 투표방법으로 이사 1인에 대하여 1회씩의 선임결의를 하도록 정하고 있으나, 소수주주의 지분을 유효화하여 지배주주가 이사 전원을 독점하는 것을 막을 수 있도록 집중투표제도가 가능하도록 한 것이다. 그러나 회사의 정관으로 집중투표제도를 배제할 수 있도록 허용하기 때문에 많은 회사가 집중투표제도의 도입에 소극적이다.

의결권 대리행사(*proxy vote*) 권유제도 역시 소수주주들의 권한을 강화하는 효과가 있다. 한국의 〈자본시장법〉은 자기 또는 제3자에게 의결권을 위임하여 대리행사할 것을 권유하는 의결권 권유자의 자격을 제한하지 않으므로 주주, 채권자 및 회사의 경영진 등이 권유자가 될 수 있다. 이처럼 의결권을 위임하여 대리행사하는 제도는 소수주주의 의결권 결집을 용이하게 하여 이들의 회사경영에 대한 영향력을 확대할 수 있다.

주식회사의 최고 업무집행기관은 이사회이며 대표이사의 업무집행에 대한 감독권한을 갖는다. 한국의 기업지배구조 개선을 위하여 추진된 내용 중 핵심은 사외이사(*outside director*) 중심의 이사회 구성과 감사위원회제도의 도입 등이다. 과거에는 주식회사 이사회의 구성원을 외형상으로 주주총회에서 선임하지만, 실질적으로는 주주총회를 지배하는 지배주주가 지명하는 사람이 선임되어 이사회는 지배주주의 결정을 그대로 수행하는 형식적 기구에 불과했다.

이를 개선하기 위해 이사회의 독립성을 확보하는 것이 긴요하며 이사회의 독립성은 지배주주로부터 독립적인 이사로 구성된 이사회가 되어야만 가능하다. CEO를 비롯한 내부이사가 이사회를 지배하지 못하도록 독립성과 책임성이 확보된 사외이사 중심의 이사회를 구성하고, 이사회의 권한을 강화하여 상시적 경영감시 기능을 수행하게 했다.

일반적으로 사외이사의 독립성을 판단하는 기준은 이사가 그

회사의 전·현직 직원이 아니며 이사직 이외에는 그 회사와 인적, 경제적 관련성이 없을 것 등이다. 또한 이사가 회사의 집행임원과 부적절한 유대관계를 갖지 않도록 사외이사에 대하여 지나친 보상을 금지하고 거래관계 등을 가진 사람을 선임하지 못하게 하며 사외이사의 선임절차를 투명하게 하는 것 등이 중요하다.

사외이사는 자신의 지식제공 등 회사를 위하여 필요한 역할을 수행할 수 있으나 주된 책무는 이사회의 구성원으로 수행하는 주요 경영의사결정의 인가, CEO의 선임과 해임 및 감독 등 경영진에 대한 감시기능이다. 이사의 수가 너무 적으면 권한의 집중에 따른 폐해의 우려가 있고 이사의 수가 너무 많으면 이사의 책임의식이 약화하여 CEO가 이사회를 지배할 가능성이 크다. 〈상법〉은 이사의 숫자를 원칙적으로 3인 이상으로 하되 상장회사는 이사총수의 4분의 1 이상을 사외이사로, 자산규모 2조 원 이상인 상장회사는 사외이사를 3명 이상, 이사총수의 과반수로 하도록 규정한다.

〈상법〉은 회사의 이사에게 선량한 관리자의 주의로써 사무를 처리할 의무와 함께 충실하게 직무를 수행할 의무를 규정하는데 그 내용은 경업금지, 사업기회의 유용금지 및 자기거래금지 등이다. 또한 이사는 직무상 알게 된 정보를 외부에 누설하지 말아야 할 비밀유지 의무를 갖는다. 이사가 법령 또는 정관에 위반한 행위를 하거나 그 임무를 해태한 때에는 회사에 연대하여 손해를 배상할 책임이 있으며 악의 또는 중대한 과실로 인하여 그 임무를 해태한 때에는 제3자에 연대하여 손해를 배상할 책임이 있다.

과거 기업집단의 총수인 지배주주는 계열회사의 인사나 업무에 관하여 지시하는 등 사실상 회사경영에 관여하였음에도 법적 이사로 취임하지 않음으로써 이사로서 아무런 법적 책임을 부담하지 않았다. 이에 기업지배구조를 개선하기 위한 내용의 일환으로 법률상 이사가 아니면서도 사실상 업무집행에 관여하는 사람을 '사실상의 이사'로 간주하는 책임조항을 신설하는 동시에 이사의 법적 책임에 충실의무를 추가했다.

이와 아울러 종전의 감사제도가 대주주로부터의 독립성이 결여되어 경영감시기능이 미흡하다는 지적에 따라 기업지배구조 개선의 일환으로 〈상법〉을 개정하여 기존의 감사제도에 갈음하여 감사위원회를 설치할 수 있도록 하되, 자산규모 2조 원 이상인 상장회사는 의무적으로 감사위원회를 설치하도록 했다. 감사위원회는 3명 이상의 이사로 구성하되 사외이사가 3분의 2 이상이어야 한다.

경영진의 보수를 결정하는 보상제도는 일반적으로 이사회가 기본적인 보상정책을 정하고 구체적인 보상체제의 설계 등은 이사회 내에 보상위원회를 설치하여 운영한다. 그런데 회사 경영진의 보수가 지나치게 높다든지 업무성과와 무관하게 지급되는 등의 문제가 정도의 차이가 있지만 각국에서 나타났다.

이러한 문제의 대안으로 경영진의 성과와 연계하여 보상하는 주식 관련 보상제도인 주식옵션제도 및 주식상여제도 등이 있다. 주식옵션제도는 회사의 임직원에게 자기회사 주식을 미리 정한 가격으로 취득할 수 있는 권리 또는 주식평가차액을 얻을 수 있는 권리를 부여하는 것이고, 주식상여제도는 회사가 상여금의 성격으로 자사주를 임직원에게 무상으로 증여하는 제도이다. 그러나 이러한 주식 관련 보상제도는 경영진의 성공에 따른 보상은 매우 큰 반면 실패에 따른 불이익은 제한되어 경영진이 과도하게 위험을 추구하는 또 다른 대리문제를 내포한다. 또한 경영자의 성과와 관련 없는 주가의 변동이 있을 수 있고 자칫 경영자가 회계조작 등의 방법으로 주가를 상승시키고자 하는 유인을 느끼기 쉽다는 문제를 야기할 수 있다.

미국이나 EU에서는 보상위원회를 사외이사 등 독립적 이사 중심으로 구성토록 하였지만, 이들 이사도 친경영진 성향으로 말미암아 경영자 보수에 관한 견제기능이 미흡해 보인다. 경영진의 보수에 대한 간접적 견제기능은 개인별 보수의 내역을 공개하도록 하는 방법인데, 미국과 EU는 주주총회에서 이를 공시하도록 규제한다. 한국의 〈상법〉은 주주총회에서 이사의 보수 총액만 정하도록 하고, 〈자본시장법〉도 과거에는 임원 모두에게 지급된 보수총액과 1인당 평균 지급액만을 보고하도록 규정했다. 그러나 2013년 〈자본시장법〉을 개정하여 연간 5억 원 이상 보수가 지급된 등기임원의 개인별 보수를 공개하도록 규제를 강화했다.

외부지배구조로서 경영자에 대한 증권시장을 통한 규율은 시장의 평가, 감시 기능과 M&A 시장을 들 수 있다. 즉, 증권시장의 기업가치 평가는 주가로 나타나는바 주가의 상승과 하락, 특히 동종 산업의 주식에 대한 상대적 변동은 경영자에 대한 평가를 반영하는 신호라 할 수 있다. 시장에 의한 평가 및 감시 기능이 제대로 작동하기 위해서는 신뢰할 수 있는 기업정보가 충분하고 신속하게 시장에 전달되는 회계시스템과 공시제도가 필요하다. 한국의 기업회계시스템 개선을 위하여 국제기준에 부합하도록 회계기준을 개정하고, 2011년부터 국제회계기준(International Financial Reporting Standards: IFRS)을 상장회사에 적용하여 종속회사의 연결재무제표 작성을 의무화했다. 이와 아울러 공시의무를 강화하여 기업경영의 투명성을 제고하는 한편, 분식회계 및 허위공시 등의 경우에는 증권 관련 집단소송제도를 도입하고 회계감사인의 책임을 강화했다.

경영권 시장인 M&A, 특히 적대적인 M&A는 경영진의 퇴진을 압박하는 구체적 행동이므로 경영자에 대한 적극적 규율수단이 될 수 있다. 과거 경영권 보호를 위하여 특정 회사의 주식을 25% 이상 취득시 50% 초과 공개매수를 의무화하는 제도를 두었으나 경영권 시장의 활성화를 통한 기업지배구조 개선을 목적으로 이를 폐지하는 대신, 그동안 엄격히 제한했던 상장기업의 자기주식 취득을 허용하여 경영권을 보호하는 수단으로 활용될 수 있도록 균형을 도모했다.

6. 기업 구조조정과 부실기업 정리

1) 기업 구조조정

기업은 부가가치의 생산활동을 하면서 시장에서의 경쟁을 극복하고 계속기업(*going concern*)으로 존립하고 번영해야 한다. 이를 위하여 어느 시점에는 새로운 성장과 도약을 모색한다든지 또는 당면한 어려움을 극복할 수 있는 기업구조의 변화를 도모할 필요가 있다. 기업 구조조정은 이처럼 기업의 성장을 지속하기 위한 목적이나 경영상의 애로를 타개하기 위한 목적으로 자산구조, 사업구조 또는 재무구조를 조정하는 일련의 과정을 의미한다.

자산이나 사업의 구조조정은 이를 확대하기 위한 목적의 M&A 또는 사업양수 등이 있으며 축소하기 위한 목적으로 회사분할이나 사업양도를 추진하기도 한다. 재무적 구조조정은 기업의 최적 자본구조를 설정하고 이를 달성하기 위한 방법을 강구하는데, 주로 부실기업이나 부실징후기업의 부채부담 경감을 통한 재무구조의 개선을 의미한다. 부채부담을 경감하는 방법으로는 원리금감면(*haircut*), 만기조정(*rescheduling*) 및 대출금 출자전환(*debt-equity swap*) 등이 있다.

기업은 성장을 위하여 내적 성장의 방법과 외적 성장의 방법을 활용할 수 있다. 내적 성장이란 기업이 자체적으로 투자활동을 통하여 자산과 매출이 증가하는 것을 의미하며 투자에 필요한 재원은 이익금의 내부유보나 증자에 의한 자기자본 또는 차입금 등 부채에 의하여 조달할 수 있다. 외적 성장이란 다른 기업과의 결합을 통하여 자산과 매출의 증가를 도모하는 것을 의미하며 이를 위한 대표적인 수단은 기업의 인수·합병, 즉 M&A이다.

기업의 결합은 규모의 경제 등 경영의 효율화와 업종 간 시너지 등을 위하여 추진되지만, 시장에서의 독점력 확대에 대한 우려로 정부의 규제를 받는다. 다른 기업과의 결합은 적지 않은 위험을 수반하기도 하는데, 대상기업의 가치보다 과다한 대가를 지불한다든지 상대방 기업의 분식회계 등 숨겨진 위험의 가능성은 기업결합의 고유한 위험이다. 이와 아울러 기업결합에 즈음하여 금융위기 등의 발발로 말미암아 후속 자금조달계획 등이 실현되지 못함으로 인하여 계획이 와해되는 경우도 생길 수 있다.

M&A는 합병과 기업매수를 의미한다. 합병(merger)은 2개 이상의 기업이 권리, 의무를 포괄적으로 이전하는 방법으로 하나의 기업이 되는 것이다. 흡수합병은 하나의 기업이 다른 기업을 흡수하여 하나의 기업만 존속하고 나머지 기업은 소멸하는 방식의 합병이고, 신설합병은 두 기업이 모두 소멸하고 제3의 기업형태를 설립하는 방법이다. 합병이 이루어지면 존속회사 또는 신설회사는 소멸회사의 모든 권리, 의무를 포괄적으로 승계하므로 별도의 이전절차가 필요하지 않는다.

기업매수(acquisition)는 매수대상기업의 주식을 취득하여 그 기업의 경영지배권을 확보하는 방법 또는 자산과 부채를 선택적으로 조합, 매수하는 형태의 영업양수 방법으로 이루어진다.

주식매수에 있어 대상기업이 상장기업이면 공개매수(takeover

bid)에 의한 방법과 기타의 방법이 사용될 수 있다. 공개매수는 대상기업의 경영진과 합의로 이루어지는 우호적(*friendly*) 공개매수와 상대방 경영진의 의사와 관계없이 일방적으로 이루어지는 적대적(*hostile*) 공개매수로 구분한다. 기타의 매수방법은 시장에서의 주식매집, 대상기업의 대주주와 교섭하여 주식을 양수받거나 대상기업의 증자 시 제3자로서 신주를 배정받는 방법 또는 CB나 신주인수권부 사채(*bond with warrant*: BW) 등을 취득하는 방법이 사용될 수 있다.

영업양수는 개별자산의 단순한 매매와 달리 특정의 영업목적을 위하여 유기적으로 조직된 영업자산 일체를 이전하는 것이므로 그 영업의 동질성이 유지된다. 영업양수는 매수대상 자산을 적절히 평가하면 주식매수의 경우처럼 우발채무, 분식회계 등의 위험을 부담하지 않는다. 이러한 장점 때문에 부실기업을 인수할 때는 영업양수의 일종인 자산부채이전방식(*purchase and assumption*: P&A)이 자주 활용되기도 한다.

지주회사 설립을 용이하게 하기 위하여 〈상법〉에 도입한 포괄적 주식교환과 포괄적 주식이전 방법은 기업 구조조정을 위한 기업결합의 수단으로도 자주 활용되는 제도이다. 〈상법〉은 소수주주의 반대로 포괄적 주식교환이나 주식이전이 어려워지는 것을 방지하기 위하여 회사가 소수주주에게 공정한 가격으로 보유주식을 회사에 매도할 것을 요청할 수 있는 주식매도청구권을 인정하는 한편, 소수주주의 권익을 보호하기 위하여 포괄적 주식교환이나 주식이전에 반대하는 소수주주에게는 회사에 대해 공정한 가격으로 자신이 보유한 주식을 매수하여 줄 것을 요청할 수 있는 주식매수청구권을 부여한다.

한국에서는 과거 M&A, 특히 적대적 M&A를 비도덕적으로 보는 사회적 인식 등으로 말미암아 M&A가 활성화되지 못하였지만 정부는 M&A를 통한 기업 구조조정을 촉진하기 위하여 지속적인 제도개선을 추진했다. 특히, IMF 경제위기를 극복하는 과정에서 기업경영의 투명성과 주주권익을 향상하기 위한 시장친화적 방안으로 M&A를 적극적으로 활용할 수 있도록 제도를 개정했다.

과거 외국인 투자자의 국내주식 취득은 신주취득 또는 신설기업에의 직접투자만이 허용되었으나 1997년부터 외국인의 구주취득을 허용하여 우호적 M&A가 가능하도록 문호를 개방했다. 이어서 1998년부터는 외국인 투자의 모든 제한을 철폐하여 적대적 M&A도 가능하도록 했다.

적대적 M&A의 대상이 되기 쉬운 기업은 첫째, 자산의 대체원가나 잠재적 수익가능성에 대비하여 주가가 저평가된 회사이다. 즉, 경영진이 회사의 주가를 적절하게 관리하지 못한 기업이 우선적으로 표적이 될 수 있다. 다음은 현금보유가 많은 회사이다. 유동자산이나 현금화가 쉬운 자산을 많이 보유하거나 부채비율이 낮기 때문에 사용할 수 있는 차입한도가 많은 기업이 이에 해당한다. 이러한 기업의 경영권을 획득하면 피인수 회사를 통한 현금동원이 가능하기 때문이다. 마지막으로 현재 경영진의 보유 지분율이 낮은 회사도 적은 비용으로 인수할 수 있다.

적대적 M&A는 회사의 대리인문제를 완화하고 경영진으로 하여금 효율적 경영을 추구토록 하는 효과도 있지만, 과도한 매수

위협으로 기업경영이 불안하여짐으로 인하여 오히려 기업가치의 저하를 초래하기도 한다. 각국 정부는 이러한 M&A의 양면성을 고려하여 적대적 M&A를 둘러싼 공격과 방어의 수단을 다양하게 도입한다. 외국자본에 의한 자국기업의 M&A를 어렵게 하는 차별적 제도를 도입하는 국가도 있지만 대부분의 정부는 중립적 입장에서 공정한 게임의 원칙을 강조하면서 적대적 M&A와 관련된 공격과 방어수단을 균형 있게 보장하는 추세이다.

적대적 M&A를 추진하는 측에서는 대상기업의 주식을 일단 시장에서 자유롭게 매집할 수 있는 한도까지 매입한 다음, 공개매수나 소수주주의 의결권위임 경쟁을 시작한다. 이에 대하여 피인수회사의 경영진이나 대주주 등 방어하는 측에서는 예방적 방어전략으로 정관의 규정 등을 통하여 적대적 매수의 가능성을 감소시킴으로써 매수자의 매수의도를 사전적으로 차단하거나 이미 시작된 매수자의 매수 시도에 대하여 의결권위임 경쟁 등 적극적인 방어전략으로 대응한다.

한국에서는 1970년대에 경제성장과실의 분배라는 명분으로 기업공개를 촉진하는 제도를 시행하면서 당시 대주주의 경영권 불안으로 인한 저항에 대한 절충으로 상장회사 발행주식의 10% 이상 취득을 금지함으로써 적대적 M&A를 사실상 봉쇄했다. 1994년 이러한 금지를 폐지하였고 이어서 외국인 투자자의 구주 취득도 자유화함에 따라 현재는 모든 회사가 적대적 M&A 위협에 노출되었다. 이에 대하여 법규상 기존 경영진이 쓸 수 있는 방어수단은 다음과 같다.

첫째, 적대적 매수를 어렵게 하는 장치를 회사의 정관에 규정하는 방법인데 정당한 경영권방어 목적을 벗어나 특정 주주의 이익을 일방적으로 도모하거나 과도한 정관변경은 허용되지 않는다. 적대적 기업인수를 방어하는 목적으로 회사의 정관에 규정할 수 있는 내용을 예시하면 합병이나 영업양수도의 승인에 필요한 주주총회 의결정족수의 강화, 백기사로 불리는 우호적 매수자를 대상으로 CB나 BW를 발행할 수 있는 권한을 이사회에 부여하는 등이다.

둘째, 대량 주식취득 공시제도는 대량 주식보유자의 보유상황을 신속하게 파악하여 경영자나 지배주주로 하여금 경영권 방어를 위하여 대비하도록 하는 제도이다. 〈자본시장법〉은 누구든지 본인과 특수 관계자를 포함하여 상장회사의 의결권 있는 주식을 5% 이상 보유하게 된 경우에는 이를 정부와 거래소에 보고하고 회사에도 통보하도록 규정하고 있다. 이를 '5%룰'이라고 부르기도 한다.

또한 5% 이상 주식보유자가 주식총수의 1% 이상 보유변동이 있는 경우에도 변동내용을 보고해야 한다. 대량주식취득을 보고함에 있어 그 보유목적을 함께 보고하여야 하는데 회사의 경영권에 영향을 주기 위한 것이 아닌 정부기관이나 기관투자자 등의 경우에는 보고의무가 완화된다. 이러한 보고의무를 위반하여 취득한 주식은 의결권 행사가 제한된다.

셋째, 공개매수는 불특정 다수인에 대하여 의결권 있는 주식 등을 사겠다는 매수의 청약을 하거나 자기에게 팔도록 매도의 청약을 권유하고 장외에서 그 주식 등을 취득하는 행위이다. 〈자본시장법〉은 누구든지 상장회사의 주식 등을 6개월 이내에 10인 이상으로부터 취득하여 본인과 특수 관계자를 포함하여 주식총수의 5% 이상을 보유하거나 추가로 매수하는 경우에는 반드시 공개매수를 하도록 규정한다. 이는 거래소에서 매집하는 경우는 문제가 없지만, 장외에서 매수하는 경우에는 주주 간 매도의 기회가 차별되어 다른 주주의 권익을 침해할 우려가 있기 때문이다.

이 외에도 주식매수 선택권(*stock option*)을 회사의 임직원이나 우호적 매수자에게 부여하고 적대적 매수시도가 있으면 이를 행사하게 하여 현재의 경영진에 우호적 세력이 되게 한다든지, 상장회사가 일정 한도 이내로 허용된 자기주식을 취득하여 보유함으로써 시장에서의 유통물량을 감소시켜 주가관리나 적대적 매수에 대항하는 데 도움이 될 수 있다.

또한 적대적 매수의 성공으로 현 경영진을 해임할 경우 비정상적으로 높은 퇴직금이나 일정 기간의 보수를 지급하는 고용계약을 맺고 이와 같은 보상계획을 회사 정관에 명시함으로써 매수자가 과다한 비용의 부담 때문에 적대적 매수를 하려는 의도를 실행하기 어렵게 하는, 이른바 '황금낙하산 제도'도 쓰인다. 이러한 제도는 경영권 안정으로 적대적 매수 위협에 따른 불필요한 자원의 낭비를 억제할 수 있으나 보상이 지나치게 높으면 경영자의 도덕적 해이를 조장하고 회사에 피해를 초래할 우려가 있다.

적대적 매수에 대항하여 경영권을 보호하기 위한 제도로서 한국에는 도입되지 않았으나 외국에서 사용되는 제도를 살펴보면 차등의결권 제도, 의무공개매수 제도, 독약조항 외에 다양한 제도가 있다. 차등의결권 제도는 주식의 종류에 따라 의결권을 차등화하는 제도로서 스웨덴 등 소유와 경영의 분리가 일반화되지 않은 북유럽 국가에서 도입하고 있다. 프랑스, 이탈리아 등에서는 민영화된 공기업을 외국자본이 적대적으로 매수하는 경우 거부권을 행사할 수 있는 이른바 '황금주 제도'를 도입하고 있는데 이들은 다른 주주의 의결권을 무력화한다는 문제가 지적된다.

의무공개매수 제도는 일정 지분 이상의 주식을 취득하는 경우 모든 잔여 주식에 일정 가격 이상의 가격으로 공개매수 오퍼(*offer*)를 내도록 강제하는 제도이다. 이 제도는 경영권을 확보한 매수자가 나머지 주주의 이익을 해치는 행태로부터 주주를 보호하고 경영권 프리미엄을 모든 주주가 누릴 기회를 제공하자는 취지이지만 시장에서 기업매수를 어렵게 하는 효과가 있다. 한국에서는 과거 50%까지 강제매수 제도를 도입했으나 IMF 경제위기 이후 폐지했다.

독약조항은 적대적 매수자가 일정 비율 이상의 주식을 취득하는 경우 적대적 매수자를 배제한 나머지 주주에게만 시세보다 저렴한 가격으로 회사주식을 매수할 권리를 부여하는 등 매수자에게 손해를 유발하여 매수의지를 억제하려는 장치를 의미한다. 한국에서는 이러한 제도의 도입이 추진된 바 있으나 기업의 합리적 구조조정을 목적으로 하는 정상적 M&A를 위축시킨다는 반대여론으로 실현되지 못했다.

2) 부실기업처리와 워크아웃

시장경쟁에서 실패한 기업은 부실기업이 된다. 그리고 부실기업은 유동성 부족으로 인하여 만기 도래한 부채를 상환할 수 없는 채무불이행 상태에 당면하게 된다. 효율적 시장이 되기 위해서는 진입이 자유롭고 퇴출이 신속한 시장이 되어야 하지만, 부실기업을 가차 없이 퇴출하는 것만이 능사라고 할 수는 없다. 마치 병든 소를 잘 돌보아주어 건강을 회복하면 다시금 우유를 생산할 수도 있는데, 병든 즉시 도축하여 고기와 가죽으로 처분하는 것이 옳은 선택이 아닌 것에 비유할 수 있다.

따라서 회생이 가능한 경우에는 효율적으로 지원하여 다시금 부가가치의 생산과 시장경쟁에 복귀하도록 하여야 하지만 회생이 불가능한 부실기업의 경우에는 신속하게 퇴출해 사회적 비용을 최소화해야 한다. 부실기업의 퇴출이 늦어짐에 따라 초래되는 사회적 비용에는 기업의 자산가치가 시간의 경과에 따라 더욱 감소하여 채권자 등 이해관계인에게 배분되는 몫이 작아지는 것과 아울러 건전기업이 회생이 어려운 부실기업, 이른바 좀비(zombie) 기업과의 경쟁으로 말미암아 경영의 압박을 받게 되는 문제를 포함한다.

부실기업 정리에 대한 각국의 규범과 관행은 청산방식(liquidation)과 재건방식(reorganization)으로 구분된다. 청산방식은 기업의 자산을 전부 매각하여 채권자와 주주 등에게 배당하고 기업을 완전히 퇴출하는 방법을 우선하는데 전통적으로 독일의 관행이었다. 이는 당사자 간 계약을 존중하고 권위를 부여함으로써 경제질서 유지에 기여하는 장점이 있지만, 경직적 사후처리로 경제의 유연성을 저하시킨다는 단점이 있다. 독일의 이러한 관행의 배경은 법적 안정성을 중시하는 사회적 분위기뿐 아니라 은행 중심 금융제도에서 주거래은행이 부실기업의 회생가능 여부에 관한 판단을 한 후 채무불이행 상태에 이르게 된 경우가 대부분이기 때문이다.

재건방식은 법원의 주도 또는 감독 아래 회사의 회생을 도모하는 방법을 우선으로 하는데 미국의 전통적 관행이다. 이는 계약당사자 간 자율적 사후조정을 통하여 경제의 유연성을 제고할 수 있다는 것이 장점인 반면, 계약당사자의 기회주의적 행태를 조장할 가능성이 크다는 약점이 있다. 미국의 이러한 관행의 배경은 구체적 타당성을 중시하는 사회적 분위기뿐 아니라 자본시장 중심 금융제도에서 다수의 채권자가 부실기업의 회생가능 여부를 판단할 수 없는 경우가 많고, 특히 대공황을 겪으면서 자신의 책임과 무관하게 도산에 내몰리는 기업이 많았던 경험 때문이다.

최근에는 두 제도 사이에 많은 접근이 이루어지는데 가능한 한 기업의 재건을 도모하는 방법이 많이 수용되는 추세이다. 독일에서도 기업재건을 지원하는 제도가 도입되었는바 이는 독일에서 대기업의 탈(脫)은행화가 진전되어 주거래은행의 역할이 감소하였고 기업의 파산이 이해당사자와 국민경제에 막대한 비용을 유발한다는 인식에 기인한 것으로 보인다. 이 경우 국민경제에 초래되는 비용에는 생산 감소 및 실업 증가 등 가시적인 것도 있지만, 정직하고 창의적인 기업활동을 하다가 불운한 실패를 맛본 사업자에게 패자부활전을 허락하지 않는다면 기업가

정신이 위축되어 국민경제의 역동성이 감퇴할 것이라는 고려도 포함되었다고 할 수 있다.

기업이 자금 부족으로 부채를 상환하지 못하는 경우를 두 가지 상황으로 구분한다. 하나는 기업의 경영이 악화하여 매출과 수익성과 저하된 결과, 부채상환에 필요한 현금흐름을 실현할 수 없게 된, 즉 상환능력(*solvency*)을 상실한 경우로서 구조적 도산(*structural bankruptcy*)이라고 할 수 있다.

또 하나는 기술적 도산(*technical bankruptcy*)인데 매출과 수익성은 양호하지만 기업의 자산이 너무 고정화되거나 일시적 자금흐름의 경색이 초래되어 유동성(*liquidity*) 관리에 실패한 경우로서 이른바 '흑자도산'이라고도 부른다.

이러한 상황은 경제 전반 또는 금융시장이 갑작스러운 충격으로 원활하게 작동하지 못할 때에 촉발될 수 있으며 평상시 은행 등으로부터의 자금융통 가능성을 당연시하여 균형 있는 자산관리에 소홀한 기업이 겪는 위험이다.

부실기업의 처리는 기업의 청산가치와 생존가치를 비교하여 결정한다. 즉, 소의 가죽과 고기의 가치와 소를 살려서 생산적 목적으로 사용하는 가치를 비교하는 것이라고 할 수 있다. 생존가치가 큰 기업은 가능한 한 구조조정을 거쳐 계속기업으로 살아남게 하고 청산가치가 큰 기업은 신속하게 퇴출토록 하는 것이 바람직하다.

기업이 구조적으로 경쟁력을 상실한 구조적 도산의 경우 최소의 비용으로 조속하게 퇴출당하도록 하는데, 추심액을 극대화하고 이해관계자 사이에 공평한 추심이 이루어지도록 하는 것이 중요하다. 일시적 재무관리의 어려움에 처한 기술적 도산의 경우에는 채무의 재조정 등 구제금융의 제공으로 회생을 지원하는데 회생절차의 진행에 과다하게 장기간이 소요되거나 큰 비용이 지불되지 않아야 하며 부실기업 경영자 등이 일시적인 채무 면탈 등을 목적으로 회생절차를 남용하지 못하게 해야 한다.

그러나 현실에 있어서 두 가지 상황이 그렇게 확실하게 구분되지는 않는다. 업무용이 아닌 자산 대부분을 부동산이나 증권 등으로 보유한 경우에는 금융시장의 충격으로 금융경색과 함께 자산시장의 가격하락이 진행되므로 기업가치의 급격한 하락이 초래되고 기업은 유동성 조달을 위하여 하락한 가격으로 자산을 처분할 수밖에 없게 된다. 즉, 유동성 부족으로 시작된 어려움이 구조적 도산의 모습으로 악화할 수 있는 것이다.

그동안 몇 차례의 금융위기를 겪으면서 기업은 경제의 비상 상황에는 현금보유가 기업의 힘임을 절실히 느꼈으며 최근 기업이 과거보다 많은 현금 또는 현금성 자산을 내부유보로 보유하는 경향은 이러한 경험에서 비롯된 점도 있다. 최악의 상황에는 자신의 힘 외에는 아무도 의지할 수 없다는 경험이다.

한국의 부실기업처리 제도는 청산제도를 규정하는 〈상법〉, 〈민법〉 및 〈채무자 회생 및 파산에 관한 법률〉(이하 〈회생·파산법〉) 등에 의한 법적 제도와 당사자 간 사적 합의에 따라 구조조정을 도모하는 워크아웃 및 자율협약 등 사적 절차가 있다.

과거에는 채무자의 회생 및 파산에 관한 사항이 여러 법률에 분산되어 법률마다 적용대상이 다르고 제도가 비효율적으로 운영된다는 지적이 많았는바 2005년 이들 법을 통합하여 제도를 일원화하고 회생절차의 신속하고 원활한 진행에 중점을 둔 〈회생·파산법〉을 제정했다.

〈회생·파산법〉에 의한 기업회생제도로서 법정관리는 법원의 관리, 감독 아래 채권자, 주주 및 기타 이해관계인의 이해를 조정하여 사업갱생을 도모하는 재판상의 절차로서 파산으로 인한 경제적 피해를 회피하는 제도이다. 기업회생절차는 채무기업이나 그 기업의 채권자 또는 주주의 신청을 법원이 심사한 후 회생절차 개시 여부를 결정한다. 회생절차의 신청 후 법원은 채무기업의 재산이나 업무에 관하여 보존처분을 명할 수 있고 채권자 등이 강제집행 등을 못 하도록 포괄적 금지명령을 할 수 있다. 회생절차의 개시를 결정하면 통상적으로 관리인을 선임하는데, 원칙적으로 회사 대표자를 관리인으로 선임하고 예외적으로 회사 대표자가 부실경영에 책임이 있거나 채권자협의회의 요청이 있는 경우에는 제3자를 관리인으로 선임한다.

관리인은 회생채권자 등의 목록을 법원에 제출하는데 이 목록에 기재되지 않거나 채권자의 신고가 없는 경우에는 실권된다. 법원은 관계인집회를 소집하여 관리인이 이해관계인 등에게 상황을 설명토록 하고 이해관계인의 의견을 청취한 후 회생절차를 진행하기로 하면 관리인에게 회생계획안을 제출하도록 명령한다. 회생채권의 2분의 1 이상을 가지는 채권자는 사전에 회생계획안을 제출할 수 있도록 하여 회생절차를 신속하게 진행하도록 했다. 회생계획안이 제출되면 관계인집회에서 이를 의결한 후 법원이 그 계획이 법적으로 적합하고 공정한지 등을 검토하여 인가 여부를 결정한다.

회생계획이 인가되면 관리인이 회생계획을 수행하고 성공적으로 수행되면 회생절차를 종료한다. 그러나 관리인이 회생계획을 제대로 수행할 수 없다고 판단되면 법원은 회생절차의 폐지와 함께 파산을 선고한다. 법원은 회생절차 개시신청을 기각하거나 회생계획을 인가하지 않기로 한 경우에도 채무자에게 파산의 원인이 있다고 인정되면, 채무자 또는 관리인의 신청에 의하거나 직권으로 파산을 선고할 수 있다.

워크아웃(workout)이란 사업부진 등으로 일시적인 채무관리의 어려움을 겪는 기업에 채권단과 채무기업의 사적 교섭으로 채무조건을 완화하고 구조조정을 실시하여 기업을 갱생시켜 채권의 회수를 도모하는 제도이다. 과거에는 금융기관 간의 협약으로 부실기업의 연쇄적 부도사태를 방지하기 위하여 노력하였지만 실효성을 거두지 못하고 IMF 경제위기를 맞게 되었다. 위기를 극복하는 과정에서 1990년대 초 영국에서 경제위기를 겪으며 부실기업 처리를 위해 채택되었던 런던지침(London Approach)을 모델로 하여 기업구조조정협약을 도입했다. 이는 종전의 협약보다 금융기관의 참가를 확대하고 중립적 조정기구를 설치한 제도로서 부실기업을 처리하는 데 많은 성과를 거두었지만 법적 강제력이 없는 사적 계약의 한계를 면할 수 없었다.

기업구조조정협약의 장점을 유지하면서 이에 대한 법적 근거를 부여함으로써 구조조정을 촉진하기 위하여 2001년 한시법으로 〈기업 구조조정 촉진법〉(이하 〈구조조정법〉)을 제정했다.

〈구조조정법〉은 한시법으로 제정되어 그동안 네 차례의 기한이 만료되었으며 2016년 현재 다섯 번째 〈구조조정법〉이 시행 중인바 상시법으로 하는 것을 반대하는 사법부의 입장이 반영된 것이다. 〈구조조정법〉은 그 적용대상이 국내 금융기관으로 한정되고 일반채권자와 해외금융기관 등이 제외된다는 점에서 〈회생·파산법〉과 구별된다. 〈구조조정법〉에 의한 워크아웃(공동관리)의 내용은 다음과 같다.

주채권은행의 신용위험평가 결과 부실징후기업으로 통보된 기업은 채권단 공동관리의 워크아웃을 신청할 수도 있고 〈회생·파산법〉에 의한 회생절차를 신청할 수도 있다. 워크아웃이 시작되면 모든 채권금융기관은 채권단협의회에 의무적으로 참가하며, 협의회의 결정에 반대하는 금융기관은 그 이행을 거부할 수 없고 자기의 채권을 매수할 것을 요구할 수 있는 권리만을 갖는다. 채권단 중심의 구조조정을 진행하면서 채권금융기관은 개별적 채권행사를 유예하고 대상기업은 채권단과 기업개선계획 이행을 위한 약정, 즉 구조조정 MOU를 체결하고 이를 이행한다.

채권단은 구조조정에 필요한 경우 상환기일 연장(rescheduling) 및 원리금감면(haircut) 등의 채무조정과 신규신용공여를 행하며 새로 공여된 신용은 다른 금융채권에 우선하여 변제받을 권리를 갖는다. 주채권은행은 MOU 이행을 점검하고 채권단은 이를 평가한다. 워크아웃은 대상기업의 부실징후가 해소되거나 MOU가 이행되면 졸업, 즉 종료한다. 그러나 MOU 이행이 어렵거나 부실해소의 가능성이 없다고 보이므로 워크아웃을 지속하는 것이 적절하지 않다고 판단되면 워크아웃은 중단된다.

제 4 장

금융시스템의
불안정과 금융위기

혹자는 세계 금융위기 역사의 기원을 17세기 초 네덜란드에서 발생했던 튤립뿌리 투기열풍으로부터 찾기도 한다. 또한 유가증권인 주식거래와 금융기관의 관련성이라는 요소를 구비하였다는 측면에서 18세기 초 영국에서 촉발된 남해회사 거품사건을 그 효시로 지목하는 견해도 있다. 그로부터 금융시장이 존재하는 유럽과 미국에서는 때로는 실물부문과 연계하여, 때로는 금융시장 자체적으로 크고 작은 금융위기가 매우 빈번하게 발생했다. 결국, 세계는 1929년 미국의 증권시장 붕괴로부터 시작된 대공황을 겪었으며 금융 부문은 정부의 엄격한 규제와 감독 아래 놓이게 되었고 국가 간 자본이동도 통제되었다.

그러나 1970년대 이후 시장을 통제하는 정부주도의 경제운용이 한계를 보이면서 자본주의 시장경제체제를 택한 선진국은 시장에 대한 정부규제 등 정부의 경제적 역할을 축소하고 자유로운 시장기능에 의한 경제운용의 효율화를 도모하기 시작했다.

이러한 신자유주의의 흐름은 금융 부문으로도 이어져 정부규제의 철폐 및 완화 그리고 국제적 자본이동의 자유화가 확산되었다. 사실 금융기관은 정부의 규제하에서도 이를 회피하기 위하여 여러 가지 방법을 혁신이라는 개념으로 도입하였지만 정부의 통제가 약화한 이후에는 금융 부문의 구조가 더욱 복잡, 다기화되고 규모가 급속히 팽창하는 변화를 지속했다. 이러한 금융 부문의 변화는 효율성의 향상이라는 긍정적 측면과 함께 정부의 규제와 감독 아래서 어느 정도 잠잠했던 금융위기가 다시 고개를 들고 나타나는 부작용이 전개되었다. 단상과 고찰 9

단상과 고찰 9: 튤립광기와 남해회사 파동

대중에 확산된 투기적 환상으로 거대한 자산가격의 거품이 일어나고 사람들이 거품에 의한 경제적 풍요감에 들떠 있다가 거품이 꺼지면서 심각한 경제적, 사회적 침체가 초래된 최초의 역사적 사건은 17세기 초 네덜란드에서 벌어진 튤립광기였다. 네덜란드의 경제가 호황을 나타내는 시기에 튤립재배에 대한 사람들의 관심이 늘어나면서 튤립알뿌리의 가격이 치솟기 시작하였고 튤립을 재배하지 않는데도 매매차익을 목적으로 이를 매집하는 사람이 늘어났다. 그러면서 땅속에 묻혀있는 상품을 보지도 않고 어마어마한 금액을 지불하고 매입하는 거래가 증가하였는데 대부분이 가격이 더 오를 것이라는 과대망상적 확신 때문이었다.

그러나 이러한 과열 현상에 불안을 느낀 사람들이 튤립 거래에서 물러나기 시작하면서 매물이 폭증하고 가격이 폭락하는 사태가 전개되었으며 많은 사람이 파산하고 네덜란드 경제도 침체를 겪게 되었다.

당시는 금융발전의 초기 단계로 은행신용이 없었으므로 거래대금이 모두 현물로 지불되었다는 사실에 비추어 자산가격의 거품과 붕괴가 반드시 금융기관의 개입을 전제로 하지 않는다는 사실을 보여주는 사례이다. 또한 투기의 대상이 튤립의 알뿌리였는바 반드시 부동산이나 금융자산이 아니더라도 사람들의 욕심이 빚어낸 환각과 집단적 무리행태가 다양하게 표출되었음을 알 수 있다.

남해회사(South Sea Company)는 17세기 후반 영국정부가 라틴아메리카의 스페인 식민지와 독점 무역권을 보장하고 설립한 주식회사이다. 이 회사는 영국정부의 전쟁 수행 등으로 늘어난 부채를 해결하기 위해 설립되었는데, 영국정부의 국채를 남해회사의 주식으로 전환하여 지급했다. 이 회사의 수익성이 양호할 것으로 생각한 대부분의 국채 보유자는 기꺼이 자신이 보유한 국채를 남해회사의 주식으로 교환했다. 이 과정에서 영국정부와 남해회사 관계자는 국채의 금액보다 훨씬 많은 주식을 발행한 다음 유통시장에서 언론 등을 동원하여 남해회사에 대한 낙관적 전망을 유포하는 등 주식가격 띄우기를 조직적으로 감행했다.

투자자가 몰려들고 남해회사의 주식은 급등하기 시작하였으며 거대한 거품이 형성되었는바 당시 남해회사 경영진은 회사의 경영실적과 관계없이 주식을 팔아 이익을 남기는 것을 주식회사의 사업의 하나라고 생각한 것으로 전해진다. 남해회사 주식의 매입 열풍이 일어나면서 다른 주식도 아울러 가격이 상승하기 시작하였는데 그중에는 전혀 내실이 없는 회사가 다수 섞여있었다.

결국, 남해회사의 주식이 폭락하면서 전체적인 주식의 폭락세로 이어졌다. 남해회사 주식이 전체에서 차지하는 비중이 압도적으로 컸으며 많은 사람이 파산하고 심각한 사회적 혼란이 야기되었다.

국채의 미미한 수익률에 만족하지 못한 투자자를 대상으로 영국정부가 거대한 사기를 저지른 사건으로 기록되었으며 주식가격이 올라도 더 오를 수 있다는 맹목적 믿음에서 비롯된 투기열풍의 효시라고 할 수 있다.

1. 최근의 세계적 금융위기

1970년대 이후 세계 각국은 금융시장과 자산시장의 가격이 매우 큰 변동성을 보였고 이와 함께 금융위기가 빈발하는 상황을 경험했다. 1973년 1차 오일쇼크와 1979년 2차 오일쇼크를 거치면서 산유국이 석유수출로 벌어들인 막대한 외화, 즉 오일달러가 미국 등 선진국의 금융기관에 예치되었다. 당시 선진국은 고유가와 임금상승 등으로 인한 경기침체와 물가상승, 즉 스태그플레이션을 겪었으며 금융기관은 남아도는 자금을 개도국에 빌려주는, 이른바 오일달러의 국제적 환류(recycling)를 시작했다.

그때까지 외환을 얻기 어려워 애로를 느꼈던 개도국도 적극적으로 외화차입에 나섬으로 거대한 국제적 자금흐름이 이루어졌다. 외화를 차입하는 개도국 중에는 동아시아의 한국처럼 경제개발에 필요한 투자자금을 조달하는 경우도 있었지만 대부분 중남미 국가는 복지성 정부지출로 인한 재정적자와 국제수지 적자를 메우기 위한 소비성 용도로 차입하는 차이를 보이기도 했다. 결과적으로 많은 개도국의 외채 규모가 급속하게 증가하였으며 상당수의 국가는 기존 외채의 원리금을 상환하기 위하여 새로운 외채를 도입해야 하는 처지가 되었다.

그러나 1970년대 말부터 미국은 물가의 안정을 위하여 볼커 FRB 의장의 주도로 강력한 긴축적 통화정책을 실시하였으며 이에 따라 국제금리가 급격하게 상승했다. 이러한 국제금리의 상승은 세계경제의 심각한 침체를 초래하였으며 변동금리에 따른 이자의 추가부담은 개도국의 외채 규모를 다시 한 번 부풀렸다.

세계경제의 침체로 원유 등 원자재 수출도 위축됨에 따라 개도국은 외채상환의 어려움에 직면하였고 경제의 불안감이 조성된 일부 국가에서는 외화유출의 양상이 나타났다. 이러한 상황에 이르러 선진국의 채권 금융기관이 새로운 차관의 제공을 중단하자 멕시코를 위시하여 브라질, 아르헨티나 등 중남미 국가가 외채상환의 능력을 상실하였고, 채권금융기관의 경영도 위험에 처하자 이를 수습하기 위한 미국 정부와 IMF의 개입이 필요하게 되었다.

1980년대 일본의 부동산시장과 주식시장은 거대한 거품 그 자체라고 할 수 있었다. 도쿄의 토지 가격이 미국 전체의 토지 가격을 상회하고 일본황궁의 대지는 그 수십억 배의 면적인 캘리포니아 토지보다 가격이 크다는 이야기가 사실처럼 언론에 회자했다. 일본 주식시장의 시가총액은 미국 주식시장 시가총액의 2배에 달하였는데 당시 일본의 GDP는 미국 GDP의 절반에도 미치지 못한 규모였다.

당시 세계 10대 은행 중 7개가 일본은행이었으며 일본 최대 증권회사의 자본금은 미국 5대 투자은행의 자본금 총액을 능가했다. 일본 기업은 매우 낮은 금리로 CB를 발행하여 조달한 자금으로 신규투자와 미국, 유럽 등지에서 기업의 M&A 및 부동산 매입 등에 나설 수 있었다. 일본은 1945년 2차 세계대전의 패전국으로 폐허의 땅에서 출발하여 1950~1960년대에 연간 두 자릿수의 경제성장을 달성함으로써 세계 제2의 경제력을 보유한 국가가 되었다.

1980년대 초반 미국의 고금리로 인하여 달러가치가 상승함에 따라 일본 엔화가치가 하락하였으며 일본 기업은 이로 인하여 국제경쟁력이 향상되었고 수출이 증가했다. 1980년대 중반을 넘어서면서 미국의 물가가 안정세를 회복하고 금리가 낮아지면서 일본 엔화의 가치가 상승하기 시작했다. 일본은행은 이러한 추세를 제한하기 위하여 외환시장에 대대적으로 개입하였고 그 결과 본원통화의 공급이 급속히 증가했다. 이에 따라 일본의 은행은 빠른 속도로 대출을 확대할 수 있었으며 대출된 자금은 부동산시장과 주식시장으로 유입되어 부동산 가격과 주식가격의 빠른 상승을 초래했다. 이는 다시 추가적 차입을 가능하게 하여 부동산과 주식의 매입에 사용됨에 따라 자산가격의 상승과 금융대출의 증가가 반복적인 나선형으로 진행되었다. 일본의 자산시장 거품은 이러한 현상이 누적된 결과였다.

부동산 가격의 지나친 상승은 일본에서 사회적 갈등의 우려를 야기하였고 일본은행은 부동산 가격의 안정을 위한 은행대출의 규제를 시작했다. 은행대출이 규제되면서 차입에 의하여 높은 가격의 부동산을 매입한 사람은 현금 부족을 겪었다. 부동산 가격이 워낙 비싸기 때문에 임대료 수입으로는 원리금 상환에 훨씬 미달하였으며 신규 차입도 어려워진 까닭이었다.

결국, 부동산 투자자는 소유 부동산을 매각할 수밖에 없었으며 부동산 시장은 매도물량이 급격히 증가하고 매수세는 실종됨에 따라 1990년대 초부터 부동산 가격이 하락하였으며 주식 가격도 동반하여 대폭으로 하락하기 시작했다.

부동산 가격과 주식 가격의 하락은 은행 등 금융기관의 부실 대출 증가 그리고 자본금의 감소에 이어서 대출여력의 위축으로 연결되었다. 이는 다시 자산시장의 매물 증가와 가격하락을 초래하여 가격상승 시에 작용했던 나선형의 상향 진행이 정확히 반대 방향의 나선형으로 진행되는 현상이 누적되었다. 그 결과 2003년 초 일본의 주식가격은 20년 전과 동일한 수준으로 복귀하였고 채무자의 파산이 폭증하고 금융기관의 대출손실로 이어졌다.

이러한 상황은 경제의 전반적 침체를 초래하였으며 1999년부터는 소비자물가도 하락하는 추세로 전환되어 디플레이션의 우려와 함께 국내경기의 침체를 가속했다. 일본 기업은 국내경기 침체를 수출 증대로 극복하려고 노력하였으며 수출의 증가와 수입의 감소는 무역수지의 흑자를 증대시키고 엔화가치의 상승을 초래했다.

일본 기업은 엔화가치의 상승으로 인한 국제경쟁력의 약화를 극복하기 위하여 인근 아시아 국가로 생산기지를 이전하여 저렴한 노동비용과 함께 환율부담의 해소를 추진했다. 이러한 일본 기업의 해외이전은 국내의 생산과 고용을 감소시키는 결과를 유발하여 경기침체가 더욱 심화하는 상황으로 진전되었다.

미국의 주식가격은 1982년부터 1999년 사이에 13배의 상승을 시현하였으며 그 결과 미국 주식의 시가총액은 같은 기간 중 미국 GDP의 60%에서 300%로 증가했다. 미국의 경제는 1990년대를 통하여 호황을 누렸다. 물가상승률은 1990년대 초 6%를 상회하는 수준에서 1990년대 말 2% 아래로 하락하였고 실업률은 8%에서 4% 이하로 낮아졌으며 경제성장률은 2.5%에서 3.5%로 상승했다.

연방정부의 재정수지는 같은 기간 중 약 3천억 달러의 적자에서 약 2천억 달러의 흑자로 반전되었다. 다만 무역수지 적자는 연간 약 5천억 달러로 급증하였으며 가계저축률이 급속히 하락하였다는 점이 미국경제의 부정적 측면이라고 할 수 있었다.

이 기간에 경제현실에서 나타난 현저한 특징은 IT와 소프트웨어산업의 눈부신 발전이었다. 이 분야의 새로운 기술과 아이디어를 사업으로 구체화하려는 벤처창업이 급증하였으며 이들에게 종잣돈을 제공하는 벤처 자본가는 창업회사가 성공적으로 주식을 공개하는 단계에 높은 수익을 실현할 수 있었다. 이러한 신설기업의 IPO에는 많은 투자자가 몰려들었으며 이렇게 상장된 주식은 공모가격보다 높은 가격으로 증권시장에서 거래되었다.

창업자는 자신의 기술과 아이디어로 이루어낸 사업의 성과인 막대한 부를 누릴 수 있었고 벤처 자본가는 성공 가능성이 큰 창업자를 찾아서 얻을 수 있는 이익에 집중했다. 그리고 투자은행은 이러한 기업을 공개하면서 얻는 수수료 수입에 몰두하였으며 일반투자자는 공모주를 매입하여 증권시장에서 매매차익을 실현하기 위하여 IPO 시장에 운집했다. 그리고 이러한 시장의 열기는 공모대상 주식 가격의 과대평가를 초래했다.

이러한 과열현상이 한창 진행 중이던 1996년 뉴욕증권거래소(New York Stock Exchange: NYSE) 다우존스지수는 6,300이었고 새로운 기술집약산업의 주식이 주로 거래되는 나스닥시장의 지수는 1,300이었다. 그로부터 4년 후인 2000년 초 다우존스지수는 11,700으로 상승하였고 나스닥지수는 5,400으로 폭등하였으며 나스닥 주식의 시가총액은 NYSE 상장주식 시가총액의 80%에 달했다.

이와 같은 시장의 열기가 거품이 아닌가의 질문에 대하여 일부 경제학자는 새로운 기술의 상용화로 미국경제는 생산성이 급격히 향상된 신경제(*new economy*)에 돌입하였으며 시장은 이러한 변화를 반영하는 합리적 활력을 나타내는 것으로 보이는바 비이성적 과열이라고 단정하기는 어렵다는 진단을 내리기도 했다.

주식시장의 활황을 촉발한 원인 중 하나로 미국 FRB의 완화된 통화정책이 지적되었다. 미국의 물가는 중국 등으로부터 저가의 소비재 수입이 증가하고 실질임금의 상승이 억제된 상황으로 인해 매우 안정된 추세를 나타냈으므로 FRB는 통화정책의 완화기조를 유지할 수 있었다.

그러한 상황에서 대규모 헤지펀드인 LTCM이 1998년 러시아의 모라토리엄 사태로 인하여 파산하자 FRB는 금융시장의 파탄을 우려하여 더욱 완화된 통화정책을 시행했다. 이렇게 확대된 통화공급은 금융기관의 여신증가를 통하여 유동성의 팽창을 초래하였으며 투자자가 차입한 막대한 자금이 주식시장으로 유입되었다.

이러한 시장상황에 불안감을 느낀 FRB가 2000년대에 들어서면서 시중의 유동성을 환수하는 방향으로 통화정책을 전환했다. 그리고 신설기업의 경영성과가 투자자의 기대에 많이 미치지 못하는 것으로 나타났다. 이 기업의 가치가 과대평가된 것이 아닌가 하는 의문이 시장에 확산되었으며 미국의 주식가격은 하락하기 시작했다. 결국, 미국의 주식시장 전체로는 시가총액이 40% 하락하였으며 나스닥 시장의 시가총액은 80%가 증발하는 상황을 초래했다. 이른바 '닷컴버블'이라 불리는 이와 같은 신기술기업 주식시장의 부침은 미국뿐 아니라 한국을 비롯한 여러 나라에서 비슷한 양상으로 전개되었다.

국제적 자본이동이 자유화되면서 마침내는 국제적 투기자본이 일국의 중앙은행을 공격하는 사태도 발생했다. 영국은 1992년 유럽통화제도(European Monetary System: EMS)의 중심기구인 ERM(Exchange Rate Mechanism)의 탈퇴를 선언했다.

ERM은 EMS에 가맹한 국가의 통화 간의 환율을 일정 범위에서 유지하는 제도적 장치였다. 이 제도의 목표에 따라서 영국도 자국의 파운드화와 독일의 마르크화를 기준환율의 상하 6% 범위에서 유지할 것으로 기대되었다. 영국의 중앙은행인 영란은행(Bank of England)은 이를 위하여 외환시장에 개입하여 파운드화를 팔고 사는 것이 의무적으로 요청되었다. 즉, 파운드화의 마르크화에 대한 환율이 기준율보다 6% 이상 하락하면 영란은행은 보유하는 마르크화를 팔고 파운드화를 매입함으로써 파운드화의 가치를 유지하여야 했다.

그러나 금융시장에서는 영국과 독일 두 나라의 인플레이션, 국제수지 등을 고려할 때 이러한 기준율이 지켜지기 어렵다는 관측이 많았으며 이러한 인식을 바탕으로 일부 투기적 헤지펀드가 파운드화에 대한 공격을 감행했다. '핫머니'(hot money)라 불리는 헤지펀드는 금융시장에서 파운드를 빌려서 팔고 마르크화를 매입한 다음, 나중에 파운드가 절하된 다음에 다시 마르크화를 팔고 파운드를 사서 갚기로 하는 공매도 전략을 계속했다.

영란은행은 파운드화의 폭락을 막기 위하여 보유한 마르크화를 방출하여 파운드화를 사들이고 단기금리를 대폭 인상하는 방법으로 대응하였지만, 결국 외환보유고가 바닥을 보이면서 파운드화를 절하하고 ERM 탈퇴를 선언하기에 이르렀다. 그리고 파운드화를 공격한 투기자본인 헤지펀드는 가치가 하락한 파운드화를 싸게 매입하여 공매도 포지션을 청산함으로써 막대한 환차익을 거두었다.

이러한 투기자본의 존재는 금융시장에서 금융상품의 내재가치와 시장가치의 접근을 촉진하여 시장기능의 효율화에 기여한다는 긍정적 평가도 존재하지만, 금융시장의 단기적 불안을 가중하는 요인으로 지적된다.

이 밖에도 1970년대 이후에 세계 곳곳에서 크고 작은 금융위기가 빈발했다. 미국에서는 1980년대에 수천 개의 저축대부조합 등 저축기관이 파산하여 납세자에게 1천억 달러 이상의 손실을 전가하였으며 1990년대 초 정크본드 시장의 붕괴로 역시 1천억 달러 이상의 손실이 초래되었다. 북유럽 3개국, 즉 노르웨이, 스웨덴, 핀란드에서도 1980년대 후반에 금융자유화에 이어진 부동산과 주식의 가격폭등과 폭락의 여파로 대다수의 은행이 파산했다. 특히, 1990년대 후반 태국으로부터 시작된 동아시아 금융위기는 한국에도 심대한 피해와 고통을 안겼으며 급기야 2008년에 미국에서 발발한 금융위기는 전 세계로 전파되었고 일부 남유럽 국가의 재정위기로 진전되었다.

2. 글로벌 금융위기와 유로존 재정위기

미국의 FRB는 2001년 IT 거품이 꺼지고 9·11 테러가 발발하면서 초래된 경기침체를 극복하기 위해 금리를 인하하였으며 장기간 저금리정책을 유지했다. 이와 아울러 GDP의 5%를 상회하는 경상수지의 적자가 지속하여 중국 등 동아시아 국가와 산유국의 외환보유고가 증가하고 이 자금이 국제금융시장에 공급되어 유동성이 증가했다.

풍부한 유동성이 자산시장으로 유입되어 부동산과 주식의 가격 상승이 지속하였으며 미국의 은행은 수익 증대를 위하여 주택담보대출을 경쟁적으로 늘렸고, 이는 다시 주택시장의 가격 상승을 지지했다. 은행들은 우량고객에 대한 대출이 한계를 보이자 서브프라임 모기지(sub-prime mortgage)라는 이름으로 비우량고객에 대한 주택담보대출을 확대하였는바 이는 채무자의 상환능력이 아니고 주택가격의 상승이 계속될 것을 전제로 대출한 것이었다. 모기지대출 금융기관은 이를 유동화한 주택저당증권(mortgage backed securities: MBS)을 발행하여 금융시장에 매각한 자금을 다시 신규 모기지대출 재원으로 활용했다.

미국 경제가 회복세로 전환된 2004년부터 FRB는 유동성의 과잉을 해소하기 위하여 금리를 인상하기 시작했다. 2003년 1%까지 내려갔던 페더럴펀드 이자율은 점차 인상되어 2006년 5.25%로 크게 상승했다. 금리 인상의 영향으로 주택대출금 상환부담이 증가하여 주택시장에 매물이 늘어남에 따라 주택가격이 하락세로 반전했다.

고금리와 주택가격 하락으로 주택담보대출 연체율이 증가하였고, 특히 차입자의 상환능력이 취약한 서브프라임 모기지 연체율이 급증했다. 이에 따라 이를 기반으로 개발된 MBS 및 CDO(*collateralized debt obligation*), CDS(*credit default swap*) 등 파생금융상품의 가격이 크게 하락하면서 금융기관의 손실이 증가했다. 2007년 하반기부터 대형 금융기관이 파산하거나 파산위기에 직면하였으며, 2008년 9월에 자산규모 6,900억 달러, 미국 4위의 투자은행인 리먼 브라더스가 파산보호 신청을 하면서 금융시장의 신용경색이 극도로 악화되고 금리가 폭등했다.

금융시장의 불안은 미국의 AIG, 씨티그룹 등 세계적 금융기관을 파산위기로 내몰았고 골드만삭스 등 대부분의 금융기관이 정부의 지원을 필요로 했다. 그리고 서브프라임 모기지 관련 파생상품에 투자한 유럽의 금융기관이 막대한 손실을 보거나 파산하면서 미국의 금융위기는 유럽으로 확산되었고 이어서 전 세계 금융시장에서 안전자산으로 자금이 이동하는 등 불안한 양상이 전개되었다.

미국 금융시장의 혼란은 실물경제에 충격으로 전이되었는바 2009년 GM 등 대기업이 파산보호 신청을 하였고 제조업 부문에서 연쇄도산 사태가 발생했다. 소비와 투자가 위축되면서 실업률이 급격히 증가하였는데 미국의 실물경제 침체는 전 세계 경제로 확산되었다.

미국을 비롯한 각국의 정책당국은 공격적 금리인하, 적극적 유동성 지원 및 재정지출의 확대 등으로 신속하고 강력하게 금융위기에 대처했다. 미국 정부는 세출 및 감세 등으로 약 7,900억 달러를 경기부양 및 금융안정 대책에 사용하였으며 FRB는 빠른 속도로 금리를 인하하여 제로금리 정책을 도입하였고 이로 말미암아 금리정책의 여지가 소모되면서 직접 장기국채 등을 매입하여 유동성을 공급하는 양적 완화(quantitative easing) 정책을 시행했다. EU와 일본도 재정지출 증대와 감세를 통한 대규모 경기부양대책을 집행하였으며 일본은행에 이어 ECB도 경기침체를 극복하기 위하여 양적 완화 정책에 합류했다.

선진국뿐 아니라 중국, 인도 등 개도국도 경기부양을 위하여 세출을 대규모로 증액하는 재정정책을 집행하였는데 선진국 시장의 침체로 인한 수출부진을 내수의 확대로 보충하여 성장둔화를 최대한 극복하려고 노력했다. 한국정부도 대규모 추경예산의 편성과 감세정책을 병행하여 경기부양 효과의 극대화를 도모하였으며 한국은행은 과감하게 기준금리를 인하하여 금융시장을 안정시키는 한편, 직접 시중에 유동성을 공급하여 신용경색의 방지에 노력했다.

이와 같이 경제위기에 직면한 국가가 재정지출을 확대하여 경기침체를 억제하는 한편, 주요국 중앙은행이 정책금리를 동시에 인하하고 미국을 비롯한 각국 중앙은행 간 통화 스와프를 체결하여 외환위기의 발생을 방지하는 등 국제적 정책공조를 강화하면서 세계경제는 2009년 위기국면을 벗어나는 모습을 나타냈다. 특히, 중국과 한국 등 동아시아 신흥공업국이 2009년 1/4분기를 저점으로 빠른 경제회복세를 시현하여 세계경제의 위기수습을 견인했다.

미국의 금융지표는 2009년 3/4분기에 위기 이전 수준을 회복했으나 FRB는 양적 완화의 감축 및 금리 인상 등 출구전략을 모색하는 데 매우 신중한 모습을 보였다. 그러나 적극적 재정투입은 국가채무의 급격한 증가와 재정건전성의 악화를 초래하였는바, 특히 유로존 국가 중 그리스 등 경제력이 취약한 국가의 재정위기를 촉발하는 불씨가 되었다.

글로벌 금융위기는 저금리와 과잉유동성에 기인한 자산시장의 거품이 붕괴하면서 촉발되었지만, 위험이 증대하는 금융시장의 변화를 적절히 통제하지 못한 금융규제의 실패를 보여준 사태였다고 할 수 있다. 증권화와 파생상품 등 금융시장에서 거대한 규모와 복잡한 내용으로 이루어지는 금융혁신은 금융기관의 이윤 창출을 위하여 남용됨으로써 금융위기의 요인으로 작용했다.

예를 들어, 자산유동화는 해당 자산의 위험은 그대로이면서 단지 그 위험을 자산보유자로부터 투자자에게로 이전하는 효과가 있다. 또한 위험의 이전이 이루어지기 위해서는 자산보유자로부터 특수목적회사로 자산의 진정한 매각이 이루어져야 한다. 그래야 서브프라임 모기지의 경우 이를 기초자산으로 하는 MBS, CDO, ABCP(asset backed commercial paper) 등의 유동화증권이 기초자산의 위험을 금융시장 전체로 분산시킬 수 있는 것이다.

그러나 서브프라임 사태 발생 이후, MBS로 판매한 다음에도 일정 수준 이상의 손실이 발생하는 경우 MBS를 매입한 투자자가 이를 매각한 모기지 은행에 되팔 수 있는 옵션조항이 일반적으로 삽입되어 있음이 밝혀졌다. 이처럼 불완전한 자산매각이 이루어짐에 따라 투자자는 MBS의 내용보다 이를 발행하는 금융기관의 신용에 의존하여 자산유동화증권을 매입했다. 따라서 이 업무는 소수의 모기지 은행과 투자은행에 집중되었고 이들은 서로 경쟁하면서 모기지의 신용위험 평가를 소홀히 한 것이다.

만약 완전한 자산매각으로 신용위험이 투자자에게 이전되었다면 서브프라임 모기지 시장으로 그처럼 많은 자금이 유입되지 않았을 것이다. 이처럼 변칙적으로 업무를 취급한 금융기관은 위기 발생 전까지 막대한 수익을 올렸지만 2006년 말부터 주택 가격의 하락이 시작되면서 다수의 MBS를 환매해주고 경영위기를 맞게 되었다.

이 같은 사실을 볼 때 거대 상업은행이나 투자은행과 같은 금융시장의 주역이 과도한 위험부담이나 레버리지를 통해 초과이윤을 추구한다는 사실을 알게 되었으며 거대 은행 등이 파산하는 경우 금융시장과 경제에 심각한 충격을 초래하므로 이들에 대한 규제와 감독을 강화할 필요가 확인되었다. 또한 개별 금융기관의 건전성 관리로 금융시스템의 안정성이 관리되는 것이 아니라는 사실이 확인된 만큼, 증권화나 파생상품 등 금융거래의 유형에 따른 적절한 규제와 감독이 중요하다는 교훈을 얻게 되었다. 이러한 방향으로 미국의 〈금융개혁법〉(Dodd-Frank Act)이 2010년 발효된 것을 비롯하여 EU, 영국 등 다수 국가에서 금융규제와 감독을 강화하는 노력이 이루어졌다.

미국에서 발발한 금융위기가 전 세계로 확산하는 속도는 예상을 뛰어넘었으며 이는 세계 금융시장의 통합이 매우 진전된 단계임을 보여주었다. 따라서 금융시장의 규제와 감독을 위한 국가 간 정책의 협조 및 조정과 함께 금융위기를 수습하기 위한 유동성 확충 협조 체제 등이 국제적으로 확립되어야 할 필요성이 확인되었다. 이를 위하여 G20 정상의 합의를 바탕으로 금융안정위원회가 국제적 금융규제 강화를 주도하면서 BIS도 자기자본규제의 추가적 개선작업 등을 진행했다.

1970년대 초반 고정환율제도의 국제통화질서인 브레턴우즈 체제(Bretton Woods system)가 붕괴하면서 주요 선진국은 변동 환율제도를 도입했다. EU의 전신인 당시 EC는 회원국 간의 경제적 결속을 유지하기 위하여 1979년 회원국 통화 간 환율변동을 일정 범위 내로 제한하는 EMS를 발족했다. 소련의 공산주의 체제가 붕괴하고 독일이 통일되면서 EC는 1991년 마스트리흐트 조약을 체결하고 유럽 국가 간 통합을 더 깊고 넓게 추진했다.

그 핵심 내용은 경제통화연합(Economic and Monetary Union: EMU)이라고 할 수 있는데 상품시장과 생산요소시장의 통합과 함께 단일 통화인 유로의 도입을 추진하는 것이었다. 1999년부터 유로가 공식적으로 도입되었고 EU 회원국 중 일부를 제외한 유로존 회원국은 자국 중앙은행의 통화정책 권한을 ECB에 이양했다. ECB는 물가안정에 초점을 맞추고 회원국의 재정적자를 보전하지 않으며 유로존 금융기관에 최종대출자로서의 임무를 수행할 의무가 없는 강력한 독립성을 가진 중앙은행으로 출발했다.

마스트리흐트 조약은 유로존 가입을 위한 조건으로 회원국이 물가상승률과 환율 및 이자율을 일정 범위 내로 안정시켜야 하는 의무와 함께 재정적자를 GDP의 3% 이내로, 정부채무를 GDP의 60% 이내로 각각 유지하여야 하는 재정 규율을 부과했다. 그러나 이러한 규율은 엄중하게 지켜지지 못하고 많은 경우 타협적 적용이 불가피했다.

유로존이 출범한 이후 역내 무역이 증가하면서 역내 무역수지의 불균형도 심화하였으며 독일, 네덜란드 등 흑자국으로부터 그리스, 아일랜드, 포르투갈, 스페인 등 적자국으로 대규모의 자금이 공급되었다. 이처럼 유입된 자금으로 그리스는 정부부문의 재정지출을 충당하였고 아일랜드와 스페인 등에서는 부동산시장의 과열과 소비, 투자의 호조로 민간 부문의 자금수요가 급증했다.

무역적자국은 유로존 가입 후 자금유입의 증가로 물가와 임금이 상승하고 자산가격의 거품이 발생하면서 수출경쟁력이 약화하여 무역수지 적자가 확대되었지만, 환율조정이 불가능하므로 이러한 상황을 시정할 정책수단을 갖지 못했다. 즉, 독자적 통화 및 환율정책이 불가능하고 재정정책이 유일한 거시경제정책 수단인데, ECB가 다른 중앙은행과 달리 정부의 은행이 아니고 회원국 국가채무와 단절되었으므로 금융시장이 국가채무에 민감하게 반응한다.

이와 같은 상황에서 유로존은 2008년 글로벌 금융위기로 심각한 타격을 받았다. 부동산과 주식 등 자산시장이 침체되고 산업생산이 감소하면서 가계지출과 정부지출이 함께 위축되었다. 이는 금융기관의 대출 축소와 함께 부실대출의 증가로 이어졌으며 이로 말미암아 경제활동이 더욱 위축되는 악순환 과정이 전개되었다.

2010년 그리스정부가 재정적자 규모를 축소하여 발표한 사실이 확인되면서 자본시장에서 국채발행에 의한 자금조달이 불가능해졌는바 세계 금융시장은 또다시 위기에 직면했다. 다른 회원국에 위기가 전염되는 것을 막기 위하여 ECB와 IMF가 그리스에 구제금융을 지원했으나 국가부도 위기는 계속 재발하였으며 부분적인 디폴트(default) 상황도 발생하여 그리스 유로존 탈퇴와 이로 인한 금융시장의 엄청난 파장이 우려되었다.

그리스는 유로존에 남아 강도 높은 긴축과 구조조정을 추진했으나 경기침체와 고실업의 고통 가운데 2015년 긴축에 반대하는 정당이 집권하여 금융시장에 긴장이 조성되었다. 그 후 신정부가 긴축 철회와 대외채무 삭감 등을 요구하면서 유로존 채권단과 갈등을 빚기도 하였지만 협상을 거쳐 유로존에 남게 되었다.

재정위기는 아일랜드와 포르투갈에도 확산되어 긴급자금을 지원받아야 했으며 2012년에는 스페인도 긴급자금의 지원을 요청했다. 이처럼 위기가 확산하면서 유로존의 존속에 대한 의구심이 제기되자 ECB는 종전까지 유통시장에서 회원국의 국채를 한시적이고 제한적으로 매입하던 입장을 바꾸어 적극적으로 위기국가의 국채를 매입하기 시작했다. 이어서 2015년부터는 유럽의 장기적 경기침체에 대응하기 위하여 대규모 양적 완화 정책을 시작했다. 유럽경제는 ECB의 양적 완화와 함께 저유가 및 유로화 약세 등에 힘입어 완만한 경기회복에 접어들었다.

3. 금융시스템에 내재하는 위험 요인

금융시스템은 그 자체의 경기순응성(*procyclicality*)으로 인하여 불안의 요인이 내재한다. 즉, 경기가 확장할 때 신용공급이 함께 늘어났다가 경기가 둔화하는 국면에는 신용공급도 함께 줄어드는 현상이 나타나는 것이다.

경기의 확장국면에는 투자자의 미래에 대한 낙관적 태도가 증폭되고 투자에 따른 수익성의 기대도 높아지면서 자금을 차입하려는 수요도 증가한다. 자금의 대여자 역시 낙관적 전망으로 개별적 투자사업에 대한 위험평가를 낮추고 자금을 빌려주려는 공급도 확대한다. 그리고 증가한 자금공급은 경기의 확장을 더욱 뒷받침하는 역할을 수행한다. 즉, 신용공급의 확대로 말미암아 경제성장이 가속화되어 낙관론이 가일층 증폭되는 되먹임(*feedback*) 현상이 작용하는 것이다.

그러나 제반 경제여건이 둔화하면 투자자의 낙관적 태도는 위축되고 신중해지며 자금 대여자 역시 자금을 빌려줌에 있어 훨씬 더 신중한 태도를 보인다. 금융기관의 이러한 소극적 입장으로 경기는 더욱 위축된다. 이처럼 경기순환에 동조하는 신용공급의 확대와 축소가 금융시스템의 취약성을 높이고 금융위기의 가능성을 증폭시킨다.

이와 아울러 경기 확장기에는 단기적 자본이득을 목적으로 차입금으로 부동산이나 주식 등 자산을 매수하려는 투기자도 증가한다. 이러한 투기거래를 하는 이유는 해당 자산가격의 상승이 매수자금으로 조달한 차입금의 금리를 능가할 것이라는 예상 때문이다. 그러나 경기가 둔화하여 매수한 자산가격의 상승률이 차입금의 금리보다 낮아지면 투기자는 매수했던 자산을 다시 매각, 즉 손해를 보더라도 매각하는 투매를 한다.

투기(speculation)는 어느 상품을 사용해서 얻는 이익이 아니라 예상되는 가격 상승으로 발생하는 자본이득(capital gain)을 얻으면서 다시 매도하기 위하여 매수하는 행위를 말한다. 유가증권도 주식이나 채권 등에서 발생하는 배당, 이자 등 투자소득이 아니고 다시 매도하기 위한 목적으로 매수하면 투기의 대상이 된다.

다른 사람이 투기적 매입으로 이익을 얻는 것을 지켜보면 선행자 따라 하기(follow-the-leader) 현상이 나타난다. 과거에는 투기적 모험과 거리가 멀었던 개인이나 기업이 눈앞에서 전개되는 높은 수익을 얻는 대열에 합류하는 사례가 점점 늘어나는 것이다. 자금을 대여하는 은행도 빠른 속도로 대출을 확대하는 다른 경쟁은행에 시장점유율을 빼앗기지 않기 위하여 다양한 차입자에게 대출을 늘리게 된다. 돈을 버는 일이 참으로 수월해지는 국면이 전개되면 투기가 만연되어 사람들을 정상적이고 합리적인 행동에서 일탈시키는데 이러한 상태를 거품(bubble)이라고 표현한다.

사업의 수익 예상이 낙관적이거나 자산가격의 상승 전망이 지배적일 때 차입에 의한 투자 또는 투기의 확대는 매우 매력적이다. 어느 투자자가 자기자본 100을 가지고 20의 수익을 올린다면 자기자본이익률(return on equity: ROE)은 총자산이익률(return *on assets*: ROA)과 동일한 20%이다. 그러나 은행으로부터 연리 10%로 차입한 100을 자기자본 100과 함께 투자하여 ROA 20%를 실현하면 자기의 몫인 수익은 투자수익 (100 + 100) × 20% = 40에서 은행에 지급한 이자 100 × 10% = 10을 제외한 30이며 따라서 ROE는 30%로 상승하는바 이처럼 차입금을 지렛대로 삼아 자기자본의 이익률을 높이는 것을 레버리지(*leverage*) 효과라고 한다. 이 경우 만약 레버리지를 높여 400을 은행으로부터 차입하여 투자하면 (100 + 400) × 20% = 100, 100 - 40 = 60을 자기의 수익으로 획득하여 ROE가 60%로 상승하는 것을 볼 수 있다.

그러나 레버리지 효과는 항상 플러스 방향으로만 작용하는 것이 아니고 마이너스 방향으로도 작용하는데 이는 ROA가 차입금의 이자율을 하회하는 경우이다. 자기자본으로만 투자하여 5%의 수익을 올린 투자자는 ROE와 ROA가 동일하게 5%이다. 그러나 은행으로부터 400을 차입하여 500을 투자한 투자자는 ROA가 5%이지만 ROE는 -15%의 손실이 발생한다. 총자산에서 획득한 수익이 25인데 차입금의 이자가 40이므로 수익으로 이자를 지급하기에 부족한 것이다.

손실을 본 투자자는 자기자본이 100에서 85로 감소한다. 그 결과는 자기자본 85와 차입금 400이므로 레버리지 비율은 더욱 높아진다. 만약 은행이 이를 위험하게 생각하여 차입금을 일부 상환하여 레버리지 비율을 낮출 것을 요구하면 투자자는 보유한 자산을 매각하여 레버리지 비율을 낮추는 디레버리징(*deleveraging*)을 해야 한다.

경기의 둔화가 예상되거나 시장에서 자산가격의 하락전망이 우세하면 이러한 디레버리징이 확산하여 자산가격의 하락을 가속하는 위험이 있다. 이러한 현상이 심화하면 시장가격으로 평가된 투자자의 자산이 감소하여 자기자본의 잠식을 초래하고 급기야는 보유하는 자산으로 은행차입금을 상환하지 못하는 상황이 되어 은행의 부실대출이 급증한다.

금융시장에서 시장참가자 사이에 위기의식의 확산 등으로 신용공급이 위축되어 유동성이 고갈되는, 이른바 신용경색(credit crunch) 현상이 촉발되면 시장참가자는 유동성 확보를 위한 자산매각이 불가피하다. 이는 자산가격의 폭락으로 이어져서 자본잠식을 초래하므로, 금융시스템의 유동성 위기가 채무상환 불능 위기로 번지는 양상이 금융위기가 진전되는 전형적 모습이다.

투기자는 부동산과 유가증권 등 자산가격이 상승하는 국면에 차입을 통한 자산매입에 열중했던 것처럼, 자산가격이 하락하여 매수세가 사라지는 국면에는 마치 사람들이 극장에서 화재가 발생하면 빠져나가기 위하여 출입구에 몰려드는 것과 마찬가지로 공포(panic)에 휩쓸려 보유한 자산의 투매(fire sale)에 나선다. 그 결과, 자산가격의 폭락으로 인한 차입자인 투자자와 대여자인 은행의 공멸이 이어져 금융시스템의 붕괴를 피할 수 없게 되는 것이다.

이러한 자산가격의 폭락과 금융시장의 혼란을 막기 위하여 최종대여자인 중앙은행이 유동성을 공급하는 것이 타당한지에 관하여 이를 반대하는 사람은 그러한 중앙은행의 신용지원이 이루어질 것이라는 인식이 투기자의 기회주의적 행동을 더욱 부채질할 것이라고 주장한다. 그렇지만 현실적으로는 모든 정부와 중앙은행이 예외 없이 최종대여자로서의 역할을 수행하는바 〈한국은행법〉 역시 한국은행이 금융시장의 안정에 유의하도록 책무를 규정한 것도 이러한 역할 수행을 요구한다고 해석된다. 일단 금융위기가 발생하면 미래의 또 다른 위기를 걱정하는 것보다 먼저 목전의 위기에 대처하는 것이 중요하고 현재의 유동성 위기가 채무상환 불능 위기로 번지는 것을 차단하는 것이 급선무이기 때문이다. 미국의 1929년 대공황은 금융위기 발생 초기에 FRB가 유동성 공급을 확대하는 대신 오히려 통화량의 감소를 초래하는 정책적 오류로 말미암아 경제활동이 급격히 위축된 것이라는 주장도 설득력 있다고 평가된다.

중앙은행의 역할과 관련하여 또 하나의 문제는 중앙은행이 시장에서 자산가격의 변동에 관여하여야 하는가이다. 대부분의 중앙은행은 물가안정을 통화정책의 주된 목표로 인식한다. 과거에는 일반적으로 경제가 호황기에 부동산과 주식 등 자산가격도 상승하였기 때문에 물가의 움직임과 자산가격의 움직임이 크게 괴리되지 않았다.

그러나 1980년대 후반부터 세계경제의 글로벌화가 진전되면서 물가수준과 자산가격은 크게 괴리되기 시작했다. 중국 등 저임금 개도국으로부터 값싼 소비재 수입의 급증과 노동의 생산성 향상에 미치지 못하는 실질임금의 정체 등 공급측 요인 덕분에 선진국의 물가수준은 매우 안정된 수준으로 유지되었다. 반면 저금리 기조의 지속과 동아시아 국가 및 석유수출국 등 국제수지 흑자국으로부터의 자본유입으로 인하여 증가한 유동성이 자산시장에 유입되어 자산가격은 큰 폭으로 상승했다. 그러므로 글로벌 금융위기 당시에 경험한 것처럼 자산가격에 형성된 거품이 갑자기 붕괴하여 금융위기를 촉발하는 사태에 대하여 중앙은행이 자산가격에 관여하여야 한다는 주장이 힘을 얻고 있다.

그러나 이는 중앙은행의 책임자에게 참으로 어려운 문제가 아닐 수 없다. 물가가 안정된 수준임에도 자산가격의 상승 시에 통화정책을 긴축적으로 운영하기도 어렵지만, 자산가격의 거품 여부를 사전에 판단하여 개입하는 것은 더욱 어렵기 때문이다. 사실, 자산가격의 거품이 존재하는지는 거품이 꺼진 다음에야 확인할 수 있다는 주장도 쉽게 부인하기 어렵다.

금융위기를 수습하기 위한 중앙은행의 역할은 유동성 공급에 한정되며 자산가격의 하락과 부실대출의 증가로 자본금이 감소하는 손실을 본 금융기관의 채무상환능력을 보충하여 이들의 연쇄도산을 방지할 수는 없다. 이러한 역할은 정부가 납세자의 세금을 투입하는 시장개입으로만 가능한바 정부 외에는 아무도 망할 우려가 큰 금융기관에 투자하지 않을 것이기 때문이다. 과연 어떠한 경우에 정부가 개입하여야 하는가는 일률적으로 설명하기 어렵지만, 금융위기로 인하여 국민경제 전체가 충격을 받아 심각한 경기침체가 우려되는 상황에서는 어떠한 정부도 금융위기 수습을 위한 시장개입을 외면할 수 없다.

한국의 1997~1998년 IMF 경제위기 당시에도 한국정부는 금융기관의 부실채권 매입과 부실금융기관의 자본금 확충을 위하여 거액의 재정자금을 투입하였으며 2008년 글로벌 금융위기에 당면한 미국 정부와 각국 정부도 재정자금의 투입을 서둘러야만 했다. 국가가 채무자인 경우 또는 보유외환의 부족으로 인하여 국제적인 채무상환불능 사태가 발생하여 국제금융시스템의 혼란이 야기되는 경우에는 IMF가 개입하여 외화유동성을 지원하고 채무국의 경제운영에 관여하고 감독한다.

이와 같은 공적 기관의 금융위기 수습을 위한 역할이 금융기관들의 부주의하고 무책임한 영업행태를 부추긴다는 비판의 목소리가 높아지고 있다. 그러나 '이익은 현명한 나의 것이고 손실은 국가의 몫'이라는 금융기관 책임자들의 왜곡된 인식을 조장하는 문제는 아직도 미해결로 남아있다.

금융시장의 발전은 앞에서 언급한 바와 같이 금융시스템의 효율성을 제고하는 반면 새로운 유형의 위험요소를 생성한다. 즉, 신종 금융상품 개발, 장외 파생상품의 확대 등은 시장참가자의 자금조달 및 운용의 효율화에 기여하지만 동시에 새로운 금융불안의 원인을 제공하며 금융불안을 확산시키는 작용을 하기도 한다. 글로벌 금융위기는 자산유동화증권, RP(*repurchase agreements*), MMF(*money market fund*) 등이 서로 연계되어 빠르게 성장하면서 금융시장의 자금중계 기능이 크게 향상되었으나, 자산유동화증권의 부실화가 연계된 RP 시장 및 MMF 시장의 동시적 붕괴로 이어지면서 촉발되었다고 분석한다.

1980년대 이후 국제적 자금이동의 자유화가 확대되면서 각국의 금융시장 간 연계성이 높아지고 이종 통화시장 간의 통합현상도 진전되었다. 각국 금융시장의 연계성 강화는 국제적 자본유출입 규모가 증가하고 외환시장의 거래 규모가 급증한 점, 각국 금융시장 간 가격변수의 동조성(coupling)이 높아진 점, 파생상품거래가 확대된 점 등에 기인한다. 한 국가에서 발생한 금융상품가격의 변화가 다른 국가에서 거의 동일한 금융상품가격의 비슷한 변화를 유발하는 동조화는 시장참여자의 차익거래(arbitrage)에 기인하는 바가 크다.

또한, 한 국가의 자산시장에서 생겨나는 풍요감이나 비관론이 다른 국가의 투자자에게 영향을 미치는 심리적 연계작용도 존재한다. 글로벌 금융위기 때에도 미국에서 시작한 주식 등 자산가격의 폭락이 차익거래나 자본이동에 의하여 설명될 수 있는 것보다 훨씬 빠른 속도로 주요국의 금융센터로 확산되었다.

금융시장의 국제적 연계성이 높아지면 가격변수가 국내외 정보에 신속히 반응하면서 금융시장의 효율성이 높아질 뿐 아니라 중장기적으로도 금융제도의 발전, 거시정책의 규율개선 등의 순기능도 나타난다. 그러나 자본유출입의 변동성이 증폭되고 금융시장의 가격변수가 불안정해지면서 거시경제운영의 애로가 발생하고 금융시스템이 취약해지는 부작용이 수반된다. 금융시장의 국제적 연계성 심화에 따른 문제점은 다음과 같다.

첫째, 국제적 자본유출입의 경기순응성으로 인하여 금융시장의 변동성이 확대된다. 즉, 경기확장기에는 자본의 순유입 규모가 증가하고 이러한 자본유입의 증가는 다시 경기확장을 증폭시키면서 국내 금융기관의 경기순응적 대출행태와 가세하여 금융안정에 부정적 영향을 미칠 수 있다.

둘째, 국내외 금융시장 간 연계성이 커지면 각국의 정책당국이 거시경제를 운영함에 있어 금리와 환율 간의 상충관계 등으로 어려움을 겪을 수 있다. 예를 들어 외국인 채권투자가 급증하는 경우 국제수지 등의 이유로 자국 통화의 절상을 용인하지 않으면 통화절상의 기대로 자금의 유입이 지속하여 장기시장금리의 하락 압력이 커지는 등 통화정책의 애로가 발생할 수 있다.

셋째, 국제적으로 실물경제와 무관한 금융거래가 증가함에 따라 금융 부문과 실물 부문과의 괴리가 확대될 수 있다. 예를 들어 한국의 경우 주가, 금리 등 금융변수는 미국, 유럽 등 선진국의 금융시장과 동조화 현상을 보이지만 실물경제는 중국 등 역내국가와 연계성이 높은 상황이다. 이러한 실물과 금융의 괴리현상은 자산가격의 변동성을 확대하거나 기초경제여건에서 일탈을 초래하는 등 경제와 금융시장의 안정성을 저해하는 요인으로 작용할 우려가 크다.

금융시스템의 위험요인으로 지적할 수 있는 또 하나는 시장에서 벌어지는 부정과 사기인데 이러한 부패사건의 발생 건수는 신용공급과 유사하게 경기순환의 상승국면에서 함께 증가하였다가 경기가 후퇴하는 국면에서 물 밖으로 노출되어 금융시스템의 신뢰를 더욱 약화시키는 경우가 많다.

금융사기의 가장 일반적 유형은 '폰지 금융사기'이다. 이는 1920년대 미국에서 폰지(Charles Ponzi)라는 사람이 그럴듯한 사업의 명목으로 높은 수익을 보장하며 투자자를 모은 후 초기에 납입된 자금을 착복하고 다음 투자자가 납입한 자금을 이전 투자자의 이익으로 분배했던 수법이다. 결국은 마지막으로 가입한 사람이 피해를 보는 피라미드형 사기이다. 이러한 금융사기는 그 후에도 많은 국가에서 유사한 형태로 발생하였으며 최근에도 미국에서 대규모 사건이 발생했다.

메이도프(Bernard Madoff)는 증권회사를 경영하면서 미국 금융계에서 신망이 높았던 금융인으로 나스닥 회장을 역임했다. 그는 개인, 헤지펀드 등으로부터 자금을 유치하고 우량한 수익률을 실현한 것으로 투자자에게 성과를 지급했다. 그러나 실제로는 신규로 모집한 투자자금으로 기존 투자자에게 수익금을 지급한 것이었는바 그가 운용한 펀드의 규모는 500억 달러에 달했다. 결국, 2008년 미국 금융시장의 서브프라임 사태가 불거지면서 그 실체가 노출되었는데 그 피해는 전 세계의 금융기관에 확산되었다.

또 하나의 금융시장 부정행위는 기업의 자산과 수입을 과다 계상하고 부채와 비용을 과소 계상하는 재무회계의 분식행위이다. 미국의 에너지산업을 대표하는 대기업이었던 엔론은 그 절정기에 주식 가격이 100달러를 기록하면서 시가총액이 2천 억 달러를 상회하였으며 〈포천〉(Fortune)은 수년에 걸쳐 미국에서 가장 혁신적인 기업으로 선정했다. 그러나 이 회사가 영업실적을 부풀리기 위하여 적자를 공표하지 않고 해외투자로 위장하는 등의 회계부정을 저지른 사실이 밝혀지면서 주식의 가치는 영의 수준으로 추락했다. 기업의 재무제표를 검증하여 투자자를 보호하는 책임을 진 당시 세계 5대 회계법인의 하나였던 앤더슨(Arthur Andersen)은 회계감사 및 컨설팅 대가로 수천만 달러의 수임료를 받으면서 회사가 투자자를 속이는 데 공모했다.

이와 비슷한 시기에 미국의 유수한 통신회사인 MCI 월드컴 (MCI WorldCom)이 비용을 투자로 처리하는 분식회계로 이익을 과다 계상한 사실이 밝혀지면서 파산하는 등 다수의 대기업에서 유사한 부정행위가 노출되었다. 이러한 사태를 겪은 후 미국에서는 2002년 〈사베인스-옥슬리 법〉(Sarbanes-Oxley Act)을 제정하여 회사 내 감사위원회의 역할을 제고하고 분식회계에 대한 처벌을 강화하였다. 단상과 고찰 10

단상과 고찰 10: 리보 조작사건과 CD 금리

2012년 세계금융시장은 이른바 '리보(LIBOR) 금리 조작사건'으로 큰 충격을 겪었다. 바클리스(Barclays), 유비에스(UBS), 시티은행(Citibank) 등 전 세계 주요 은행이 금리조작행위에 대하여 거액의 벌금을 납부하였고, 행위 가담자는 징역형을 선고받았으며, 기관투자자, 지방자치단체 및 일반인 등 금융거래 참여자로부터 손해를 배상하라는 민사소송이 제기되었다.

리보는 London inter-bank offered rates의 약자로 주요 은행이 런던금융시장에서 매일 자금을 융통하는 거래를 하면서 은행 간에 제시된 이자율의 평균을 영국은행협회가 산출하여 발표한 것으로서 은행이 대출비용을 산정하는 기준치이다. 리보는 전 세계 금융시장에서 금리산정에 가장 중요한 벤치마크 역할을 하며 대부분 금융상품의 금리설정 및 많은 파생금융상품의 가격 결정에 기초가 되는 지표이다. 영국은행협회는 주요 은행으로부터 받은 정보 중 중간치를 평균하여 매일 리보를 발표하는데 미국달러, 유로, 파운드, 엔화 등을 대상으로 1일물부터 1년만기물까지 다수의 만기상품에 대하여 공시가 이루어졌다.

조사 결과, 여러 은행이 금리 관련 거래에서 이득을 얻기 위해, 그리고 글로벌 금융위기에 즈음하여 자신의 자산건전성에 대한 시장의 신뢰를 확보하기 위해 리보를 조작하였음이 알려졌다. 영국이나 미국의 금융감독기관도 이러한 조작사실을 인지하고 있으면서 장기간 묵인하였다는 비난이 제기되었다.

이처럼 리보의 산정방식에 많은 문제가 있는 것으로 밝혀졌지만 이를 대체할 만한 뚜렷한 대안을 찾기도 어려운 형편이었다. 영국의 금융당국은 금융시장의 신뢰를 회복하기 위하여 리보의 산정방식을 개편하고 정부규제, 관할기구 재구성, 국제공조 등의 개선방안을 시행했다.

특히, 영국은행협회의 리보 산정권한을 박탈하고 미국의 뉴욕증권거래소 유로넥스트(NYSE EuroNext)를 새로운 리보 산정 및 관리권한자로 선정함과 아울러 FCA(Financial Conduct Authority)를 신설하여 리보와 관련된 규제와 감독을 관장하도록 했다.

한국에서도 리보 조작사건이 발표된 후 금융시장에서 준거금리로 널리 사용되는 양도성 예금증서(*certificate of deposit*: CD) 금리가 은행들의 담합으로 조작되었다는 의혹이 제기되어 공정거래위원회가 주요 은행을 상대로 조사를 진행했으나 최근 무혐의로 결정하고 조사를 종결했다. 한국의 금융시장에서는 리보 조작사건 이전에도 지표금리로 CD 유통수익률을 활용하는 것이 적정한지에 관하여 많은 논란이 제기되었다. 이는 CD의 발행 및 유통 규모가 크지 않아 금리 수준의 대표성을 인정하기 어렵다는 문제 등으로 인한 것이었다.

이에 대한 대안으로 한국은행과 은행권이 2004년 리보를 벤치마킹한 KORIBOR를 도입했으나 활용이 제한적이었으며 2010년에는 은행자금조달 가중평균금리인 COFIX(Cost of Funds Index)를 도입하여 은행의 기업 및 가계대출에 활용하고 있다.

4. 금융혁신과 금융안정의 균열

미국을 위시한 대부분의 선진국은 1930년대 대공황을 경험한 후 금융시장의 안정을 위하여 금융 부문에 대하여 다른 경제 부문보다 무거운 정부의 규제를 부과했다. 그러나 수익성을 추구하는 금융기관은 이러한 규제를 회피하기 위하여 새로운 금융상품을 도입하였는데 이러한 과정이 금융시장의 변화를 촉진하는 금융혁신으로 나타나게 되었다. 예를 들어 미국의 상업은행들이 이자율상한규제를 적용받지 않기 위하여 CD가 등장하였으며 요구불예금에도 이자를 지급하기 위하여 NOW(*negotiable order of withdrawal*) 계정이 도입되었다.

이러한 현상은 정부의 금융규제가 은행에 집중됨에 따라 은행의 규제회피를 위한 노력의 결과라고 이해할 수 있다. 정부는 은행의 도산이 다른 금융기관의 경우보다 커다란 경제적, 사회적 혼란을 초래하기 때문에 규제하였지만, 그 결과 상대적으로 규제가 적은 비은행금융기관이 빠르게 발전하였으며 은행은 이러한 상황을 극복하기 위하여 혁신적 방법을 동원한 것이다.

규제당국은 금융혁신을 통한 규제회피로 금융시장의 불안정성이 커지는 것을 방지하기 위하여 새로운 규제를 부과하기도 하였지만 규제당국과 금융기관의 이러한 도망가고 쫓아가는 행태는 막대한 사회적 비용을 유발한다는 비판이 제기되기도 했다. 1970년대 후반부터 국민경제의 운영방식을 시장 중심으로 전환하고 정부의 시장개입을 감축하는 신자유주의 흐름은 금융

부문에서도 규제완화 및 금융자유화가 전개되는 배경이 되었다. 즉, 금융시장의 안정을 지향하는 금융규제보다 금융시장의 효율을 중시하는 금융혁신이 주도적 위치를 차지한 것이다.

이와 같이 금융혁신은 금융규제완화 또는 금융자유화 현상을 초래하였는바 이는 금융시장에 부과된 정부의 규제가 완화 내지 철폐됨으로써 금융거래가 더욱 자유롭게 이루어지는 현상이다. 금융규제완화로 인하여 금융시장은 과거 규제를 기반으로 두는 체제에서 경쟁을 기반으로 두는 체제로 전환되었으며 금융기관 간의 경쟁심화는 또다시 금융혁신을 촉진하는 동력으로 작용했다.

그러한 변화로는 첫째, 금융겸업화의 폭넓은 진전을 꼽을 수 있다. 금융기관에 대한 규제완화의 진전은 금융기관의 동질화를 초래하여 금융기관은 같은 업종의 금융기관 간 경쟁뿐 아니라 다른 업종의 금융기관과의 경쟁도 심화했다. 이에 따라 비교우위가 있는 금융기관은 새로운 업무에 직접 진출하거나 다른 금융기관과의 제휴 내지 M&A 등을 통하여 업무영역을 확대함으로써 여러 가지의 금융업무를 통합하는 금융서비스의 제공을 추진했다.

둘째로, 금융의 증권화(*securitization*)가 확산되었다. 금융의 증권화는 광의의 개념으로는 금융형태가 간접금융으로부터 증권을 중심으로 한 직접금융으로 이행하는 현상이다. 이는 기업의 자금조달이 종래의 은행대출 등 간접금융에서 사채발행 등 직접금융으로 전환되는 것과 아울러 금융기관도 대출 위주의 자금운용에서 주식, 채권 등 유가증권 위주로 자금운용방식을 바꾸는 것을 의미한다.

협의의 개념은 금융기관의 비유동적 자산이 유통이 가능한 증권형태로 전환되는 현상을 뜻한다. 이는 금융기관이 보유한 대출 등을 기반으로 증권을 발행하여 투자자에게 매각하는 방법으로 자금을 조달하는 수단이다. 과거에 은행은 만기 불일치로 인한 채무불이행의 위험과 시장의 체계적 위험 때문에 수익성 높은 투자에 적극적으로 참여하기 어려웠지만 새로운 금융상품을 개발하여 금융자산의 유동성을 제고함으로써 이를 극복했다. 그러나 겸업주의 아래서 당국의 규제를 받지 않고 확산된 금융의 증권화는 개별 금융기관이 보유하는 위험자산을 금융시장으로 이전하여 축적함으로써 금융시스템의 불안정을 고조했다.

셋째로, 금융의 글로벌화에 의한 시장통합이 폭넓게 그리고 빠르게 진전되었다. 금융의 글로벌화는 시간적 측면에서 증권, 외환 등 금융거래가 뉴욕, 런던, 도쿄 등 주요 금융센터시장을 중심으로 24시간 이루어지는 것과 지역적 제약을 넘어 모든 금융시장이 연결된 것을 의미한다. 또한 금융상품에서도 특정 금융상품이 국제적으로 보편화 및 균일화 경향을 나타내는 것도 금융의 글로벌화 현상의 하나라고 할 수 있다.

금융의 글로벌화는 국내외 금융기관의 상호진출 확대, 국제적 금융·외환거래의 자유화 등으로 촉진되었다. 이는 금융기관과 다국적기업이 금융시장에서 유통시장을 중심으로 이익을 획득하기 위하여 머니게임(money game)적 행태를 국내시장에서 세계시장으로 확대하는 배경이 되기도 했다. 금융의 글로벌화로 인하여 특정 국가의 금융시장 활황 또는 침체가 국제적으로 확산하는 현상을 초래하였으며 이는 금융시장의 체제적 불안정이 세계적 규모로 진전되기 쉽다는 위험을 내포한다.

금융의 또 다른 혁신적 변화는 정보·통신산업의 눈부신 발달과 금융산업의 융합이다. 이를 금융의 정보통신화 또는 디지털화라고도 부른다. 이러한 변화는 금융산업에 있어 정보의 처리 및 전달의 신속화, 업무처리의 저비용화, 금융기관의 글로벌경영 촉진 등을 가능하게 했다. 디지털금융 또는 전자금융이란 컴퓨터 및 정보·통신기술을 금융산업에 활용하여 자금이체 등 결제업무를 자동화하고 모든 금융서비스를 네트워크화하는 것이다.

이러한 변화는 은행업무의 온라인화 및 현금인출기의 도입 등 은행의 창구업무를 처리하는 단계로부터 지로, 어음, 수표 등의 지급결제업무를 서류 없는 방식으로 전환하는 수준으로 진전되었다. 더 나아가 은행과 은행 간, 은행과 고객 간 구축된 네트워크를 바탕으로 금융공동망 서비스가 이루어지고 PC 등을 이용한 홈뱅킹, 펌뱅킹 등 새로운 금융서비스가 제공되어 금융산업의 생산성 증가와 고객의 편의성 향상이 이루어졌다. 이러한 기술적 진화는 금융서비스의 모바일화를 확산하고 가상공간에서 금융업무가 수행되는 단계로 나아가는바 금융기관은 이러한 체제를 구축하기 위하여 대규모의 투자가 필요하게 되었다.

금융의 정보통신화는 시장거래를 네트워크거래로 대체하면서 거리의 제약을 극복하여 금융의 증권화, 글로벌화를 촉진하는 요인으로 작용한다. 또한 금융기관의 타업종 진입 등 금융산업의 재편성도 정보기술 혁신에 큰 영향을 받았기 때문에 금융중개기능의 분산화와 경쟁의 심화가 가속화되는 한편 시스템 장애, 정보유출 등의 우려도 커지고 있다.

이와 같은 금융기관의 전산시스템 구축 등으로 인력의 축소와 대규모 조직의 통제가 가능해지면서, 자유화된 금융시장에서의 치열한 경쟁환경에 직면한 금융기관은 업무의 겸업화와 함께 규모의 대형화를 추구했다. 금융기관의 대형화는 주로 M&A로 추진되었는데 이러한 움직임은 미국과 유럽 등 선진국의 우량 금융기관이 선도했다.

1990년대 초까지는 동일한 업종의 금융기관 간 M&A로 대형화를 추진했으나 1990년대 후반부터는 금융그룹 간 또는 다른 업종의 금융기관 간 복합적 M&A가 나타나기 시작했다. 그리고 M&A가 이루어진 다음에도 다른 금융기관과 재차 M&A를 하는 사례도 증가했다. 이러한 금융기관의 대형화, 특히 은행의 집중화 현상에 기대했던 시너지 효과는 미흡한데 대형 금융기관의 경영위기가 금융시스템 전체를 위태롭게 하는 체계적 위험이 증폭되었다는 우려도 제기된다.

위와 같은 금융혁신은 금융환경 변화에 대하여 금융기관이 대응하면서 효율성을 추구하는 과정에서 생겨났지만, 금융혁신은 다시 금융환경의 변화를 초래하고 이는 다시 새로운 금융혁신을 촉발하는 동인으로 작용했다. 그 결과, 금융 부문이 급속하게 성장하면서 각국 국민경제에서 금융이 차지하는 비중이 획기적으로 증가했다. 금융혁신은 파생금융상품 등 새로운 금융상품의 거래를 폭발적으로 양산하면서 국가 간 금융거래의 증가를 통하여 세계금융시장의 통합을 가속했다. 그 결과, 이제 금융은 과거처럼 실물경제를 뒷받침하는 역할을 넘어 금융거래를 위한 금융거래가 시장을 주도하게 되었다.

금융이 효율화될수록 경제주체 사이에 신속한 정보의 공유가 이루어진다. 이는 금융시장의 어떠한 불안요소도 금융시장에서 급속히 확산된다는 의미이다. 금융시스템에 대한 신뢰의 훼손이 일부에서 발생하여도 금융 부문 전반이 불안정하게 영향을 받는다. 과거 금융안정을 위한 정부의 각종 금융규제가 완화 및 철폐되면서 효율화된 금융 부문이 크게 성장하였지만 동시에 불안정성도 커지면서 많은 금융위기가 촉발되는 원인을 제공했다.

1930년대 대공황 이후 1970년대 중반까지 세계 각국에서 개별 금융기관의 경영부실로 인한 문제가 있었지만, 국민경제 전체에 어려움을 초래하는 금융 부문 체제의 위기상황은 발생하지 않았다. 이는 각국의 금융산업이 감독당국의 강력한 규제로 규율되었기 때문이었다. 그러나 1970년대 후반부터 경제 전반의 정부역할 축소와 규제완화의 흐름 가운데 금융 부문도 규제완화와 금융자율화가 확산하면서 세계 각국에서 크고 작은 금융위기가 빈발했다. 그런 가운데 1997년에 촉발된 동아시아 금융위기를 겪으면서 금융위기를 예방하기 위한 금융규제감독의 방안이 폭넓게 논의되었지만, 결국 2008년 글로벌 금융위기가 전 세계를 엄습하고 말았다.

글로벌 금융위기를 계기로 미국 등 주요 선진국에서 금융규제 완화와 금융혁신의 부작용이 다시금 인식되면서 금융위기의 재발을 방지하려는 방안으로 시스템리스크의 예방을 위한 금융규제의 강화방안이 논의된 바 있다. 먼저 미국에서는 금융기관의 겸업화가 과도히 진행되어 투자은행 부문의 위험이 상업은행 부문으로 전이되었다는 인식 아래, 은행 및 자회사에 의한 고객서비스와 관련이 없는 자기매매거래(*proprietary trading*)를 금지하는 한편, 헤지펀드 및 PEF(*private equity fund*) 등의 투자은행업무를 겸업하지 못하게 했다.

그러나 많은 국가는 이러한 금융겸업의 제한이 필요하다는 의견을 제시하면서도 아직 실제로 많은 조치를 취하지는 않는다. 또한 2009년 G20 정상회의에서는 금융기관의 대형화가 경제 전반에 미치는 영향력을 감안하여, 금융시스템 불안을 초래할 수 있는 시스템상 중요 금융기관(*systemically important financial institutions*: SIFIs)의 도덕적 해이를 억제하기 위한 규제와 감독을 실시하기로 합의했다. 이는 대형금융회사가 파산할 경우 정부가 경제적 충격을 우려하여 구제금융을 실시할 것이라는 기대로 인해 금융기관이 대형화를 통하여 위험을 추구하는 경향, 즉 대마불사의 행태를 해소하기 위함이다.

또한 종래의 금융감독은 개별 금융기관의 건전성을 규제하는 미시적 내용이었지만 이와 별도로 금융시스템 차원에서 거시건전성을 관리하는 정책이 필요하다는 공감대가 형성되었다. 그러나 미국의 새로운 행정부는 금융산업에 대한 정부의 새로운 규제를 폐지 또는 완화할 예정임을 공언하였다. 단상과 고찰 11

단상과 고찰 11: 카지노 자본주의

부동산이나 주식, 채권 등 금융자산을 구매하는 행동이 투자(*invest-ment*)인지 투기(*speculation*)인지 구별하기는 어렵다. 사람에 따라서는 생산활동에 기여한 자본의 몫을 분배받기 위한, 즉 임대료나 배당, 이자 등의 소득(*income*)을 목적으로 하는 경우는 투자이고, 매매가격의 차이에 따른 이득(*gain*)을 목적으로 하는 경우는 투기라고 구분한다. 소득이 생산물의 부가가치 중 일부를 분배받는 것인 반면, 이득은 생산활동과 관계없이 부의 이전으로 발생하는 것이라는 측면에서 타당성을 인정할 수 있다. 그러나 객관화할 수 없는 내면적 목적을 기준으로 구분하는 것은 한계가 있으므로 우스개 이야기로 '내가 하면 투자, 남이 하면 투기'라고도 한다.

어떤 사물이 발생할 결과의 우연성에 대하여 금품을 걸고 내기를 하여 이긴 사람은 이득을 얻고 진 사람은 손해를 보는 행위를 도박(*gambling*)이라고 한다. 도박은 순전히 운을 시험하는 경우도 있지만 대부분은 나름의 합리성을 바탕으로 내기하므로 어느 정도의 기량이 작용하기도 한다. 따라서 특정 자산의 가격이 오를 것이라고 예상하여 이를 매입하는 사람과 가격이 하락할 것으로 예상하여 매각하는 사람은 일종의 도박과 유사한 행위를 하는 것이다. 반면에 특정 기업의 사업에 관하여 사업성을 인정하고 자본을 출자하는 행위도 그에 수반하는 불확실성을 감수하는 것이지만 이는 내기가 아니고 불확실성을 극복하는 모험이다.

자본주의 시장경제는 기업가의 이러한 모험적 행위로 인하여 발전을 거듭했다. 기업가는 지분이나 채권을 팔고 투자자는 그것을 매입하지만 이는 사업에 대하여 서로 다르게 예상한 것이 아니고 동일한 예상을 두고 힘을 합하는 협력이라고 할 수 있다.

그렇다면 증권의 발행시장은 투자의 장인 것이 확실하지만 유통시장은 상당 부분이 도박적인 요소를 가진 투기의 장이 될 가능성이 있다. 자산을 매각하는 사람이 유동성이 필요하여 보유자산을 매각하거나 자산을 매입하는 사람이 부동산의 사용가치나 기업의 장래성을 평가하여 장기 보유를 목적으로 취득하는 경우를 도박에 비길 수는 없다. 그러나 상당 부분의 자산거래는 향후 경제상황이나 특정 기업의 기업가치에 대하여 서로 다른 예상을 하는 매매당사자에 의하여 단기적 이득을 얻거나 손실을 회피할 목적으로 거래가 이루어진다는 점에서 도박과 유사한 면이 있다고 볼 수 있다.

세계의 금융시장은 이러한 도박적 비중을 계속하여 키워왔으며 지금도 진행 중이다. 이러한 변화로 나타나는 대표적 현상은 자산가격의 변동성($volatility$)이다. 이에는 환율, 금리 및 주가 등 금융자산의 가격과 함께 부동산, 금 등 실물자산과 석유 등 상품의 가격도 포함된다. 비록 현재는 자산시장의 거품과 붕괴로 빚어진 글로벌 금융위기로 말미암은 경기침체로 인하여 금리, 부동산 및 석유 등의 가격이 함께 침체된 상태이지만 경기가 회복되면 이러한 변동성은 재개될 것이다.

도박이 공개적이고 대규모로 이루어지는 카지노에는 스스로 출입하고 도박에 참여한 사람에게만 영향이 제한되는데, 금융시장이 도박장화되면 경제 전체와 함께 모든 사람이 비자발적으로 영향을 받는다는 차이가 있다. 환율변동이 무역업자에게, 금리변동이 기업에 미치는 영향도 크지만 부동산, 주식 등 자산가격의 변동은 자산효과에 따라 경기변동에 미치는 영향과 함께 자산을 보유한 자와 보유하지 못한 자의 부($wealth$)의 불평등을 심화하면서 더욱 많은 사람을 금융시장의 도박판으로 끌어모으는 영향력을 발휘한다.

이러한 금융시장의 도박장화는 금융시장의 주인공인 금융기관이 주도한다는 지적이 일반적이지만 혹자는 정부의 재정적자와 이완된 통화정책 등에서 그 원인을 찾기도 한다. 금융기관은 과거 저축과 투자의 중개기관으로서 작지만 견실한 이윤을 실현하는 역할에서 탈피하여, 적극적으로 시장가격의 변동성에 편승하여 자기 몫의 이득을 챙기는 데 열중한다. 다수의 투자자로부터 모집한 자금으로 조성된 펀드를 운용하여 거액의 수수료를 얻는 것에도 만족하지 못하고 자기계산거래(proprietary trade)를 확대했다. 그리고 이러한 거래는 대규모의 차입을 통한 높은 레버리지로 투기성을 극대화하는 양상이 전개되었다.

금융기관의 이러한 투기적 행태의 근본 원인은 주식회사 등의 유한책임제도에 기인한 바가 크다. 자산가격이 상승하는 시장에서는 높은 레버리지로 높은 자기자본이익률을 실현하여 대부분의 이익을 배당함으로써 자기자본을 최소화 상태로 유지한다. 금융기관들의 이윤분배는 IFRS의 시가평가(mark to market) 및 공정가치(fair value) 원칙에 따라 이루어진다.

시장가격이 상승하면 거래목적의 유가증권에 대하여 실현되지 않은 평가상태의 가격을 기준으로 이윤을 산출하여 이에 해당하는 배당금을 차입금으로 마련된 자금으로 지급한다. 시장가격의 상승 국면에서 증가한 자산가치를 근거로, 차입에 의한 레버리지 투자를 확대할 자금과 주주에게 배당금을 지급할 자금을 상업은행이 예금자의 자금으로 공급하는 것이다. 시장가격이 하락국면으로 전환되면 물거품처럼 사라질 자산가치와 평가이익임에도 불구하고 경쟁적 시장환경으로 인하여 이처럼 위험을 감수하는 여신이 이루어진다. 이러한 행태는 금융기관의 자금부족 현상과 함께 위기 시 취약성을 크게 하지만 주주들은 경영진에게 이러한 방식으로 자산에서 자본금이 차지하는 비율을 줄이도록 요구한다. 그리고 손실이 발생하여 자기자본으로 감당할 수 없게 되면 서슴지 않고 그 손실을 사회화하여 투자자나 납세자에게 전가한다.

이는 미국의 대규모 투자은행이 그 존재의 법적 형태를 왜 과거의 합명회사(partnership)에서 주식회사의 형태로 전환하였는지를 설명한다. 그리고 금융기관은 수동적으로 금융시장의 가격변동성에 편승한 것이 아니고 적극적으로 이를 유발하였다는 의혹도 제기되었다. 시장에서 비중 있는 참가자의 행동은 단순한 결과적 집적의 부분이 아니고 시장의 단기적 움직임을 결정하는 요인 중 하나가 될 수 있다는 것이다.

카지노가 포커, 블랙잭, 바카라 등 다양한 게임을 개발하여 고객을 유인하듯, 금융기관은 혁신의 과정으로 새로운 금융상품을 개발하여 투자자를 끌어들인다. 대표적으로 파생금융상품을 들 수 있는데 이는 환율이나 금리 등 시장가격의 변동 위험을 낮은 비용으로 헤지(hedge)할 수 있는 수단을 제공하는 금융상품으로 도입되었다. 그러나 파생상품시장의 폭발적 증가는 이러한 실수요적 거래를 아주 왜소하게 보이도록 한다.

파생상품의 거래는 기초자산의 가격이 상승할 때뿐 아니라 하락할 때도 이득을 실현할 수 있으며 소액의 증거금 또는 프리미엄만으로도 기초자산에 투자한 것과 동일한 효과를 가질 수 있다는 점이 실수요 거래의 비용을 낮추는 동시에 투기적 거래를 확산시키는 요인이 된다. 더구나 거래소의 장내에서 거래되는 파생상품보다 장외거래 파생상품의 규모가 훨씬 크다는 사실은 금융시장의 안정을 위협하는 중대한 요인이다. 왜냐하면 파생금융상품의 장외시장 거래는 투명성이 낮으며 거래상대방 위험에 노출되기 때문이다. 한국의 KIKO 사태는 파생금융상품의 장외거래에 연루된 기업이 어떠한 위험을 겪을 수 있는가를 보여준 경우라고 할 수 있다.

글로벌 금융위기의 단초가 된 미국의 서브프라임 사태를 보면 금융시장만 도박장화된 것이 아니고 실물 부문 역시 그러한 현상이 만연되었던 것을 알 수 있다. 다른 나라에서는 채무자가 주택담보대출을 상환하지 못하면 은행은 대상 주택을 경매에 부치고, 그 대금으로 대출금을 보전하지 못하는 경우 채무자의 다른 재산이나 미래 소득에 상환을 청구한다. 그러나 미국에서는 주택소유자의 책임이 한정되어 은행은 대상 주택을 압류할 수 있지만 채무자의 다른 재산이나 소득에 채권을 행사할 수 없다. 따라서 미국의 은행은 전통적으로 주택구입자가 20% 정도의 계약금을 부담하고 나머지 금액에 대하여 주택담보대출을 제공했다.

그러나 2000년대 초반 주택가격이 지속해서 상승하자 은행은 계약금을 전혀 요구하지 않고 100%의 주택담보대출을 제공하였으며, 채무자의 대출금 상환능력을 문제시하지도 않았다. 그리고 그 대출채권을 증권화한 MBS를 발행하여 금융시장에서 유동화하여 새로운 대출에 사용했다.

많은 사람이 이러한 기회를 이용하여 자기의 소득과 관계없이 주택을 구입하고 심지어 매매차익을 목적으로 여러 채의 주택을 구입한 사람도 적지 않았다. 개인과 금융기관이 함께 거대한 도박판을 벌인 것이며 개인이 이처럼 위험을 선호한 이유는 역시 손실 발생에 대한 유한책임 때문이었다. 결국, 2006년 말부터 주택가격의 상승세가 둔화하면서 수많은 주택의 가격이 주택담보대출액 이하로 떨어지고 은행의 막대한 손실로 야기된 서브프라임 사태가 글로벌 금융위기로 확산되었다.

금융시장의 카지노화라고 부르는 현상은 1970년대 후반부터 시작된 금융규제의 완화와 함께 진행되었다. 그러나 글로벌 금융위기의 경험에도 이를 억제하는 금융규제를 다시 도입하는 것은 심히 어려워 보인다. 미국 정부는 2010년 은행의 자기매매 및 헤지펀드 설립 금지 등 이른바 볼커 룰이라 부르는 금융규제의 내용을 반영한 〈금융개혁법〉을 도입했으나 금융계의 완강한 저항으로 시행을 미루다가 은행지주회사 등의 헤지펀드에 대한 투자를 자기자본의 3% 범위로 허용하는 내용으로 완화하여 2015년에 시행되었다. 그러나 2016년 대선에서 승리하여 출범하는 새로운 정부는 이러한 〈금융개혁법〉을 규제완화 차원에서 철폐할 것을 공언하고 있다.

금융위기의 예방을 위하여 일각에서는 전 세계의 모든 대형 금융기관에 적용하는 국제회계기준의 시가평가 원칙을 유럽회계규칙의 최저가격 원칙으로 수정할 것을 주장하고 있다. 최저가격 원칙은 거래목적의 유가증권을 취득가격과 시장가격 중 낮은 가격으로 평가하므로 금융기관의 행태에 커다란 변화를 가져올 것이다. 그러나 아직 이러한 회계기준의 개정이 구체적으로 논의되는 조짐은 보이지 않는다.

제 5 장

세계경제의
글로벌화와 지역통합

세계경제의 글로벌화 흐름은 1980년대 초부터 시작되어 1990년 소련의 붕괴로 비롯된 사회주의 계획경제체제의 소멸, 1995년 WTO 출범 등을 지나며 격렬히 확산하면서 모든 국민경제의 기업, 정부 그리고 개인에게 지각 변동적인 환경 변화를 초래했다. 그러나 2008년 글로벌 금융위기 이후에는 이 추세가 둔화 또는 퇴조되는 조짐도 나타나고 있는바 이 장에서는 글로벌화의 그동안 흐름과 경제주체에게 미친 영향을 살펴보고 향후 진로를 탐색한다.

그동안 세계경제의 개방과 통합과정은 다자주의(*multilateralism*)에 입각한 글로벌화의 전개와 함께 지역주의(*regionalism*)에 의한 과정이 병행하여 진행되었다. WTO 출범 후 최초로 시작된 도하라운드의 실패가 명백해지면서 글로벌화는 쇠퇴하는 움직임을 보이는 반면 지역주의가 다자주의를 대체하는 흐름으로 자리 잡은바 이를 함께 펴보기로 한다.

1. 세계경제의 글로벌화 물결

1) 글로벌화의 의미

IBRD 등이 정의한 바에 따르면 글로벌화는 경제적 측면에서 재화와 서비스, 즉 생산물시장뿐 아니라 생산요소인 자본시장까지 국제적으로 통합되는 움직임이며, 실제적으로는 국제간의 교역 및 자본거래와 다국적기업 활동의 증가로 나타나는 현상이다. 이 문구에서 가장 핵심적 단어는 통합(integration)인바 글로벌화를 종전의 국제화(internationalization)와 비교한 차이를 〈그림 4〉처럼 나타낼 수 있다.

세계경제의 국제화는 국민경제의 독립성이 명백한 가운데 생산물인 원료나 제품 등이 국제적으로 무역거래를 통해 교류되는 현상이다. 기업의 생산활동은 일반적으로 자국 내에서 이루어지며 국민경제 간에 무역이 이루어지는 통로는 자유무역 또는 보호

〈그림 4〉 국제화와 글로벌화의 국민경제 연결 모습

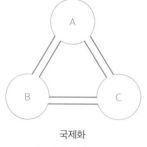

국제화

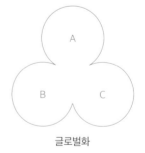

글로벌화

*원 A, B, C는 각각 단위 국민경제를 뜻함

무역 등 정부의 정책에 따라 넓어지기도 하고 좁혀지기도 한다.

이에 비해 세계경제의 글로벌화는 경제적 국경의 역할이 감퇴하면서 국가 간 시장이 통합되므로, 시장에서 활동하는 기업의 국적이 불분명한 가운데 생산 등의 활동도 자국 내로 한정되는 제약을 받지 않고 자신에게 가장 유리한 입지를 선택하여 수행한다.

생산요소인 자본시장이 세계적으로 통합되면 서로 다른 국민경제에 속하는 자본과 노동이 결합함에 따라 노동시장의 통합도 간접적으로 이루어지는 효과가 있다. 기업의 활동이 더는 국경의 제약을 받지 않고 자유로워진다는 의미이므로 이는 국가권력으로부터 자유로운 시장의 전개를 뜻하는 신자유주의의 대외적 표현이라고도 할 수 있다. 즉, 신자유주의와 글로벌화는 동전의 양면과 같은 관계를 맺으면서 더욱 자유로운 시장, 자유로운 기업활동을 추진하는 세계경제의 흐름이다.

세계적 시장의 통합은 과거에 국가별로 칸막이처럼 나뉘어있던 시장이 하나의 시장으로 단일화되는 현상이므로 시장의 경쟁은 훨씬 치열해질 수밖에 없다. 이처럼 치열한 경쟁(mega competition)은 종전에 분할된 시장마다 승자로 존재하던 기업 중 많은 수를 무대 뒤로 사라지게 하였으며 훨씬 적은 수의 승자가 훨씬 규모가 커진 시장에 존재하게 되었다.

이처럼 달라진 시장의 환경으로 기업은 경쟁에서 이기고 살아남기 위하여 과거보다 더 많은 노력을 기울이지 않으면 안 되는 상황을 대면하게 된 것이다. 경쟁에서 패배한 기업은 시장에서 퇴출당하고 살아남는 기업은 번영하는 사실은 과거와 변함이 없지만, 경쟁에서 이기기는 훨씬 어려워졌고 살아남았을 때의 과실은 훨씬 커졌기 때문이다. 따라서 모든 기업은 경영의 효율성을 향상하고 수익성을 높이기 위하여 가능한 모든 수단을 모색하게 된다. 또한, 시장에서 성공한 기업도 계속되는 경쟁기업의 도전에 선제적으로 대응하지 못하면 그 성공은 과거의 이야기가 되고 만다는 긴장감을 피할 수 없다. 단상과 고찰 12

원래 시장의 논리는 냉혹하지만 기업은 자신의 경쟁력 확보를 위하여 과거보다 더 냉정한 선택을 하고 있다. 국민경제의 생산주체로서 기업과 노동은 협력하고 대립한다. 정부는 두 당사자 사이를 중재하는 노력을 하면서 기업이 더욱 많은 고용을 창출하고 국민복지를 확충하기 위한 재정수입에 기여하기를 기대한다.

종전에 기업의 주된 활동이 국민경제 내에서 이루어져야 하는 상황에서는 기업이 가능한 한 노동과 정부로부터의 요구에 대화하고 타협할 수밖에 없었다. 그러나 이제 기업에 활동의 무대를 국경 밖으로 옮기고 넓혀갈 수 있는 자유로운 여건이 주어진 것이다. 따라서 자신의 경쟁력에 약화를 가져올 우려가 있는 경우, 기업은 조용하고 냉정하게 자국 내의 노동 및 정부와의 관계를 축소하고 더욱 유리한 해외로 이전하는 선택을 한다.

이러한 상황의 변화는 기업, 노동, 정부의 세력관계를 바꾸었는바 기업에 대한 노동과 정부의 입장은 과거보다 약화할 수밖에 없었다. 이를 바꾸어 말하면 노동과 정부가 과거보다 시장의 논리를 받아드릴 수밖에 없는 형편이 되었음을 뜻한다. 노동조합은 임금인상의 요구가 어려워지고 정부는 국민복지 향상을 위한 재정수입 확충이 곤란해졌다. 그 결과 국민경제의 분배구조도 더욱 냉혹한 모습으로 바뀔 수밖에 없었다.

혹자는 20세기 후반부터 진행되고 있는 글로벌화가 19세기 중반 이후 세계가 경험했던 선진국 자본의 왕성한 해외진출과 유사한 현상이라고 하면서 이를 1차 글로벌화, 현재 상황을 2차 글로벌화라고 하기도 한다. 그러나 자본의 해외진출과 무역 규모의 확대라는 공통점이 있다 하더라도 둘 사이에는 현격한 차이가 있으므로 이를 유사한 현상으로 보는 것은 부적절하다.

19세기 선진국 자본의 해외진출은 그 목적이 원료의 획득과 시장의 개척이었으며 이를 위하여 식민지 확보가 중요하였으므로 세계열강의 정부와 기업이 연합하여 경쟁적으로 해외에 진출했다. 획득된 원료는 본국으로 운반되어 생산과정을 거친 후 해외시장에 판매됨으로써 국제무역이 증가하였고 국내에서의 고용과 부가가치 창출을 확대할 수 있었다. 기업의 이익과 국민경제의 이익이 서로 부합했던 것이다. 결국, 이러한 강대국의 각축은 1차 세계대전을 촉발하였으며 제국주의적 해외진출 움직임은 후퇴를 맞았다.

이와 같은 자본의 제국주의적 해외진출과 달리, 20세기 후반의 글로벌화는 시장에서의 자유로운 경쟁이 격화되면서 기업이 경쟁력 강화 전략으로 저렴한 노동력을 고용하여 비용을 절감하기 위하여 해외로 진출한 것이다. 이렇게 해외에서 생산된 제품을 본국을 포함, 세계시장에 판매함으로써 기업은 수익과 거래외형을 함께 확대할 수 있었다.

반면 국민경제의 입장에서는 국내의 고용과 부가가치 창출활동이 해외로 옮겨간 것이다. 기업의 이윤은 증가하였지만, 국민경제의 상실된 생산활동을 보충할 수 있는 새로운 산업이 생겨나지 못한다면 총생산은 오히려 감소한다. 20세기 후반의 글로벌화는 19세기의 자본의 해외진출 및 무역이 확대되었던 현상과 외형은 비슷하나 기업의 이익과 국민경제의 이익이 서로 분리되었다는 중요한 차이가 있다.

글로벌화는 경제에만 관련하여 사용되는 용어가 아니고 정치, 문화, 사회적 측면을 포함한 포괄적 의미에서 지역 간의 활동이 네트워크화되어 서로 영향을 미치며 결집하여 국제적으로 그 세력을 행사하는 현상을 뜻하기도 한다. 이러한 변화는 IT산업의 발전으로 정보의 유통이 크게 증가한 것에 힘입은 바 크며 그 결과는 정부 권위의 약화로 나타나기도 한다. 과거에 정부의 권위는 정보의 독점으로 확보되는 측면도 있었는데 이제는 어떤 중요한 정보가 정부보다 민간에 먼저 유통되는 사례도 적지 않다. 그리고 이러한 정보의 유통은 국경이 없이 전 세계적으로 이루어지므로 특정 주장이나 주의에 동조하는 세력을 세계적 차원에서 결집할 수 있다. 이러한 상황은 정치적으로 직접민주주의에 유사한 현상을 유발하여 민주화의 확산에도 도움이 되기 때문에 독재 권력의 유지를 원하는 정부는 이러한 움직임에 제약을 가하기도 한다.

여하간 정부의 권위가 평균적으로 과거보다 약화한 것은 사실이며 이로 인한 사회적 기능의 공백을 메우는 역할은 지역 및 국제적으로 조직된 비정부기구의 활동으로 이루어진다. 이처럼 생각을 같이하는 사람들의 결집으로 이루어진 세력은 인권, 환경 등 인도주의적 기능을 수행하며 정부정책을 감시하는 역할도

하지만 배타적이고 투쟁적인 세력화로 지역적, 종교적 갈등의 격화를 가져오는 경우도 적지 않다. 사회적 순기능을 수행하는 비정부기구 등도 그 영향력이 커지면서 이에 대한 긍정적 시각과 함께 이들이 자칫 책임을 수반하지 않는 권력으로 운영되는 상황에 대한 우려도 없지 않다.

문화적으로는 예술이나 연예, 스포츠 등에 대한 공감이 국가적 차원을 넘어 폭넓게 형성되는바 아시아 지역에서 한국의 문화가 한류라는 현상으로 확산하는 것도 그 예라고 할 수 있다. 글로벌화의 범위를 이처럼 넓은 시각으로 살피는 것은 필자의 역량 밖이고 또 이 책의 목적도 아니므로 다음에서는 경제적 글로벌화 현상에 국한하여 살펴보기로 한다.

단상과 고찰 12: 자동차 리콜과 글로벌 경쟁

2009년 어느 날, 미국에서 고속도로를 주행하던 운전자가 긴급전화로 자동차의 브레이크가 작동하지 않는다는 비명을 외치고 이어 사고를 당해 숨지는 사고가 있었다. 당시 타고 있던 자동차는 도요타였으며 그 긴급통화는 녹음되어 일반인에게 공개되었다. 이 사건 발생 전에도 여러 건의 차량사고가 발생하여 피해자 측이 자동차의 결함을 주장했으나, 도요타 측은 자동차에는 문제가 없고 운전 부주의에 의한 사고일 뿐이라고 일관했다.

더는 발뺌할 수 없게 된 도요타는 여론의 뭇매를 맞고 대규모 리콜을 시행하였으며 기업의 신뢰성에도 치명적인 타격을 입었다. 그때까지 도요타는 품질경영으로 높은 평판을 얻었으며 2000년대 들어서는 세계 제일의 자동차 생산업체로 자리 잡고 있었다.

사고의 원인을 두고 부품의 아웃소싱을 지목하는 견해도 있었다. 왜 그러한 아웃소싱이 필요했는지 질문에 대해 답변하는 자리에서 어느 도요타 임원은 한국 자동차회사 등으로부터의 경쟁압력이 거세었기 때문이라고 답변한 것이 언론에 보도되었다. 세계시장의 치열한 경쟁으로 도요타 같은 대기업도 원가절감과 품질유지라는 상반된 목표를 두고 고심해야 하는 상황을 맞았던 것이다.

이로 인하여 1천만 대의 자동차를 리콜하면서 경영위기에 직면했던 도요타는 경영을 맡은 창업자의 손자가 지속적인 혁신을 단행하면서 다시 거대하고 건실한 기업으로 재탄생하여 세간의 주목을 받았다.

2) 글로벌화의 추진력

세계경제의 글로벌화를 추진한 동력으로 첫째는 2차 세계대전 이후 꾸준히 진행된 세계시장의 자유화(liberalization) 추세를 들 수 있다. 이는 국제무역의 자유화를 위한 세계적 차원의 노력, 그리고 1970년대 초 IMF 국제통화 시스템이 붕괴한 다음 확산한 국경 간 외환거래 및 자본이동의 자유화를 포함한다. 둘째는 기계의 발명이 산업혁명의 추진 동력이었듯 모든 인류사회의 근본적 변화를 이끌어낸 과학기술의 진보를 꼽을 수 있는바, 특히 20세기 후반의 ICT 발달은 글로벌화의 커다란 동력이 되었다. 마지막으로 1990년 소련의 붕괴는 경제체제의 세계지도를 바꾸었던 사건으로 세계가 시장경제체제로 통합되는 과정이 진행되면서 글로벌화가 급속히 확산하는 계기가 되었다. 이상 3가지 요인을 각각 살펴보기로 한다.

대공황의 여파로 전 세계가 고통을 겪었던 1930년대에 각국 정부는 독자적으로 자국 경제의 회복을 위한 정책적 노력을 경주하였다. 그중 대외무역과 관련된 정책은 거의 예외 없이 보호무역주의를 강화하는 방향이었다. 경쟁적으로 관세를 인상하고 수입을 억제하는 직접적 조치를 취하는 한편, 종말을 고한 금본위제를 대신할 국제통화시스템이 표류하는 상황에서 각국은 환율을 절하하고 외환거래를 통제했다.

선진국 사이의 무역거래는 상당 부분이 양국 간 청산 및 지불협정으로 대체되었는데 이는 외환의 결제 없이 실질적 물물교환 거래나 마찬가지라고 할 수 있었다. 이와 함께 세계는 지역별로 또는 종주국과 식민지국가로 급속한 경제블록을 구축하여 서로를 차별하고 보복하는 상호주의의 혼돈으로 빠져들었다. 국제무역은 급격히 감소하였고 침체된 경제상황은 지속되었으며 결국 세계는 2차 세계대전으로 접어드는 상황이 되고 말았다.

인류역사에 있어 가장 비극적 파멸을 경험했던 전쟁이 종료된 후 선진국들은 과거 혼자만 살겠다고 하다가 모두 수렁에 빠져버린 보호무역주의에 대한 뼈저린 반성과 함께 세계경제질서를 회복하는 노력을 두 가지 방향으로 추진했다.

첫째로, GATT를 중심으로 공산품의 관세율을 인하하고, 무역을 자유화하는 국제무역질서를 다자주의 바탕 위에 수립했다. 다자주의는 과거 악몽과 같았던 상호주의를 배격하고 GATT 체약국에 대하여 무차별적으로 최혜국 대우와 내국민 대우를 부여하는 것을 핵심으로 한다. 이러한 구조 위에 지속적 협상을 통하여 관세를 인하한 결과, 1948년 GATT 체제의 출범 당시 40%를 상회하던 선진국의 공산품 평균 관세율이 1980년 대에 이르러서는 4% 이하로 낮아지는 성과를 거두었다.

그렇지만 아직도 섬유제품 및 농산물 등 수입자유화의 예외적 취급을 받는 상품 무역과 서비스 무역, 투자 및 지적 재산권 등 GATT 체제 밖의 분야도 다자간 체제에 포함해야 한다는 요구가 제기됨에 따라, UR을 통하여 협상을 진행했다. UR 협상의 결과, 위의 제기된 모든 분야를 포괄하는 다자 체제를 수립하기로 합의하고 1995년 GATT를 대체하는 WTO가 출범함으로써 세계시장의 개방과 통합은 한층 빠른 속도로 진행되었다.

세계경제질서의 회복을 위한 또 다른 노력은 새로 설립된

IMF가 중심적 역할을 담당하는 국제통화제도의 확립이었다. 미국의 달러화를 기축통화(*vehicle currency*)로 하여 달러화와 금과의 교환비율을 정하고, 다른 나라의 통화는 미국달러와의 고정적 환율을 유지하게 함으로써 과거처럼 각국의 경쟁적 환율절하로 인한 국제통화질서의 불안정을 방지토록 한 것이다. 미국의 달러는 다른 나라 정부의 요구가 있는 경우에 달러와 금을 교환비율에 따라 바꾸어주는 금태환이 가능하도록 했다.

어느 가입국의 국제수지가 구조적인 불균형 상태인 경우에는 환율의 조정을 허용하는 한편, 국제적 자본이동은 일반적으로 통제되었다. 왜냐하면 고정환율제도에서 자본이동을 자유화하는 경우 투기적 외환거래로 경제 전반에 심각한 교란을 초래할 우려가 있으며 경제상황에 대응하기 위한 정부의 정책수행이 어려워지기 때문이다. 일례로 물가안정을 위한 중앙은행의 긴축정책으로 이자율이 상승하면 외국으로부터 자본유입이 증가하여 긴축정책의 효과가 상쇄되는 결과가 초래될 수 있다.

이러한 IMF 통화 체제는 1960년대부터 미국의 국제수지 적자가 확대되어 달러에 대한 국제사회의 믿음이 흔들리면서 존립이 어렵게 되었다. 결국, 미국 정부가 1971년 금태환 중지를 선언하면서 IMF 통화 체제는 붕괴했다. 세계는 통일된 국제통화제도를 상실하였으며 각국은 자국의 환율제도를 편의에 따라 선택했다. 많은 나라가 과거의 고정환율제도 대신 환율의 결정을 외환시장에 맡기는 변동환율제도로 이행함에 따라 자본의 이동이 자유화되고 외환거래가 증가했다.

특히, 1960년대부터 등장한 역외시장(*off-shore market*)인 유로

시장은 이러한 현상을 더욱 가속하고 세계적 차원에서 금융시장의 자유화를 선도했다. 아울러 1970년대 오일쇼크 이후 산유국에 집중된 외환보유고, 즉 오일달러도 자본의 국제적 순환을 유발하면서 자본이동과 금융의 국제화를 확산시키는 역할을 하였다. 단상과 고찰 13

개도국은 과거 다국적기업이 자국에서 광산개발이나 플랜테이션으로 확보한 원재료를 본국으로 가져가 제조한 상품을 다시 자국에 판매하여 이윤을 추구하므로, 이러한 외국인 투자를 자국에는 아무런 이로움을 끼치지 못하는 수탈적 행위로 보는 인식이 팽배했다. 그러나 세계경제의 글로벌화로 비롯된 외국인 투자의 증가는 선진국기업이 시장경쟁을 극복하기 위하여 자국으로 생산활동을 이전하는 것이므로, 자국의 고용을 늘리고 기술과 경영기법이 이전되며 수출도 증대되는 경제적 효과가 있는 것으로 인식이 바뀌었다.

따라서 대부분의 개도국이 과거의 제국주의적 시각을 탈피하여 적극적으로 국가 간 투자보호협정을 체결하고 투자환경을 개선하는 등 외국인 투자를 유치하는 노력을 펼치고 있다. 이처럼 국제무역과 자본이동이 자유화되고 외국인 투자에 대한 우호적 환경이 조성됨에 따라 세계경제의 글로벌화는 빠른 속도로 전개될 수 있었다.

과학기술의 발달은 언제나 국제무역의 확대를 이끄는 힘이었다. 19세기에도 증기선의 취항, 철도의 개설 그리고 수에즈운하의 개통 등 운송수단의 획기적 발달과 전신, 전화 등 통신수단의 발명은 동 기간 중 국제무역과 자본의 해외진출 증가를 견인했다.

20세기에도 이러한 과학기술의 발달은 계속되어 세계경제의 글로벌화를 뒷받침했다. 운송수단 중 항공기를 이용한 물적, 인적 이동이 매우 증가했다. 특히, 페덱스(FedEx), DHL 등 국제물류기업은 세계적 차원으로 항공운송 네트워크를 구축했다. 과거 정부의 체신관서가 대부분 수행하던 우편, 소포의 배송은 민간기업에 의하여 획기적으로 발전했다.

국제적 상품의 이동을 담당하는 운송수단의 가장 중요한 발전은 컨테이너의 도입으로 이루어졌다. 선박, 철도, 트럭 및 항공기 등 모든 운송수단이 사용할 수 있는 컨테이너는 화물의 적재 및 하역을 과거와 비교할 수 없을 정도로 편리하고 안전하게 개선했다. 화물의 출발지부터 도착지까지 이들 운송수단을 교대하여 사용하는 복합운송의 방식으로, 이른바 도어 투 도어(*door-to-door*) 운송이 가능하여지는 등 국가 간 물류활동이 훨씬 일관되고 신속하게 이루어지게 되었다.

선박운송도 이에 맞추어 컨테이너 전용선이 정기선 항로를 따라 물류거점인 주요 항구만을 정박하며 계속 빠른 속도로 운항하고 여타 항구는 지선서비스(*feeder service*)를 통하여 컨테이너 운송이 가능하도록 했다. 항만시설도 컨테이너 전용부두를 건설하고 대형크레인을 이용하여 신속한 하역작업을 수행하는 한편, 항구와 내륙지방에도 컨테이너 물류기지를 조성하여 국제물류의 편의성을 제고했다.

이러한 변화는 과거 막강한 세력을 행사했던 부두노조를 약화하고 부두지역 창고업의 쇠퇴를 초래했으나 그만큼 화주의 편익은 증가했다. 이제 화주는 GPS를 이용하여 자기 화물의 이동 상황을 실시간으로 파악할 수 있게 되었다. 이와 같은 물류시스템의 발전은 기업으로 하여금 원재료의 조달로부터 재고 및 제품의 판매에 이르는 물자의 흐름을 시장동향에 반응시키며 효율적 비용관리 전략에 활용할 수 있도록 했다.

또한 컨테이너 정기선이 방문하는 거점항구(hub port)는 다국적기업의 지역본부를 유치하여 종합적 활동기지(platform)의 역할을 수행할 수 있도록 치열하게 경쟁한다. 어느 연구에 의하면 현대의 국제무역 증가는 무역제도의 자유화보다 컨테이너 사용에 의한 기여가 더 컸던 것으로 보인다고 한다.

현재도 진행 중인 IT산업과 통신기술(communication technology : CT) 산업의 발달은 인류의 생활에 새로운 지평을 열어주고 있다. 반도체의 발명이 무역상품의 부피와 무게를 작고 가볍게 만들 수 있도록 함으로써 상품의 가치 중 운송비의 비중을 감소시킨 점도 국제무역의 증가에 기여했다.

더구나 PC 등 컴퓨터의 진화를 이룩한 IT산업이 광통신, 이동통신 등 CT산업의 발달과 결합하여 빠른 속도로 확산시킨 인터넷의 사용은 대기업뿐 아니라 중소기업들도 다국적 기업화하여 국제적 경영을 할 수 있는 환경을 지원함으로써 세계경제의 글로벌화는 그 외연을 넓히며 진행되었다.

정치경제적 측면에서 2차 세계대전 종전 후의 세계 정치판도를 상호의존적 집단(interdependent group), 독립폐쇄적 집단(independent group) 그리고 의존적 집단(dependent group)의 세 권역 국가로 분류하는 견해도 있다. 상호의존적 집단에 속하는 국가는 미국을 중심으로 하는 서방 선진국으로, 발전된 자본주의 시장경제체제를 공유하면서 상호 간에 협력하고 경쟁하는 관계에 있는 국가가 이에 속한다.

독립폐쇄적 집단에 속하는 국가는 소련을 중심으로 동구권 및 아시아 지역의 사회주의 계획경제를 공유하는 국가로, 기본적으로 자립경제를 추구하는 통제경제권의 국가를 의미한다.

의존적 집단은 위의 두 집단에 속하지 않는 개발도상국으로, 경제발전 수준이나 국민소득의 크기도 많은 차이가 있고 경제체제도 다양한 국가이다. 이들은 정치적 성향도 서로 다르고 개도국이라는 사실 외에는 특별한 공통점을 발견하기 어렵지만 인도, 브라질 등이 중심적 역할을 하면서 UN 등 국제기구에서 개도국의 협상능력을 강화하기 위한 협력, 더 나아가 집단적 행동을 모색했다. 그러한 노력의 결과 나머지 두 집단의 대립적 갈등상태인 동서냉전 체제를 지렛대로 활용하여 경제원조의 제공, 국제무역에 있어 개도국에 대한 특혜적 대우와 함께 다국적 기업의 행동규범 논의 등의 성과를 이끌어내기도 했다.

그러나 사회주의 계획경제체제는 내재된 비효율성과 저생산성으로 인하여 1990년 소련의 붕괴와 함께 소멸하고 세계는 시장경제체제로 통합된 모습을 갖게 되었다. 과거 통제경제권에 속했던 동유럽의 많은 국가가 EU에 가입하고 종주국이었던 러시아도 2012년 WTO에 가입하여 시장경제체제에의 합류를 공식화하였다.

이러한 지각변동에 가장 성공적으로 적응한 나라는 중국이라고 할 수 있다. 중국은 1976년 절대권력의 자리에 있던 마오쩌 둥(毛澤東)의 사망 이후 정치투쟁을 겪으면서 지도자의 위치를 차지한 덩샤오핑(鄧小平)의 선도로 사회주의 시장경제체제를 표 방하며 시장경제체제에 합류했다. 이 시기는 서방 선진국이 신 자유주의와 글로벌화를 전개하기 시작한 때였던 만큼 이 두 흐 름이 동일한 시점에 합류된 것은 우연이지만 참으로 절묘한 역 사적 사건이 아닐 수 없다. 그때부터 중국은 글로벌화 흐름에 편승하여 빠른 경제성장을 계속하였고 글로벌화는 중국을 무대 로 넓고 빠르게 확산되었다. 중국은 2001년 WTO에 가입했다.

한편 개도국은 중대한 기로에 서게 되었다. 더는 동서냉전 체 제를 활용하여 선진국으로부터 원조나 일방적 특혜를 이끌어내 기도 어려운 형편이 되었다. 소련의 붕괴 이후 개도국에 대한 외부로부터의 원조 등 경제적 지원이 감소한 사실도 이러한 상 황을 말해준다.

이제 개도국은 세계의 시장경제체제에 합류하거나 그 체제에 서 제외된 국가로 남았다. 시장경제는 협력하고 경쟁하는 체제 이다. 기여할 자원이 없으면 협력할 수 없고 생산할 능력이 없 으면 경쟁할 수 없다. 스스로 자본과 기술을 축적하여 경제를 키울 수 없다면 글로벌화의 흐름을 타고 선진국으로부터의 외국 인 투자를 유치해야 한다.

선진국기업은 저렴한 노동을 고용하여 생산비용을 절감할 수 있는 지역을 물색하고 있다. 저렴한 노동이란 단순히 명목임금 이 낮은 것이 아니고 생산성 대비 낮은 임금, 즉 단위노동비용 이 낮은 것을 의미한다. 따라서 문맹률이 높거나 병약한 노동력은 생산활동에 투입하기 어려운 경우가 많다. 노동력이 존재하더라도 생산활동을 영위할 수 있는 기본적 사회간접자본이 미비한 나라에는 기업이 진출하기 어렵다. 그 밖에도 정치적 안정성과 치안상태의 유지 그리고 정부의 시장친화적 정책 등 여러 가지 여건을 갖추어야만 선진국기업을 유치할 수 있고 이를 통한 세계시장경제체제 합류가 가능해진다.

많은 개도국이 이러한 필요성을 절감하고 시장경제에 합류하기 위한 노력하고 있으며 또 많은 성과를 나타내고 있다. 그러나 세계경제의 글로벌화 동력은 약화하기 시작한 것으로 보이는데 아직도 많은 개도국은 시장경제체제에서 제외된 국가로 남아 있다.

단상과 고찰 13: 유로시장의 기원과 기능

각국의 통화는 1950년대까지만 하더라도 자국 내의 은행에서만 예금과 대출 등의 금융거래가 이루어지는 것이 관행이었으며 당시 대부분의 국제거래는 미국달러로 결제되었으므로 모든 나라의 정부와 금융기관도 미국의 은행에 계좌를 가지고 예금 등의 거래를 하는 것이 필요했다. 소련과 동구권 국가도 이와 마찬가지로 미국에 은행계좌를 보유하였는데 동서냉전이 격화되면서 자국의 예금에 대한 동결 조치 등 미국의 경제제재를 우려하지 않을 수 없었다.

스위스은행들은 이러한 문제에 대한 해결책을 제시했다. 소련이 취리히에 소재하는 은행에 미국달러의 예금계좌를 개설하고, 미국 은행에 있는 소련의 예금은 미국에 있는 스위스은행의 계좌로 이체하는 것이었다. 그 결과, 소련은 미국에 의한 달러자산의 동결 조치 등을 걱정할 필요 없이 스위스은행을 통하여 달러에 의한 수출입거래 등을 수행할 수 있었다.

이처럼 미국 밖에 형성된 달러표시의 예금 등을 '유로달러'라고 불렀는데 이는 빠른 속도로 확산되어 미국달러뿐 아니라 많은 선진국의 통화가 외국에서 은행예금 및 대출 등 금융거래의 대상이 되었다. 유로시장이 급속하게 확산된 이유는 통화발행국 정부의 규제로부터 자유롭고 지급준비 등의 부담이 없으므로 발행국의 금융시장보다 자금을 저리로 조달하고 고리로 운용하는 것이 가능하였기 때문이다.

특히, 1970년대 오일쇼크 이후 산유국의 막대한 외환보유고가 유로시장을 통하여 국제금융시장에 환류됨에 따라 그 규모가 팽창하였으며, 은행거래뿐 아니라 국제채권의 발행 등으로 금융거래의 방식도 확대되었다. 영국의 런던금융시장은 미국의 월가에 세계금융 중심지로서의 위상을 넘겨주었으나 유로시장 업무를 적극적으로 유치하여 뉴욕에 버금가는 국제금융센터로서의 위상을 회복했다.

미국 역시 금융산업의 경쟁력을 제고하기 위하여 1980년대 초 IBF(*international banking facilities*)를 창설하여 비거주자 간의 금융거래인 역외금융(*offshore banking*)에 특별대우를 부여하였으며 홍콩, 싱가포르, 바레인 등도 정부의 적극적 노력으로 역외금융시장을 조성했다.

이러한 유로시장 및 역외금융시장의 존재는 금융시장의 자유화와 금융기법의 혁신을 주도하고 국제자금이동을 활성화하여 세계경제의 글로벌화를 추진하는 역할을 했다. 그러나 투기적 거래의 성행 등으로 국제금융시장의 불안이 야기되었으며, 특히 2008년 글로벌 금융위기 당시 통합되고 확대된 세계금융시장으로 인하여 금융기관의 파산이 국제적으로 연쇄반응을 일으키는 위험을 실증한 바 있다.

3) 글로벌화의 전개

기업이 해외로 진출하는 전통적이고 기본적인 방법은 수출이다. 수출은 기업이 시장에서 공급자로서의 역할을 해외시장으로 확대하는 것이다. 그러나 수입국 정부의 무역규제 등으로 수출을 계속하기 어려워지는 경우에는 해외에 공장을 세워 현지에서 제조한 상품을 판매하든지 현지국가의 기업에 기술, 노하우 등을 사용, 생산하여 현지시장에서 판매토록 하고 그 대가로 기술의 사용료(royalty)를 수취하는 방법으로 전환할 수 있는바 전자가 직접투자이고 후자는 기술이전이다.

FDI는 자본과 인력의 추가적 투입이 필요한 반면, 해외사업에 직접 통제가 가능하고 그로부터의 이윤을 취득할 수 있다. 그러나 동시에 실패의 위험도 부담해야 한다. 이에 비하여 기술이전은 새로운 투자에 따른 위험부담을 회피하면서 수익을 거둘 수 있으나 현지사업자에 대한 통제가 제한적일 수밖에 없고 기술유출로 잠재적 경쟁자를 만들 위험도 따른다.

세계경제의 글로벌화가 전개되는 국면에서 기업의 해외진출은 이러한 전통적 방식과는 그 동기와 내용을 달리한다. 선진국 기업은 본국 시장 또는 세계시장에서 치열해지는 경쟁을 극복하기 위하여 비용절감을 위한 경영전략을 다각적으로 모색한다. 그중 일반적으로는 기업의 활동을 분류하여 핵심적인 것과 부차적인 것으로 나누는 전략을 사용한다. 핵심적 활동에는 주로 제품개발과 판매망의 관리가 포함되는데 이는 본사의 직접적 통제를 유지하고 나머지 부차적이라고 생각되는 활동은 기업이 처한 상황에 따라 최적화하는 방법이 모색된다.

그러나 기업의 무엇이 핵심역량에 해당하고 무엇이 부차적 활동인가를 판단하는 것은 쉬운 일이 아니다. 과거 PC산업 초기에 당시 시장지배적 사업자였던 IBM이 운영체제와 마이크로 프로세서를 부차적 사업으로 간주하여 외주(out-sourcing)하면서 마이크로소프트와 인텔(Intel)에 넘긴 결과 그 위상이 크게 약화되었던 사실은 유명하다.

부차적으로 분류되는 기업활동 중 제조(manufacturing)는 가장 비중이 큰데 선진국은 상대적으로 높은 임금으로 인하여 제조비용이 비싼 편이다. 기업은 임금이 낮은 노동력을 고용하여 제조비용을 절감할 목적으로 제조활동을 해외로 이전(off-shoring)하기 시작했다. 이러한 오프쇼링은 두 가지 방법으로 이루어지는데 첫째는 FDI 방식으로 이는 해외에서의 제조활동을 내부화(in-house)하는 것이며 다른 방법은 현지 기업에게 기술을 가르쳐주고 상품의 제조를 아웃소싱(out-sourcing)하는 것이다.

해외기업에 제조를 아웃소싱하는 예로는 주문자상표 부착생산(OEM)을 들 수 있다. 이는 해외기업에게 위탁하여 생산된 제품에 주문기업의 상표를 부착하여 전 세계시장에서 판매하는 방식이다. 의류, 신발, PC 등 다양한 종류의 상품시장에서 유명 상표를 보유한 기업이 자신의 제조시설 없이 이러한 OEM 방법으로 사업을 영위하는데 아웃소싱은 국내에서도 가능하지만 주로 임금이 저렴한 개도국기업에 위탁하여 생산하는 것이 보통이다.

이처럼 자본의 투자 없이 해외에서 완제품이나 부품을 생산하는 비투자방식(non-equity modes)의 해외진출은 OEM, 계약생산 (contract manufacturing), 기술이전 등 다양한 형태가 있다. 개도 국의 산업화로 생산능력을 갖춘 현지기업이 증가함에 따라 이러 한 방식의 해외진출도 FDI와 함께 빠른 속도로 증가하였으며 해 외에서 제조된 상품은 본국을 포함, 전 세계시장으로 수출된다.

　세계경제의 글로벌화는 1차적으로 세계무역의 증가에 의하여 확인할 수 있다. 세계무역 규모는 상품수출 기준으로 1950년 480억 달러에서 1990년 3조 5천억 달러, 2008년에는 15조 1천 억 달러로 가파르게 증가했다. 이러한 무역의 증가는 세계의 생 산 증가보다 훨씬 빠르게 진행되었기 때문에 GDP에 대한 수출 의 비중은 1950년 6%에서 1990년 16%로 증가하고, 2008년에 는 25%에 달했다. 2009년에는 글로벌 금융위기의 여파로 세계 GDP가 2% 감소하는 동안 세계 상품수출은 물량 기준으로 12% 감소하였는바 세계 무역은 생산보다 증가할 때나 감소할 때나 GDP보다 그 속도가 더 빠르게 나타난다. 세계 상품수출금 액은 2009년 13조 3천억 달러로 감소하였는데 2010년에는 15조 2천억 달러로 글로벌 금융위기 이전 수준을 회복했다.

　이렇게 전체 경제에서의 무역비중 증가는 기업이 해외시장을 겨냥하여 생산하고 국민경제의 소비와 투자 등 지출도 해외로부 터의 수입에 더욱 많이 의존하게 되어 세계경제구조가 과거보다 더욱 상호의존적이 되었다는 것을 의미한다.

　이와 아울러 무역 내용의 변화도 이러한 무역 비중의 증가 원인 이 된다. 과거에는 기업이 상품을 일관하여 생산하는 형태가 주를 이루었지만 이제 운송비의 부담이 경감됨에 따라 하나의 상품 생산을 위하여 여러 국가의 기업이 협력하는 구조가 늘고 있다.

즉, 기업은 상품의 생산에서 효율성을 극대화하기 위하여 많은 원재료 및 부품 공급업체를 참여시키는 공급망을 구축하고 상품의 제조 및 물류과정을 관리한다(supply chain management). 그리고 이러한 공급망은 세계적 차원에서 형성되므로(global supply chain) 과거 단순히 완제품인 상품이 무역거래의 대상이었던 것보다는 많은 중간재의 무역이 수반된다. 또한, 생산 공정별로 반제품 상태에서 국경 간 이동을 여러 번 거치면서 완제품이 생산되는 경우도 적지 않은데, 이는 동일한 부품이 여러 번의 수출거래에 포함되는 결과를 갖는다. 이러한 무역 내용의 변화는 수출국에서 생산한 부가가치가 수출에서 차지하는 비중(VAX)이 작아지는 것을 의미한다.

재화의 무역뿐 아니라 서비스 무역도 ICT의 발달에 따라 급속히 증가하고 있다. 세계 서비스수출은 1980년 390억 달러에서 1990년 830억 달러, 2000년 1조 5천억 달러, 2010년 3조 9천억 달러로 가파르게 증가했다.

서비스 무역은 재화처럼 운송수단에 의하여 이동하는 것이 아니고 수요자에게 직접 공급되는데, 요즈음은 정보통신(data communication)에 의하여 새로운 형태의 서비스가 국경을 넘어 공급된다. 선진국의 회계, 설계, 컴퓨터 프로그래밍 등 다양한 업무가 일부 또는 전부가 개도국 기술인력에게 아웃소싱되고 그 작업결과를 공급받는 격지자 사이의 실시간 거래가 정보통신기술의 발달에 의하여 가능해졌다. 기업의 해외생산을 가장 많이 받아들인 나라가 중국이었다면 이러한 국경 간 서비스수출은 인도에서 많이 이루어진다.

국제적 자본흐름은 직접투자(FDI)와 증권투자(*portfolio investment*)로 나눌 수 있다. 이 중 FDI는 해외기업의 경영지배 또는 통제를 행사할 목적으로 주식 등을 취득하는 것이며 증권투자는 단순히 배당금이나 이자 또는 매매차익 등 수익을 목적으로 주식이나 채권 등을 취득하는 것을 의미한다.

FDI는 신규설립(*green field*) 투자뿐 아니라 기존 기업을 인수(M&A)하는 투자를 포함한다. 신규설립 투자는 다국적기업(*multinational enterprise*: MNE)이 외국에서 생산활동을 위하여 자본과 함께 기술 등 각종 경영자원을 이동하는 것이므로 글로벌화의 중요한 내용이 된다. UN 통계에 의하면 2010년 전 세계에 약 8만 개 가까운 다국적기업이 약 80만 개의 해외자회사를 두고 있다.

M&A 투자는 기존 기업의 경영권을 인수하거나 두 개 이상의 기업이 하나의 기업으로 합쳐지는 것을 의미하는바 시장점유율의 확대, 신규사업에 진출 등 다양한 목적으로 이루어진다. 일반적으로 큰 금액의 규모로 거래되는 국제 M&A는 주로 선진국기업 사이에서 이루어졌는데 최근에는 중국기업이 매우 적극적으로 해외기업의 M&A에 참여하고 있다.

세계의 FDI는 글로벌화가 시작된 1980년대 이후 2000년까지 급속하게 증가했으나 9·11 테러 및 IT 버블 붕괴 등으로 2003년에 이르러서는 절반 이하로 감소했다. 이토록 급격한 변동을 초래한 원인은 국제 M&A이었다. FDI 중 신규설립 투자는 꾸준한 증가세를 나타내고 있는 반면, M&A는 세계 경제상황의 변동에 따라 급격한 증감을 거듭하고 있다. 세계 FDI는 1973년 215억 달러에서 2010년 약 1조 2,400억 달러로 증가하였는데 그중 신규 설립 투자가 약 9천억 달러이고 M&A는 약 3,400억 달러였다. 국제 M&A는 2000년 1조 1천억 달러를 상회하기도 했으나 정치, 경제적 위기상황이 발생할 때마다 민감한 반응을 보이며 규모가 격감했다.

무역과 자본이동의 증가보다 세계 외환시장의 거래 규모는 더욱 급속하게 증가하였는데 2013년 세계 외환시장에서 하루에 거래되는 금액은 약 5조 3천억 달러에 달했다. 이는 세계의 무역 및 투자 등 실물경제의 국제거래 규모보다 수십 배 큰 규모이다. 이처럼 세계시장에서 실물거래와 화폐거래의 괴리가 확대되는 현상은 그 차이의 상당 부분이 투기적 자금흐름에 기인할 개연성이 있다는 의미에서 환율변동 및 세계 금융시장의 불안정성을 심화시키는 요인으로 우려되고 있다. 단상과 고찰 14

단상과 고찰 14: KIKO 사태의 교훈

2005년부터 한국의 원화가 강세를 나타내면서 달러환율이 1,000원 이하로 하락한 후 계속 하락할 것이라는 전망이 지배적인 가운데, 많은 수출기업이 환율변동 위험의 헤지에 관심을 두었다. 이러한 수요에 반응하여 은행이 2006~2008년 중에 거래기업에게 권유한 금융상품이 KIKO라는 통화옵션이다.

이는 knock-in barrier option과 knock-out barrier option을 결합한 구조화상품으로 barrier가 있는 풋옵션 매입과 콜옵션 매도를 통상 1 대 2의 비율로 결합한 환위험 헤지수단으로 알려져 있다.

KIKO 옵션을 매입한 측은 관찰 기간 중 환율이 상한(*knock-in barrier*)과 하한(*knock-out barrier*) 범위 내에서 변동하는 경우 결제일에 상대방에게 풋옵션을 행사하여 달러를 계약환율로 매도할 수 있다. 반면 관찰기간에 환율이 한 번이라도 상한을 넘어서면 knock-in 조건이 충족되어 상대방이 콜옵션을 행사할 수 있으며 결제일에 현물환율이 계약환율을 상회하는 경우 상대방이 콜옵션을 행사함에 따라 풋옵션 매수자는 계약환율로 풋옵션 계약액의 2배에 해당하는 달러를 매각해야 한다. 관찰기간 중 한 번이라도 환율이 하한 이하로 하락하는 경우에는 knock-out 상황으로 KIKO 계약의 효력이 상실된다.

2008년 문제가 된 KIKO 매입자는 수출기업, 상대방은 은행이었다. 즉, 수출기업과 은행 사이에 범위가 제한된 풋옵션 하나와 무제한의 콜옵션 둘이 등가로 교환된 것이다.

예를 들어 100만 달러의 KIKO 옵션을 달러당 하한 900원, 상한 980원, 계약환율 960원으로 계약하였을 경우, 환율이 900원과 960원 사이에 있으면 수출업자는 풋옵션을 행사하여 100만 달러를 달러당 960원에 매도할 수 있다. 환율이 960원과 980원에 있을 때는 풋옵션은 행사할 가치가 없고 은행의 콜옵션은 환율이 980원을 상회한 적이 없다면 행사할 수 없다.

환율이 980원을 상회하는 경우 은행의 콜옵션 행사로 수출업자는 달러당 960원으로 200만 달러를 은행에 매각해야 한다. 이 경우 수출업자가 이에 대응할 포지션을 가지고 있을 경우 달러당 960원을 상회하는 환차익을 은행에 넘기게 되고 환차손은 발생하지 않는다.

그러나 수출업자가 이에 대응할 현물포지션을 갖고 있지 않거나 갖고 있다 하더라도 그 이상으로 콜옵션을 매도한 경우에는 그 초과분만큼 손실이 발생한다. 즉, 100만 달러를 헤지하기 위하여 KIKO 계약을 체결했는데 결제일의 현물환율이 1,000원이 되었다면 200만 달러를 960원에 매도해야 하므로 보유하고 있는 100만 달러의 환차익 4천만 원을 포기함은 물론 4천만 원의 추가적인 환차손을 부담해야 한다. 전혀 현물포지션을 갖지 못한 경우에는 8천만 원의 환차손을 모두 부담해야 한다.

수출업자가 옵션거래로 기대할 수 있는 이익의 최대치는 결제일의 환율이 달러당 900원이 되어 이를 960원에 은행에 매도함으로써 생기는 차액인 6천만 원이지만, 만약 수출업자가 선물환계약을 달러당 930원에 체결하였다면 3천만 원의 환차손은 추가적인 위험의 부담 없이 해결할 수 있었을 것이다. 따라서 수출업자가 실제로 KIKO 계약에 따른 이익을 기대할 수 있는 경우는 선물환율과 계약환율, 즉 달러당 930원과 960원 사이에서 계약일의 현물환율이 정해지는 경우에 한정된다.

그러나 관찰기간에 달러환율이 한 번이라도 900원을 하회하면

KIKO 계약의 효력이 상실되어 수출업자는 환율하락에 따른 환차손을 모두 부담해야 하는 불확실성이 내재되어 있다는 점이 선물환계약과의 차이이다. 즉, 계약일의 달러환율이 달러당 890원으로 정해지면 수출업자는 전혀 환차손 위험을 헤지하지 않은 결과가 되는 것이다.

이와 같이 환율이 knock-in되면 잔여기간 동안 일률적으로 콜옵션이 적용되지만, knock-out되는 경우에는 잔여기간과 관계없이 전체 계약이 효력을 상실하는 구조는 심각한 비대칭의 문제이다.

2008년 초부터 미국금융시장에서 서브프라임 사태가 불거지면서 미국금융시장이 불안한 모습을 보이는 상황이 지속하자, 한국에서는 달러환율이 1월 달러당 930원대에서 5월에 1,000원대를 넘어서고, 10월에는 1,500원에 접근하는 가파른 상승세를 보였다. 종전까지 환율의 지속적 하락으로 원화가 강세를 보이던 국면이 반전된 것이다.

당시 대부분 KIKO 계약이 2년의 장기였던 것은 선물환거래를 할 수 있는 기간인 경우 가능한 KIKO와 선물환의 차익거래를 방지하기 위함이었다고 여겨지지만 수출업자가 모든 것이 불확실한 2년의 기간 동안 환율변동위험을 제한적으로 관리하기 위해 무제한의 콜옵션을 매도한 것은 위험한 결정이 아닐 수 없었다. 수출기업은 적은 기대이익을 대가로 기하급수적으로 커질 수 있는 위험을 부담하였는데 그 위험이 현실화된 상황이었다.

결과적으로 KIKO 계약으로 피해를 본 776개 회사 중 폐업, 부도, 워크아웃 등에 이른 기업이 110개에 달했다. 그리고 220여 개 회사가 KIKO 계약 은행을 상대로 민사소송을 제기했다. 법적 쟁점은 첫째, KIKO 계약이 다수의 고객을 대상으로 하는 약관계약에 해당하는지 여부였는데 피해기업 측이 이를 불공정약관이라고 주장하였기 때문이다. 이에 공정거래위원회는 KIKO 계약은 약관이 아니고 양 당사자 간의 계약에 해당한다고 해석했다.

다음의 법적 쟁점은 은행이 고객에게 금융상품을 판매하면서 주요 내용 및 투자위험성에 대하여 충분히 설명하지 않고 판매하는 불완전판매 여부에 관한 것이었다. 일부 기업은 KIKO 계약을 권유하는 은행의 제안을 거부할 수 없었으므로 비자발적으로 체결된 계약임을 주장했다. 은행은 기업에 충분히 설명하였음을 내세우면서 기업이 보유한 포지션 이상의 오버헤지를 통한 투기를 하다가 손해를 입었다고 주장했다. 물론, 그중에는 보유한 포지션과 관계없는 투기적 동기에서 KIKO 계약을 체결한 기업도 있겠지만 KIKO 계약의 내용이 기업이 매수한 풋옵션의 2배의 콜옵션을 매도한 것이므로 보유한 포지션 범위 내에서 풋옵션을 매입하더라도 추가적인 환위험의 부담이 불가피한 구조이었다.

민사소송의 결과 1심에서 165개 회사가 전부 패소하고 41개 회사가 10~50%의 일부 인용을 받았으며 5개 회사가 60~70%의 인용을 받았다. 고등법원의 항소심에서 일부 인용을 받은 회사가 상당수 늘어났으며 대법원은 하급심 판결에 대하여 특별히 다른 결정을 내리지 않았다. 또한 피해기업이 KIKO 판매은행을 사기혐의로 고발했으나 모두 무혐의로 처분되었다.

정부는 KIKO 사태를 겪은 후 2009년부터 시행된 〈자본시장과 금융투자업에 관한 법률〉을 시행에 앞서 개정하여 투자자 보호를 위한 적합성 원칙과 금융상품 설명의무를 도입했다. 적합성 원칙은 금융상품을 고객에게 권유할 때 고객이 일반투자자인지 전문투자자인지 여부, 고객의 위험선호도 등 고객의 특성에 따라 적합한 상품을 권하도록 한 것이다. 설명의무는 고객에게 금융상품의 내용과 투자에 따르는 위험성 등을 고객에게 충분히 설명해야 하는 의무이며, 이를 어기는 금융기관은 그 금융상품으로 인해 발생한 일반투자자의 손해를 배상할 책임이 있다.

KIKO 사태는 다른 금융불안의 경우와 마찬가지로 금융시장의 변동성이 낮거나 동일 방향으로의 진행이 계속되는 경우 시장참가자가 위험을 과소평가하는 경향이 있음을 보여준 사건이었다.

4) 글로벌화와 국민경제

(1) 개도국의 경제성장

세계경제의 글로벌화가 시작되기 전에는 선진국과 개도국 사이에 건너기 어려운 단애가 있었다. 경제가 성장하기 위해서는 자본과 기술이 필요한데 개도국은 이러한 자원을 획득하고 축적할 방법이 없었던 것이다. 대부분 개도국의 경제가 빈곤의 악순환 상태에 있으므로 저축과 투자를 늘릴 수 없었으며 산업화에 필요한 기술을 자체적으로 확보할 수 있는 과학기술의 기반도 형성되어 있지 못했다.

한국과 대만처럼 수출 중심의 경제개발로 산업화를 이룩한 경우도 없지는 않지만, 선진국과의 교역에서 대부분의 개도국은 선진국이 필요로 하는 원료의 공급원으로서 그리고 선진국에서 제조한 상품의 시장으로서의 관계에 있었으므로 선진국의 자본과 기술에 접근할 수 없었다. 많은 개도국의 지도자가 이러한 선진국과 개도국의 불평등한 관계를 수탈이라고 비난하며 개선을 요구하였지만 실효성 있는 해결방안은 제시되지 못했다.

과거 선진국이 산업화의 길에 들어설 때는 대부분 자력에 의하여 경쟁적으로 자본과 기술을 축적했다. 가장 먼저 산업혁명을 달성한 영국은 산업화의 물결이 대륙으로 파급되는 것을 막기 위하여 18세기에 기계류의 수출 그리고 기술자의 이민을 금지했다. 이러한 중상주의적 행태는 요즘 말하는 '사다리 걷어차기'에 해당한다고 할 수 있다. 그러나 프랑스, 독일 등 많은 대륙국가는 자신이 보유한 물적, 인적 역량을 집중하여 사다리를 쌓아 올려 산업화에 동참할 수 있었다.

예를 들어 영국의 기계류 수출금지는 다른 나라의 기계류 가격을 상승시켜 오히려 기계산업 발전을 촉진하는 작용을 했다. 이러한 추이를 보고 영국도 자신의 보호주의적 조치가 실효성이 없다고 판단하여 19세기 초반에는 이러한 금지조치를 해제하고 협력적 관계로 입장을 바꾸었다. 그러나 20세기 중반의 대부분 개도국은 이처럼 스스로 설 힘이 없었다.

하지만 20세기 후반에 시작된 글로벌화는 이러한 상황의 대반전을 가져왔다. 치열한 시장경쟁에 내몰린 선진국의 기업들이 생산비용의 절감을 위하여 자본과 기술을 들고 임금이 저렴한 개도국으로 생산기지를 옮긴 것이다. 이제 산업의 불모지였던 개도국에 선진국기업의 자본으로 공장이 세워지고 실업상태의 노동력이 고용되고 훈련되었으며 기술도 습득되었다. 선진국기업에 의하여 시작된 개도국의 산업화는 현지 기업도 생성할 수 있는 기반을 제공하였으며 생산과 소득이 증가하자 국민경제의 저축과 투자도 증가하고 기술도 축적되었다. 마치 사막에 강물이 흘러들어온 것으로, 또는 절벽 위에서 사다리가 내려온 것으로도 비견할 수 있다.

세계경제의 개방적, 경쟁적 환경에 성공적으로 적응한 중국과 인도 및 동남아시아 국가는 괄목할 만한 경제성장을 기록했다. 글로벌화의 흐름에 성공적으로 편승하고 있는 국가의 공통점은 정부가 기업이 활동하기에 편리한 환경조성에 힘쓰고 건전한 재정, 금융정책으로 시장의 신뢰를 얻기 위하여 노력한다는 것이다. 선진국기업에게 익숙한 법과 제도를 도입하고 문화적 포용성을 증대하는 등 이른바 글로벌 스탠더드를 존중하는 한편, 외국인 투자에 인센티브를 제공하는 정책은 개도국정부가 선진국기업의 생산활동을 유치하기 위하여 경쟁을 벌이는 모습과 같다.

그동안 선진국기업의 생산활동을 가장 많이 받아들인 나라는 중국이지만 최근 중국의 임금 등 생산비용이 상승함에 따라 기업은 다시 중국에 인접한 국가 중 세계시장경제에 늦게 합류한 베트남, 미얀마 등으로 생산기지를 옮기는 움직임이 활발해졌다. 이들 국가도 적극적으로 선진국기업의 투자를 유치하기 위하여 노력을 기울인다.

그러나 이러한 산업화의 사다리가 모든 개도국에 내려온 것은 아니다. 상당수의 개도국은 이러한 기회를 활용하지 못하고 아직도 대다수 국민이 절대빈곤의 상태에서 벗어나지 못한 가운데 국민경제가 가중된 어려움에 처해 있다. 유엔개발계획(United Nations Development Programme: UNDP)이 발표한 세계빈곤에 관한 자료에 의하면 소득만을 기준으로 한 절대빈곤인구(하루에 1.25달러 이하로 생활)는 1990년 약 20억 명에서 2012년 약 12억 명으로 감소하였는데 빈곤을 벗어난 인구 대부분은 중국 및 남아시아 지역의 사람이었으며 사하라 남부 아프리카를 위시한 일부 지역에서는 빈곤의 개선이 나타나지 못했다. 산업화에 진입한 개도국과 그렇지 못한 개도국 사이에 현격한 격차가 벌어진 것이다.

세계시장경제에 합류하지 못하고 빈곤상태에 머물러 있는 나라의 공통점은 독재정권과 부패의 결합, 잘못된 경제정책의 폐해, 재산권의 보호 미비, 전쟁 등을 들 수 있다. 이와 같은 국가적 무능력이 어디에서 비롯된 것인가에 대하여는 선천적 한계, 환경적 요인, 전통적 장애 등 여러 가지 견해가 있으나, 모든 나라가 스스로 일어서는 것은 결국 자신의 책임이라는 사실은 분명하다.

모든 개도국이 빈곤 상태에 있었고 선진국과의 경제적 격차가 좁혀지기 어려웠던 과거에는 선진국 책임론을 제기할 수 있었으나 이제는 많은 개도국이 노력하여 빈곤을 벗어날 수 있는 여건이 조성되었기 때문이다. 아직 세계경제의 글로벌화 흐름이 지속되고 있고 선진국의 기업이 유리하게 생산활동을 할 수 있는 거점을 찾고 있는 동안, 더 많은 개도국이 그 기회를 포착할 수 있도록 국가적 정비를 갖추어야 한다.

중국은 세계경제의 글로벌화가 시작되었던 1970년대 말 국내적으로는 정치적 사회주의 체제를 유지하면서 경제적 개혁을 시행하여 계획경제체제로부터 시장경제체제로 전환하는 한편, 대외적으로 무역과 투자의 개방을 추진했다. 1980년대 초 연해지역의 경제특구 설치로 시작하여 해안선을 따라 점, 선, 면의 순차적으로 개방지역을 넓힌 다음, 1990년대 초에는 전국적으로 개방을 확대했다. 이러한 개혁개방에 따라 막대한 외국인 투자가 유입되었으며 수많은 국내기업이 육성되어 국내생산은 빠른 속도로 증가했다.

중국의 GDP는 1980년대 초부터 2008년 글로벌 금융위기 전까지 연평균 두 자리 숫자의 경제성장률을 기록했다. 이처럼 장기간에 걸쳐 빠른 경제성장을 지속한 결과, 중국의 경제 규모는 2015년 시장환율 기준의 GDP가 약 11조 달러로 미국의 약 18조

달러에 이어 세계 2위, 구매력 평가환율로 계산한 GDP는 19조 달러를 상회하여 미국을 추월하고 세계 1위로 성장했다. 전문가들은 지금의 추세가 지속한다면 2030년대 초에는 시장환율 기준의 GDP도 미국을 추월하여 중국이 명실상부한 세계 1위의 경제 규모를 갖게 될 것으로 전망한다.

중국은 오랫동안 세계의 제조공장으로서의 역할을 하면서 무역수지의 흑자를 계속하였는바 누적된 흑자는 외환보유고의 급격한 증가로 이어졌다. 중국의 외환보유고는 2010년대 초 약 4조 달러에 달하였으며 이는 선진국의 국채 등 금융자산의 형태로 운용되면서 선진국의 재정수지 적자와 국제수지 적자를 충당하는 역할을 한다. 중국정부는 2000년대에 들어 국제 원유 등 천연자원의 가격이 급등세를 보임에 따라 외환보유고를 활용하여 적극적으로 해외자원 확보에 나섰으나 글로벌 금융위기 이후 자원 가격이 안정세로 돌아선 뒤에는 해외 기업의 M&A에 더 많은 관심을 보인다.

미국 등 교역상대국은 이러한 중국의 외환보유고가 정부의 외환시장 개입에 따라 환율이 인위적으로 저평가됨으로써 장기간 불공정한 국제무역이 지속된 결과라고 비판을 제기하고 있다. 이와 아울러 2008년 촉발된 글로벌 금융위기는 과도한 유동성이 자산시장에 유입된 것도 원인 중 하나라고 분석하면서 중국 등 동아시아 지역과 무역불균형(global imbalance)의 결과인 이 지역의 대규모 외환보유고가 과도한 유동성을 조성하는 데 부분적으로 기여하였다고 지적하는 견해도 있다. 한편 중국정부는 막대한 외환보유고를 바탕으로 중국의 위안화가 세계의 기축통화 중 하나로 자리할 방안을 장기적으로 모색하는 것으로 보인다.

국민경제의 규모가 빠르게 확대되면서 중국의 대기업도 숫자와 규모 면에서 급속히 성장하고 있다. 미국의 〈포천〉이 매년 발표하는 글로벌 500대 기업의 2015년도 순위를 국가별로 살펴보면 매출액 기준으로 상위 500개 기업 중 미국이 128개로 가장 많이 차지하였으며 중국은 그 뒤를 이어 98개 기업이 포함되었다. 중국은 매년 그 리스트에 포함되는 기업의 숫자가 빠르게 늘어나고 있지만 미국, 일본 등의 기업 숫자는 감소하고 있다. 과거에는 선진국의 기업이 중국에 진출하는 일방적 자본흐름이었으나 이제는 중국 기업의 해외진출이 급증하고 있다.

글로벌 금융위기 이후 일부에서는 앞으로 세계경제에서 선진국의 비중은 감소하고, 영토가 넓고 자원이 풍부한 개도국 등이 새롭게 중심 위치를 차지하리라고 전망하면서 이러한 나라로 중국과 인도 외에 러시아와 브라질을 지목하여 이들을 묶어 브릭스(BRICs)로 명명한 바 있다. 이러한 견해는 선진국경제의 침체와 세계 자원가격의 급등 현상이 맞물리면서 힘을 얻기도 했다.

그러나 2012년 이후 세계 자원가격의 급락으로 자원수출에 주로 의존했던 러시아와 브라질의 경제가 어려움을 겪으면서 아무리 영토가 크고 자원이 풍부한 나라일지라도 산업화의 기반이 뒷받침되지 않고는 세계의 경제대국으로 자리매김하기 어렵다는 것을 보여주었다.

글로벌화의 생생한 현장을 많은 저술로 담아낸 저널리스트 프리드먼(Thomas Friedman)은 그의 저서 《세계는 평평하다》(The *world is flat: A brief history of the twenty-first century,* 2005) 에서 과거에는 사람의 인생을 결정하는 데 어느 나라에서 태어났는가가 중요했지만 이제는 그 사람이 어떠한 능력의 소유자인가가 더욱 중요하다고 하면서 선진국 국민과 개도국 국민 사이의 기회균등 현상을 설명했다.

글로벌화의 초기에 선진국의 기업은 개도국의 저임금 비숙련노동력을 고용하여 생산비를 절감함으로써 시장경쟁의 우위를 점하고자 했다. 그러나 많은 기업은 기업의 경쟁력이 단기적 생산비 절감만으로 결정되기보다는 그 기업이 얼마나 우수한 인적 능력을 보유하고 있는지가 중요하다고 생각한다. 그리고 인적 능력을 기업경영의 중요한 자원으로 보는 입장에서 글로벌화는 더 많은 자원을 활용할 수 있게 하여준다는 측면이 있다.

많은 선진국기업은 글로벌 경영을 하면서 우수한 전문인력을 본국에서만 채용하지 않고 전 세계적 차원에서 모집한다. 따라서 세계경제의 글로벌화는 개도국의 저임금 비숙련노동력뿐 아니라 전문직 등 숙련노동력에게도 취업기회를 확대한다. 이러한 현상을 선진국 노동자의 입장에서 보면, 과거 글로벌화 초기에는 선진국의 비숙련노동자가 개도국의 노동자와의 경쟁으로 어려움을 겪는다고 생각했지만 이제는 그러한 어려움이 숙련노동자에게도 확산하는 것으로 보인다.

(2) 선진국의 고뇌

미국의 어느 정치가가 20세기 중반에 'GM에 좋은 것은 미국에
도 좋다'(What is good for GM is good for America)라고 발언한
것이 언론에 보도된 바 있다. 즉, 기업과 국민경제의 이해관계
가 합치된다는 입장이다. 선진국정부는 이러한 시각으로 자국
기업의 해외 진출을 지원했다. 글로벌화가 시작되기 전에는 이
러한 명제를 의심할 이유가 없었다. 해외에서 확보한 원료로 국
내에서 제조한 상품을 해외에 수출하면, 국내에서는 고용과 생
산이 함께 증가한다. 기업의 FDI도 광업이나 농업 등 원료 확보
를 위한 투자가 주를 이루었고 공장을 짓고 제조업에 투자하는
경우도 현지 시장의 관리를 위한 목적이 대부분이었으며 본국에
서 기계설비나 반제품 등을 수출하는 기회를 제공했다.

그러나 글로벌화가 시작되면서 기업의 해외투자는 그 동기와
방식에 커다란 변화가 초래되었다. 이제 기업은 더 이상 국내에
서 노동력의 고용을 늘리지 않고 국내 생산활동을 해외로 이전
하여 해외에서 생산된 상품을 본국으로 역수입하게 되었다. 그
뿐 아니라 본국에서 생산하여 제3국으로 수출되던 상품도 해외
에서 생산된 상품의 현지 수출로 대체되어 국내생산과 수출도
감소했다.

이러한 현상으로 말미암아 선진국에서는 '일자리 수출' 또는
'산업의 공동화' 등의 표현으로 우려가 제기되었다. 미국의 어느
장관은 이 곤혹스러운 상황에 대하여 '누가 우리인가'(Who is us)
라는 질문을 하였는데 해외에서 생산활동을 하는 자국의 기업과
자국에서 생산활동을 하는 외국기업 중 누가 자국의 국민경제와

이익공동체의 관계에 있는가에 의문을 표시한 셈이다. 그러나 선진국의 정부는 자유로운 시장의 전개를 따라 해외로 무리 지어 이동하는 기업을 통제할 어떠한 방법도 가지지 못한 듯하다.

기업이 생산활동의 기지를 임의로 선택하여 이동할 수 있게 됨에 따라 선진국 노동조합과 정부의 기업에 대한 협상력은 크게 약화했다. 노조의 투쟁적 활동은 더 이상 의미를 잃었으며 정부는 세율을 인상하였을 때 기업이 본국을 떠나도록 자극하는 결과가 될 것을 고심하게 되었다.

실제로 어떤 기업은 아예 세율이 낮은 나라로 본부를 이전하는 경우도 생기고 있다. 단순한 해외진출이 아니고 해외이민과도 같은 행동을 마다치 않는 것이다. 재정수입을 늘리기 어려워진 정부는 국민의 복지를 확충하기는커녕 오히려 축소 조정해야 하는 현실에 직면했다.

이제 정부가 기업의 오프쇼링에 대응할 수 있는 일은 이로 인하여 필요해진 국민경제의 구조조정에 따른 사회적 비용을 최소화하기 위하여 노동시장과 상품시장의 유연화가 진행되도록 법과 제도를 정비하는 것이라고 할 수 있다.

선진국기업이 생산활동을 개도국으로 이전하는 1차적인 동기는 치열한 시장경쟁을 극복하기 위함이지만 그보다 더 근본적 배경을 살펴보자. 선진국은 생산요소인 노동과 자본 중에서 상대적으로 자본이 더욱 풍부하다. 따라서 노동의 상대가격이 비싸므로 생산물의 분배에 있어 자본보다 노동의 몫이 커질 수밖에 없다. 반면에 개도국에서는 자본보다 노동이 상대적으로 풍부하므로 분배구조가 자본에 유리하다. 이처럼 생산요소의 부존도 차이가 선진국의 자본가, 즉 기업으로 하여금 자본이동의 동기를 제공하였는데 그러한 잠재적 동기가 시장의 자유화로 말미암아 현실적 실행으로 촉발된 것이다.

글로벌화의 초기에 미국의 어느 경제학자는 기업의 해외진출에 관하여 증폭되는 사회적 우려에 대하여 '이러한 현상은 자본에 유리하고 노동에 불리한 것이 아니고 숙련노동에 유리하고 비숙련노동에 불리한 것이다'라고 주장했다. 이는 기업의 자유로운 활동을 옹호하는 논리를 전개하며 기업의 해외진출로 일부 비숙련노동자의 일자리가 사라진다 하여도 국민경제 전체로 자원재배분의 구조조정을 거쳐 숙련노동자를 고용하는 고부가가치 산업이 생기면 바람직한 결과를 기대할 수 있다는 의견을 제시한 것이다. 개도국에서 비숙련노동자를 고용하여 새로 생긴 산업으로 생겨난 구매력이 선진국 숙련노동자가 생산하는 상품의 수요를 창출하여 자본가와 노동자 모두에게 이로운 윈윈(win-win)의 결과가 도출될 것으로 기대한 것이다.

그러나 글로벌화의 지금까지 진행은 이러한 기대를 외면하는 것으로 보인다. 선진국의 기업은 글로벌 경영을 통하여 더욱 많은 이윤 획득의 기회를 누리는바 과거처럼 국민경제의 구성원으로 머무르기보다 세계경제의 구성원으로서의 역할을 선호하는 듯하다. 기업은 더는 자신을 국민경제와의 이익공동체로 여기지 않고 자신의 경쟁력을 높이기 위하여 기업활동의 부문별로 적극적인 오프쇼링과 아웃소싱의 전략을 채택한다.

이러한 기업의 행태는 가치사슬(value chain) 이론에 의하여 뒷받침되는데 이는 기업활동으로 부가가치가 형성되는 각각의 과정을 분석한 것이다. 종래 기업이 일관하여 수행하던 활동을 분해하여 제품개발, 조달, 제조, 물류, 판매 및 인사, 재무관리 등의 활동별로 비용과 가치창출을 확인하고, 개별 활동의 경쟁력을 높임으로써 기업 전체의 경쟁력의 극대화를 추구한다.

이를 실행하기 위하여 기업은 자신에게 우위가 있는, 즉 비용에 비하여 가장 큰 가치를 창출할 수 있는 활동에 보유한 자원을 집중하고, 이러한 핵심활동 이외의 활동은 각각 경쟁우위를 확보할 방법을 모색하는바, 제조활동은 가장 큰 비용인 인건비가 선진국에서는 비싸므로 자연스럽게 임금이 낮은 개도국으로의 오프쇼링, 즉 FDI나 아웃소싱의 선택이 제시되었다.

기업의 오프쇼링은 이처럼 시장경쟁의 전략적 차원의 선택이므로 동종 산업에서 하나의 기업이 해외로 진출하면 다른 기업도 이를 따라가지 않을 수 없다. 왜냐하면 혼자만 뒤에 남는 것은 경쟁력의 상실, 즉 시장에서 도태되는 위험을 의미하기 때문이다. 따라서 하나의 기업 뒤에 다른 기업이, 그 뒤에 또 다른 기업이, 마치 아프리카의 누 떼처럼 해외로 나가는 것이다.

국제무역이론은 생산요소의 부존도가 다른 국가 사이에 국제무역을 하면 각국은 자국의 풍부한 생산요소를 집약적으로 사용하는 생산활동이 증가함에 따라 두 나라 사이에는 각 요소의 상대가격뿐 아니라 절대가격 역시 접근한다고 설명한다. 즉 상대적으로 자본이 풍부한 선진국과 노동이 풍부한 개도국 사이의 무역은 생산요소의 가격인 임금과 이자의 가격비가 양국에서 접근하는 것은 물론 선진국에서는 임금이 하락하고 이자율이 상승하며 개도국에서는 반대의 현상이 생기는 것이다.

기업의 오프쇼링은 생산요소의 부존도 자체를 변화시키므로 요소가격의 접근이 무역의 경우보다 당연히 훨씬 더 빠르게 이루어진다. 이로 말미암아 선진국의 자본은 더 높은 수익을 거두지만, 노동자는 임금의 하락 압력에 직면하여 소득분배의 구조적 변화를 피할 수 없다. 앞에서 거론한 경제학자의 주장과는 달리 기업의 생산활동이 해외로 이전된 결과는 자본가에게 유리하고 노동자에게 불리하였으며, 실제로 선진국에서는 글로벌화 이후 기업의 이윤은 대폭 증대되었지만 실질임금의 상승은 정체되어 생산성 향상을 밑도는 것으로 나타났다. 다만 중국 등 산업화를 이룬 개도국의 소득 증가로 구매력이 대폭 향상되면서 과거에는 저임금 생산기지 역할에 머물렀지만, 이제는 커다란 소비시장으로서 성장함에 따라 선진국 숙련노동에 의하여 생산된 상품의 주요 고객이 된 것으로도 보인다.

선진국에서 임금 수준의 정체와 함께 개도국으로부터 저임금의 노동력으로 생산된 상품이 대량 수입됨에 따라 물가는 매우 안정된 상태를 유지했다. 노동자 임금은 낮은 수준에 머물렀으나 저가의 수입상품이 슈퍼마켓의 선반을 가득 채워 노동자는 감당하기 어려운 생활수준의 악화를 면할 수 있었다. 이제 저가의 수입상품은 선진국 서민의 소비생활을 지탱함으로써 사회적 안정을 유지하는 역할을 담당하는 셈이다.

1980년대 이후 선진국의 인플레이션 둔화는 중앙은행이 효율적으로 총수요를 관리한 통화정책에 힘입은 바도 없지 않지만 더 큰 원인은 이와 같은 공급구조의 변화에 기인한 것으로 보인다. 오히려 중앙은행은 이처럼 수입상품의 공급 증대로 구축된 물가의 안정을 기반으로 저금리 수준의 확장적 정책 기조를 유지할 수 있었다. 이로 인하여 증가한 유동성은 자산시장, 즉 부동산시장과 주식시장의 폭발적 가격상승을 초래했다. 특히, 주식시장은 기업의 글로벌 경영으로 향상된 수익성과 결합하여 미증유의 활황을 지속했다.

과거에는 일반적으로 상품시장과 자산시장이 동행하는 움직임을 나타냈다. 즉, 보통 상품시장이 호황이면 자산시장도 상승 국면을 보이고 상품시장이 침체하면 자산시장도 하락 국면으로 전환되었다. 따라서 중앙은행이 호황에 따른 물가상승을 억제하기 위하여 긴축정책을 사용하는 경우 자산시장도 함께 진정될 수 있었고, 경기침체를 극복하기 위하여 확장정책을 사용하면 자산시장도 함께 부양하는 효과를 거두었다.

그러나 세계경제의 글로벌화 이후 상품시장의 물가는 수입상품과 임금상승의 억제에 의하여 안정을 유지하였으므로 중앙은행은 물가안정을 위한 긴축정책이 필요하지 않았으며 자산시장은 아무런 억제장치의 발동 없이 상승국면을 이어갈 수 있었다. 그러나 이와 같은 자산시장의 과열국면이 결국 글로벌 금융위기를 촉발하면서 중앙은행이 자산시장에 대한 고려 없이 상품시장만을 대상으로 통화정책을 수행하는 것이 과연 적절한가에 대한 고민도 시작되었다.

(3) 글로벌화에 대한 비판적 여론

19세기에 어느 경제학자가 자본주의 시장경제체제를 연구하면서 정리한 바 있는 20 대 80 법칙은 20세기 말 세계경제의 신자유주의와 글로벌화의 확산을 비판하는 경제학자의 저술에 인용되면서 시대적 유행어로 회자되었다. 원래 이 법칙은 대부분의 경우 성과 중 80%가 전체 활동 중 20%에 의하여 이루어진다는 경험적 보편성을 의미하는 표현이었다. 그러나 이를 자본주의 시장경제의 소득분배에 적용하여 전체 인구의 20%가 전체 소득의 80%를 차지하여 풍요한 생활을 누리는 반면, 나머지 80%의 인구는 20%의 소득을 나누어 생활해야 하므로 빈곤을 면하기 어렵다는 소득분배의 불평등 현상을 설명하는 법칙으로 통용되었다.

이 법칙이 의미하는 바를 음미하면 국민경제의 운영이 20%의 사람의 생산적 활동으로 충분하고 나머지 80%의 사람의 기여는 필요하지 않은 사회의 모습을 떠올리게 된다. 구성원의 대부분이 있으나 마나 한 존재가 되는 사회, 이것은 참으로 생각하고 싶지 않은 인류의 미래상이다. 소수의 사람만 좋은 일자리를 갖고 나머지 사람은 부양할 대상으로 여겨지며 일자리를 갖는다 하여도 별로 생산성 없는 직업일 수밖에 없다면 사회의 불평등은 갈수록 심화할 것이다.

이러한 현상은 과거 마르크스(Karl Marx)가 주장한 산업예비군(*industrial reserve army*)이론을 떠올리게 한다. 그는 자본주의 경제에서 자본축적과 기술발전이 진행됨에 따라 많은 노동력의 잉여가 발생할 것이며 이러한 과잉노동인구로 형성된 산업예비군의 존재는 노동자의 위상을 불안정하게 하고 노동조건을 악화시킬 것으로 예견했다.

요즈음 로봇과 인공지능 등 IT 활용으로 인간노동이 대체되는 추세를 보면서 대부분의 구성원이 잉여인간화되는 사회로 향하는 불길한 생각을 지울 수 없다. 기업의 해외진출로 많은 사람이 일자리를 잃고 있는 선진국에서는 더욱 심각하게 느껴진다.

자본주의 체제 초기에는 자유로운 시장경제에 대한 절대적 믿음으로 정부의 개입이 배제되었다. 그러나 극심한 소득분배의 불평등과 도시 빈민의 비참한 생활 등 사회적 모순이 드러나면서 20세기 초에는 러시아의 공산주의 혁명, 경제적 자유에 대한 공익적 제한 등 자본주의 시장경제체제의 거부 또는 수정의 움직임이 부분적으로 또는 제한적으로 자리 잡기 시작했다. 1930년대 세계적 차원의 극심했던 대공황은 대중의 자유시장에 대한 믿음을 사라지게 하였으며 케인스주의나 복지국가주의 등의 형태로 시장과 소득분배에 관한 정부 개입은 광범위하게 이루어졌다.

그러나 1960년대부터 시작된 세계경제의 스태그플레이션 현상은 정부가 주도하는 경제운영 방식에 회의를 불러일으켰으며 다시 자유로운 시장으로의 귀환을 주장하는 소리가 힘을 얻었다. 시장의 가격기능 회복을 위한 경제구조의 개혁을 추구하는 신자유주의가 세계적으로 확산되는 글로벌화의 추세가 확고해지면서 국민경제의 효율성은 높아졌으나 소득분배의 불평등은 다시 심화하기 시작했다.

이러한 소득분배의 불평등은 선진국과 개도국 모두에서 진행되는 현상이지만 그 내면적 모습은 크게 차이가 난다. 선진국은 국민경제의 생산이 위축되는 비관적 분위기 가운데 노동소득과 자본소득의 격차가 벌어지고 있는 반면, 개도국에서는 국민경제의 생산이 증가하는 낙관적 분위기 가운데 증가하는 소득의 커다란 몫이 자본에 귀속되는 상황의 소득분배 불평등이 나타나고 있다.

선진국의 경우, 과거에는 평균적인 일자리에 고용되면 평균적인 소득으로 궁핍하지 않은 삶을 영위하는 중산층의 생활이 가능했다. 그러나 글로벌화의 확산 이후에는 임금의 상승이 억제되어 일자리를 얻어도 빈곤을 면하기 어려운 노동빈곤이 확산하면서 중산층이 와해되고, 비숙련노동에만 의존하는 빈곤층과 숙련노동 및 자본소득이 가능한 고소득층으로 나누어지는 양극화(*polarization*) 현상이 심화되었다.

글로벌 금융위기 등에 의한 경제의 침체는 소득분배를 더욱 악화시키고 저소득층 가정의 생활에 더욱 어려움을 가중하는 것으로 나타난다. 세계경제의 글로벌화는 지구상의 많은 지역에서 절대적 빈곤 상태의 사람들에게 생활의 향상을 가져다주는 성과도 있었지만, 그 대가는 선진국 노동자에 의하여 지불되고 있는 것이다.

개도국의 국민경제는 글로벌화 이전, 즉 산업화가 시작되지 않았을 때는 소득의 분배구조가 비교적 평등한 모습이었다. 왜냐하면 대부분 국민이 빈곤 상태에 있었기 때문이다. 도시에도 실업자가 많았지만 농촌에도 가장실업 상태의 농민들이 절대빈곤의 상태에서 고통을 겪었다.

중국은 과거 사회주의 계획경제체제를 따르던 1960년대 초에 이러한 유휴노동력을 동원하여 자력으로 대대적인 산업화를 추진했으나, 결국 수천만 명이 아사하는 비참한 실패로 끝난 경험도 있다. 자본과 기술이 뒷받침되지 않는 산업화의 무모함을 뼈 아프게 실감한 것이다. 글로벌화가 시작되어 선진국의 기업이 자본과 기술을 가지고 개도국에 진출하면서 비로소 이러한 유휴 노동력이 고용되어 국민경제의 산업화가 시작될 수 있었다.

산업화 초기에는 과거 실업 상태이던 비숙련노동이 무한정으로 노동시장에 공급되었다. 생전 처음 생산활동에 참여할 기회가 생긴 노동자는 낮은 임금에도 앞다퉈 노동시장으로 몰려들었고 이러한 현상이 계속되는 동안 임금수준은 상승하지 않았다. 생산된 부가가치 중 낮은 임금을 제외한 나머지는 기업, 즉 자본의 몫이 되었다. 고용과 생산이 증가할수록 노동의 몫은 고용된 노동자의 숫자만큼 비례적으로 늘어났으나 자본의 몫은 기하급수적으로 늘어났다.

이처럼 불평등한 분배구조에 노동자의 저항도 있었지만 대부분의 개도국정부는 공권력으로 노동조합의 단체행동 등에 의한 임금상승을 억제했다. 개도국정부의 이러한 정책은 자국에서 빈곤이 감소된 성과로 설명할 수 있다. IMF에 의하면 1993년에는 세계인구의 절반이 미국 1인당 GNI의 5% 이하로 생활하였는데 2012년에는 미국 1인당 GNI의 18% 이하로 개선되었다.

개도국에서 실질임금의 상승은 노동시장에 무한정한 비숙련노동의 공급이 한계를 보이기 시작하면서 가능했다. 그리고 상당수의 외국기업은 이처럼 임금의 상승이 시작된 개도국을 떠나 다른 저임금의 개도국으로 생산활동을 이전했다. 그러나 산업화가 이루어진 개도국에는 이미 국민경제의 축적된 저축으로 생겨난 다수의 국내기업이 외국기업이 떠난 빈 공간을 메우는 것으로 보인다. 중국의 경우 산업화가 진행되는 동안 소득분배는 매우 불평등한 양상으로 전개되어 지니계수가 0.4를 상회하는 것으로 나타났지만, 실질임금의 상승이 시작되었으므로 앞으로 얼마나 소득분배가 개선될지는 지켜보아야 한다.

전 세계적으로 소득분배의 불평등을 심화시키는 신자유주의와 글로벌화에 관하여 많은 사회적 비판과 저항이 제기되었다. 시장에서의 무차별적 자유경쟁은 소수의 승자와 다수의 패자를 생기게 하고 사회의 규정과 관행을 효율이라는 명분으로 승자 위주로 개편하여 승자독식(winner-take-all)의 세상을 만든다고 지적한다. 시장 중심의 경제체제는 결국 기업이 우위를 점하여 사람보다 돈의 힘을 우선시함으로써 경쟁의 명분 아래 결국 시장도 중앙화된 자본의 독점권력화될 것이며 민주주의, 인권과 복지를 세계적 차원에서 위협한다는 우려도 제기되었다.

이러한 비판은 주로 선진국의 경제적 상황에 대한 문제의식의 표명이었으나 1990년대 초 중남미 국가의 경제위기 극복을 위하여 미국의 행정부와 IMF, IBRD 등이 제시한 자유시장경제 및 대외개방의 개혁 처방이 '워싱턴 컨센서스'(Washington Consensus)로 불리면서 미국주도의 세계경제개편 음모론이 제기되었고 상당수의 개도국 정부와 학자 및 NGO 등도 이에 가세했다. 비판론자는 자유시장 일변도의 경제운영을 시장근본주의로 명명하면서 이러한 사고방식은 개도국 고유의 전통과 문화를 글로벌화의 장벽인 비능률로 간주하는 경향이 있으나 이는 개도국이 지켜나가야 할 가치이자 정체성이라고 주장했다.

글로벌화에 대한 비판은 환경론자도 제기했다. 글로벌화의 확산으로 기업이 생산활동의 무대를 노동 및 환경기준이 낮은 곳으로 이동하기 때문에 지구적 환경파괴를 일으키며 글로벌화로 증대된 기업활동은 지구온난화의 중요한 원인 중 하나라고 주장한다. 이와 같은 환경론자의 견해는 북미자유무역협정(NAFTA) 체결과 관련하여 미국의회의 입장에 영향을 미쳐 협상의 막바지에 멕시코정부로부터 환경규제 강화에 관한 추가 합의를 이끌어내기도 했다.

중국과 인도 등 거대한 인구를 보유한 국가의 산업화 때문에 에너지 및 천연자원의 소비가 급증하여 지구자원의 고갈을 앞당기고 가격이 급격한 상승세를 보일 것으로 예측하는 전문가도 많았다. 실제 2000년대에 들어 원유와 광물자원의 국제가격이 가파른 상승세를 보임에 따라 자원개발사업에 많은 투자가 이루어졌고 투기적 자본도 가세하였지만, 글로벌 금융위기 이후 세계경제의 위축에 따른 수요 감퇴와 셰일가스 개발 등 기술의 발달로 세계자원 가격은 오히려 폭락했다.

글로벌화를 반대하는 운동은 인권 · 환경운동 NGO, 급진좌파, 노동조합 및 보호무역주의 옹호론자 등 다양한 결합으로 추진되는 가운데 일부 중남미 국가의 반미성향 정부도 가세한 바 있다. 이들은 1999년 미국 시애틀에서 개최된 WTO 각료회의에 즈음하여 대규모로 조직된 시위를 전개하여 그 세력을 과시하였고 그 이후 중요한 세계경제회의가 개최되는 장소에서 반대운동을 펼치는 한편, 자신의 주장을 결집하는 별도의 회의도 개최했다.

그러나 현재의 세계경제질서인 글로벌화와 신자유주의에 대한 대안은 아직 제시되지 못한 가운데 2000년대 초에 시작된 WTO/DDA 협상의 좌초 등으로 글로벌화의 동력이 약화된 징후를 나타냈다. 또한 2008년 발발한 글로벌 금융위기는 세계경제의 틀과 흐름을 전환하는 계기를 제공하였다고 보는 견해가 적지 않았으며 글로벌화의 표현인 무역과 국제투자가 함께 침체 및 감소세를 나타냈다.

세계경제의 성장 엔진인 무역의 위축이 지속된다면 자칫 현재의 세계경제의 침체현상이 단기적 경기변동의 국면이 아니고 장기적으로 경제성장의 추세가 종료되었음을 의미할 수도 있다는 우려와 함께 향후 글로벌화의 움직임이 주목된다.

5) 글로벌화의 퇴조와 향후 진로

WTO 설립에 따라 발전적으로 소멸한 GATT 체제는 1947년 개최된 제네바 라운드로부터 시작하여 일곱 번의 라운드를 개최하여 무역의 자유화를 위한 다자간 협상을 추진했다. 1982년 개최된 UR에서는 그동안 공산품의 무역자유화가 상당한 진전을 이루었다는 평가를 전제로 자유화 협상 범위를 농산물, 서비스 및 지적 재산권 등으로 확대하고 국제무역을 규율하는 국제기구인 WTO의 설립을 달성했다.

WTO 역시 과거의 GATT와 마찬가지로 라운드 방식의 다자간 협상을 통하여 세계무역의 지속적 자유화를 추진할 예정이었다. 그리고 서비스, 농산물 등 당사국이 UR 협상 결과에서 만족스럽지 못하다고 생각하는 분야에 대하여는 UR 종결 이후에 후속 협상을 재개하기로 합의한 바 있다. 이에 따라 진행된 몇몇 후속 협상의 결과는 실망스러웠다. 2001년 카타르 도하에서 개최가 선언된 WTO 최초의 DDA 라운드는 지금까지 표류를 계속하는데 마치 회생 가능성이 없는 의식불명의 환자와 같다는 것이 일반적 시각이다.

이처럼 WTO/DDA의 타결이 어려운 이유는 민감한 협상 분야를 둘러싸고 선진국과 개도국 사이의 입장 차이가 좁혀지지 못하는 것이 표면적 이유이지만 선진국이 국내에서 자유무역에 대한 정치적 지지를 얻지 못하는 것이 근본적 원인이라고 보인다.

과거 UR 협상 때에도 선진국은 GATT 다자간 협상을 진행하는 동시에 NAFTA 결성, EU 확대 등 다자간 체제 밖에서 지역협정에 의한 무역자유화를 동시에 추진했다. 이러한 지역주의의 확산에 부정적 견해도 있었지만 어찌 되었든 무역자유화를 후퇴시키는 것이 아니고 다자간 체제에 추가하여 무역자유화를 확대하는 것이므로 두 가지 방식의 무역협상 병행은 인정되었다. WTO/DDA 협상이 시작된 이후에도 선진국과 개도국 모두 다수의 지역협정 체결을 추진하고 있다. 이제 세계는 과거의 다자주의 방식보다 지역주의에 의한 무역자유화가 중심적 역할을 하는 것으로 보인다.

이처럼 선진국의 무역정책이 선회한 배경으로는 미국의 무역수지 적자가 우려할 만한 수준으로 확대되고 국내에서는 보호주의의 압력이 높아지는 가운데, 미국 정부는 WTO/GATT 체제 내에서 진행되는 무역자유화 협상에서 개도국의 협상력이 강화됨에 따라 자신의 입장을 관철하기가 어려워진 것을 들 수 있다. 이러한 상황에서 미국 정부는 자신의 협상력을 효과적으로 사용하여 당면한 무역현안을 해결하려는 노력으로 지역주의를 택한 듯하다. 한편 EU는 과거 소련의 위성국가였던 동유럽 국가들을 합류시켜 외연을 확대하고 내부적 통합을 심화시킴으로써 내부화된 시장에 대한 확실한 접근을 보장하고 대외적 협상력의 증대를 추구했다.

간혹 이러한 지역주의는 1970~1980년대 일본, 그리고 1990년대 이후 중국처럼 정부주도의 무역정책으로 막대한 무역수지 흑자를 기록하는 국가에 대한 견제를 목적으로 한다는 인상을 받게 하는 경우도 없지 않다. 만약 이러한 의구심이 현실로 나타나는 경우, 대립적 경제블록과 같은 지역주의 갈등이 전개될 우려가 있다.

미국이나 EU 등 무역대국이 주도하는 지역주의는 그 밖의 국가가 자칫하면 세계무역 체제에서 소외되고 차별받게 되는 것을 우려하게 하였고, 이러한 상황을 회피하기 위하여 여러 국가가 경쟁적으로 지역경제통합체에 가입하거나 양국 간의 자유무역협정(Free Trade Agreement: FTA)을 추진했다. 이러한 지역주의의 만연은 다자주의의 설 자리를 잃게 하고 WTO/DDA 협상의 실종을 초래했다.

이와 같은 다자주의의 쇠퇴와 지역주의의 만연은 세계경제의 글로벌화를 둔화시키는 현상이지만 선진국에서 증폭되는 보호주의는 이보다 훨씬 진전된 모습을 보인다. 최근 미국에서는 추진 중인 지역주의 협상으로 무역을 추가로 자유화하는 것에 대한 정치적 반대가 힘을 얻고 있을 뿐 아니라 기존의 무역질서, 즉 WTO나 NAFTA에 불구하고 중국과 멕시코로부터의 수입에 고율의 관세를 부과하자는 주장이 호응을 얻는 상황이다. 만일 이러한 보호주의적 주장이 현실화되는 경우 국제무역질서는 상호주의에 의한 차별과 보복의 혼돈 속으로 빠져들며 세계경제의 글로벌화는 정체가 아닌 역진의 움직임으로 바뀔 것이다.

지난 2008년에 발발한 글로벌 금융위기는 과거에 경험했던 금융위기들과 같이 경제의 호황기에 과도한 낙관주의에 입각한 자산시장의 버블과 이를 뒷받침하는 무분별한 금융대출 및 중앙은행의 완화적 통화정책 등이 선행하고, 이어서 금융시장의 신용경색 발생과 자산시장에서 거품의 소멸로 급격한 자산가격의 하락이 진행되었다는 점에서는 동일하다. 그러나 그것이 세계경제의 글로벌화가 심화되는 단계에서 발생한 위기라는 점에서 다음과 같은 두 가지 특징을 갖는다.

첫째는 금융위기의 원인 중 하나로 지목된 미국 자산시장의 과잉 유동성은 일차적으로는 FRB가 장기간 유지했던 저금리정책의 결과이지만, 이와 아울러 상당 부분의 유동성이 세계무역의 지역 간 불균형(global imbalance)이 심화하면서 무역수지 흑자국이 축적한 막대한 외환보유고 때문에 형성되었다는 점이다.

이는 중국을 비롯한 동아시아 국가와 산유국의 누적된 무역수지 흑자의 결과인 외환보유고가 미국의 금융시장으로 환류하면서 자산시장에서 부동산과 주식에 대한 수요를 확대해 가격 거품의 발생에 일조하였다는 지적이다. 미국을 비롯한 선진국은 중국 등의 외환보유고가 중앙은행이 외환시장에 개입하여 외환을 매입한 결과이며, 이를 통하여 환율의 절상을 억제함으로써 무역수지의 흑자를 계속할 수 있었다고 비판한다.

그러나 국민경제의 적정 외환보유고가 얼마인지는 가늠하기 쉽지 않다. 과거 국제적 자본거래가 미미했던 때에는 일정 기간 수입 등 경상거래의 지급에 필요한 금액으로 적정 외환보유고를 산정했다. 그러나 국제적 자본거래의 규모가 매우 늘어난 상황에서는 유사시 투기적 자본이동에도 대비하는 것이 매우 중요함을 깨닫게 되었다. 1997년의 동아시아 외환위기는 이러한 경험이 없는 동아시아 국가가 무방비 상태에서, 단기간에 대규모로 발생하는 투기적 자본이동 때문에 국민경제에 심각한 교란이 초래된 사건이었다.

그러므로 이 지역 국가들의 외환보유고 확충을 단순히 저환율에 의하여 무역수지 흑자를 유지하겠다는 의도로 해석하기는 곤란하다. 한국의 경우 2008년 글로벌 금융위기 당시 3천억 달러를 상회하는 외환보유고에도 불구하고 또 다른 외환위기를 예방하기 위하여 미국 등과 스와프 협정의 체결을 서둘러야만 했다. 국제금융위기가 빈발하는 상황에서 외환위기의 발생을 걱정하지 않아도 될 외환보유고가 얼마나 많이 필요한지를 보여주는 대목이며, 외국 통화를 대외지급 준비로 보유해야 하는 국가는 가능한 한 충분한 외환보유고의 필요성을 느낀다. 즉, 많은 국가의 정부가 외환시장에서 달러를 매입하는 것은 환율의 조절이 주된 목적이 아니고 향후 재발할지 모르는 금융위기로부터 국민경제를 보호할 수 있는 만큼 외환보유고를 확충하려는 것이다.

이러한 이유로 세계 외환시장에서 달러자산의 수요가 대폭 증가하였으며 미국의 누적되는 국제수지 적자에도 불구하고 달러의 환율은 유지될 수 있었다. 따라서 미국 등 선진국이 중국 등 동아시아 국가에 공정무역 및 정부개입 없는 시장환율을 요구하더라도 이들 스스로 외환보유고를 감축하기는 어려울 것이다.

이러한 입장의 대립은 두 지역 간의 갈등을 초래할 수도 있는 바 선진국 내에서 증폭되는 보호무역주의로 인하여 이러한 통상 마찰이 악화될 것이 우려된다. 그러나 선진국의 경제가 침체되면서 중국의 경제도 성장이 대폭 둔화하는 모습이다. 중국정부가 적극적으로 경제성장에 주력하면 중국의 산업구조는 지금보다 서비스산업의 비중이 더욱 커질 가능성이 있으며, 이러한 중국의 산업구조 변화는 소비재 수입의 증가를 가져와 지금과 같은 국제수지의 불균형이 완화될 것으로 전망하는 견해도 있다.

글로벌 금융위기의 두 번째 특징은 자본의 국제적 이동 확대로 말미암아 세계의 금융시장이 미국의 월가를 중심으로 긴밀한 연결구조를 이루므로 월가에서 시작된 금융위기는 신속하게 유럽의 금융시장으로, 그리고 세계금융시장 전체로 확산되었다는 점이다. 글로벌화의 전개에 따라 세계의 금융시장이 얼마나 통합된 구조를 가지게 되었는지를 보여주는 모습이었다.

따라서 이처럼 전 세계적 차원에서 진행되는 금융위기를 어느 정부가 단독으로 대처하기보다는 세계 주요 국가들이 긴밀한 협조체제를 갖추어 공동으로 대응하는 것이 바람직하다는 의견이 제기되었다. 이러한 필요성에 따라 선진국과 신흥공업국으로 구성된 G20 회의는 문제 해결을 위한 원칙과 과제를 제시하고 국제금융위기의 극복을 위한 IMF의 권능을 확충하는 결정 등으로 세계경제질서의 조정자 역할을 수행했다. 그러나 더 구체화된 정책공조는 개별 국가 사이의 합의에 의하여 이루어졌지만 위기 극복을 위한 재정·금융정책과 제도의 개편 등 적극적 조치는 각국 정부가 개별적으로 시행했다.

글로벌 금융위기에 휩쓸린 국가의 정부들은 대규모 재정적자를 수반하면서 경제위기 극복에 노력했다. 자본금 잠식으로 부실위기에 직면한 은행의 자본금 확충을 위하여 정부 재정에 의한 지원을 확대하고 자동차 등 특정 산업에 대한 구제금융의 제공 등 정부에 의한 직접적 산업지원이 확산되었다. 이처럼 확대된 정부의 경제적 역할 자체는 신자유주의와 글로벌화의 흐름에 역행하는 것이기도 하였고 일반 국민에게 자유시장과 기업에 대하여 부정적 인식을 초래했다. 국민이 생각하기에 자유로운 시장에서 대기업이 획득한 과실은 정당한 자기의 몫임을 주장하면서도 야기된 손실은 국민에게 책임을 떠넘기는 것은 공정한 게임이 아닌 것이다. 이러한 인식의 변화는 시장과 기업에 대한 사회적 지지를 약화하고 있다.

미국 국민은 2002년도 여론조사에서 80%의 다수가 대외무역을 지지하는 것으로 나타났다. 그러나 글로벌 금융위기 이후에는 절반 이상의 국민이 대외무역을 부정적으로 보았다. EU 시민은 여론조사에서 3분의 2 다수가 글로벌화를 시민보다 대기업 이익 중심인 현상이라고 응답했다. 미국과 EU 양쪽 모두에서 기업활동에 정부 규제를 강화할 것을 요구하는 여론이 높아지고 있으며, 특히 금융시장에 대하여는 투명성을 제고하고 규제를 강화하는 입법 등 제도개편이 추진 중이다. 이에 금융회사 등 기업의 저항도 나타나고 있다.

글로벌 금융위기 이후 선진국뿐 아니라 개도국 사이에도 신자유주의와 글로벌화에 대한 회의적 견해가 늘어나고 있다. 이러한 변화로 자유로운 시장과 대외개방 정책을 지칭하는 워싱턴 컨센서스 대신 정부가 시장과 함께 중심적 역할을 담당하는 국가자본주의의 중국모델을 베이징 컨센서스(Beijing Consensus)로 거론하는 경우도 늘어나고 있다.

이처럼 글로벌화의 정치적·사회적 동력이 약화하는 가운데 과거 중국으로 생산활동을 이전했던 선진국기업 중 일부는 다시 본국으로 되돌아가는 사례도 생기고 있다. 미국의 경우 장기간에 걸쳐 임금 상승이 억제된 반면 중국의 임금은 상승하기 시작하여 양국의 임금 격차가 축소되었으며, 셰일오일 등의 양산으로 에너지 가격이 하락하는 등 본국에서의 생산비용이 절감된 것이 주된 원인이다. 이에 더하여 기술개발과 제조활동의 분리가 반드시 효율적이지 못하다는 경험도 일부 기인하는 것으로 알려졌다. 이러한 기업의 본국 귀환(re-shoring)은 아직 두드러지는 추세라고는 할 수 없지만 글로벌화의 흐름에 매우 중요한 변화를 시사한다.

이러한 와중에 미국과 유럽의 일부 국가에서 개방과 통합의 글로벌화 움직임을 부정하고 봉쇄와 고립을 주장하는 정치세력이 힘을 얻는 양상이 전개되는바 영국의 EU 탈퇴 결정도 이러한 움직임의 일환이라고 할 수 있다. 이들 고립주의자는 단절 이후의 경제운영에 대한 방안을 제시하지 못하지만 글로벌화를 반대하는 정치적 세력이 워낙 크므로 당분간 대부분 국가에서 보호주의적 행태가 만연할 것으로 우려된다.

2. 세계경제의 지역통합

1) 경제적 지역통합의 의의와 효과

(1) 지역통합의 의의와 종류 또는 단계

지역통합(regional integration)이란 지리적으로 인접한 국가 혹은 경제적으로 공동의 이해관계에 있는 국가 간에 동맹을 결성하여 상호 간의 무역자유화 등 시장의 통합을 도모하고, 비동맹국에 대하여는 차별적으로 대우하는 국가 간 경제협력의 형태라고 정의할 수 있다.

지역통합은 당사국 간의 시장통합 방법, 내부 결속도 및 협력의 정도에 따라 다음과 같이 5단계로 구분할 수 있다. 각 단계는 다음 단계로 이행하는 과정인 경우가 많지만, 그 자체로서 하나의 지역통합 형태이며 모든 지역통합이 이러한 단계를 거치는 것도 아니다. 현실적으로는 이러한 개념이 변형되거나 혼합된 방식으로 많이 사용되며 최근의 FTA는 대부분 서비스 무역, 투자 및 반덤핑(anti-dumping duty)과 지적 재산권 등 무역규범을 포함하는 포괄적 형태로 체결된다.

가장 낮은 단계의 지역통합 형태인 자유무역지역(free trade area)은 협정 가맹국 상호 간에는 관세 등 무역제한조치를 철폐하여 자유무역을 보장하는 한편, 비가맹국에 대하여는 각국이 독자적 관세정책을 시행하는 체제이다. 상품무역의 측면에서 이러한 지역통합의 예로는 유럽자유무역지역(EFTA) 및 북미자유무역협정

(NAFTA) 등이 있다. 지역통합이 결성된 국가 사이에 관세율이 상이한 경우, 관세가 저율인 국가를 통해 비가맹국으로부터 수입된 상품이 관세율이 높은 국가로 다시 수출되는 사례를 예방하기 위하여 원산지 규정(*rule of origin*)과 같은 공동의 시장운영규칙이 필요하다.

관세동맹(*customs union*)은 가맹국 상호 간 자유무역과 함께 비가맹국으로부터 수입되는 상품에 공동관세율을 적용하는 체제이다. EU의 과거 형태로서 1958년 발족한 유럽경제공동체(European Economic Community: EEC)는 출범 이후 점진적 추진을 통하여 관세동맹을 완성했다.

공동시장(*common market*)은 결속도와 협력의 정도가 더 강화된 지역통합의 형태로 역내국가 사이에 상품뿐 아니라 자본, 노동 등 생산요소의 자유이동을 보장하는 체제이다. 유럽공동체(European Community: EC)의 경우 1970년대 이후부터 기존의 관세동맹 체제에서 공동시장 체제로 심화된 지역통합을 추진하여 1992년 회원국 간에 존재하던 각종 장벽을 제거하고 단일 시장으로 진화했다. 남미의 남부공동시장(MERCOSUR)도 공동시장 단계의 지역통합 체제이다.

경제동맹(*economic union*)은 가맹국 간 결속도와 협력을 더욱 강화한 지역통합 형태로 역내국가 사이의 상품 및 생산요소의 자유이동과 대외적 공동관세에 더하여 가맹국 상호 간의 경제정책 조정과 조화를 도모하는 등 공동체 차원의 다양한 공동정책을 수행하는 체제이다. 현재의 유럽연합(European Union: EU)는 경제동맹의 지역통합 체제인바 대외적으로 공동관세와 공동

통상정책을 채택하고 있으므로 WTO/GATT에서 EU의 기구인 유럽위원회 대표의 발언이 EU의 공식 의사로 취급된다.

경제동맹 체제에서 회원국의 통화통합이 이루어진 지역통합 체제를 경제통화연맹(Economic and Monetary Union: EMU)이라 한다. 2016년 현재 EU 회원국 중 유로를 사용하는 19개국의 유럽통화동맹(European Monetary Union: EMU)이 이에 해당한다.

완전한 경제통합(*complete economic union*)은 가맹국이 초국가적 기구를 설치하여 그 기구가 각 가맹국의 경제·사회정책을 통합하여 조정·관리함으로써 하나의 경제체제가 되는 것을 의미한다. 이처럼 재정·통화정책을 비롯한 경제정책을 공동으로 수행하기 위해서는 각국의 경제적 주권이 이양되어야 하므로 완전한 경제통합은 하나의 단일국가가 되는 정치적 통합이 전제되어야 가능하다. 현재의 미국 등 연방국가가 이에 해당한다.

오늘날 세계경제질서는 크게 다자주의와 지역주의 또는 글로벌화와 지역화의 두 가지 체제가 병행하여 진행된다. 다자주의는 WTO/GATT의 기본 원칙인 비차별주의를 바탕으로 세계적 차원의 무역자유화를 추구하는 반면, 지역주의는 지리적 인접성 및 경제적 이해를 함께하는 여러 국가가 경제, 무역에 관한 협정을 체결하여 역내국가에 대하여는 무역 등 경제관계에 있어 특별한 대우를 제공하고 역외국가에 대하여는 차별적으로 대우하는 정책적 입장을 의미한다. 다자주의는 세계 전체의 시장을 하나로 통합하는 글로벌화의 동력이 되고 있지만 지역주의는 무역이나 자본의 흐름을 지역별로 편중시키는 경제의 지역화를 초래한다.

세계 전체의 차원에서 무역자유화를 추진하는 다자주의가 세계시장을 분할하여 통합하는 속성을 가진 지역주의보다 세계 전체의 후생을 증진하는 데 분명히 더 효과적이다. 그러나 다자주의는 수많은 국가가 동시에 협상에 참여하므로 협상의 효율성이 낮다는 한계가 있다. 여러 국가그룹의 다양한 입장이 교차하여 협상의 성과가 부진하다는 문제와 함께 협상의 결과에 대하여도 많은 무임승차 현상이 나타나기 때문에 협상의 진행이 어렵다는 사실은 과거 GATT 협상 라운드에서도 많이 경험하였지만, WTO 출범 후 최초로 시작된 도하 라운드의 표류와 좌초를 통하여 극명하게 입증되었다.

반면 지역주의는 소수의 국가 사이에 무역자유화 협정을 체결하므로 협상의 타결이 용이하고 협상결과를 효율적으로 관리할 수 있으므로 무임승차의 문제점도 최소화할 수 있다. 그리고 지역통합이 많아질수록 무역자유화도 그만큼 확대되는 것도 사실이다. 그러나 지역통합으로 역내무역을 자유화하면서 역외국가와의 무역이 감소한다면 세계 전체의 후생을 증진하기보다 오히려 감소를 초래할 가능성도 있다.

지역통합은 무역상대국을 차별적으로 대우하므로 GATT의 최혜국 대우원칙에 위반되는 행위이지만 GATT 설립 당시 이미 영연방 특혜무역권 및 베네룩스 관세동맹 등의 지역협정이 존재하거나 타결단계에 있었다. 개도국도 그들의 산업화를 추진하기 위하여 최혜국 대우원칙의 차별적 적용이 필요하다는 입장이었다. GATT는 이와 같은 현실을 고려하여 지역통합이 일정한 조건을 충족할 경우, 최혜국 대우원칙에 대한 예외를 인정한다.

GATT는 지역통합의 결과 가맹국의 관세 등 무역장벽이 전체적 수준에서 지역통합 이전보다 높지 않을 것과 가맹국 사이의 관세 및 무역장벽의 철폐는 실질적으로 모든 무역에 대해 이루어질 것 등의 조건을 규정했다. 관세동맹의 경우 공동관세를 책정함에 있어 역내의 경쟁력이 약한 산업의 보호를 위하여 관세수준이 높아질 우려와 특정 부문만의 자유화를 위한 지역협정의 남용 가능성이 있기 때문이다.

이러한 GATT의 입장은 WTO에도 승계되었는바 지역통합이 비가맹국에 대한 무역장벽을 높이지 않으면서 가맹국 사이의 무역을 더욱 자유화하면, 세계 전체로서는 무역자유화가 더욱 확대되는 결과를 가져올 것이라는 관점이라고 할 수 있다. 그리고 WTO 출범 이후 지역주의는 더욱 확산하는 양상을 나타내는바 1948년 GATT 출범부터 WTO 출범 전까지 GATT 체약국이 통보한 지역협정은 약 100개 정도였으나 1995년 WTO 출범 이후 2015년 4월까지 회원국에 의하여 WTO에 통보된 지역협정은 약 360개에 달했다.

이와 같은 지역주의의 확산을 바라보는 견해는 이러한 추세가 다자주의를 저해하여 WTO/GATT의 존립기반을 침식한다는 입장과 지역주의가 다자주의를 실현하는 보완적 수단이라는 입장으로 나뉜다.

지역주의가 다자주의와 보완적 관계로 양립할 수 있다고 보는 견해는 오늘날 지역주의가 비록 역내 우선, 역외 차별의 구도를 유지하지만 2차 세계대전 이전의 경제블록처럼 배타적 차별성은 갖지 않는다는 입장과 지역통합이 반드시 지리적으로 인접하거나 정치적으로 유대관계를 맺은 국가라기보다 경제적 이해만 일치하면 어느 지역 어느 국가와도 체결하는 개방적 유연성을 보이므로, 세계시장의 분할을 초래하기보다 다자주의의 한계를 지원한다는 입장이다.

이에 대하여 지역주의가 다자주의에 부정적 영향을 미치고 있다고 주장하는 관점은 각국 정부가 무역자유화의 추진방법에 대한 정책적 선택을 함에 있어 변화를 초래하였다고 생각한다. 즉, 현재 다자주의의 부진한 양상은 각국이 지역주의적 접근을 먼저 하여 다자주의적 접근이 지장을 받은 결과라는 것이다. 지역주의가 현실적 대안으로 이용 가능한 상태에서는 굳이 타결이 어려운 다자주의에 연연하는 대신 아예 지역주의로 다자주의를 대체하려고 생각할 수 있기 때문이다.

각국이 지역통합을 결성하는 동기는 여러 가지가 있지만 우선적으로는 시장확대를 통한 경제적 이익의 추구이다. 지역통합을 결성하여 가맹국 간 관세 및 비관세장벽을 철폐하면 각국의 시장이 통합, 확대되어 상호 간의 무역이 증대하고 국민경제의 후생수준도 향상한다. 시장의 확대는 규모의 경제를 실현할 수 있어 가맹국의 자원배분이 더욱 효율적으로 이루어지며 경쟁의 심화로 인한 경영 및 기술의 혁신도 촉진될 것으로 기대할 수 있다.

지역통합은 시장확대에 따른 경제적 이익뿐 아니라 시장개방과 산업보호라는 모순관계의 정책목표를 조화할 방법이라는 점에서 선호되기도 한다. 시장개방에 대하여는 외국산업과의 경쟁에 저항하는 이익집단으로부터 보호정책에 대한 압력을 받는 한편, 보호주의 일변도의 정책은 외국으로부터의 개방압력뿐 아니라 국민경제가 국제경쟁력이 취약한 산업 위주의 구조로 비효율성이 심화하는 것을 우려하지 않을 수 없다. 이와 같이 상반된 정책목표를 절충하는 방법으로 지역통합을 추진함으로써 제한된 범위에서 개방과 보호의 정책적 요구를 수용할 수 있다.

이 밖에 지역통합을 통해 개별국가의 대외교섭력을 공동체 규모로 확대하고 집단화함으로써 국제협상에서 자신의 입장을 반영하는 영향력을 강화할 수 있으며, 경제적 요인뿐 아니라 가맹국 사이의 정치, 사회적 유대관계를 유지, 발전시키고자 하는 동기도 찾아볼 수 있다.

지역통합이 양국 간에 체결되는 경우에는 당사국이 이를 통하여 경제적 또는 정치, 사회적 이익을 도모할 수 있다는 기대만으로 실현할 수 있지만, 다수의 국가가 지역통합을 결성하기 위해서는 참여하는 국가의 경제구조나 발전단계가 유사한 수준에 있는 것이 바람직하며, 그렇지 못한 경우 통합대상 국가들의 경제구조가 잠재적으로 보완관계에 있어야 지역통합이 결성되거나 유지될 수 있다. 왜냐하면 지역통합으로 규모가 확대된 시장에서 경쟁이 심화된 결과, 특정 국가의 산업만이 도태되는 결과가 초래된다면 지역통합의 이익이 특정 국가에 편중되는 결과를 초래하기 때문이다.

(2) 지역통합의 효과

지역통합이 결성되면 가맹국 상호 간에는 관세가 철폐되지만 비가맹국으로부터의 수입에는 여전히 수입관세를 부과하므로, 역내국가와 역외국가 사이에 관세상의 차별이 생긴다. 이러한 관세철폐와 관세상의 차별대우로 인하여 무역창출 효과, 무역전환 효과 및 무역확대 효과가 발생한다.

지역통합에 의하여 관세가 철폐되면 종전까지 비교우위가 있었음에도 관세장벽 때문에 가맹국 사이에 교역이 이루어지지 못했던 상품의 수출입이 가능해진다. 이처럼 역내관세의 철폐로 인하여 가맹국 사이에 새로운 무역이 생겨나는 현상을 무역창출 효과라고 한다.

이러한 무역창출은 역내국가 전체로서 고비용 생산자에서 저비용 생산자로 생산활동이 이전하는 것이므로 자원배분의 효율성을 제고하고 수입국의 시장가격도 인하되어 소비자의 후생수준 향상에도 기여한다. 무역창출 효과는 지역통합 가맹국 사이의 산업구조가 상호보완적인지 또는 중복적, 경쟁적인지에 따라 다를 수 있다.

지역통합의 결성으로 역내관세는 철폐되지만 역외국가에 대하여는 관세상의 차별대우가 생기며 이로 인하여 통합 전에는 역외에서 수입되던 상품이 통합 후에는 역내 가맹국에서 수입되는 경우가 발생할 수 있다. 이처럼 관세상의 차별로 생기는 수입선의 전환을 무역전환 효과라고 한다. 무역전환은 역외국가의 저생산비 공급자 대신 상대적으로 고비용 생산자인 역내국가의 공급자가 관세의 차이를 이용하여 수출하는 현상이므로 세계 전체로서는 자원배분의 효율성이 저하되고 후생수준도 감소하는 원인이 된다.

지역통합이 출범하면 무역창출의 경우나 무역전환의 경우를 포함하여 가맹국에서 수입된 상품의 시장가격은 하락한다. 그로 인하여 수입국 내에서는 가격하락으로 인하여 소비가 증가하며 소비가 증가하는 만큼 수입도 증가한다. 이와 같이 지역통합 이후 가격하락과 소비증가로 인한 무역의 증가를 무역확대 효과라고 한다. 이는 지역통합 역내뿐 아니라 세계 전체로도 생산과 소비가 함께 증가한 결과를 의미한다.

지역통합의 규모가 클수록 역내국가에는 국제분업의 기회가 많아지므로 무역창출과 무역확대의 이익이 더 커질 수 있으며, 특히 규모의 경제가 작용하는 산업일수록 이러한 효과가 증대된다. 이와 같이 지역통합의 규모가 큰 경우에는 종전에 역내국가로 수출하던 역외국가의 공급자가 가능한 한 수출시장을 유지하기 위하여 수출가격을 인하할 수도 있는데, 이는 지역통합의 가맹국에 교역조건의 개선으로 인한 이익을 의미한다.

지역통합은 무역뿐 아니라 국제직접투자의 흐름에도 영향을 미친다. 지역통합으로 시장 규모가 확대되면 역내기업의 투자도 증가하지만, 역내시장의 확보를 위하여 역내로 진출하는 역외기업의 투자도 늘어나는데 이러한 투자증대 효과를 투자창출 효과라고 부른다. 또한 제3국에 투자되거나 투자가 예정된 자본이 지역통합으로 확대된 역내시장으로 이전되어 올 수 있는데 이러한 현상을 투자전환 효과라고 할 수 있다.

역내에서 기업이 다른 가맹국시장에 진출하기 위한 투자는 무역이 자유화됨에 따라 감소하겠지만 임금 등 생산비의 절감을 위한 목적의 역내투자는 무역자유화로 인하여 촉진된다. 역외지역의 다국적기업 등이 기존에 지역통합 가맹국 여러 곳으로 분산하여 진출한 상황에서는 역내에서 기업활동에 가장 유리한 지역으로 생산 등 기업활동을 집중하는 투자 재편성도 이루어진다.

공동시장은 가맹국 사이에 재화, 서비스의 자유무역뿐만 아니라 자본과 노동 등 생산요소의 자유이동을 보장한다. 따라서 생산요소의 부존도가 상이한 가맹국 사이에 헥셔-올린 정리(Heckscher-Ohlin Theorem)에 의한 무역뿐 아니라 직접적인 생산요소의 이동이 함께 발생한다. 특정 가맹국의 상대적으로 부존도가 풍부한 생산요소, 즉 상대적으로 한계생산성이 낮은 생산요소가 상대적으로 부존도가 희소한, 한계생산성이 높은 가맹국으로 이동하는 것이다. 이와 같이 생산요소시장의 통합은 가맹국 사이에 생산요소의 생산성을 균등화함으로써 자원배분의 효율성을 제고한다.

생산요소시장이 통합되기 전에 자본과 노동 중 자본이 상대적으로 풍부한 가맹국은 자본의 한계생산성에 따른 보수, 즉 이자율이 자본이 상대적으로 희소한 가맹국의 이자율보다 낮은 상태이다. 그에 비하여 노동은 상대적으로 희소한 상태이므로 노동의 한계생산성에 따른 보수, 즉 임금은 노동이 상대적으로 풍부한 가맹국보다 높은 상태이다.

이제 생산요소시장이 통합되어 자본이 상대적으로 풍부한 가맹국에서 희소한 가맹국으로 이전하면 양국의 생산요소의 부존도가 달라진다. 자본이 상대적으로 풍부하고 노동이 상대적으로 희소하던 가맹국에서 자본의 부존량이 감소하기에 상대적 부존도가 자본은 희소해지고 노동은 풍부하게 된다. 이는 자본의 한계생산성이 증가하고 노동의 한계생산성은 감소한 결과로, 따라서 자본의 보수인 이자율은 상승하고 노동의 보수인 임금은 하락한다. 공동시장의 형태로 시장통합이 이루어짐에 따라 자본가는 유리해지고 노동자는 불리하게 된 것이다. 그리고 생산요소의 상대적 부존도가 반대였던 가맹국에서는 노동자가 유리해지고 자본가가 불리해지는 결과를 초래한다. 이러한 변화는 자유무역의 경우에도 발생하지만 자본이동의 경우에는 변화의 속도가 비교할 수 없이 더 빠르다.

물론 이러한 변화는 자본의 이동뿐 아니라 노동의 이동에 의하여도 발생한다. 노동자는 임금이 낮은, 즉 노동의 한계생산성이 낮은 가맹국에서 한계생산성과 임금이 높은 가맹국으로 이동할 수 있다. 그러나 노동력의 이동은 자본의 경우와 달리 금전적 보수에 의하여만 결정되지 않고 언어, 관습 및 문화적 배경 등 사회적 요인에 영향을 받으므로 자본의 이동처럼 유동적이지 못하다. 따라서 노동의 이동은 자본의 이동보다 생산요소시장의 통합에 반응하는 속도가 느리고 이동의 규모가 제한적일 수밖에 없다.

경제동맹은 가맹국 사이에 상품 및 생산요소의 자유이동과 함께 가맹국 상호 간에 경제정책의 조정과 조화, 나아가 정책통합을 추구하는 지역통합 형태이며 현재 EU가 이러한 단계에 속한다고 할 수 있다. 정치적 통합이 이루어지지 않은 단계에서 경제동맹에 필요한 정책통합의 대상이 될 수 있는 영역은 지역통합의 기능을 활성화하고 공동체 및 개별 가맹국의 발전을 조화하는 분야로 제한될 수밖에 없다.

내부 결속도와 협력의 정도가 높은 지역통합이 결성되면 개별 가맹국 차원의 거시경제정책 및 통화정책 등의 수행이 크게 제약을 받을 수밖에 없다. 이러한 제약을 회피하기 위하여 국경 장벽을 강화한다면 지역통합의 결속도와 협력의 정도가 감퇴하는 모순이 야기된다. 따라서 가맹국의 주요 거시경제정책 및 통화정책 분야에서 공동체 차원의 정책적 조화가 필요하다.

지역통합의 결성으로 역내무역이 자유로워지고 가맹국 사이에 생산요소의 자유로운 이동이 이루어지면 공동체 전체로는 경제적 효율성의 증대로 이익이 발생하지만, 가맹국의 입장에서는 지역통합의 결성이익이 특정 가맹국으로 집중되고 어떤 가맹국은 그 이익의 배분을 받지 못한 결과가 초래될 수 있다.

이처럼 지역통합의 결성이익 분배에서 소외된 가맹국의 불만이 관리되지 못하면 공동체의 유지가 어려워진다. 따라서 지역통합을 원만히 지속하기 위해서는 가맹국 간 발전의 격차를 축소하고 통합에 따른 이익을 균점할 수 있는 배분정책이 필요하다. 국가 간의 통합이익 배분만이 아니고 경제주체 사이의 소득분배가 국민경제 차원에서 지역통합 차원으로 확대되므로 분배정책이 개별 가맹국뿐 아니라 공동의 정책으로 조정되고 수립되어야 한다. 이러한 배분정책의 수립에 있어 사양산업이나 침체지역에 대한 지원만이 강조된다면 미래지향적 산업의 창출 등 통합의 결성에 따른 동태적 효과가 저감될 것이다.

높은 단계의 지역통합이 결성되면 역내 가맹국 간의 정책조정과 함께 역외국가와의 관계에서 공동의 입장과 정책을 수립할 필요가 있다. 지역통합의 가맹국 간 정책조정은 그 자체가 역외 국가에 대한 대외정책으로서 의미가 있다. 이에 더하여 대외정 책의 통합은 공동의 협상 수행으로 대외협력의 지위를 강화하는 등 가맹국의 대외정책 효과를 극대화하기 위한 적극적 목적으로 추진될 수 있다.

통화동맹은 가맹국 통화 간의 환율안정을 추구하는 환율동맹 부터 가맹국이 하나의 단일 통화를 사용하는 통화통합에 이르기 까지 다양한 형태로 추진된다. 통화동맹의 결성으로 역내 환율 이 안정되면, 교역과 자본거래가 촉진되어 가맹국 간 결속도와 협력의 정도가 한 단계 높아진다. 최종단계인 통화통합이 이루 어지면 다른 통화로 교환하는 데 따르는 비용이 절약되어 역내 상품시장과 함께 자본 및 금융시장의 통합도 이루어지면서 완전 한 시장통합에 접근하게 된다.

그러나 개별 가맹국의 국민경제적 입장에서는 통화동맹으로 상당한 비용을 치르는데, 첫째로 자국 통화의 포기 때문에 독자 적 통화정책이 상실되어 국민경제의 조절기능과 재정정책이 제 약을 받는다. 또한 가맹국은 환율조정에 의한 국제수지의 조절 이 불가능하므로 총수요관리에 의한 국제수지의 조절을 심각한 국내적 저항과 마찰을 초래하는 방법으로 추진하게 된다. 이러 한 개별 가맹국의 경제정책적 어려움을 적절히 관리하지 못하는 경우, 유로존의 재정위기 사례와 같이 재정과 국제수지 관리에 심각한 어려움을 직면하게 된다.

지역통합의 결성이 무역확대와 국제직접투자에 어떠한 영향을 미쳤는가를 EU와 NAFTA의 실제 성과를 통하여 살펴보자. EU 통합의 무역 효과를 관세동맹의 결성 전후와 공동시장의 결성 전후로 살펴보면, 관세동맹을 추진하기 시작한 1958년 이후 공동체의 역내무역 비중이 매우 증가하여 역내시장의 상호의존적 통합이 이루어졌음을 알 수 있다. 그런데 무역증가율은 시간이 흐를수록 둔화하는 추세를 나타냈다.

　역내무역의 증가세가 둔화한 원인으로는 생산요소의 자유이동이 제한되는 문제가 지적되어 EU는 1985년부터 역내 상품 및 생산요소의 자유이동을 제한하는 장벽을 철폐하고 1992년까지 단일시장의 형성을 추진하여 공동시장 단계의 시장통합이 이루어졌다. 공동시장으로의 통합이 이루어진 다음 역내무역이 지속적으로 확대되어 EU 역내교역의 대 GDP 비율은 1995년 29%에서 2005년 39%로 확대되었다.

　NAFTA 역시 관세 및 비관세장벽의 철폐에 따라 역내무역의 비중이 증가했다. 미국과 캐나다의 총수출에서 역내수출의 비중이 다소 증가하였지만 멕시코의 경우는 그 영향이 가장 현저한 것으로 나타났다.

　지역통합이 국제직접투자에 미친 효과는 EU에 새로이 가입한 동유럽 국가의 경우에 현저하게 나타났는데 동유럽 국가의 외국인 투자 금액 중 대부분이 EU 역내국가로부터 투자되었다. 동유럽 국가가 시장경제체제로 전환한 이후 투자환경이 정비됨에 따라, 기존의 EU 기업이 생산거점을 동유럽으로 이전하여 확대된 EU 시장에서 경쟁력을 확보하는 전략을 채택한 결과로 보인다. 한편 역외국가의 기업도 비교적 낮은 생산비와 EU 시장으로의 접근 용이성 등 유리한 투자환경 때문에 동유럽 국가에 직접투자를 확대했다.

NAFTA 발효 후 멕시코 경제에 대한 대외신인도가 향상되어 외국인 직접투자의 유입이 매우 증가하였는데 NAFTA 역내국가뿐 아니라 낮은 생산비와 북미시장으로의 접근 용이성 등으로 인하여 역외로부터의 투자도 대폭 증가하여 오히려 미국에 대한 투자의존도가 감소하고 투자국이 다변화되는 결과가 되었다. 멕시코에 대한 외국인 직접투자는 제조업을 중심으로 확대되었는데 NAFTA 발효 이후 원산지 규정 등의 이점을 바탕으로 북미지역의 생산기지로 부각되었음을 의미한다.

2) 지역주의의 연혁과 확산

지역주의의 기원은 19세기 미국, 독일 및 스위스 등의 연방국가 형성과정에서 정치통합과 병행한 경제적 지역통합이나 제국주의적 해외식민지 획득을 통한 블록 경제권의 조성 등에서 찾아볼 수 있다. 현재의 지역주의는 1958년 EEC의 설립을 계기로 1960년대 들어 다수의 개도국이 지역별 경제통합을 결성하면서 세계경제질서의 하나의 흐름이 되었다.

그러나 1960년대와 1970년대는 GATT가 중심이 된 다자주의 체제가 세계경제질서의 주류적 흐름이었고, 이러한 지역주의는 GATT 체제 내의 예외적 현상으로 용인되는 수준에 불과했다. 1990년대 중반 다자주의의 정점이라고 할 수 있는 WTO의 출범에 즈음하여 선진국과 개도국을 망라한 많은 국가가 지역협정에 참여함으로써 지역주의는 세계경제질서의 중요한 축의 하나로 확산되었다.

이처럼 지역주의가 확산된 배경으로는 첫째, 소련의 공산주의 체제가 붕괴하면서 과거의 동서냉전 체제가 종식되고 지리적으로 인접했으나 체제적으로 분리되었던 국가들의 새로운 교류협력이 시작된 점을 들 수 있다.

다음으로 다자주의에 입각한 GATT 체제가 커다란 성과를 거두고 WTO 체제로 재탄생하였으며 국가 간 경제협력의 과제가 서비스, 투자, 환경 등 다수의 새로운 분야로 확장되었다. 그러나 다자주의 방식으로는 국가 간 이해상충 등으로 이러한 광범위한 분야를 다루기 어렵다는 것이 입증되면서 제한적 숫자의 국가 간에 다양한 협력과제를 포괄적으로 다룰 수 있는 지역주의를 택하게 되었다.

선진국의 이러한 입장 변화에는 1980년대 이후 미국의 경제적 리더십 약화와 일본, 유럽의 경제력 증강 그리고 1990년대부터 아시아 신흥공업국의 약진 및 중국 등 거대개도국의 대두 등 세계의 경제력 판도변화도 영향을 주었다고 할 수 있다. 또한 EU의 확대 및 심화, NAFTA의 결성 등은 많은 국가가 지역주의를 세계경제질서의 대세로 인식하여 자국의 고립과 낙오를 방지하고자 하는 도미노 효과로 작용한 바도 있다.

이와 같은 지역주의의 확산으로 하나의 국가가 다수의 지역통합을 체결하여 가맹국이 되자 개별 협정마다 자유화 대상 품목이나 원산지 규정이 달라졌다. 서로 다른 규정을 가진 여러 개의 지역통합협정이 난립하면 무역당사국은 이처럼 다른 협정의 적용을 받는 무역을 관리하는 비용이 증가하는바 이러한 현상을 스파게티 볼 효과(spaghetti bowl effect)라고도 한다.

2차 세계대전 이후의 경제적 지역통합은 유럽에서 벨기에, 네덜란드 및 룩셈부르크 3개국에 의하여 1948년부터 발효된 베네룩스 관세동맹이 1960년 공동시장으로 결속과 협력을 강화한 지역통합을 이루면서 유럽지역의 지역통합을 선도했다. 지금의 EU가 존재하기 시작한 최초의 지역통합이라고 할 수 있는 유럽석탄철강공동체(European Coal and Steel Community: ECSC)는 유럽에서 무력충돌이 재발하는 것을 방지하기 위한 목적으로 추진되었으며 프랑스, 서독, 이탈리아와 베네룩스 3국 등 6개국을 회원국으로 하여 1952년 출범했다.

유럽 국가는 ECSC 결성을 통하여 회원국 간 정치적 결속과 경제적 접근의 가능성을 확인하고 이를 토대로 로마조약을 체결, 1958년 EEC를 발족시켜 1967년 관세동맹을 완성하고 1968년 CAP를 시행하였으며 공동시장으로의 점진적 접근을 시작했다. 1967년에는 별도 기구로 운영되던 ECSC와 유럽원자력공동체(European Atomic Energy Community: EURATOM)를 EEC와 통합하여 단일의 EC로 운영했다. 그리고 1979년 영국의 가입으로부터 회원국을 확대하기 시작하여 1986년 EC는 12개국으로 늘어났다.

EC는 1980년대 후반부터 미국 및 일본과의 경쟁에 대응하고 역내 단일시장을 실현하기 위하여 1987년 유럽단일화 의정서를 채택하고 1992년 상품과 생산요소가 자유롭게 이동하는 공동시장을 완성했다. 이어서 1993년에는 유럽통합의 새로운 전기를 마련한 마스트리흐트 조약을 체결하여 지역통합을 경제 분야에서 정치, 외교 및 사법 분야까지로 확대하여 EU로 재탄생했다.

EU로 전환을 계기로 유럽통합은 유럽통화동맹(EMU) 등으로 기능적으로 심화되었으며 동유럽 국가의 가입으로 지리적 확대를 달성했다. 유럽통화동맹은 1999년부터 회원국 중 참여국가가 사용하는 단일통화 유로를 도입하였고 2002년부터 법정통화로 유통되었다. EU의 경제적 결속을 넘어 정치적 결속을 지향하는 〈유럽 헌법(안)〉이 2004년 마련되었으나 일부 회원국의 비준을 얻지 못하고 대신 유럽연방 조약이라 불리는 리스본 조약을 체결하여 초보적 연방국가의 모습을 갖게 되었다.

그러나 유럽단일통화 체제에서 일부 국가에 장기간 누적된 국제수지 적자와 재정적자가 2009년 글로벌 금융위기를 겪는 과정에 재정위기로 비화하면서 유럽통화동맹, 즉 유로존의 존속은 위기를 겪기도 했다.

영국은 EU 회원국이면서 유럽통화동맹에 가입하지 않고 자국 통화인 파운드를 사용하는데 유로존 위기의 극복과정, 난민 수용정책 등 EU 정책에 관하여 국민적 불만이 고조되었다. 이러한 불만을 의식한 EU 측이 영국의 요구를 반영하는 EU 개혁안을 마련했으나 영국은 국민투표를 통하여 EU 탈퇴를 선택하고 EU를 떠나는 절차를 밟았다.

미국의 지역주의적 접근은 1980년대 후반부터 시작되었다. 이는 당시 EC가 유럽 단일시장을 추진하는 움직임에 영향을 받은 것으로 보인다. 처음에는 미국과 캐나다의 FTA가 체결되었으며 뒤에 멕시코의 제안으로 NAFTA의 결성이 추진되었다.

미국 내에서는 NAFTA 체결에 대한 찬반양론이 대립하였는 바 가장 큰 문제는 노동문제였다. 멕시코와의 경제적 지역통합은 미국의 기업으로 하여금 저임금을 따라 멕시코로 이전을 촉발할 것이며 이는 미국 내에 막대한 실업을 일으킬 것이라는 우려가 노조 측으로부터 제기되었다. 또한 멕시코의 환경보호 수준이 미국과 비슷한 수준으로 향상되지 않으면 NAFTA 체결에 동의할 수 없다는 NGO의 주장도 제기되었으며 수입급증을 우려하는 일부 산업계의 반대와 더불어 미국 의회의 비준을 어렵게 했다. 결국, 체결된 협정안의 재협상 과정을 거친 다음 의회는 NAFTA 협정을 비준하였고 1994년 초 발효했다.

아시아 지역에서는 다른 지역에서의 지역통합 움직임에 영향을 받아 1967년 정치, 경제적 협력기구로서 동남아국가연합(Association of south-East Asian Nations: ASEAN)이 결성되었다. ASEAN은 1970년대 이후 점진적이고 지속적인 경제통합을 지향하였으며 1990년대 이후 동서냉전 체제가 종식되면서 베트남 등 인도차이나 국가를 회원국으로 받아들였다. 이와 함께 역내시장의 형성과 대외교섭력의 강화를 위하여 ASEAN 자유무역지역(AFTA)을 출범시켰으며 1997년부터는 ASEAN 10개국 정상과 한국, 중국, 일본 3개국의 정상이 ASEAN + 3 정상회의로 매년 정기적 회합을 가지면서 협력의 외연을 확대했다. 2000년대 들어서 ASEAN은 일본, 한국, 중국, 인도, 호주 및 뉴질랜드 등과 FTA를 체결하여 아시아 지역에서 지역통합의 중심적 역할을 한다.

아시아·태평양 지역에서는 1989년 개방적 지역협력체인 아시아태평양 경제협력체(Asia-Pacific Economic Cooperation: APEC)

가 결성되어 무역·투자의 자유화, 경제기술협력 및 비즈니스 원활화 등을 추진하면서 1993년부터 매년 정기적으로 정상회의를 개최한다. APEC에서 달성된 무역자유화 등의 결실은 역내국가에 한정되지 않고 역외국가에 대하여도 개방적으로 적용한다.

동아시아 지역은 지역주의 움직임도 활발하지 않았고 제도적 지역통합도 결성되지 않았지만, 지역 내의 국가 간 경제 및 무역구조의 보완성으로 인하여 매우 높은 경제적 상호의존성을 유지하고 있었다. 중국경제의 시장화 개혁과 세계무역 체제로의 합류가 본격적으로 이루어진 1990년대부터 동아시아의 무역통합이 더욱 강화되면서 동아시아는 세계 무역과 경제성장을 견인하는 중심축으로 자리 잡았다.

특히, 동북아 지역의 한국, 중국, 일본 3국은 역사적 이유 등의 이유로 오랫동안 제도적 지역통합의 세계적 추세로부터 예외적 지역으로 남아 있었으나 2010년대에 들어 한·중 FTA가 체결되었으며 이어서 한·일 FTA 및 한·중·일 FTA 협상이 추진되고 있다.

중남미지역에서도 1960년대 이후 중앙아메리카 공동시장(Central American Common Market: CACM), 안데스공동시장(Andean Common Market: ANCOM) 등 다양한 지역통합을 결성했으나 이 지역의 경제침체로 주목할 만한 진전은 이루지 못했다. 1991년 세계적 지역주의의 확산과 궤를 같이하여 브라질, 아르헨티나 등 역내 경제 규모가 큰 국가를 포함하는 실질적 경제통합인 MERCOSUR가 결성되었으며 대외적으로 EU 및 NAFTA 등과의 연계관계를 모색하는 등 지역협력의 확대를 모색하고 있다.

중동지역에서는 사우디아라비아, 쿠웨이트 등 6개국의 지역 집단안전보장 체제인 동시에 공동시장을 목표로 경제적 지역통합을 추진하는 걸프협력위원회(Gulf Cooperation Council: GCC)가 결성되어 대외적으로 각국 및 지역공동체와의 FTA를 체결 및 추진 중이다. 아프리카에서도 지역별로 다양한 경제적 지역통합이 결성되었으나 이 지역의 경제적 침체로 인하여 뚜렷한 진전을 이루지 못하고 있다.

2010년대 이후 아시아·태평양 지역에서 추진되고 있는 광역경제통합(Mega-FTA)으로 환태평양 경제동반자협정(Trans Pacific Strategic Economic Partnership: TPP)과 역내경제동반자협정(Regional Comprehensive Economic Partnership: RCEP)을 들 수 있다. TPP는 2006년 출범한 아·태 지역의 뉴질랜드, 칠레 등 중소 4개국 사이에 결성한 FTA에 미국, 호주, 캐나다, 멕시코, 일본 등 8개국이 참가하여 2015년 협상이 타결된 환태평양권 12개국 사이의 광역 FTA이다.

TPP 협정은 상품, 서비스, 지적 재산권, 환경, 경쟁, 노동 등 광범위한 부문에 걸쳐 새로운 무역규범을 제정하고 수준이 높은 무역자유화를 목표로 한다. 주요 쟁점에 관한 입장 차이로 참가국의 비준절차가 완료되기까지는 다소 시간이 소요될 것으로 전망되었다. TPP는 그동안 중국과 ASEAN이 중심이 되어 미국을 배제한 동아시아 자유무역협정(East Asia Free Trade Area: EAFTA) 등이 논의되었던 상황에 대한 미국의 대응이라는 관점도 제기되었지만, 그동안 협상을 주도했던 미국의 새로운 행정부가 TPP 탈퇴를 선언하면서 전망이 불투명한 상태이다.

RCEP는 ASEAN 10개국과 한국, 중국, 일본, 호주, 뉴질랜드 및 인도 등 광역 동아시아 16개국이 추진하는 광역 FTA이다. 2012년 협상이 시작되었으나 매우 느리게 진행되는데 그 이유는 협상 참가국의 경제, 산업구조 간 차이가 크다는 점과 역내 시장질서 수립에 중국과 일본 사이의 경쟁과 견제가 작용하기 때문이라는 견해도 존재한다. 최근 TPP 협상이 타결되면서 중국 등 일부 참가국을 중심으로 RCEP 협상을 가속하려는 움직임을 보이는바 미국의 TPP 탈퇴 시 RCEP 체결은 더욱 빨라질 것으로 전망된다.

국제경제질서에 뒤늦게 합류한 중국은 국제금융기구나 세계무역 체제에서 미국, 일본, EU 등보다 주어진 역할이 기대에 미치지 못하는 것에 관심을 두었다. 미국과 EU가 중심이 되어 있는 IMF, IBRD 체제와 일본이 주도하고 있는 ADB에 대응하여 독자적으로 아시아 인프라투자은행(Asian Infrastructure Investment Bank: AIIB)의 창설을 제창하여 2015년 출범하였으며, 2014년 베이징에서 개최된 APEC 정상회의에서는 중국주도의 아시아태평양 자유무역지역(Free Trade Area of the Asia-Pacific: FTAAP) 구축을 위한 로드맵을 조기에 실현한다는 선언을 이끌어내기도 했다.

미국은 태평양지역에서 TPP 결성을 통한 광역 FTA를 추진하면서 EU와는 2013년 환대서양무역투자동반자협정(Transatlantic Trade and Investment Partnership: TTIP)의 협상을 개시했다. 미국과 EU 28개국과의 교역 규모는 아·태 지역 국가와의 교역 규모를 크게 능가하는데 TTIP가 결성되면 경제 규모와 시장지배력을 바탕으로 미국과 EU가 함께 세계경제질서를 선도하는 역할을 지속할 것으로 보인다. 즉, 중국과 아시아의 부상에 대응하는 미국과 유럽의 조치라는 해석이다.

　미국은 NAFTA의 출범에 이어 남북아메리카를 아우르는 미주자유무역지대(Free Trade Area for Americas: FTAA)의 결성을 추진했다. FTAA를 통하여 세계 최대의 시장통합을 구축하려는 미국의 의도는 미국의 제국주의적 진출을 우려하는 중남미의 민중세력과 미국에 적대적인 좌파정부 국가들의 저항을 받았다. 그리고 MERCOSUR 회원국까지 반대에 합세함에 따라 협상이 좌초된 상황에서 2008년 글로벌 금융위기를 맞게 되어 협상이 중단되었다.

　그 대신 미국은 2008년부터 TPP를 추진하여 협상을 타결로 이끈 바 있다. 그동안 베네수엘라 등 강성의 좌파정부가 이끌었던 국가가 국제 원유가의 하락 등으로 경제의 파국을 맞이하였고 브라질 등에서도 많은 정치적, 경제적 어려움이 초래된 상황이 FTAA의 협상에 어떠한 영향을 미칠 것인지는 불분명하다. 그리고 미국의 선거를 통하여 집권한 새로운 정부가 무역·투자의 자유화를 추진하여온 모든 지역협정에 소극적 입장으로 선회하였으므로 미국이 참여하거나 추진 중인 지역협정의 장래가 매우 불투명한 상황을 맞았다.

　한국은 세계경제질서를 풍미하는 지역주의 흐름에도 불구하고 1990년대 후반까지 WTO/GATT 중심의 다자간 무역자유화 원칙을 존중하고 개방적 지역협력체인 APEC, 선진국 중심의 정책협력기구인 OECD 등에 가입했으나 지역주의에 입각한 무역협정의 체결에는 신중한 입장을 견지했다. 그러나 1997년 동아시아 경제위기에 한국도 휩쓸리면서 동아시아 인접 국가와의 협력에 관심을 두었고 원격지 국가들과도 FTA를 체결하는 것이 세계시장에의 접근성을 개선한다고 인식하게 되었다.

이에 따라 1990년대 말부터 지역주의와 다자주의를 병행하는 정책으로 전환하여 2004년 최초로 발효된 한국·칠레 FTA를 필두로 하여 2016년 현재 미국, EU, 중국 등과 15개 FTA가 발효 중이며 한·중·일 FTA, RCEP 결성 등 5개 FTA가 협상 중이다. 그 밖에 협상을 준비 중이거나 검토 중인 FTA는 일본 등 11개이다. 현재 발효 중인 15개 FTA의 가맹국은 모두 52개국으로 인구 기준 세계시장의 4분의 3에 해당하는 경제영역이라고 할 수 있다. 단상과 고찰 15

단상과 고찰 15: 한미 FTA 평론

필자가 공직을 떠난 후 수년이 지나간 2006년, 한국정부와 미국 정부가 양국 간 FTA 협상을 시작하기로 하였다는 뉴스를 접했다. 필자는 이러한 결정을 내린 노무현 정부에 아낌없는 박수를 보냈다. 이는 진작 추진되어야 했던 것이지만 그동안 한국이 IMF 경제위기를 극복하는 과정 등으로 그 추진이 미루어질 수밖에 없었는데 만시지탄이나 이제라도 협상이 시작된다니 참으로 다행스러운 일이 아닐 수 없다는 생각이었다.

　미국 측으로서는 한국의 농산물, 서비스 등의 시장개방을 확대하고 투자의 자유 및 투자자의 보호 수준을 제고하는 한편, 지적 재산권 보호도 강화하려는 목표가 있었겠지만 양국 간 FTA의 필요성은 한국 측이 더욱 절실했다.

　미국의 수입시장 규모는 2005년 1조 7천억 달러로 세계 수입의 22%에 달하는데 이는 전년보다 14% 증가한 것이지만 한국으로부터 수입은 오히려 5% 넘게 감소하고 있었다. 이는 미국시장에서 한국수출의 점유율이 1995년 3.3%에서 2005년 2.6%로 하락하는 결과를 초래했다. 한국의 대미수출은 2005년 413억 달러로 같은 해 한국의 총수출의 15% 정도를 차지하였는데 이는 대미수입 306억 달러보다 100억 달러 이상의 무역수지 흑자였지만 일본이나 중국 등과의 미국시장 내 경쟁에서 한국수출이 밀리고 있는 상황은 심각한 일이 아닐 수 없었다.

　무역을 생존과 발전의 기반으로 삼는 한국이 세계에서 가장 크고 중요한 시장에서 퇴조를 겪는 시점에, 한미 FTA의 추진은 그야말로 적절한 정책적 선택이라고 생각했다. 한미 FTA가 미국시장에서 한국수출의 점유율을 상승으로 반전시키는 것까지는 못하더라도 점유율이 계속 하락하는 위축현상을 저지하고 시간을 버는 효과가 있을 것이기 때문이다. 어차피 한국의 수출이 선진국시장에서 저임금 개도국과 가격경쟁을 하기는 어려운 형편이지만 일본 등 경쟁국과의 경쟁은 엄연한 현실이고 품질이나 디자인에서 차별적 경쟁력을 갖추기 위한 시간도 필요하다.

한미 양국은 1년여의 협상을 거쳐 미국의회가 행정부에 무역협상을 위임한 시한인 2006년 6월 말 협정문서에 서명할 수 있었다. 그러나 협상결과에 대한 양국 내의 거센 반발 때문에 의회의 비준절차가 지연되다가 2009년 추가협상을 진행하여 타결하였으며, 2011년 후반에 가서야 미국에 이어 한국에서도 국회비준이 이루어졌고 2012년 3월 발효되었다.

미국의회의 비준은 그보다 앞서 한·EU FTA가 먼저 발효된 상황의 진전이 영향을 미친 것으로 보이며 한국에서는 야당의 반대가 워낙 거세였기 때문에 여당 단독으로 국회의 비준동의를 처리할 수밖에 없었다.

한국 내의 한미 FTA 반대세력은 농업 등 피해가 우려되는 부문 그리고 영화산업 등 기존의 보호제도 감축을 우려하는 부문 등의 결집과 함께 신자유주의와 글로벌화의 확산을 우려하는 집단 및 정치적으로 미국을 반대하는 세력의 연합된 움직임이었다. 한국정부는 한미 FTA의 발효에 즈음하여 농수산업과 함께 제조업, 서비스업에도 직접적 피해를 보전하는 무역조정지원과 이 부문에 종사하는 농어민과 노동자에 대한 고용지원 등을 시행했다.

협정의 내용을 살펴보면 양국의 모든 무역상품에 대하여 단계적으로 관세를 철폐하되 한국의 쌀 등과 미국의 국내 수상운송 등 민감 부문에 대하여는 개방의무를 면제하거나 철폐 기간을 장기간으로 설정하는 등 예외적 취급을 인정했다. 이로 인하여 제조업 부문 수출여건에 관하여는 자동차, 전자 등 일본과의 경쟁이 치열한 품목의 수출이 도움을 받을 수 있게 되었다. 의약품 관련 협상에서는 한국의 기존 건강보험제도의 틀을 유지하는 데 지장이 없도록 하였지만, 특허 기간을 연장한 것은 국내 제약업계의 부담으로 작용할 소지도 다소 있었다.

투자와 관련해서는 투자자와 현지국가 간 분쟁을 국제중재의 방법으로 해결하는 투자자·국가 간 분쟁해결절차(ISD) 규정을 채택했다. ISD 규정은 한국의 국회비준을 둘러싸고 야당이 대표적 독소 조항으로 지목하였지만, 선진국기업의 자본과 기술을 수반한 FDI를 유치하기 위하여 세계 대부분의 국가가 수용한 제도이다. 선진국과의 FTA 체결은 무역뿐 아니라 FDI의 유치도 중요한 목적의 하나인데 다른 경쟁국이 채택한 이러한 투자자보호제도를 배제한다면 그렇지 않아도 어려운 FDI 유치는 더욱 위축될 것이 분명하다.

다만 호주나 캐나다 등과 같이 FDI가 자국의 천연자원 개발에 집중된 국가는 외국자본의 FDI에 대하여 오히려 우월적 지위에 있었기 때문에 ISD 규정의 채택을 거부할 수 있는 입장이었다. 그러나 한국처럼 기술도입과 고용증대를 위하여 FDI 유치가 절실하게 필요한 국가는 달리 선택 가능한 대안이 없다고 할 수 있다. 오히려 이를 통하여 외국인 투자기업뿐 아니라 국내의 기업규제도 선진국 수준으로 합리화하는 계기로 삼는 것이 바람직하다.

서비스 부문은 FDI의 증대로 국내시장경쟁이 촉진되겠지만 이를 상대적으로 낙후된 한국의 서비스산업이 발전할 수 있는 전기로 활용해야 한다. 총체적으로 한미 FTA는 한국의 수출과 FDI를 촉진할 뿐 아니라 장기적으로 서비스산업 생산성 향상에 기여하고 수입개방을 통한 소비자후생 증대에도 도움이 될 것으로 예상된다.

최근 미국이 중심이 되어 마무리 단계에 있는 TPP 결성에 일본이 참여하였음에도 한국이 여러 가지 형편을 고려하여 가입 여부를 저울질할 수 있는 여유도 한미 FTA, 그리고 대부분의 TPP 가맹국과의 FTA가 가동되기 때문이다. 그러나 미국의 대통령 선거에 즈음하여 보호주의정책을 주장하는 세력이 힘을 얻으면서 미국의 TPP 탈퇴 선언에 이어 한미 FTA가 미국의 일자리를 죽이는 재앙의 하나라고 지적하며 한미 FTA의 수정을 추진하겠다는 움직임은 많은 우려를 자아내게 한다.

만약 이러한 주장이 현실이 되는 경우에는 구체적으로 수정을 요구하는 내용을 살펴보아야 하겠지만, 한미 양국은 한미 FTA가 양국 경제에 모두 긍정적 역할을 한다는 사실을 직시하고, 양국 간 교류의 문호를 축소하려는 보호주의자의 주장에 절대 양보해서는 안 될 것이다. 특히, 한국으로서는 세계경제에 보호주의가 만연하고 개방의 문호가 좁아지는 현상이 시작되는 시기가 바로 한국경제의 명운이 퇴조하기 시작하는 시기임을 잊지 말아야 한다.

강병호 · 김석동(2004). 《금융시장론》. 서울: 박영사.

고영선(2008). 《한국경제의 성장과 정부의 역할: 과거, 현재, 미래》. 서울: 한국개발연구원.

공정거래위원회(*n. d.*). 〈경쟁정책〉. URL: https://www. ftc. go. kr/policy/compet/competitionNotion. jsp

곽태원(2005). 《토지는 공유되어야 하는가?: 진보와 빈곤에 나타난 헨리 조지의 토지사상 평가》. 서울: 한국경제연구원.

구본성 · 김정한 · 이명활 · 노형식 · 임 진(2013). 《유럽재정위기의 향후 전망과 정책과제》. 서울: 한국금융연구원.

국회예산정책처(2010). 〈국가재정제도: 원리와 실제〉. 서울: 국회예산정책처.

권오승(1998). 《경제법》. 서울: 법문사.

기획재정부(*n. d.*). 〈국자재정운용계획〉. URL: http://mosf. go. kr/pl/policydta/pblictn. do?menuNo=5020300

김대래(2002). 《일반경제사》. 부산: 신지서원.

김민석(2008). 《서브프라임사태를 통해 본 자산유동화의 이론과 실제》. 서울: 한국증권연구원.

김신행 · 김태기(2005). 《국제경제론》. 파주: 법문사.

박병현(2015). 《사회복지정책론》. 파주: 정민사.

손병해(2011). 《국제경제통합론》. 서울: 시그마프레스.

송원근(2009).《글로벌 경제위기로 인한 보호무역 추세와 대응방안》. 서울: 한국경제연구원.

신원섭·이원기(2011).《가계저축률 하락과 정책과제》. 서울: 한국은행.

신창목·김동구(2012).《한국경제의 장기성장추세 하락요인 분석: 지출 측면을 중심으로》. 서울: 삼성경제연구소.

양동휴(2007).《세계화의 역사적 조망》. 서울: 서울대학교 출판부.

유훈(1985).《공기업론》. 서울: 법문사.

이규성(2006).《한국의 외환위기: 발생·극복·그 이후》. 서울: 박영사.

이준구(1989).《소득분배의 이론과 현실》. 서울: 다산출판사.

이준구·이창용(2005).《경제학원론》. 서울: 법문사.

이해주(1989).《사회경제사상사》. 서울: 경세원.

정호열(2006).《경제법》. 서울: 박영사.

중소기업청(*n. d.*).〈중소기업에 관한 연차보고서〉.

중소기업청(*n. d.*).〈중소기업육성시책〉.

최병선(1992).《정부규제론》. 서울: 법문사.

한국은행(편)(2000).《국민계정해설》. 서울: 한국은행.

한국은행(편)(2014).《알기 쉬운 경제지표해설》. 서울: 한국은행.

한국은행(편).《기업경영분석》. 서울: 한국은행.

한국조세연구원(편)(2011).《공기업 지배구조: 2005년 이후 OECD 회원국에서의 변화와 개혁》. 서울: 한국조세연구원.

홍성도(2014).《벤처창업경영 길잡이》. 서울: 이프레스.

홍완표(2009).《물가의 경제학》. 서울: 신론사.

Dam, K. W. (2001). *Rules of the global game: A new look at US international economic policymaking*. Chicago, IL: The University of Chicago Press. 정영진·윤재원(역)(2002).《글로벌게임의 법칙》. 서울: 비봉출판사.

Economist(2006. 9. 16). *The new titans*.

Economist (2011. 9. 24). *Taxing the wealthy.*

Economist (2013. 1. 10). *Outsourcing and offshoring.*

Economist (2014. 2. 22). *A world of robber barons.*

Economist (2014. 4. 12). *The slumps that shaped modern finance.*

Economist (2014. 5. 31). *Business in Asia.*

Economist (2015. 4. 18). *Family companies.*

Feenstra, R. C., & Taylor, A. M. (2008). *International economics.* New York, NY: Worth Publishers. 이성구(역) (2011). 《국제금융론》. 파주: 교보문고.

Frank, R. H., & Cook, P. J. (1995). *The winner-take-all society: How more and more Americans compete for ever fewer and bigger prizes, encouraging economic waste, income inequality, and an impoverished cultural life.* New York, NY: Free Press.

Friedman, T. L. (1999). *The Lexus and the olive tree.* New York, NY: Farrar, Straus, Giroux. 장경덕(역) (2009). 《렉서스와 올리브 나무》. 파주: 21세기북스.

Friedman, T. L. (2005). *The world is flat.* New York, NY: Farrar, Straus and Giroux. 김상철·이윤섭(역) (2005). 《세계는 평평하다》. 서울: 창해.

George, H. (1879). *Progress and poverty* (A. W. Madsen Ed.). London, UK: Published for the Henry George Foundation. 김윤상(역) (1989). 《진보와 빈곤》. 서울: 무실.

Gilder G. (1993). *Wealth and Poverty.* San Francisco, CA: ICS Press.

Kindleberger, C. P., & Aliber, R. Z. (1978). *Manias, panics and crashes: A history of financial crisis.* London, UK: Macmillan. 김홍식(역) (2006). 《광기, 패닉, 붕괴: 금융위기의역사》. 고양: 굿모닝북스.

Mankiw, N, G. (2009). *Principles of economics* (5th ed.). Mason, OH:

South-Western Cengage Learning. 김경환·김종석(역) (2009).
《맨큐의 경제학》. 파주: 교보문고.

Martin, H., & Schumann, H. (1996). *Globalisierungsfalle*. Reinbek
bei Hamburg, DE: Rowohlt. 강수돌(역) (1997). 《세계화의
덫: 민주주의와 삶의 질에 대한 공격》. 서울: 영림카디널.

Mill, J. S. (1848). *Principles of political economy*. Toronto, CA: Univer-
sity of Toronto Press. 박동천(역) (2010). 《정치경제학 원리: 사
회철학에 대한 응용을 포함하여》. 파주: 나남.

More, T. (1516). *Utopia*. 박병진(역) (1986). 《유토피아》. 서울: 육
문사.

Sinn, H. (2010). *Casino capitalism: How the financial crisis came about
and what needs to be done now*. Oxford, UK: Oxford University
Press. 이헌대(역) (2010). 《카지노 자본주의: 금융위기가 왜
발생했으며, 이제 우리는 무엇을 해야 하는가》. 서울: 에코피아.

Smith, A. (1776). *Inquiry into the nature and causes of the wealth of
nations*. London, UK: W. Strahan and T. Cadell. 최호진·
정해동(역) (1992). 《국부론》. 서울: 범우사.

Stiglitz, J. E. (2002). *Globalization and its discontent*. New York, NY:
Norton.

Strange, S. (1998). *Mad money*. Manchester, UK: Manchester Univer-
sity Press. 신근수(역) (2000). 《매드 머니》. 서울: 푸른길.

Von Mises, L. (1949). *Human action*. New Haven, CT: Yale Univer-
sity Press, Ludwig von Mises Institute. 박종운(역) (2009).
《인간행동론: 역학적 수학적 경제학 비판 그리고 시장경제의 인
간행동학적 원리》. 서울: 지식을만드는지식.

Yergin, D., & Stanislaw, J. (1998) *Commamding heights*. New York,
NY: Free Press. 주명건(역) (1999). 《시장 대 국가》. 서울: 세
종연구원.